高等院校继续教育财经类系列教材

财 务 会 计

主编 颜恩点

上海大学出版社
·上海·

图书在版编目(CIP)数据

财务会计/颜恩点主编. —上海：上海大学出版社，2022.9
ISBN 978-7-5671-4474-3

Ⅰ.①财… Ⅱ.①颜… Ⅲ.①财务会计 Ⅳ.①F234.4

中国版本图书馆 CIP 数据核字(2022)第 158438 号

责任编辑　石伟丽
封面设计　缪炎栩
技术编辑　金　鑫　钱宇坤

CAIWU KUAIJI
财务会计
主编　颜恩点
上海大学出版社出版发行
(上海市上大路99号　邮政编码 200444)
(https://www.shupress.cn　发行热线 021-66135112)
出版人　戴骏豪

*

南京展望文化发展有限公司排版
上海东亚彩印有限公司印刷　各地新华书店经销
开本 787mm×1092mm　1/16　印张 22.75　字数 484 千字
2022 年 9 月第 1 版　2022 年 9 月第 1 次印刷
ISBN 978-7-5671-4474-3/F·224　定价 51.00 元

版权所有　侵权必究
如发现本书有印装质量问题请与印刷厂质量科联系
联系电话：021-34536788

丛书编委会

主　任　陈方泉
副主任　沈　瑶　徐宗宇
编　委　聂永有　尹应凯　胡笑寒
　　　　　房　林　严惠根　郭　琴
秘　书　石伟丽

总　序

随着经济全球化的不断深入和我国社会主义市场经济的不断发展,培养更多能够"知行合一"的高素质应用型经济管理人才是高校经管学科面临的重大任务和挑战。为此,我们遵循"笃学、笃用、笃行"的原则,组织上海大学相关学院的专业骨干教师,并与业界专业人士合作,编写这套新型的经济管理类教材。

本系列教材力求遵循教育教学规律,体现研究型挑战性教学要求,努力把握好"学习、实践、应用"三大关键。一是准确阐述本学科前沿理论知识,正确反映国家治理和制度创新的最新成就,体现经济社会发展趋势,使学生在学习专业知识的同时,养成正确的家国情怀和社会责任感,从而达到良好的思想政治和职业操守教育效果;二是通过"导入"等新的教学环节设计,教授学生科学、专业的思维方式和工作方法,培养学生在专业领域内由浅入深、由表及里,发现问题、分析问题、解决问题的能力;三是通过"拓展学习"的设计,引导学生关注并研究经济社会发展中出现的新问题,运用专业知识求实探索,寻求解决新问题的对策,培养学生的批判精神和创造能力,从而达到"授之以渔"的效果。

本系列教材的主要对象是高校经济管理学科接受继续教育的学生,同时也适用于有兴趣不断学习、更新经济管理知识的人士使用。我们还将运用现代信息技术和数字化教学资源,建设本系列教材的音像、网络课程,以及虚拟仿真实训平台等动态、共享的课程资源库。

本系列教材难免不足之处,敬请广大读者批评指正。

丛书编委会
2021 年 4 月

前言

随着我国经济社会的快速发展,经济活动领域的新业态、新模式、新技术层出不穷,企业商业运作方式日趋复杂多样,这对应用型的会计人才提出了更高的要求。"财务会计"作为会计学专业的主干课程,在专业课程体系中发挥着承上启下的关键作用,是培养"德才兼备"的应用型会计人才的中心环节。本书以新企业会计准则为基础,将立德树人与学科建设、会计理论和会计实务、工具性和趣味性、专业学习和全面发展等相结合,从而培养中国特色社会主义建设所需的具有综合素质与能力的应用型人才。

本书结合上海大学管理学院会计系教师积累的多年会计学教学经验,考虑到知识的连续性和易接受性,依据会计要素的顺序编写,全面系统地介绍了企业的货币资金、存货、金融资产、固定资产和使用权资产、无形资产、投资性房地产、长期股权投资、流动负债、非流动负债、所有者权益、收入、费用、利润、外币折算和财务报告等内容,强调实用性、可操作性、趣味性、数字性等特点,力求文字通俗易懂、习题简明扼要。

为突出各章学习重点并增加学习的趣味性,本书每章内容先写明学习目标和核心概念,接下来根据章节内容巧设"导入"案例,提高学生学习兴趣并引发其自主思考。本书在介绍章节内容的过程中,针对学习要点和拓展之处,灵活插入"探究与发现"思考题,随学随思,步步通幽。在每章内容后,紧跟着列出本章小结思维导图,将所学内容进行再现,使学生豁然开朗。在章节最后配有复习与思考题,其主要由名词解释、简答题、拓展学习等组成,让学生温故知新,举一反三。此外,为提高学习的自主性和便捷性,本书结合信息技术的发展,在各章节重要内容学习和习题的解答之处,以二维码的形式快速链接网络资源,做到线上线下相结合,提高学生学习效率。

本书在编写过程中,参考了许多相关教材、著作和文献等,限于篇幅,不能一一列举,在此向这些资料的作者深表谢意。由于受到编著水平和其他条件的限制,书稿中难免存在不足之处,恳请同行专家和广大读者批评指正。主编邮箱:yanendian@shu.edu.cn,电话:021-66133703。

主　编

2021 年 8 月

目 录

第一章　总论 ……………………………………………………… 1
第一节　财务会计概述 ……………………………………… 2
第二节　财务会计目标和基本假设 ………………………… 5
第三节　财务会计信息质量要求 …………………………… 9
第四节　财务会计要素和计量属性 ………………………… 11
第五节　财务会计规范 ……………………………………… 19
本章小结 ……………………………………………………… 20
复习与思考题 ………………………………………………… 20
拓展学习 ……………………………………………………… 21

第二章　货币资金 ………………………………………………… 22
第一节　货币资金概述 ……………………………………… 23
第二节　库存现金 …………………………………………… 23
第三节　银行存款 …………………………………………… 27
第四节　其他货币资金 ……………………………………… 32
本章小结 ……………………………………………………… 33
复习与思考题 ………………………………………………… 33
拓展学习 ……………………………………………………… 35

第三章　存货 ……………………………………………………… 36
第一节　存货概述 …………………………………………… 37
第二节　实际成本法 ………………………………………… 41
第三节　计划成本法 ………………………………………… 56
第四节　存货的期末计量 …………………………………… 64
第五节　存货的清查 ………………………………………… 71

本章小结 ··· 74
　　复习与思考题 ··· 75
　　拓展学习 ··· 76

第四章　金融资产 ··· 78
　　第一节　金融资产概述 ··· 79
　　第二节　金融资产的初始计量 ··· 82
　　第三节　金融资产的后续计量 ··· 85
　　第四节　金融资产的期末计量和处置 ·· 98
　　本章小结 ·· 104
　　复习与思考题 ·· 104
　　拓展学习 ·· 106

第五章　固定资产和使用权资产 ··· 107
　　第一节　固定资产概述 ·· 108
　　第二节　固定资产的初始计量 ·· 111
　　第三节　固定资产的后续计量 ·· 120
　　第四节　固定资产的期末计量和处置 ······································· 128
　　第五节　使用权资产 ··· 135
　　本章小结 ·· 138
　　复习与思考题 ·· 138
　　拓展学习 ·· 141

第六章　无形资产 ··· 142
　　第一节　无形资产概述 ·· 142
　　第二节　无形资产的初始计量 ·· 145
　　第三节　无形资产的后续计量 ·· 151
　　第四节　无形资产的期末计量和处置 ······································· 153
　　本章小结 ·· 155
　　复习与思考题 ·· 156
　　拓展学习 ·· 157

第七章　投资性房地产 ·· 158
　　第一节　投资性房地产概述 ··· 158
　　第二节　投资性房地产的初始计量 ·· 160

第三节　投资性房地产的后续计量 ··· 161
　　第四节　投资性房地产的期末计量和处置 ··· 164
　　本章小结 ·· 165
　　复习与思考题 ··· 166
　　拓展学习 ·· 167

第八章　长期股权投资 ··· 168
　　第一节　长期股权投资概述 ··· 169
　　第二节　长期股权投资的初始计量 ·· 170
　　第三节　长期股权投资的后续计量 ·· 176
　　第四节　长期股权投资的期末计量和处置 ··· 182
　　本章小结 ·· 185
　　复习与思考题 ··· 185
　　拓展学习 ·· 188

第九章　流动负债 ··· 190
　　第一节　流动负债概述 ··· 191
　　第二节　应付职工薪酬 ··· 192
　　第三节　应交税费 ·· 199
　　第四节　其他流动负债 ··· 208
　　本章小结 ·· 212
　　复习与思考题 ··· 212
　　拓展学习 ·· 214

第十章　非流动负债 ··· 215
　　第一节　非流动负债概述 ··· 216
　　第二节　应付债券 ·· 216
　　第三节　长期借款和长期应付款 ·· 223
　　第四节　借款费用 ·· 226
　　本章小结 ·· 232
　　复习与思考题 ··· 232
　　拓展学习 ·· 233

第十一章　所有者权益 ··· 235
　　第一节　所有者权益概述 ··· 236

第二节　实收资本和其他权益工具 ·· 237
　　第三节　资本公积和其他综合收益 ·· 244
　　第四节　留存收益 ·· 246
　　本章小结 ·· 251
　　复习与思考题 ·· 251
　　拓展学习 ·· 252

第十二章　收入 ·· 253
　　第一节　收入概述 ·· 254
　　第二节　收入的确认和计量 ··· 255
　　第三节　收入的会计处理 ··· 271
　　本章小结 ·· 278
　　复习与思考题 ·· 278
　　拓展学习 ·· 280

第十三章　费用 ·· 281
　　第一节　费用概述 ·· 282
　　第二节　费用的确认和计量 ··· 283
　　本章小结 ·· 289
　　复习与思考题 ·· 289
　　拓展学习 ·· 290

第十四章　利润 ·· 291
　　第一节　利润概述 ·· 292
　　第二节　所得税费用 ·· 298
　　第三节　利润分配 ·· 303
　　本章小结 ·· 308
　　复习与思考题 ·· 308
　　拓展学习 ·· 310

第十五章　外币折算 ·· 311
　　第一节　外币折算概述 ·· 312
　　第二节　外币交易的会计处理 ··· 313
　　第三节　外币财务报表折算 ··· 317
　　本章小结 ·· 319

复习与思考题 ··· 319
　　拓展学习 ··· 322

第十六章　财务报告 ··· 323
　　第一节　财务报告概述 ··· 324
　　第二节　资产负债表 ·· 325
　　第三节　利润表 ·· 330
　　第四节　现金流量表 ·· 333
　　第五节　所有者权益变动表 ··· 341
　　第六节　附注 ··· 343
　　本章小结 ··· 345
　　复习与思考题 ··· 345
　　拓展学习 ··· 347

参考文献 ··· 349

第一章

总 论

 本章教学目标

会计是经济管理的重要组成部分。通过本章的学习,学生应了解财务会计的发展历程;熟悉财务会计的基本概念、会计要素计量属性、财务会计报告;掌握财务会计的目标、基本假设、信息质量要求以及会计要素相关概念。

 本章核心概念

财务会计目标;财务会计信息质量要求;会计要素

 导入

A公司集团下设产品生产、技术咨询、终端服务三个经营活动不同的公司。为了便于集团公司合并报表的编制,更好地反映集团公司财务状况、经营成果和现金流量等情况,集团公司规定:集团内的所有公司,材料物资一律采用实际成本法计价;固定资产采用加速折旧法计提折旧;年末面向所有员工按合并利润的一定比例设置设定提存计划,月末对所有总账和明细账进行结账并核对;季末进行全面财产清查,做到账实一致;季末对资产进行减值测试,发现有减值迹象,需要确定资产减值损失,计提资产减值准备;资产负债表日及时编制财务会计报表。

问题:

(1) 财务会计的工作主要包括哪些内容?目标是什么?

(2) 本案例中的财务会计主体是谁?

(3) 财务会计工作能够进行的假设是什么?

(4) 财务会计对报告信息的质量有什么要求?

(5) 本案例中的"材料物资""固定资产""设定提存计划"归类于什么会计要素?

(6) 在资产负债表日编制的财务会计报表应包含哪些内容?

带着这些问题,让我们进入本章的学习。

第一节　财务会计概述

一、财务会计发展历程

会计随着人类社会的发展和经济管理的需要而产生,经历了一个从简单到复杂、从低级到高级、从不完善到完善的发展过程。一般而言,会计的发展可划分为古代会计、近代会计和现代会计三个阶段。

(一) 古代会计

人类原始计量记录行为的发生是以人类生产行为的发生、发展为根本前提的,它是社会发展到一定阶段的产物。在我国,关于会计事项记载的文字最早出现于商朝的甲骨文;而"会计"一词源于西周,意思是通过日积月累的零星核算和年终的总和核算,达到正确考核王朝财政经济收支的目的。春秋到秦汉时期,在会计原则、法律、方法方面均有所发展。到了元代就形成了"四柱清册",即"旧管＋新收＝开除＋实在",意思就是"原有的＋新得到的＝拿走的＋还剩下的"。然而,早期账簿的主要目的并不是计量,而是进行控制,内部控制是所有古代簿记制度的主要特征。

(二) 近代会计

一般认为,从单式记账法过渡到复式记账法,是近代会计形成的标志。复式簿记首先出现在意大利,随后传播至荷兰、西班牙、葡萄牙,又传入德国、英国、法国等,工业化革命后,会计理论和方法得到了明显的发展,从而完成了由簿记到会计的转化。近代会计的核心理论贡献主要包括:

1. 折旧的思想

在工业革命发生以前,耐用的长期资产往往比较少,商人们一般都是将耐用财产在报废时一次性冲销,或者将耐用财产当作存货(未销售的商品),继而在年终通过盘存估价增减业主权益。但是随着长期资产的日益增多和其在生产经营过程中重要性的日益突显,人们逐渐意识到传统的做法已经无法正确地确定盈亏,因此长期资产应该在其经济寿命期内采取一定的方法进行分摊,"折旧"概念便应运而生了。

2. 划分资本与收益

随着企业规模的日益扩大,投资者与经营者日益分离并更加关心投入资本的报酬。因此,必须将业主的投资与投资报酬收益进行严格的区分,使会计人员严格区分收益性支出与资本性支出,同时也要进行收入与成本、费用的恰当配比,使收益表成为对外披露的重要报表之一。

3. 重视成本会计

重工业的发展与生产规模的扩大使企业的制造费用激增并成为产品成本一个不容忽视的组成部分。同时,伴随着企业生产的日益复杂化,制造程序与费用的归集和分配也相应变得复杂。这些变化都给成本会计制度的出现提供了契机。最终,以存货的计价为突破口,形成了以历史成本为基础的成本会计核算方法。

4. 财务报表审计制度

所有者与经营者的分离日益明显,作为不参加企业日常经营管理的所有者,必然关心投入资本的保值、增值情况,因此要求管理当局定期提供反映企业财务状况、经营成果的财务报表。但是,管理当局与所有者之间微妙的利益对立关系以及两者之间的信息不对称,使得所有者(可能并不具备会计专业知识)对管理当局提供的财务报表不可能完全信任,所以希望能够由客观、中立的会计师进行验证,以增加财务报表的可信程度,这就形成了财务报表审计制度。

(三) 现代会计

随着财务会计体系的不断完善发展,传统会计逐渐向现代会计转变。对会计发展产生直接影响的是股份公司的产生和工业革命。在这种经济环境中,现代会计中的诸多概念慢慢地发展起来。一般认为现代会计以1939年美国第一份"公认会计原则"的《会计研究公报》的出现为起点。在现代会计期间,会计方法、技术和内容的发展出现了质的飞跃:① 现代电子技术与会计的融合导致产生"会计电算化"的会计核算手段;② 生产和管理的发展导致会计分化为财务会计和管理会计两大分支领域。

二、财务会计基本概念

财务会计是以货币为主要计量单位,通过一定的程序,采用特定的方法,将会计主体发生的日常经济业务数据进行一系列的确认、计量、记录和报告,系统、连续、完整地反映和监督一个单位的经济活动,为会计报告使用者作出决策提供有用信息的一种经济管理工作。

(一) 理论财务会计与实务财务会计

在长期的会计实务发展过程中,财务会计形成了一套实用且富有逻辑的理论。财务会计是财务会计理论与财务会计实务的统一。

(1) 财务会计实务的不断发展推动了财务会计理论的发展。在我国,随着经济的快速发展,财务会计实务也在不断完善丰富。例如,附有销售退回条款的收入业务、投资性房地产业务、企业年金基金业务等,推动了收入确认原则、资产计量原则、会计主体理论等财务会计理论的进一步发展。

(2) 财务会计理论又被用来指导财务会计实务。理论来源于环境和实务,比如,财务会计目标是财务会计理论体系中的重要组成部分。它决定了财务会计信息的主要使用者及其信息需求、财务会计应当提供什么信息来满足主要信息使用者的信息需求等。随着我国企业改革的深入,证券市场不断发展,企业产权和投资主体日益多元化,机构投资者和其他投资者占比不断增加。为满足各类投资者对会计信息的需求,我国将投资者作为企业财务会计信息的主要使用者,并由此来安排财务会计实务中应当提供的主要财务会计信息。

一般认为,财务会计基本理论由财务会计基本假设、财务会计目标、财务会计信息质量要求、财务会计要素等内容构成。

(二)财务会计与管理会计

财务会计与管理会计的比较

财务会计以财务收支为依据,记录和反映企业资金的增减变化及其结果,而管理会计则主要利用财务会计资料,采用管理会计的特有方法,对企业的经营活动进行规划和控制,达到提高经济效益的目的。具体区别体现在会计主体、职能定位、服务对象、工作程序等方面。

企业的会计系统分为两个主要的子系统:财务会计系统和管理会计系统。财务会计系统主要为外部信息使用者提供企业的财务信息,比如税务机关、上市公司的股东、银行、证券监管机构等。财务会计系统依据政府制定的规则和惯例处理企业的经济业务,比如企业会计制度、会计准则、股份公司会计制度等,对外提供指定格式的报表。这些财务信息被用来进行投资决策、评价企业的总体经营状况、监控企业是否违反法律法规。

管理会计有两个重要的内容,一是成本核算,二是全面预算。成本核算的主要内容是依据企业的业务特点选择合适的成本计算方法,比如分批成本计算法、分步成本计算法、标准成本计算法、作业成本计算法等,核算的目标是得到完整、细致、正确的成本信息,包括产品成本、部门成本、订单成本、客户成本、作业成本、渠道成本等多个维度的成本信息。全面预算管理的主要内容是根据企业的年度经营目标,划分预算单元,设计专业预算内容,选择预算周期,编制企业的业务预算和财务预算,并根据实际经营情况进行差异分析。

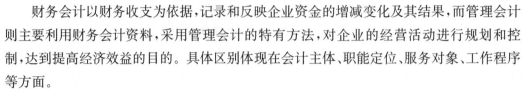

探究与发现

通过上述学习,你是否对财务会计的发展历程和概念有了清晰的认识?你身边的财务工作人员是如何评价我国财务会计的发展历程的?

三、财务会计报告

(一)财务会计报告的概念

财务会计报告简称为财务报告,是指企业对外提供的反映企业某一特定日期的财务状况和某一会计期间的经营成果、现金流量等会计信息的文件。其目的是在企业管理层和外部信息使用者之间存在信息不对称的情况下,通过向外部会计信息使用者提供有用的信息,帮助财务报告使用者作出相关决策。其特征如下:

(1)主要对外提供。财务会计报告主要向投资者、债权人等外部信息使用者提供,满足外部信息使用者的信息需求。专门供企业内部管理层使用的财务会计信息文件不是企业的财务会计报告。

(2) 反映企业全貌。财务会计报告应当全面完整地反映企业的财务状况以及与财务情况相关的其他情况,主要包括在某一特定日期的财务状况、在某一特定会计期间的经营成果和现金流量及其他诸如企业社会责任的履行情况、发展前景、发生的重大事件等情况。财务报告不仅应披露财务信息,而且应披露非财务信息。

(3) 完整信息系统。财务报告中的各种信息构成一个完整的信息系统。其中财务信息之间存在着内在联系,财务信息与非财务信息之间也存在着内在关系。

(4) 主要反映经营活动结果。财务会计报告中反映的财务会计信息主要反映在过去一段时间内开展的生产经营活动在财务方面形成的结果。

(二) 财务会计报告的构成

财务会计报告包括财务会计报表和其他应在财务报告中披露的相关信息和资料。财务会计报表由报表本身及其附注两部分构成。报表是综合反映一定时期财务状况和经营成果的文件,是财务会计报告的主要组成部分,是企业向外传递会计信息的主要途径,它至少应当包括资产负债表、利润表、现金流量表、所有者权益变动表等报表;附注是财务会计报表的有机组成部分,是完整的财务会计报表所必不可少的。

资产负债表是反映企业在某一特定日期的财务状况的财务会计报表。利润表是反映企业在某一特定期间的经营成果的财务会计报表。现金流量表是反映企业在某一特定期间的现金和现金等价物流入和流出的财务会计报表。所有者权益变动表是反映企业在某一特定期间所有者权益增减变动情况及其结果的财务会计报表。财务会计报表附注是指对在财务会计报表中列示项目作出的进一步说明,以及对未能在财务会计报表中列示项目的说明等。

有关财务会计报告的具体内容将在第十六章进行专门介绍。

第二节 财务会计目标和基本假设

一、财务会计信息及其使用者

财务会计是一个信息系统,其提供的一系列信息以财务会计报告作为载体。财务会计报告应当提供关于企业的财务状况、经营成果、现金流量的信息,分别对应资产负债表、利润表和现金流量表。小企业由于规模较小、业务简单、外部信息使用者的需求不大,我国《企业会计准则——基本准则》第四十四条规定:小企业编制的会计报表可以不包括现金流量表。此外,财务会计还应当根据信息使用者的信息需求,选择提供所有者权益变动的信息。在我国,执行企业会计准则体系的企业,应当按照《企业会计准则第 30 号——财务报表列报》的要求,编制所有者权益变动表。

一般认为,企业财务会计提供的信息,如果能满足权益投资者的需求,基本上就可以满足债权人、供应商、经销商、政府及其有关部门和社会公众等其他信息使用者的大部分信息需求。

二、财务会计目标

我国企业会计基本准则规定,财务会计目标是向财务会计报告使用者提供与企业财务状况、经营成果和现金流量等有关的会计信息,反映企业管理层受托责任的履行情况,有助于财务会计报告使用者作出经济决策。具体包括以下两个方面的内容:

(一)向财务报告使用者提供决策有用的信息

向财务报告使用者提供决策有用的信息,满足信息使用者决策的要求是财务报告的主要目标。这里,财务报告使用者主要包括投资者、债权人、政府及其有关部门和社会公众等。如果企业在财务报告中提供的会计信息与财务报告使用者的决策无关,那么财务报告就失去了其编制的意义。

根据向财务报告使用者提供决策有用的信息这一目标的要求,财务报告所提供的信息应当如实反映企业所拥有或者控制的经济资源、对经济资源的要求权以及经济资源要求权的变化情况,如实反映企业的各项收入、费用、利得和损失的金额及其变动情况,如实反映企业各项经营活动、投资活动和筹资活动等所形成的现金流入和现金流出情况等,从而有助于现在的或者潜在的投资者正确、合理地评价企业的资产质量、偿债能力、盈利能力和营运效率等;有助于财务报告使用者根据相关会计信息作出理性的投资决策;有助于财务报告使用者评估与投资有关的未来现金流量的金额、时间和风险等。唯有这样,市场才能由最重要的信息来引导其发展,资本有序合理的流动才能得到保障,财务报告使用者的正当利益才能得到保护,也才能促进社会资源的优化配置。

(二)反映企业管理层受托责任的履行情况

随着经济的发展,现代企业必然呈现"两权"分离,即所有权与经营权的分离。但是,两权分离使委托人与受托人之间就公司的经济、财务信息等方面产生明显的信息不对称。作为受托方的企业管理层负有受托责任,对于投资者投入的资本和向债权人借入的资金所形成的各项资产有责任进行妥善的保管和合理、有效的运用。而作为委托方的企业投资者和债权人等需要及时或者经常性地了解企业管理层保管、使用资产的情况,以便于评价企业管理层的责任情况和业绩情况,并决定是否需要更换管理层,是否需要调整投资或者信贷策略等。所以,财务报告也应当反映企业管理层受托责任的履行情况,并借以评价企业的经营管理责任和资源使用的有效性。

> **探究与发现**
>
> 若你是一家公司的首席财务官,为实现本公司的财务会计目标,应当考虑哪些因素?

三、财务会计基本假设

财务会计的基本假设是企业会计确认、计量和报告的前提,是对会计核算所处时间、空间环境等所作的合理设定。它是为达到财务会计目标、开展财务会计工作而对环境和衡量物所作的设定。

我国《企业会计准则——基本准则》中会计核算的基本假设包括会计主体、持续经营、会计分期和货币计量。

(一) 会计主体假设

会计主体是指企业会计确认、计量和报告的空间范围。财务会计服务于某个特定会计主体,其提供的信息应当是某一特定会计主体的信息,确定了会计主体,也就确定了财务会计提供信息的边界。一般而言,只要是独立核算的经济组织都可成为会计主体。会计主体可为法人(如国营企业)或非法人(如独资企业、合伙企业);可为特定的企业或企业内部独立核算的某一特定部门(如分公司);可为单一的企业或几个企业组成的集团等。此假设的提出,为会计核算的开展提供了空间界定,从而限定了财务报告所应包括和反映的事项及其属性。

会计主体区别于法律主体。一般而言,法律主体在各方面都承担独立的法律责任,应当具有独立完整的财务会计信息。因此,一个法律主体必然是一个会计主体,但会计主体不一定是法律主体。例如,一家公司购买了另一家公司超过50%的股权,从而对其进行控制。此时,两个企业仍然都是法律主体,也都是会计主体。但两个企业组成的企业集团,可以成为一个会计主体,但不是一个法律主体。由此可知,法律主体注重独立的法律责任,会计主体注重经济实质和独立完整的会计信息系统。

(二) 持续经营假设

持续经营假设是指企业按当前规模和状态在可预见的未来持续不断地经营下去,不会出现破产清算的情况。

在任何一个经营时点上,可预见的未来预计有两种可能——持续经营和破产清算。假设企业的经营活动正在正常进行,内外经济环境变化不会对企业未来产生破坏性影响时,那么推测企业会按照预定的目标持续经营下去。

在持续经营假设下,企业进行会计确认、计量和报告应当以持续经营为前提。在持续经营假设的基础上,企业的财务会计核算可以按照常规的财务会计核算方法进行。此假设的提出为会计核算的开展提供了时间界定,即会计主体所持有的资产在正常经营过程中将按照预定的用途被耗用、转让或出售,其债务也会如期获得清偿。该假设为会计政策和会计估计方法的选择提供了前提条件。

(三) 会计分期假设

会计分期假设是指将企业连续的生产经营活动人为地划分为多个前后相接、间隔相等的会计期间,并为每个会计期间编制财务会计报表,提供相对独立、完整的财务会计信息。会计期间分为年度和中期两个分期。年度和中期均按公历的起讫日期确定。中期是指短于一个完整的会计年度的报告期间。

会计分期假设是持续经营假设的一个必要补充，是对会计活动的时间界定所作的进一步假设。企业的生产经营活动持续进行，投资者等财务信息使用者需要及时了解企业的财务会计信息，并及时作出经济决策。为满足财务信息使用者的信息需求，财务会计需要将企业连续不断的生产经营活动人为划分为长短相等的会计期间，并编制财务会计报告，以供财务信息使用者使用。

由于会计分期假设的提出，产生了本期与非本期的区别，从而出现了两种计算损益的会计基础——权责发生制和收付实现制。在以权责发生制为基础的情况下，当期实现的收入和已经发生或应当承担的费用，无论该款项是否已经收到或已支付，都应当作为当期收入和费用予以确认、计量和报告；当期尚未实现和尚未发生或不应当承担的收入和费用，即使款项已经在当期收到或支付，也不作为当期的收入和费用予以确认、计量和报告。与之相反，收付实现制是以款项是否已经收到或付出作为计算标准来确定本期收益和费用的一种方法。在以收付实现制为基础的情况下，当期收到的收入款项都作为当期收入予以确认和报告，当期支付的费用款项都作为当期费用予以确认和报告。收付实现制具有简化会计处理的优势，但它不能真实地反映企业权利和责任的取得与发生。

会计分期假设也为财务会计带来了一些比较复杂的确认和计量问题。例如，收入应当如何确认、费用应当如何分摊、前期差错应当如何更正等。

(四) 货币计量假设

货币计量假设是指会计主体在进行会计确认、计量和报告时采用货币计量的方法，它能反映会计主体的财务状况、经营成果和现金流量。

财务会计采用货币计量假设是由货币为一般等价物的本质属性决定的。其一，财务会计主要反映企业的经济活动和价值变动，而非企业的实物活动，因此诸如重量单位千克、长度单位米、数量单位件等都不是首选的主要计量单位。其二，以货币为计量单位得到的数量信息，可以在单一的价值基础上进行加减等运算，使得财务会计信息既可以非常详细，又可以高度综合，从而极大地提高财务会计信息的决策有用性。货币计量假设并不意味着不允许使用货币以外的其他计量单位作为辅助计量单位。例如，财务会计也可使用件、台等单位来反映存货、固定资产等资产信息。

以货币价值衡量单位货币价值必须保证其稳定性，否则会影响衡量标准的公正性、客观性。因此，假定货币价值稳定不变是货币计量假设得以成立的一个重要前提。币值稳定不变，其实质是会计人员在正常的账务处理程序和账表体系中不考虑币值的变动。当然，若发生严重的通货膨胀，该假设是不成立的，应改用物价变动会计或通货膨胀会计来进行会计业务的处理。

货币计量假设有一定的局限性。对于企业中发生的那些难以用包括货币在内的计量单位来衡量的事务或事件，如企业的经营战略、管理思想、研发能力、市场前景等，也应当作为补充信息列入财务会计报告,供财务会计信息使用者参考。

> **探究与发现**
>
> 试思考:若没有财务会计四个基本假设,企业在进行确认、计量和报告时将会出现怎样的问题?

第三节 财务会计信息质量要求

财务会计信息质量要求是对企业财务报告中所提供的会计信息质量的基本要求,是使财务报告中所提供的会计信息对使用者决策有用所应具备的基本特征,也是选择或评价具体会计准则、会计程序和方法的标准。财务会计信息的质量要求分为首要质量要求和次级质量要求。根据《企业会计准则——基本准则》的规定,我国的会计信息质量要求主要包括可靠性、相关性、可理解性、可比性、实质重于形式、重要性、谨慎性和及时性。其中首要质量要求是指财务会计信息应达到的基本质量要求,一般包括可靠性、相关性、可理解性和可比性。次级质量要求是对首要质量要求的补充和完善,一般包括实质重于形式、重要性、谨慎性和及时性。

一、可靠性

会计信息质量要求的可靠性,是指企业应当以实际发生的交易或事项为依据进行会计确认、计量和报告,如实反映符合会计确认和计量要求的各项会计要素及其他相关信息,确保会计信息真实可靠、内容完整。

会计信息质量要求的可靠性包括三个要素,即客观性、真实性和完整性。客观性是指企业应当以实际发生的交易或者事项为依据进行会计确认、计量和报告;真实性是指企业应当如实反映其所应反映的交易或者事项;完整性是指企业应当在符合重要性和成本效益原则的前提下,保证会计信息的完整性。可靠性要求是充分发挥会计信息作用的重要保证,也是对会计核算工作和会计信息质量的基本品质要求。

二、相关性

会计信息质量要求的相关性是指企业所提供的会计信息应当与财务会计报告使用者的经济决策需求相关,有助于财务会计报告使用者对企业过去、现在、未来的情况作出评价或者预测。

会计信息的价值在于与决策相关,有助于决策或者提高决策水平。这里所说的相关性主要是指会计信息的反馈价值和预测价值。会计信息的反馈价值是指有助于信息使用者评价企业过去的情况,证实或者修正过去的有关预测;会计信息的预测价值是指有助于信息使用者根据财务报告所提供的会计信息预测企业未来的财务状况、经营成果和现金流量。相关性与可靠性是会计信息的两个主要的品质特征,因为会计信息必须与决策相关,如此才有质量;会计信息必须可靠,如此才能使信息使用者作出正确的决策。当然,相关性与可靠性之间也存在着一定的矛盾,这就需要会计人员在两者的重要性之间进行权衡。

三、可理解性

会计信息质量要求的可理解性是指企业所提供的会计信息必须清晰明了,便于财务会计报告使用者理解和使用。

可理解性是决策者和信息有用性之间的纽带。企业编制财务报告、提供会计信息的主要目的是使使用者能够有效地使用会计信息,因此,会计人员应在保证会计信息质量的前提下,尽量使会计信息简明易懂,从而提高会计信息的有用性。同时,由于会计信息具有很强的专业性,因此,要求会计信息使用者尽可能地学习、了解和掌握一定的会计专业知识,以便能更有效地利用会计信息作出科学、合理的决策。

四、可比性

会计信息质量要求的可比性是指财务会计信息之间能够相互比较,包括同一企业不同时期的财务会计信息的相互比较、不同企业同一时期的财务会计信息的相互比较。同一企业在不同时期对于同一经济业务应采用一致的财务会计处理方法,但这并不意味着企业不可以根据经济环境的变化采用新的财务会计处理方法。不同企业对于同一经济业务采用统一的财务会计处理方法,也并不意味着不同企业对于同一经济业务不能采用其他的财务会计处理方法。

符合下列条件之一的企业可以变更会计政策:

(1) 法律或会计准则等行政法规、规章要求变更会计政策。

(2) 企业变更会计政策后,能够更恰当地反映企业财务状况、经营成果和现金流量等信息。

五、实质重于形式

会计信息质量要求的实质重于形式,是指财务会计的确认、计量和报告更注重经济业务的经济实质,而非其法律形式。经济业务的经济实质和法律形式在大多数情况下是相互一致的,但有时也会出现矛盾。例如,企业租入固定资产时,在法律形式上,企业并不拥有租入固定资产的所有权,但在财务会计确认、计量和报告方面,企业可以将租入的固定资产视同自有固定资产进行确认、计量和报告。按照实质重于形式的质量要求提供的财务会计信息,比单纯按照法律形式提供的财务会计信息更有利于投资者等财务会计信息使用者作出合理、正确的经济决策。

六、重要性

会计信息质量要求的重要性是指企业提供的会计信息应当反映与企业财务状况、经营成果和现金流量等有关的所有重要交易或者事项。

企业的财务会计信息非常繁杂,每一项财务信息对投资者等财务信息使用者并不具有同等重要的经济决策参考价值。重要交易或者事项的认定有赖于专业的判断。一般而言,企业应当根据自身所处的环境和实际情况,从项目的性质和金额的大小两个方面来判断信息的重要程度,进而作出相应的会计处理。

七、谨慎性

会计信息质量要求的谨慎性是指财务会计信息应建立在谨慎或者稳健的基础上,而不能建立在盲目乐观的基础上。谨慎的财务会计信息不应当高估资产或者收益,低估负债或者费用。

在市场经济条件下,企业的未来发展面临着许多不确定性。谨慎的财务会计信息能够使投资者等财务信息使用者更加关注企业未来发展过程中可能存在的风险和不利因素,从而使投资者等财务信息使用者作出更加合理、积极、稳健的经济决策。企业对应收账款计提坏账准备、对期末存货采用成本与可变现净值孰低法计价等,均体现了会计信息质量要求的谨慎性。

八、及时性

及时性要求企业对于已经发生的交易或者事项,应当及时进行会计确认、计量和报告,不得提前或者延后。

根据及时性要求,既要保证会计信息质量的可靠性和相关性,又要保证会计信息的时效性,才能使信息得到及时、准确、有效的利用。要达到会计信息质量的及时性要求,应主要从以下三个方面入手:① 收集会计信息要及时;② 处理会计信息要及时;③ 传递会计信息要及时。这就意味着日常会计核算工作和提供报表资料要在规定的时限内完成。

> **探究与发现**
> 财务会计信息质量要求为什么有首要要求和次要要求之分?

第四节 财务会计要素和计量属性

财务会计要素又称财务报表要素,指按照交易或者事项的经济特征所作的基本分类。

它是确定财务会计报表结构和内容的依据,也是进行会计确认和计量的依据。企业财务会计的要素由资产、负债、所有者权益、收入、费用和利润等组成。其中,资产、负债和所有者权益组成反映企业财务状况的资产负债表,满足等式:资产－负债＝所有者权益。收入、费用和利润构成反映企业经营成果的利润表,满足等式:收入－费用＝利润。

一、会计要素

(一) 资产

1. 资产的定义

资产是指企业过去的交易或者事项所形成的由企业拥有或者控制、预期会给企业带来经济利益的资源。

2. 资产的特征

(1) 资产预期会给企业带来经济利益。这是指资产具有直接或者间接导致现金和现金等价物流入企业的潜力。资产预期能为企业带来经济利益是资产的本质特征。预期无法带来经济利益的,不能被确认为企业的资产,即便企业过去为取得该项资源曾发生过种种耗费,也不能被确认为资产,若已被确认为资产,则应从账面上剔除。比如,待处理财产损失或已无价值的存货,它们已经不能给企业带来未来经济利益,就不能再作为资产出现在资产负债表中。

(2) 资产应当为企业所拥有或控制。资产作为一种资源,应当由企业拥有,即使不属于企业,也应由企业所控制。拥有是指企业享有某项资源的所有权,控制指企业已掌握了某项资源未来的实际利益和风险,如租入固定资产时,按照实质重于形式的要求,承租人应当将租赁确认为企业的使用权资产。企业所拥有或控制的某项资产所产生的利益只能归于该企业,换言之,资产对企业具有提供经济利益的能力,而这种能力是具有排他性的。

(3) 资产由企业过去的交易或者事项形成。企业的资产必须是现实的资产,而非预期的资产。也就是说,只有过去发生的交易或者事项才能产生资产,而企业预期在未来发生的交易或者事项不能形成资产。这里所指的企业过去的交易或者事项,包括购买、生产、建造行为等其他交易或者事项。如企业通过购买方式取得某项设备,该设备属于企业的资产,但企业打算在未来购买该设备,因其相关的交易或者事项尚未发生,预期要购买的设备就不能作为企业的资产来确认。

3. 资产的确认条件

当同时满足以下两个条件时,符合资产定义的资源可被确认为资产:

(1) 与该资源有关的经济利益很可能流入企业。资产的一个重要特征就是预期会给企业带来经济利益,但与资源有关的经济利益能否流入企业或者能流入多少,具有一定的不确定性。因此,对资产的确认应当结合所判断的经济利益流入的不确定性程度。如果有证据表明,与资源有关的经济利益很可能流入企业,那么就应当将该资源确认为资产。

(2) 该资源的成本或者价值能够被可靠地计量。可计量性是确认所有会计要素的基本前提，只有当某项资源的成本或者价值能够以货币计量时，资产才能予以确认；反之，如果某项资源的成本或价值无法用货币加以计量，则企业就难以确认和计量它的价值，而且在未来其转化为费用时也难以进行计量。

4. 资产的分类

资产按流动性可以分为流动资产和非流动资产。

流动资产是指预计在一个正常营业周期内变现、出售或耗用，或者主要为交易目的而持有，或者预计在资产负债表日起一年内（含一年）变现的资产，以及自资产负债表日起一年内交换其他资产或清偿负债的能力不受限制的现金或现金等价物。流动资产包括各类现金、银行存款、交易性金融资产、应收及预付款项、存货、应收利息、应收股利、其他应收款等。流动资产可以进一步分为速动资产和非速动资产两类。速动资产是指能够迅速转换成现金或已属于现金形式的资产，其计算方法为流动资产减去变现能力较差且不稳定的存货、预付账款、一年内到期的非流动资产及其他流动资产等之后的余额。非速动资产则指资产中除去速动资产的部分。

非流动性资产是指不能在一年或者超过一年的营业周期内变现或者耗用的资产。非流动资产是流动资产以外的资产，主要包括持有到期投资、长期应收款、长期股权投资、工程物资、投资性房地产、固定资产、在建工程、无形资产、长期待摊费用等。

(二) 负债

1. 负债的定义

负债是指企业过去的交易或者事项所形成的预期会导致经济利益流出企业的现时义务。

2. 负债的特征

(1) 负债是企业承担的现时义务。现时义务是指企业在现行条件下已承担的义务。未来发生的交易或者事项所形成的义务，不属于现时义务，不应当被确认为负债。负债是企业所承担的现时义务，这是负债的基本特征。

现时义务包括法定义务和推定义务。法定义务是依照国家的法律法规产生的义务，它既包括由法律法规直接规定的义务，如依法纳税的义务，也包括由于法定经济合同造成的义务，如购买合同中，依照合同规定付款的义务。推定义务则是指企业在特定情况下产生或推断出的责任，可能是企业为了维护自身信誉或进行正常业务而将承担的义务，如产品质量保证义务等。

(2) 负债的清偿预期会导致经济利益的流出。企业在履行现时义务清偿负债时会导致经济利益流出，这是负债的一个本质特征。履行现时义务可采取多种方式，如支付现金、转让其他资产、提供劳务、将负债转为资本等。

(3) 负债是由企业过去的交易或者事项形成的。导致负债形成的交易或者事项必须已经发生，只有因已经发生的交易或者事项所形成的现时义务，才是会计上所确认的负债。比如，赊购材料，材料已入库，但款项尚未支付，该交易形成的应付账款应被确认为负债。企业筹划将在未来发生的签订合同等交易或者事项，不会形成负债。

3. 负债的确认条件

在同时满足以下两个条件时，符合负债定义的义务可被确认为负债：

（1）与该义务有关的经济利益很可能流出企业。由于履行现时义务所需而流出的经济利益带有不确定性，尤其是与推定义务相关的经济利益往往需要依赖于大量的估计，所以，对负债的确认应当结合所判断的经济利益流出的不确定性程度。如果有证据表明，与现时义务有关的经济利益很可能流出企业，则应该将该义务确认为负债。

（2）未来流出的经济利益的金额能够被可靠地计量。作为一项会计要素，负债的确认须符合可计量性的要求。只有在未来流出的经济利益的金额能够可靠地计量时，才能确认为负债。与法定义务有关的经济利益流出的金额，可以根据合同或者法律规定的金额予以确定；与推定义务有关的经济利益流出的金额，应根据履行相关义务所需支出的最佳估计数进行估计。考虑到经济利益流出一般发生在未来期间，因此，在计量过程中，通常需要考虑货币时间价值、风险等因素的影响。

4. 负债的分类

按流动性，负债可分为流动负债和非流动负债两类。

流动负债是指预计在一个正常营业周期内清偿的负债或者主要为交易目的而持有、自资产负债表日起一年内（含一年）到期应予以清偿的负债或者企业无权自主地将清偿推迟至资产负债表日后一年以上的负债。流动负债主要包括短期借款、应付票据、应付账款、预收账款、应付职工薪酬、应交税费、应付利息、应付股利、其他应付款等。

非流动负债是指流动负债以外的负债，主要包括长期借款、应付债券、长期应付款、专项应付款等。

（三）所有者权益

1. 所有者权益的定义

所有者权益是指企业资产扣除负债后由所有者享有的剩余权益。公司的所有者权益又称为股东权益。

2. 所有者权益的来源构成

所有者权益的来源包括所有者投入的资本、直接计入所有者权益的利得和损失、留存收益等。

所有者投入的资本，是指所有者投入企业的资本部分，它包括构成企业的注册资本部分或者股本部分，以及投入资本超过注册资本或者股本的部分，即资本溢价或者股本溢价，这部分投入资本按照我国《企业会计准则——基本准则》的规定被确认为资本公积，并反映在资产负债表中的"资本公积"项目下。

直接计入所有者权益的利得或损失，是指不应计入当期损益、会导致所有者权益发生增减变动的、与所有者投入资本或者向所有者分配利润无关的利得或者损失。所谓利得是指由企业非日常活动所形成的、会导致所有者权益增加的、与所有者投入资本无关的经济利益的流入，如其他权益工具投资的非交易性权益工具投资由于公允价值变动而获得的利得等;所谓损失是指由企业非日常活动所发生的、会导致所有者权益减少的、与向所有者分配利润无关的经济利益的流出。

留存收益,是企业历年实现的净利润留存于企业的部分,主要包括计提的盈余公积和未分配利润。

3. 所有者权益的特征

(1) 除非发生减资、清算或分派现金股利,否则企业不需要偿还所有者权益。

(2) 企业清算时,只有在清偿所有的负债后,所有者权益才返回给所有者。

(3) 所有者凭借所有者权益能够参与企业利润的分配。

所有者权益作为企业所有者对企业净资产的所有权,其数量及来源随着企业经营的性质及生产规模的变化而变动。

4. 所有者权益的确认条件

由于所有者权益反映了所有者对企业资产的剩余索取权,是企业资产中扣除债权人权益后的部分,因此,所有者权益的确认主要依赖于其他会计要素,尤其是资产和负债的确认,相应地,所有者权益金额取决于资产和负债的计量。

(四) 收入

1. 收入的定义

收入是指企业在日常经营活动中形成的会导致所有者权益增加、与所有者投入资本无关的经济利益的总流入。

2. 收入的特征

(1) 在日常活动中形成。收入应当在企业的经常性活动及其相关活动中形成,而不是在偶尔或者非常规性活动中形成。企业的经常性活动是指企业为了实现其经营目标而持续不断开展的业务活动。企业在非日常活动中形成的经济利益流入属于企业的利得,而非收入。例如,企业发生的财产盘盈、取得捐赠等,属于企业的利得。

(2) 会导致所有者权益增加。由收入形成的经济利益流入会增加所有者权益的数额。例如,企业在销售商品或产品的活动中形成的现金或应收款项等,都会导致所有者权益增加,因此,其应确认为企业的收入。

(3) 与所有者投入资本无关。由收入形成的经济利益流入并非由所有者投入资本带来。所有者向企业投入资本也可以形成企业的经济利益流入,但是这种经济利益的流入直接增加所有者权益,或将其归入所有者权益会计要素,而非收入。

3. 收入的确认条件

收入的确认除了应当符合定义之外,还应当满足相应的确认条件,即只有当经济利益很可能流入,从而导致企业资产增加或者负债减少,且经济利益的流入额能够可靠计量时,才能确认为收入。

4. 收入的分类

按企业经营业务主次,收入可以分为主营业务收入和其他业务收入。其中,主营业务收入是指企业为完成其经营目标所从事的经常性活动所产生的收入。一般情况下,主营业务收入占企业总收入的比重较大,对企业的经济效益有较大影响。不同行业,企业的主营业务收入所包括的内容不同,比如,工业企业的主营业务收入主要包括销售产品、自制半成品、代制品、代修品以及提供工业性劳务等实现的收入;商业企业的主营业务收入主要包括销售商品实现的收入;运输企业的主营业务收入主要包括对外提供各类运输服务实现的收入等。

其他业务收入是指企业日常活动中次要交易实现的收入,是企业为完成其经营目标所从事的与经常性活动相关的活动实现的收入。其他业务收入占企业总收入的比重一般较小,且对象不固定,比如工业企业出售多余的材料取所得的收入、对外出租固定资产取得的租金收入、转让无形资产使用权实现的收入等。

(五) 费用

1. 费用的定义

费用是指企业在日常活动中发生的会导致所有者权益减少、与向所有者分配利润无关的经济利益的总流出。

2. 费用的特征

(1) 在日常活动中发生。这是指费用应当在企业的经常性活动及其相关活动中发生,而不是在企业的偶尔或者非常规活动中发生。日常活动中产生的费用包括销售费用、管理费用、职工薪酬、固定资产折旧费等。而对于非日常活动中所形成的经济利益的流出不应确认为企业的费用,比如企业处置固定资产发生的净损失不是费用,而是损失。

(2) 会导致所有者权益减少。这是指由费用带来的经济利益流出会减少所有者权益的数额。如果企业为了向所有者分配利润而导致经济利益流出,则该流出不属于费用,而是属于所有者权益的抵减项目。

(3) 与向所有者分配利润无关。这是指由费用带来的经济利益流出与企业向所有者分配利润的业务没有关系。会导致所有者权益减少的经济利益的流出不符合费用的定义,不应将其确认为费用。

3. 费用的确认

除了应当符合定义之外,费用的确认还应当满足相应的确认条件,即:只有在经济利益很可能流出从而导致企业资产减少或者负债增加且经济利益的流出额能够可靠计量时,才能确认为费用。

在费用确认过程中应注意以下三方面的问题:① 企业为生产产品、提供劳务等发生的可归属于产品成本、劳务成本等的费用,应当在确认产品销售收入、劳务收入等时,将已销售产品、已提供劳务的成本等计入当期损益;② 企业发生的支出不产生经济利益的,或者即使能够产生经济利益但不符合或者不再符合资产确认条件的,应当在发生时确认为费用,计入当期损益,比如企业发生的业务招待费等;③ 企业发生的交易或者事项导致其承担了一项负债而又不确认为一项资产的,应当在发生时确认为费用,计入当期损益,比如企业对外销售商品时提供的产品质量保证等。

4. 费用的分类

按经济用途,费用可以分为生产成本和期间费用。生产成本又称制造成本,是指生产活动的成本,即企业为生产产品而发生的成本,包括直接材料费、直接工资、其他直接费用以及分配转入的间接费用。期间费用是指在企业日常活动中发生的不能计入特定核算对象的成本,而应计入发生当期损益的费用,期间费用一般包括管理费用、销售费用和财务费用。期间费用是企业日常活动中所发生的经济利益的流出,之所以不计入特定的成本核算对象,主要是因为期间费用是企业为组织和管理整个经营活动而发生的费用,与可以确定一定成本核算对象的材料采购、产成品生产等支出没有直接关系,因而期间费用不计入有关核算对象的成本,而直接计入当期损益。

(六) 利润

1. 利润的定义

利润是指企业在一定会计期间的经营成果。它包括收入减去费用后的净额、直接计入当期利润的利得和损失等。

2. 利润的特征

利润是收入减去费用后的净额,区分日常活动形成的经营成果和非日常活动形成的经营成果,即日常活动形成的经营成果以收入减去费用后的净额表示,而非日常活动形成的经营成果以直接计入当期利润的利得和损失来反映。由于利润综合地反映了企业一定会计期间的经营成果,它通常是评价企业管理层经营业绩的重要指标。一般情况下,利润会增加所有者权益,亏损即负利润会减少所有者权益。

3. 利润的确认

从利润的构成来看,利润的确认主要取决于收入和费用以及利得和损失的确认,而利润的金额取决于收入和费用、直接计入当期利润的利得和损失金额的计量。

> **探究与发现**
>
> 试思考如何将"资产—负债=所有者权益"与"收入—费用=利润"这两个会计等式结合起来,使其具有现实逻辑意义?

二、会计要素计量属性

会计要素计量,是指为了在账户记录和财务报表中确认、计列有关财务报表要素,而以货币或其他度量单位确定其货币金额或其他数量的过程。计量属性,是指予以计量的某一要素的特性或外在表现形式。会计计量属性反映了会计要素金额的确定基础,主要包括历史成本、重置成本、可变现净值、现值和公允价值等。

（一）历史成本

在历史成本计量下，资产按照购置时支付的现金或现金等价物的金额，或者按照购置资产时所付出的对价的公允价值计量。负债按照因承担现时义务而实际收到的款项或资产的金额或者承担现时义务的合同金额，或者按照日常活动中为偿还负债预期需要支付的现金或现金等价物的金额计量。历史成本是一种投入成本，即以企业投入金额来计量资产和负债。

（二）重置成本

在重置成本计量下，资产按照目前购买相同或者相似资产所需支付的现金或者现金等价物的金额计量。负债按照现在偿付该项债务所需支付的现金或者现金等价物的金额计量。在会计实务中，重置成本多应用于固定资产盘盈的计量等。重置成本与历史成本相同，也是一种投入成本。

（三）可变现净值

在可变现净值计量下，资产按照其正常对外销售所能收到的现金或者现金等价物的金额扣减该资产至完工时估计将要发生的成本、估计的销售费用以及相关税费后的金额计量。在会计实务中，期末存货采用可变现净值与成本孰低的方法计量。可变现净值是一种产出价值，即以企业可以获得的价值来计量资产。

（四）现值

在现值计量下，资产按照预计从其持续使用和最终处置中所产生的未来净现金流入量的折现金额计量。负债按照预计期间需要偿还的未来净现金流出量的折现金额计量。现值通常被用于非流动资产可收回金额和以摊余成本计量的金融资产价值的确定等。例如，在确定固定资产、无形资产等可收回金额时通常需要计算资产未来现金流量的现值。现值与可变现净值相同，也是一种产出价值。

（五）公允价值

在公允价值计量下，资产和负债是按照市场参与者在计量日发生的有序交易中出售一项资产所能收到或者转移一项负债所需支付的价格来计量的。公允价值强调市场参与者和有序交易，因此，公允价值是基于市场的计量，而不是特定主体的计量。可变现净值和现值包含了企业基于自身视角的判断和估计，因而不是完全以市场为基础的计量。

我国《企业会计准则第 39 号——公允价值计量》指出，企业应当从市场参与者的角度来计量相关资产或负债的公允价值，而不应考虑企业自身持有资产、清偿或者以其他方式履行负债的意图和能力。在企业取得资产或承担负债的交易中，交易价格是取得该项资产所支付或者转移该项负债所收到的价格，即进入价格。公允价值是出售该项资产所能收到或者转移该项负债所需支付的价格，即脱手价格。公允价值计量可以应用于计量投资性房地产、部分金融工具的核算、非货币性资产交换、债务重组、企业合并等方面。

企业在对会计要素进行计量时，一般应当采用历史成本计量属性，比如，企业购置机器设备、购买原材料等存货类物资时，应当以购入资产时发生的实际成本作为资产计量的基础。

当然,历史成本计量属性在满足会计信息质量相关性要求方面存在着一定的缺陷,这就有必要采用其他计量属性如公允价值等进行会计计量,以提高会计信息的有用性。由于重置成本、可变现净值、现值、公允价值等计量属性在应用中需要依赖于估计,因此,为了不影响会计信息的可靠性,《企业会计准则——基本准则》规定,除历史成本以外的其他计量属性在应用中应当保证所确定的会计要素金额能够取得并可靠计量。

第五节 财务会计规范

财务会计规范是对财务会计工作、财务人员和财务会计方法等财务会计涉及的各个方面所做的法律、行政法规、部门规章和其他各种规定的总称。我国现行财务会计规范体系主要由会计法、企业会计准则等构成。

(一) 会计法

《中华人民共和国会计法》(以下简称《会计法》)于 1985 年首次颁布,并于 1993 年、1999 年和 2017 年分别作了修订。现行《会计法》共七章五十二条,从会计核算、会计监督、会计机构和人员、法律责任和附则等方面对会计行为等进行了明确的规范。

(二) 企业会计准则

我国于 1992 年首次颁布《企业会计准则》。财政部于 2006 年在此基础上修订并重新颁布了《企业会计准则——基本准则》,之后又陆续颁布了《企业会计准则第 1 号——存货》《企业会计准则第 2 号——长期股权投资》等 38 项具体会计准则,并颁布了《企业会计准则——应用指南》。至此,我国初步形成企业会计准则体系。

2014 年,为适应市场经济发展需要,保持我国企业会计准则与国际财务报告准则的趋同,财政部对《企业会计准则第 2 号——长期股权投资》《企业会计准则第 9 号——职工薪酬》等 5 项具体会计准则进行了修订,并新制定了《企业会计准则第 39 号——公允价值计量》等 3 项具体会计准则。

2017—2019 年,财政部对《企业会计准则第 7 号——非货币性资产交换》《企业会计准则第 14 号——收入》《企业会计准则第 16 号——政府补助》《企业会计准则第 21 号——租赁》《企业会计准则第 22 号——金融工具确认和计量》等多项具体会计准则进行了修订,使我国企业会计准则得到了与时俱进的发展,不断与国际财务报告准则趋同。

目前,我国企业会计准则体系主要由基本准则、具体准则和应用指南等部分构成。基本准则作为概念框架,明确会计确认、计量和报告的基本要求,指导具体准则的制定。具体准则主要规范企业发生的各类交易事项会计确认、计量和报告的具体要求。应用指南主要针对具体准则涉及的有关重难点问题提供释例和操作性指引。

本章小结

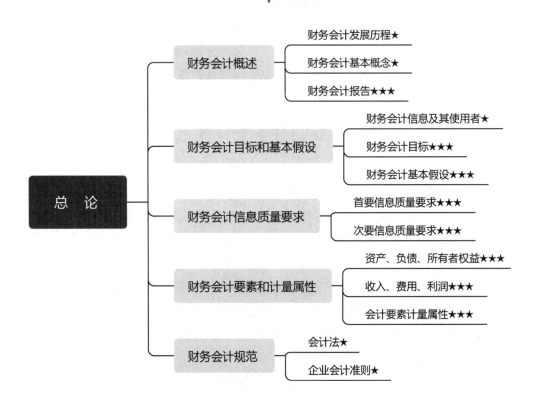

复习与思考题

名词解释

资产　　　负债　　　所有者权益　　　收入　　　费用　　　利润

历史成本　　重置成本　　可变现净值　　现值　　公允价值

简答题

1. 简述财务会计的发展历程。
2. 简述财务会计与管理会计的异同。
3. 简述财务会计的总体目标。
4. 简述财务会计信息质量要求并简单举例说明。
5. 简述财务会计的六要素。
6. 简述财务会计报告的主要内容。
7. 我国企业会计准则体系由哪些内容构成？

拓 展 学 习

　　发展数字经济已成为全球共识,其被称为"打开第四次工业革命之门的钥匙"。目前,智能财务已成为企业会计信息化发展的重要趋势,通过人工智能(AI)技术与财务信息化系统相结合,以"AI+IT"实现财务管理的智能化转型与变革。智能财务很好地克服了传统财务会计手工作业量大、效率低的问题,利用 AI 技术处理财务工作中涉及的单据、发票、合同等资料,可以提取和存储结构化信息,形成财务原始凭证和数据;通过自动化机器人可以完成银行对账单下载、凭证导入等日常重复性的工作;通过二维码、物联网等可以对财务资产(财务档案、固定资产等)进行实时数据管理和可视化的管控。

　　那么,智能财务会对会计信息质量产生什么影响?财务会计人员该如何应对由智能财务所带来的巨大变化?

第二章

货币资金

 本章教学目标

货币资金是指企业拥有的以货币形式存在的资产。货币资金一般包括库存现金、银行存款和其他货币资金。通过本章的学习,学生应了解货币资金的概念;熟悉库存现金、银行存款、其他货币资金的概念和银行转账结算的几种方式;掌握库存现金、银行存款、其他货币资金的核算方法。

 本章核心概念

货币资金;库存现金;银行存款

 导入

A公司是一家商品流通企业,除了少量商品采用现金方式销售外,大部分商品采用赊销方式销售。2020年1月,新管理者上任后,为控制成本采取了一系列精简机构的措施。该管理者认为会计核算业务不多,将原来负责账务处理的一名会计辞退,并将该项目工作交给出纳王某负责。2020年,公司经营业绩良好,但报表显示利润不高,且银行存款显著减少,借款也不断增加。2021年初,王某辞职后不知去向,此后不断有债权人上门催债。当公司向客户催收货款时,发现大部分客户早已还款,但款项尚未入账。公司聘请注册会计师对公司进行审计,发现王某利用职务之便贪污、挪用公款。主要手段为公司实现销售收取现金时,少记或不记账;客户归还欠款时,不作记录,私吞公款;购买虚假发票,虚报费用,套取现金;与银行对账单核对时,漏记未达账项,制造账实相符的假象。

问题:

(1) A公司在会计岗位设置上存在哪些问题?

(2) 出纳王某可以同时管钱和管账吗?出纳人员不能兼任哪些职位?

(3) 企业的货币资金除了案例中的库存现金和银行存款外,还包括哪些?

(4) 出纳王某在处理现金业务时错在哪里?又该如何进行银行存款的日常核算?

(5) 企业应如何设计货币资金的内部控制?

带着这些问题,让我们进入本章的学习。

第一节　货币资金概述

货币资金是指企业拥有的以货币形式存在的资产,它是一种通用的媒介,可用来购买商品或劳务、或用于偿付债务等的交换媒介。按照用途和存放地点可以分为库存现金、银行存款和其他货币资金。库存现金是指存放于企业财会部门、由出纳人员经管的货币,银行存款则是企业存放在银行或其他金融机构的货币资金,上述两者以外的各种货币资金则为其他货币资金。

与其他种类资产相比,货币资金具有流动性强、可接受性强等特点,比较容易出现被挪用、侵占等情况,因此货币资金的规模和用途管理至关重要。企业应当保持适量的货币资金,以保证生产经营活动的正常进行。但是,企业也不能持有过量的货币资金,合理使用货币资金才能为企业创造更多价值。

财务会计报表的使用者非常关注货币资金数额和构成,因为货币资金是衡量企业经营能力、偿债能力、股利支付能力等的重要指标,应在资产负债表中单独列示货币资金,并在现金流量表中反映其收支情况。

第二节　库　存　现　金

一、库存现金的概念及其使用范围

库存现金指通常存放于企业财会部门、由出纳人员经管的货币,但不包括企业周转使用的备用金。库存现金是企业流动性最强的货币性资产。

根据我国现行《现金管理暂行条例》的规定,企业库存现金的使用范围包括:① 职工工资、津贴;② 个人劳务报酬;③ 根据国家规定颁发给个人的科学技术、文化艺术、体育等各种奖金;④ 各种劳保、福利费用以及国家规定的对个人的其他支出;⑤ 向个人收购农副产品和其他物资的价款;⑥ 出差人员必须随身携带的差旅费;⑦ 结算起点以下的零星支出;⑧ 中国人民银行确定需要支付现金的其他支出。

按照现行《现金管理暂行条例》和财政部 2001 年颁布的《内部会计控制规范货币资金(试行)》的规定,企业必须根据本单位的实际情况确定现金使用范围,而非现金开支范围的业务应通过银行办理转账结算。同时,开户银行应当根据实际需要,核定开户单位 3—5 天的日常零星开支所需的库存现金限额,边远地区和交通不便地区的开户单位的库存现金限额可以多于 5 天,但不得超过 15 天的日常零星开支。

二、库存现金的管理

现金作为企业流动性最强的资产,其内部控制不可或缺。库存现金的管理一般包括以下几个方面：

(一) 钱账分管制度

企业对库存现金实务的管理与账务的记录应当分开进行,出纳人员不得兼管稽核、会计档案保管和收入、费用、债权、债务账目的登记工作。企业应明确相关部门和岗位的职责权限,确保不相容岗位相互分离、制约,便于责任划分,防止挪用现金及掩藏流入现金。

(二) 库存现金授权审批制度

企业必须结合本单位的实际情况,明确库存现金的开支范围,严格按照收支两条线进行现金管理。当日现金收入当日送存开户银行,如确有困难,由开户银行确定送存时间;支付现金可以从本单位库存现金限额或开户银行提取,严禁坐支现金。涉及现金收付交易的经济业务必须有合法的原始凭证,要根据原始凭证编制收付款凭证,并要在原始凭证与收付款凭证上加盖"现金收讫"或"现金付讫"印章。

(三) 库存现金日清月结制度

对企业的库存现金,出纳人员应做到日清、月结。"日清"是指出纳人员应对当日发生的库存现金收付业务所涉及的各种现金收付款凭证,核对单证是否相符,并序时登记现金日记账,结出当日发生额和账面余额并与库存现金的实存金额核对,保证账款相符;"月结"是指出纳人员必须对现金日记账按月进行核对。

(四) 库存现金清查盘点制度

库存现金应采用实地盘点法。每日营业结束时,出纳人员应实地盘点现金并与现金日记账余额相核对,查明账实是否相符。同时,在出纳人员日常盘点的基础上,企业的审计部门及会计部门主管人员还要对现金管理工作进行经常性的监督和检查,对发现的现金盘盈和盘亏,必须及时查明原因,并按照企业相关规定处理。

> **探究与发现**
>
> 通过以上学习,你是否对库存现金的概念和管理有所了解,并能够回答本章"导入"提出的相关问题?

三、库存现金的核算

(一) 库存现金的核算

1. 现金的序时核算

现金的序时核算是指根据企业现金的收支业务逐笔记录现金的结存情况。库存现金的序时核算是通过设置并登记现金日记账的方法来进行的。每日终了,出纳人员应计算现金日记账上当日的现金收付总额并结算出结余额,将现金日记账的账面结余额与实际库存现金额核对;月度终了,应当将现金日记账的余额与"库存现金"总账的余额核对,做到账账相符。有外币现金的企业,应加设外币现金日记账。

2.库存现金的总分类核算

为了总括反映和监督库存现金的收支结转情况,企业需设置"库存现金"账户。该账户借方登记现金收入数,贷方登记现金支出数,期末余额在借方,反映企业实际持有的库存现金的金额。

收到库存现金时:

借:库存现金

　　贷:银行存款等

支出库存现金时:

借:管理费用等

　　贷:库存现金

【例2-1】A公司2020年3月1日填写现金支票,从银行提取现金500元用以日常零星支出,此时编制会计分录如下:

借:库存现金　　　　　　　　　　　　　　　　　　　　　　500

　　贷:银行存款　　　　　　　　　　　　　　　　　　　　　　500

【例2-2】A公司2020年3月20日用150元库存现金购买办公用品,取得相关发票,此时编制会计分录如下:

借:管理费用　　　　　　　　　　　　　　　　　　　　　　150

　　贷:库存现金　　　　　　　　　　　　　　　　　　　　　　150

(二)库存现金的清查

库存现金的清查是对库存现金进行清点,并将库存现金日记账的余额与实地盘点的库存现金余额核对,根据清查结果填制现金盘点报告单,注明实存数与账面余额。

对于账实不符的情况,首先通过"待处理财产损溢——待处理流动资产损溢"账户进行核算。

(1)发现现金盘亏:

借:待处理财产损溢——待处理流动财产损溢

　　贷:库存现金

发现现金盘盈:

借:库存现金

　　贷:待处理财产损溢——待处理流动财产损溢

(2)查明原因后对于盘亏:

借:其他应收款(属于责任人或保险公司赔偿的部分)

　　管理费用(无法查明原因)

　　贷:待处理财产损溢——待处理流动财产损溢

查明原因后对于盘盈:

借：待处理财产损溢——待处理流动财产损溢
  贷：其他应付款（属于应支付给相关单位的）
    营业外收入（无法查明原因）

【例2-3】A公司于2020年7月31日盘点库存现金结果为盘亏200元，原因未查明。8月5日查明原因为出纳人员工作失误，造成损失100元，经协商由工作人员赔偿；另外100元无法查明原因，经上级批准转入管理费用账户。应作如下会计分录：

（1）2020年3月31日库存现金盘盈时：

借：待处理财产损溢——待处理流动资产损溢   200
  贷：库存现金   200

（2）2020年4月5日查明现金盘亏原因时：

借：其他应收款   100
  管理费用   100
  贷：待处理财产损溢——待处理流动资产损溢   200

【例2-4】A公司于2020年7月31日盘点库存现金结果为盘盈200元，原因未查明。8月5日查明原因为应付职工王某的高温补助100元未付，应予以补发；另外100元无法查明原因，经上级批准转入营业外收入。应作如下会计分录：

（1）2020年7月31日库存现金盘盈时：

借：库存现金   200
  贷：待处理财产损溢——待处理流动资产损溢   200

（2）2020年8月5日查明现金盘盈原因时：

借：待处理财产损溢——待处理流动资产损溢   200
  贷：其他应付款   100
    营业外收入   100

(三) 备用金

备用金是指企业拨付给内部用款部门或职工个人为办理企业经济业务所需的日常零星开支的备用款项，比如差旅费、零星办公费支出等。备用金的管理办法有以下两种：

1. 定额备用金制

所谓定额备用金，是指企业根据经常使用备用金的内部各部门或工作人员的零星开支、零星采购等实际需要而核定一个现金数额，并保证其经常保持该核定的数额。实行定额备用金制，使用定额备用金的部门或工作人员应按核定的定额填写借款凭证，一次性领出全部定额现金，用完后凭发票等有关凭证报销，财务部门用报销金额补充原定额，从而保证该部门或工作人员经常保持核定的现金定额。只有等到撤销定额备用金或调换经办人时才全部交回备用金。

2. 非定额备用金制

所谓非定额备用金又称临时备用金，是指企业根据内部各部门或工作人员临时的用款需要经批准并预付的备用款项。实行非定额备用金制,使用非定额备用金的部门或工作人员应在用款后凭有关单据报销,财务部门根据用款凭证一次性审批报账,采用多退少补的方式予以结账。

【例2-5】A公司实行定额备用金制度。2020年9月1日,销售部门为出差申请1 000元备用金,经财务部门审核批准后,开具现金支票。应作如下会计分录:

借:库存现金　　　　　　　　　　　　　　　　　　　　　　1 000
　　贷:银行存款　　　　　　　　　　　　　　　　　　　　　1 000
借:备用金——销售部门　　　　　　　　　　　　　　　　　　1 000
　　贷:库存现金　　　　　　　　　　　　　　　　　　　　　1 000

【例2-6】2020年9月10日,A公司销售人员出差费用500元,凭发票到财务部门报销,财务部门审核后给予报销,补给现金500元。应编制会计分录如下:

借:销售费用　　　　　　　　　　　　　　　　　　　　　　　500
　　贷:库存现金　　　　　　　　　　　　　　　　　　　　　　500

【例2-7】沿用例2-6的资料,A公司采用非定额备用金制度。2020年9月15日,采购部门小王因需去外地采购生产原料,向财务部门预借差旅费1 000元。应编制会计分录如下:

借:备用金——小王　　　　　　　　　　　　　　　　　　　1 000
　　贷:库存现金　　　　　　　　　　　　　　　　　　　　　1 000

【例2-8】沿用例2-7的资料,2020年9月30日小王出差归来,报销差旅费1 600元,经财务部门审核后同意全额报销,并补付600元现金。应编制会计分录如下:

借:管理费用　　　　　　　　　　　　　　　　　　　　　　1 600
　　贷:备用金　　　　　　　　　　　　　　　　　　　　　　1 000
　　　　库存现金　　　　　　　　　　　　　　　　　　　　　 600

第三节　银行存款

一、银行存款的概念

银行存款是指企业存放在银行或其他金融机构的各种款项。我国银行存款包括人民币存款和外币存款两种。

二、银行账户和结算

企业收入的全部款项,除留存限额内的现金外,都必须送存银行;企业的全部支出款项,除规定可用现金支付的以外,都必须通过银行办理转账结算。

根据中国人民银行2003年颁布的《人民币银行结算账户管理办法》的相关规定,

企业可以根据需要在银行开立四种账户,即基本存款账户、一般存款账户、临时存款账户和专用存款账户。基本存款账户用于企业办理日常结算和现金收付业务,企业的工资、奖金等现金的支取只能通过本账户办理;一般存款账户是企业在基本存款账户以外的银行借款转存以及与有基本存款账户的企业不在同一地点的附属非独立核算单位的账户,可用于办理转账结算和现金缴存,但不能支取现金;临时存款账户是企业为临时经营活动需要而开立的账户,企业可以通过本账户办理转账结算和根据国家现金管理的规定办理现金收付;专用存款账户是企业因特殊用途需要而开立的账户。

企业在银行开立结算账户时,不得违反《人民币银行结算账户管理办法》的规定,在多家银行机构开立基本存款账户,也不得在同一家银行的几个分支机构开立一般存款账户;企业的账户只能办理企业本身的业务活动,不得出租和转让账户。

三、银行存款的核算

(一) 银行存款的核算

银行存款的核算包括银行存款的序时核算和总分类核算两个方面。

1. 银行存款的序时核算

银行存款的序时核算是指根据银行存款的收支业务逐日逐笔地记录银行存款的增减及结转情况。银行存款序时核算的方法是设置与登记银行存款日记账。银行存款日记账一般采用收入、支出与结存三栏式格式。

2. 银行存款的总分类核算

银行存款的总分类核算包括银行存款收入的总分类核算和银行存款支出的总分类核算。为了总括反映企业银行存款的收支和结余情况,企业应设置"银行存款"科目,以满足核算的需要。该科目的借方登记银行存款的增加,贷方登记银行存款的减少,期末余额在借方,反映企业存放在银行或其他金融机构的各种款项。

(1) 企业收到银行存款时:

借:银行存款

　　贷:库存现金、应收账款等

(2) 企业从银行提取现金或支出存款时:

借:库存现金、应付账款等

　　贷:银行存款

【例 2-9】A 公司于 2020 年 5 月 11 日开具一张现金支票,从银行提取库存现金 500 元供企业日常使用,应编制会计分录如下:

借:库存现金　　　　　　　　　　　　　　　　　　　　　　　500

　　贷:银行存款　　　　　　　　　　　　　　　　　　　　　　500

【例 2-10】A 公司于 2020 年 5 月 23 日销售一批库存商品,售价为 10 000 元,适用增值税税率为16%，开出增值税专用发票注明增值税1 600元，货款已经收到并存入银行，商品已发出，成本为8 000元。应编制会计分录如下：

借：银行存款　　　　　　　　　　　　　　　　　　　　11 600
　　贷：主营业务收入　　　　　　　　　　　　　　　　　　10 000
　　　　应交税费——应交增值税（销项税额）　　　　　　　1 600
借：主营业务成本　　　　　　　　　　　　　　　　　　　8 000
　　贷：库存商品　　　　　　　　　　　　　　　　　　　　8 000

（二）银行存款的清查

为了保证银行存款账目的准确性和真实性，查明银行存款的实有数，企业应定期与开户银行进行银行存款的核对清查，即通过核对企业的银行存款日记账和银行编制的对账单来保证账实相符。在核实的过程中，应逐笔核对银行存款日记账与银行对账单，如发现有错记、漏记要及时更正；若双方账面记录均无误但双方账面余额仍不相符，应考虑是否存在未达账项。未达账项是指企业和银行双方因记账时间不一致而导致的一方已经入账但另一方尚未入账的款项。未达账项包括以下四项：

（1）企收银未收：企业已登记存款增加，而银行尚未记账。

（2）企付银未付：企业已登记存款减少，而银行尚未记账。

（3）银收企未收：银行已登记存款增加，而企业尚未记账。

（4）银付企未付：银行已登记存款减少，而企业尚未记账。

未达账项通常通过编制银行存款余额调节表的方法来进行调整，即企业和银行双方以各自账面余额为基础，各自加上对方已登记增加而本单位尚未记账的事项，减去对方已登记减少而本单位尚未记账的事项，最后结出余额。一般而言，最终双方的余额应该相等。银行存款余额调节表只能够证明在调节未达账项后企业和银行双方余额是否一致、有无记账错误，不能据此进行账务登记。

【例2-11】A公司2020年12月31日银行存款日记账的余额为540 000元，银行转来对账单的余额为750 000元。经逐笔核对，发现如下未达账项：

（1）企业将一张转账支票20 000元送存开户银行，并已登记银行存款增加，但银行尚未记账；

（2）企业因购买设备开出一张20 200元转账支票，但持票单位尚未到银行办理转账，银行尚未记账；

（3）企业委托银行收取一批货物的销售款，共计220 000元，银行已经收妥并已登记入账，但企业尚未收到通知，尚未记账；

（4）银行代企业支付水费4 200元、电费6 000元，银行已支付并登记入账，企业未收到银行付款通知，尚未记账。

根据上述资料，企业编制"银行存款余额调节表"，如表2-1所示。

表 2-1　　　　　　　　　　　银行存款余额调节表　　　　　　　　　　　单位：元

项　　目	金　　额	项　　目	金　　额
企业银行存款日记账余额	540 000	银行对账单余额	750 000
加：银行已收、企业未收	220 000	加：企业已收、银行未收	20 000
减：银行已付、企业未付	10 200	减：企业已付、银行未付	20 200
1. 水费	4 200		
2. 电费	6 000		
调节后余额	749 800	调节后余额	749 800

经调节后，银行存款余额相等，这可以表明：① 银行和企业双方账目记录未存在差错；② 企业此时实际可以动用的银行存款额为 749 800 元。

四、银行转账结算

银行转账不同结算方式程序图

银行转账结算是指单位之间的款项收付不是动用现金来进行，而是由银行从付款单位的存款账户划转到收款单位的存款账户的货币清算行为。为了规范银行转账结算工作，中国人民银行颁布的《支付结算办法》规定，企业发生的货币资金收付业务可以使用各种票据、信用卡、汇兑、托收承付、委托收款等结算方式，通过银行办理转账结算。

（一）银行汇票

银行汇票是由出票银行签发的，由其在见票时按照实际结算金额无条件付给收款人或者持票人的票据。银行汇票的出票银行为银行汇票的付款单位，企业与单位和个人异地结算各种款项时，均可使用银行汇票。银行汇票可以用于转账或支取现金，银行汇票的提示付款期限为自出票日期起一个月。

（二）银行本票

银行本票是指由银行签发的，承诺其在见票时无条件支付确定的金额给收款人或者持票人的票据。它适用于单位和个人在同一票据交换区域需要支付各种款项的结算。银行本票既可以用于转账，也可以用于支取现金，申请人或收款人为单位的不得申请签发现金银行本票。银行本票分为不定额本票和定额本票两种。银行本票的提示付款期限自出票日期起最长不得超过两个月。

（三）银行支票

支票是指出票人签发的，由委托办理支票存款业务的银行在见票时无条件支付确定的金额给收款人或者持票人的票据，是同城结算中应用较为广泛的一种结算方式。印有"转账"字样的支票为转账支票，只能用于转账；印有"现金"字样的支票为现金支票，只能用于支取现金；未印有"转账"或"现金"字样的为普通支票,可以用于转账和支取现金。除中国人民银行另有规定的以外,支票的提示付款期限为自出票日期起 10 日。超过提示付款期限的,持票人开户银行不予受理,付款人不予付款。

(四) 商业汇票

商业汇票是指由出票人签发的,由委托付款人在指定日期无条件支付确定的金额给收款人或者持票人的票据。这种结算方式要求在银行开立账户的法人及其他组织之间必须具有真实的交易关系或债权债务关系,这种结算方式同城和异地均可使用。商业汇票的付款期限可由交易双方自行约定,但不得超过 6 个月。商业汇票的提示付款期限为自汇票到期起 10 日。按承兑人不同,商业汇票可分为商业承兑汇票和银行承兑汇票。

(五) 信用卡

信用卡是指由商业银行向个人和单位发行的,凭其向特定单位购物、消费和向银行存取现金,且具有消费信用的特制卡片,信用卡在同城或异地均可使用。

(六) 汇兑

汇兑是指汇款人委托银行将其款项支付给收款人的结算方式。企业与单位和个人异地之间各种款项的结算,均可使用汇兑结算方式。汇兑可分为信汇和电汇。

(七) 托收承付

托收承付是指根据购销合同由收款人发货后委托银行向异地购货单位收取货款,购货单位根据合同对单或对证验货后向银行承认付款的一种结算方式。托收承付亦称异地托收承付,是指根据购销合同由收款人发货后,委托银行向异地付款人收取款项,由付款人向银行确认付款的结算方式。

(八) 委托收款

委托收款是指收款人委托银行向付款人收取款项的结算方式。委托收款分为邮寄和电报划回两种,由收款人选用。前者是由收款人开户银行以邮寄方式向付款人开户银行转送委托收款凭证、提供收款依据的方式,后者则是由收款人开户银行以电报方式向付款人开户银行转送委托收款凭证,提供收款依据的方式。委托收款在同城、异地均可使用。

(九) 信用证

信用证(Letter of Credit, L/C)起源于国际间的贸易结算,是开证银行应进口商的要求,向出口商开立信用证,由出口商按照信用证规定的条件,开立以信用证指定付款人付款的汇票,开证银行承担付款责任,议付银行解付货款的结算方式,信用证不可撤销、不得转让。采用信用证的结算方式,收款方自收到信用证后,即备货、装运、签发相关发票账单,连同运输单据和信用证一起送交银行,并根据退还的信用证等有关凭证编制收款凭证;付款方在收到开证银行的通知后,根据付款的有关单据编制付款凭证。

> **探究与发现**
>
> 熟悉各种结算方式,有助于正确地进行会计处理。电子商务时代,兴起了哪些新的结算方式?它们的风险高吗?

第四节　其他货币资金

一、其他货币资金的概念及范围

其他货币资金是指企业除库存现金、银行存款以外的各种货币资金。其他货币资金就其性质而言,与库存现金、银行存款一样同属于货币资金,但由于其存放地点和用途的不同,会计核算应单独核算。其他货币资金主要包括银行汇票存款、银行本票存款、信用卡存款、信用证保证金存款、存出投资款、外埠存款等。

二、其他货币资金的核算

为了总括反映其他货币资金的增减变动和结存情况,企业应设置"其他货币资金"账户,对其他货币资金进行总分类核算。

（1）企业取得其他货币资金时：

借：其他货币资金——××存款
　　贷：银行存款

（2）企业使用其他货币资金采购时：

借：材料采购
　　应交税费——应交增值税（进项税额）
　　贷：其他货币资金——××存款

（3）企业使用其他货币资金结束退回余额时：

借：银行存款
　　贷：其他货币资金——××存款

【例2-12】A公司于2020年10月15日向银行申请办理银行汇票用于采购材料,金额为20 000元。10月25日,该公司收到供应单位发票等凭证,采购材料共计13 920元,其中材料价款12 000元,增值税税额为1 920元,材料已验收入库。应编制会计分录如下：

10月15日申请办理银行汇票时：

借：其他货币资金——银行汇票存款　　　　　　　　　　　　　　20 000
　　贷：银行存款　　　　　　　　　　　　　　　　　　　　　　　　20 000

10月25日收到采购材料入库时：

借：原材料 12 000
　　应交税费——应交增值税(进项税额) 1 920
　　贷：其他货币资金——银行汇票存款 13 920
退回银行汇票多余款项时：
借：银行存款 6 080
　　贷：其他货币资金——银行汇票存款 6 080

【例 2-13】 2020 年 12 月 24 日，A 公司将银行存款 200 000 元存入 B 证券公司准备投资股票，并于 2020 年 12 月 28 日购入股票，成本为 120 000 元，计入公司交易性金融资产账户。应编制会计分录如下：
将银行存款存入 B 证券公司时：
借：其他货币资金——存出投资款 200 000
　　贷：银行存款 200 000
12 月 28 日购入股票时：
借：交易性金融资产 120 000
　　贷：其他货币资金——存出投资款 120 000

本 章 小 结

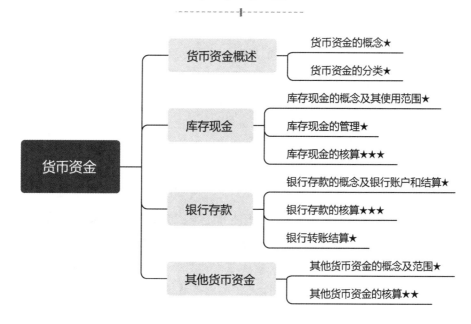

复习与思考题

名词解释

货币资金　　　　库存现金　　　　备用金　　　　银行汇票

银行本票	银行支票	商业汇票	汇兑
托收承付	委托收款	信用证	未达账项
其他货币资金	外埠存款		

简答题

1. 什么是备用金？备用金的办理办法有哪些？在会计处理上有何不同？
2. 简述不同的银行转账结算的不同方式，以及哪些方式适用同一票据交换地区结算、哪些方式适用异地结算。
3. 简述其他货币资金的内容以及会计核算。
4. 简述如何编制银行存款余额调节表。

综合题

本章综合题参考答案

A公司2020年3月发生下列经济业务：

(1) 3月1日，出纳开出现金支票1 000元以补充库存现金；

(2) 3月6日，行政部门报销办公用品款150元；

(3) 3月9日，公司员工小王出差预借差旅费1 600元，以现金支付；

(4) 3月11日，对公司现金清查，发现现金短款300元，无法查明原因，经批准计入当期损益；

(5) 3月12日，由当地银行汇往S市某银行采购货款50 000元；

(6) 3月20日，小王出差回来，报销差旅费1 200元；

(7) 在S市购买原材料，增值税专用发票上注明价款40 000元，增值税税额为6 400元，材料尚未运到，剩余存款转回临时采购账户。

要求：根据上述经济业务编制会计分录。

思考题

2019年的资本市场跌宕起伏，两家大型上市公司双双被曝出巨额资金问题，引发社会广泛关注。其中，A公司对外承认公司核算账户资金时存在错误，造成货币资金多计约300亿元，导致对以前的年报进行了金额极为重大的更正调整，而其中调减的部分绝大多数为银行存款。根据证监会的公告所述，该公司主要通过伪造银行单据虚增存款等手段进行财务造假。B公司则对金额高达百亿的银行存款的存在性无法确认。根据相关报道，上述资金被B公司的大股东所占用，这反映出B公司资金管理模式的巨大缺陷。

思考：

1. 企业现金和银行存款核算管理的重要性有哪些？
2. 如何加强企业现金和银行存款的日常核算管理？

拓 展 学 习

现代社会在科技赋能的背景下高速发展,随着云时代的到来,大数据越来越受到世界各国的关注。科技的不断发展,对企业的财务管理影响不容忽视,其中以云会计的出现为代表。云会计主要是以互联网为依据,运用云计算的智能信息系统为企业财务部门提供资金管理、账目结算与决策等服务,形成一个数据信息交互服务平台。通过"云端"信息共享、数据融合,会计人员可以随时随地处理会计业务,提高工作效率;管理者可以实现对数据更深的挖掘与分析,进行更有效的风险识别和应对。

货币资金作为企业流动性最强的资产,对企业而言是如同血液般的存在。在大数据时代的背景下,数字货币、微信、支付宝等新的结算方式逐渐占据主流,资金管理流程日益复杂。一旦资金管理出现问题,造成企业资金链断裂,将严重影响企业的经营发展。

那么,我们该如何运用云会计技术将企业的货币资金进行优化管理,提升企业经济效益?在利用云会计技术管理的过程中,又该如何防范可能引发的会计信息安全问题?

第三章

存 货

 本章教学目标

存货是指企业在日常活动中所持有的以备出售的产成品或商品、处于生产过程中的在产品、在生产过程或提供劳务过程中所耗用的材料和物料等。通过本章的学习,学生应了解存货的性质、分类、确认条件和盘存条件;理解存货的概念和存货初始计量的规则;掌握发出存货的计价方法、材料按实际成本计价和按计划成本计价的账务处理,以及存货期末按成本与可变现净值孰低法计价的账务处理。

 本章核心概念

计划成本法;实际成本法;存货的期末计量

 导入

A公司是一家家具制造企业。为了生产、销售不同类型的家具,公司采购了大量生产家具所需要的木料、油漆等原材料,如把手、铰链等辅助材料,包装盒、包装袋等包装物和造型模具等价值低、容易损耗的各式模具、工具和用具。为了保证家具产品生产销售的顺利进行,A公司应如何系统地分类、计价、核算和监督不同质地规格的原料、辅料,不同用途的模具、工具、用具及不同型号的产品入库、出库、库存、盘点等情况,才能满足企业管理及其他相关管理的需求?当市场某一类型的家具在市场上出现滞销时,期末会计核算该如何处理?

问题:

(1) A公司的存货包括哪些?

(2) 某一型号家具的成本项目由哪些部分构成?

(3) 不同类型存货取得的会计核算应该如何处理?

(4) 发出存货时会计核算应该如何处理?

(5) 当会计期末家具出现减值时,该如何进行计量?

带着这些问题,让我们进入本章的学习。

第一节 存货概述

一、存货的相关概念

(一) 存货的概念

存货是指企业在日常活动中所持有的以备出售的产成品或商品、处于生产过程中的在产品、在生产过程或提供劳务过程中所耗用的材料和物料等。存货处于不断生产和销售的过程之中,具有鲜明的流动性,因而属于企业的流动资产。

(二) 存货的特征

首先,存货是用于日常经营活动的,不是为非日常活动而持有的,许多实业企业为了建造楼房而储备的工程用料,如水泥、沙土等,就不能作为该企业的存货看待,因为自建楼房并不是该企业的日常经营活动。其次,企业持有存货的最终目的是出售,不论是用于直接出售的商品、产成品以及准备直接出售的半成品,还是需经过进一步加工后才能对外出售的在产品、半成品等。存货的这一特征就使存货明显区别于固定资产等非流动资产。比如,某汽车集团生产的高级轿车,主要是为了对外出售,应作为企业的存货;如果该汽车集团生产了一批车辆留作自用,则该批车辆就为企业的固定资产而不是存货,这也是存货最基本的特征。最后,存货以一定的物质实体而存在,是一项有形资产,这一特征使得存货与无物资实体的无形资产、金融资产等相区分。

(三) 存货的分类

不同类型的企业持有的存货种类有所不同,根据企业的性质、经营范围以及存货用途等,可以将存货大致分为以下两种类型。

1. 制造业存货

制造业存货主要包括:

(1) 原材料。原材料是指企业在生产过程中经加工改变其形态或性质并构成产品主要实体的各种原料及主要材料(通常将来自采掘业的自然资源和农副产品称为原料,如矿石、原棉等;将来自加工业的产品称为材料,如钢材、棉纱等)、辅助材料、外购半成品(外购件)、修理用备件(备品备件)、包装材料、燃料等。

(2) 在产品和自制半成品。在产品是指企业正在制造尚未完工的生产物,包括正在各个生产工序加工的产品和已加工完毕但尚未检验或已检验但尚未办理入库手续的产品。半成品是指经过一定生产过程并已检验合格交付半成品仓库保管,但尚未制造完工成为产成品,仍需进一步加工的中间产品。

(3) 库存商品。库存商品是指企业已完成全部生产过程并已验收入库,合乎标准规格和技术条件,可以按照合同规定的条件送交订货单位或可以作为商品对外销售的产品以及外购或委托加工完成验收入库用于销售的各种商品。库存商品具体包括库存产成品、外购商品、存放在门市部准备出售的商品、发出展览的商品、寄存在外的商品、接受来料加工制造的代制品和为外单位加工修理的代修品等。

（4）周转材料。周转材料是指企业可多次使用且不符合固定资产定义，逐步转移其价值但仍保持原有形态的材料，企业的包装物和低值易耗品都属于周转材料。

2. 商品流通企业存货

商品流通企业是指所有独立从事商品流通活动的企业单位，以商品进销差价为主要盈利方式。我国的商品流通企业包括：粮食、物资、供销、外贸、医药、石油、烟草、图书发行以及从事其他商品流通的企业。商品流通企业的一大特点是其通常不自己生产产品。商品流通企业的存货主要有：商品、材料物资、低值易耗品、包装物等。其中商品是商品流通企业存货的主要部分，它是指企业为销售而购入的物品，商品在销售前保持其原有实物形态。

二、存货的确认条件

企业在确认一项资产是否属于存货时，除了要看其是否符合存货的概念以外，还需要确认其是否同时符合以下两个条件：

（一）与存货有关的经济利益很可能流入企业

存货作为企业一项重要的流动资产，除了应具备本身自有的特征外，还应该具备作为资产所应有的最重要的特征，即预期会给企业带来经济利益。因此，对其确认的关键是判断该存货是否很可能给企业带来经济利益或所包含的经济利益是否很可能流入企业。在通常情况下，随着存货实物的交付和所有权的转移，存货的控制权也一并转移。就销货方而言，转出存货的所有权通常表明其丧失了对存货的控制权，即该存货所包含的经济利益已经流出企业；就购货方而言，转入存货的所有权则通常表明其取得了对存货的控制权，即能够主导该商品的使用并从中获得几乎全部的经济利益。因此，确认是否为存货的一个重要标准，就是企业是否拥有该项存货的所有权。

一般来说，凡企业拥有所有权的货物，无论存放于何处，均应列入本企业的存货中；而尚未取得所有权或者已将所有权转移给其他企业的货物，即使存放在本企业，也不应列入本企业的存货中。但需要注意的是，在有些交易方式下，存货实物的交付及所有权的转移与存货控制权的转移可能并不同步，此时，存货的确认应当注重交易的经济实质，而不能仅仅依据其所有权的归属。例如，在售后回购的交易方式下，销货方在销售商品时，商品的所有权已经转移给了购货方，但由于销货方按合同约定将来要购回所售商品，因而购货方并没有真正取得对商品的控制权，交易的实质是销货方以商品为质押向购货方融通资金，购货方不应将所购商品确认为其存货。再如，在分期收款的销售方式下，销货方为了保证账款如期收回，通常要在分期收款期限内保留商品的法定所有权，直至账款全部收回，但销货方保留的这项权利通常不会对客户取得对所购商品的控制权形成障碍，从该项交易的经济实质来看，当销货方将商品交付购货方时，购货方就能够主导该商品的使用并从中获得几乎全部的经济利益,即已取得了对商品的控制权,购货方应将所购商品确认为其存货。

(二) 存货成本可以可靠计量

存货作为一项资产的重要组成部分,其确认必须符合资产确认的基本条件,即成本可以可靠计量。存货的成本能够可靠地计量,必须以确凿、可靠的证据为依据,并要具有可验证性。如果存货成本不能可靠地计量,则不能确认为一项存货。比如,对于约定未来购入的材料,因购买企业并未发生实际的购货行为,不能可靠地确定其购料成本,因此,就不能确认为购买企业的存货。

三、存货的初始计量基础

存货的初始计量,是指企业在取得存货时对其入账价值的确定。存货的取得方式是多种多样的,而在不同的取得方式下,存货成本的具体构成内容并不完全相同,下面将简单介绍存货的成本构成。

(一) 存货的采购成本

存货的采购成本包括购买价款、相关税费、运输费、装卸费、保险费以及其他可归属于存货采购成本的费用。

存货的购买价款,是指企业购入的材料或商品的发票账单上列明的价款,但不包括按规定可以抵扣的增值税额。增值税是否计入存货成本,在不同情况下处理方法不同。比如,确认为一般纳税人的企业,购入存货并取得增值税专用发票时,对于专用发票上注明的增值税额可不计入存货成本;确认为小规模纳税人的企业则不同,其购入存货时所支付的增值税一律计入存货成本。有关增值税的具体要求、规定、核算等内容详见后面相关章节。

存货的相关税费,是指企业购买存货时发生的进口关税、消费税、资源税和不能抵扣的增值税进项税额以及相应的教育费附加等应计入存货采购成本的税费。

其他可归属于存货采购成本的费用,是指采购成本中除上述各项以外的可归属于存货采购的费用,如在存货采购过程中发生的仓储费、包装费、运输途中的合理损耗、入库前的挑选整理费用等。这些费用能分清负担对象的,应直接计入存货的采购成本;不能分清负担对象的,应选择合理的分配方法,分配计入有关存货的采购成本,分配方法通常包括按所购存货的重量或采购价格的比例等。

需要注意的是,对于采购过程中发生的物资毁损、短缺等,除合理的损耗应作为存货的"其他可归属于存货采购成本的费用"计入采购成本外,应区别不同情况进行会计处理:

(1) 从供应单位、外部运输机构等收回的物资短缺或其他赔款,应冲减物资的采购成本;

(2) 因遭受意外灾害而造成的损失和尚待查明原因的途中损耗,不得增加物资的采购成本,应暂作为待处理财产损溢进行核算,待查明原因后再作处理。

商品流通企业在采购商品过程中发生的运输费、装卸费、保险费以及其他可归属于存货采购成本的费用等进货费用，应当计入存货采购成本，也可以先进行归集，期末根据所购商品的存销情况进行分摊。对于已售商品的进货费用，计入当期损益；对于未售商品的进货费用，计入期末存货成本。企业采购商品的进货费用金额较小的，可以在发生时直接计入当期损益。

（二）存货的加工成本

存货的加工成本是指在存货的加工过程中发生的追加费用，包括直接人工以及按照一定方法分配的制造费用。

直接人工是指企业在生产产品和提供劳务过程中发生的直接从事产品生产和提供劳务人员的职工薪酬。

制造费用是指企业为生产产品和提供劳务而发生的各项间接费用。

（三）存货的其他成本

存货的其他成本是指除采购成本、加工成本以外的，为使存货达到目前场所和状态所发生的其他支出。比如，企业设计产品所发生的设计费用，通常应计入当期损益，但是为特定客户设计产品时所发生的、可直接确定的设计费用应计入存货的成本。

存货的来源不同，其成本的构成内容也不尽一致。总体上，原材料、商品、低值易耗品等通过购买而取得的存货成本由采购成本构成；产成品、在产品、半成品等自制或需委托外单位加工完成的存货成本由采购成本、加工成本以及使存货达到目前场所和状态所发生的其他支出构成。在会计实务中，存货成本具体按以下原则确定：

（1）外购的存货，其成本是指采购成本，包括：买价、运杂费（包括运输费、装卸费、保险费、包装费、仓储费等）、运输途中的合理损耗、入库前的挑选整理费用（包括挑选整理中发生的工资、费用支出和挑选整理过程中发生的数量损耗，并扣除回收的下脚废料价值）以及按规定应计入成本的税费和其他费用。

（2）自制的存货，包括自制原材料、自制包装物、自制低值易耗品、自制半成品及库存商品等，其成本包括直接材料、直接人工和制造费用等各项实际支出。

（3）委托外单位加工完成的存货，包括加工后的原材料、包装物、低值易耗品、半成品、产成品等，其成本包括实际耗用的原材料或者半成品的实际成本、支付的加工费、装卸费、保险费、委托加工的往返运输费等费用以及按规定应计入成本的税费。

（4）投资者投入的存货，其成本应当按照投资合同或协议约定的价值确定，但合同或协议约定价值不公允的除外。

（5）通过非货币性资产交换、债务重组和企业合并等取得的存货，其成本应当分别按照有关会计准则规定来确定。

（6）通过提供劳务取得的存货，其成本由从事劳务提供人员的直接人工和其他直接费用以及可归属于该存货的间接费用确定。

但是，下列费用不应计入存货成本，而应在其发生时计入当期损益：

其一，非正常消耗的直接材料、直接人工和制造费用，应在发生时计入当期损益，而不应计入存货成本。如因自然灾害而发生的直接材料、直接人工和制造费用,由于这些费用的发生与使该存货达到目前场所和状态无关,故不应计入存货成本,而应确认为当期损益。

其二,企业在存货采购入库后发生的储存费用,应在发生时计入当期损益。但是,在生产过程中为达到下一个生产阶段所必需的仓储费用也应计入存货成本。如酿酒业为使生产的某类酒达到规定的产品质量标准,必须在产品装瓶后存放一定时间才能最终在市场上销售,由此而发生的仓储费用,应计入酒的成本,而不应计入当期损益。

其三,不能归属于使存货达到目前场所和状态的其他支出,应在发生时计入当期损益,不得计入存货成本。

> **探究与发现**
>
> 我们通常认为存货的概念普遍存在于工业企业中,那么互联网企业是否也有存货呢?以视频网站为例,剧集版权是否属于存货?如果属于,哪些成本可以计入存货成本?

第二节 实际成本法

存货取得按实际成本计价的特点是:从存货收发凭证到明细分类账和总分类账全部按实际成本计价。在存货按实际成本计价的情况下,不存在成本差异的计算与结转的问题,反映不出存货成本是节约还是超支,从而不能反映并用以考核物资采购业务的经营成果。该计价法一般适用于规模较小、存货品种简单、采购业务不多的企业。

一、实际成本法下的存货的初始计量

(一) 外购存货的初始计量

企业外购存货时,因为采购距离远近不同、货款结算手段差异等客观原因,可能会出现货款的结算和存货入库的时间不一致的情况。除此之外,由于上下游企业之间建立的信任机制,外购存货还可能出现赊购和预付款购货的方式。因此,根据实际情况,企业外购存货的会计处理会有所差异,下文将对外购材料结算凭证与材料同时到达、已支付货款但材料尚未到达或尚未验收入库、材料已到达并已验收入库但发票账单等结算凭证未到而尚未支付货款、预付款和赊购五种业务方式进行介绍。

1. 外购材料结算凭证与材料同时到达

这种情况一般在近距离采购时较为常见,当收到发票和结算凭证并且已经付款后,货物验收入库时,应根据有关凭证记账。

【例3-1】A公司是一般纳税人,其出于生产的目的向某钢铁集团外购钢铁一批,增

值税专用发票上注明的材料价款是 100 000 元,增值税额 13 000 元,该钢铁集团代垫运杂费 1 000 元。材料已运达企业并验收入库,发票账单等结算凭证已收到,全部款项已用银行转账支票付讫。A 公司应编制会计分录如下:

  借:原材料——钢铁   101 000
    应交税费——应交增值税(进项税额)   13 000
   贷:银行存款   114 000

2. 已支付货款但材料尚未到达或尚未验收入库

企业应根据发票账单等结算凭证确定材料成本,借记"在途物资""应交税费——应交增值税(进项税额)"科目,贷记"银行存款"或"应付票据"等科目;待材料到达、验收入库后,再根据收料单,借记"原材料"科目,贷记"在途物资"科目。

【例 3-2】B 公司是一般纳税人,其在江西某塑料制品厂购入甲材料一批,增值税专用发票上注明的材料价款为 20 000 元,增值税额 2 600 元。发票账单等结算凭证已到,货款已经银行转账支付,但材料尚未运到。B 公司应在收到发票等结算凭证时编制会计分录如下:

  借:在途物资——甲材料   20 000
    应交税费——应交增值税(进项税额)   2 600
   贷:银行存款   22 600

材料到达企业并验收入库后:

  借:原材料——甲材料   20 000
   贷:在途物资——甲材料   20 000

3. 材料已到并已验收入库但发票账单等结算凭证未到而尚未支付货款

在这种情况下,存货先到了企业,但是企业不知道存货款项具体金额,因此无法付款。由于结算凭证通常会在存货到达之后数天内到达,为简化核算手续,在存货验收入库时可暂不编制会计分录,待收到结算凭证时再编制会计分录。

如等到月末时,结算凭证仍然未到企业,那么企业应当将该批存货以暂估价入账,并于下个月作相反的会计分录予以冲回,等到结算凭证到达后再补充准确的账务处理。

【例 3-3】C 公司是一般纳税人,其出于生产的目的向某钢铁集团外购钢材两批,第一批为 20 000 千克,第二批为 10 000 千克。这两批钢材于 2020 年 11 月 12 日和 20 日运达企业,并验收入库。11 月 25 日,第一批钢材的结算凭证到达企业,增值税专用发票上注明的材料价款为 100 000 元,增值税额 13 000 元,款项通过银行支付,第二批钢材的结算凭证直到月末也没有收到。其账务处理如下:

(1) 第一批钢铁运达且付款后:

  借:原材料——钢材   100 000
    应交税费——应交增值税(进项税额)   13 000
   贷:应付账款   113 000

(2) 月末将第二批钢铁按暂估价 50 000 元入账：

借：原材料——钢材　　　　　　　　　　　　　　　　50 000
　　贷：应付账款——暂估应付账款　　　　　　　　　　　　50 000

(3) 下月初作相反的会计分录予以冲回：

借：应付账款——暂估应付账款　　　　　　　　　　　50 000
　　贷：原材料——钢材　　　　　　　　　　　　　　　　　50 000

4. 预付款方式

企业在实际采购时，常常会遇到因为对手厂商可能地位强势或者货品抢手需要预付一部分货款才能取得购入存货的情况。此时，预付款项业务应通过"预付账款"科目记录。

【例 3-4】D 公司为一家汽车生产企业，其向电池行业龙头企业 E 公司购买一批电池。按照双方的购买协议，D 公司于 2020 年 10 月 20 日预付款项 100 000 元，E 公司于 2020 年 11 月 5 日交付所需材料，并开具增值税专用发票。根据增值税专用发票显示，材料价款为 90 000 元，增值税进项税额为 11 700 元，2020 年 11 月 10 日，E 公司补付货款 1 700 元。

(1) 10 月 20 日预付货款：

借：预付账款——E 公司　　　　　　　　　　　　　100 000
　　贷：银行存款　　　　　　　　　　　　　　　　　　　100 000

(2) 11 月 5 日材料验收入库：

借：原材料——电池　　　　　　　　　　　　　　　　90 000
　　应交税费——应交增值税(进项税额)　　　　　　　11 700
　　贷：预付账款——E 公司　　　　　　　　　　　　　　　101 700

(3) 11 月 20 日补付货款 1 700 元：

借：预付款项——E 公司　　　　　　　　　　　　　　1 700
　　贷：银行存款　　　　　　　　　　　　　　　　　　　　1 700

5. 赊购方式

在采用赊购方式购入存货的情况下，企业应于存货验收入库后，按发票账单等结算凭证确定的存货成本借记"原材料""周转材料""库存商品"等存货科目，按增值税专用发票上注明的增值税进项税额借记"应交税费——应交增值税（进项税额）"科目，按应付未付的货款贷记"应付账款"科目；待支付款项或开出承兑商业汇票后，再根据实际支付的货款金额或应付票据面值借记"应付账款"科目、贷记"银行存款""应付票据"等科目。

现实情况下，企业面临着现金流的压力，为了鼓励客户尽早付款，许多企业都会在购货合同中增加现金折扣政策，即在某一期限内付款的客户可以得到一定的现金折扣。如果赊购附有现金折扣条件，则其会计处理有总价法和净价法两种方法。在总价法下，应付账款按实际交易金额入账，如果购货方在现金折扣期限内付款，则取得的现金折扣应当在实际发生时冲减购货价格。而在净价法下,应付账款按合同规定的交易金额减去现金折扣后的金额入账。若购货方超过信用期限付款,丧失的现金折扣需要调增购货成本。

【例3-5】 2020年11月1日,F公司从G公司处购买了一批原材料,增值税专用发票上注明的原材料价款为100 000元,增值税进项税额为13 000元。为了让F公司尽早还款,G公司为这次交易制定了一项现金折扣政策。根据购货合同的约定,F公司应于11月30日之前支付货款,如果F公司能在10日内付款,可按原材料价款(不含增值税)的2%享受现金折扣;如果F公司超过10日但在20日内付款,可按原材料价款(不含增值税)的1%享受现金折扣;如果超过20日付款,则须按交易金额付全款。F公司采用总价法的账务处理如下:

(1) 11月1日赊购原材料时:

借:原材料　　　　　　　　　　　　　　　　　　　　　　100 000
　　应交税费——应交增值税(进项税额)　　　　　　　　　13 000
　　贷:应付账款——G公司　　　　　　　　　　　　　　　113 000

(2) 支付购货款时:

① 假定F公司于11月8日付款,现金折扣=100 000×2%=2 000(元),

实际付款金额=113 000-2 000=111 000(元)

借:应付账款——G公司　　　　　　　　　　　　　　　　113 000
　　贷:银行存款　　　　　　　　　　　　　　　　　　　111 000
　　　　原材料　　　　　　　　　　　　　　　　　　　　　2 000

② 假定F公司于11月18日付款,现金折扣=100 000×1%=1 000(元),

实际付款金额=113 000-1 000=112 000(元)

借:应付账款——G公司　　　　　　　　　　　　　　　　113 000
　　贷:银行存款　　　　　　　　　　　　　　　　　　　112 000
　　　　原材料　　　　　　　　　　　　　　　　　　　　　1 000

③ 假定F公司于11月28日付款,

借:应付账款——G公司　　　　　　　　　　　　　　　　113 000
　　贷:银行存款　　　　　　　　　　　　　　　　　　　113 000

【例3-6】 沿用例3-5的资料,若F公司采用净价法,账务处理如下:

(1) 11月1日赊购原材料时:

现金折扣=100 000×2%=2 000(元)

购货净额=100 000-2 000=98 000(元)

应付账款=113 000-2 000=111 000(元)

借：原材料　　　　　　　　　　　　　　　　　　　　　　　　　　98 000
　　应交税费——应交增值税(进项税额)　　　　　　　　　　　　13 000
　　　贷：应付账款——G公司　　　　　　　　　　　　　　　　　111 000

(2) 支付购货款时：

假定F公司于11月8日付款,实际现金折扣=100 000×2‰=2 000(元),
借：应付账款——G公司　　　　　　　　　　　　　　　　　　111 000
　　　贷：银行存款　　　　　　　　　　　　　　　　　　　　　111 000

假定F公司于11月18日付款,实际现金折扣=100 000×1‰=1 000(元),
借：应付账款——G公司　　　　　　　　　　　　　　　　　　111 000
　　原材料　　　　　　　　　　　　　　　　　　　　　　　　　1 000
　　　贷：银行存款　　　　　　　　　　　　　　　　　　　　　112 000

假定F公司于11月28日付款,
借：应付账款——G公司　　　　　　　　　　　　　　　　　　111 000
　　原材料　　　　　　　　　　　　　　　　　　　　　　　　　2 000
　　　贷：银行存款　　　　　　　　　　　　　　　　　　　　　113 000

(二) 自制存货

企业自制存货的成本主要由采购成本和加工成本构成,某些存货还包括使存货达到目前场所和状态所发生的其他成本。其中,采购成本是由自制存货所使用或消耗的原材料采购成本转移而来的,因此,自制存货成本计量的重点是确定存货的加工成本。加工成本是指存货制造过程中发生的直接人工和制造费用。其他成本是指除采购成本、加工成本以外,使存货达到目前场所和状态所发生的其他支出,例如为特定客户设计产品所发生的、可直接认定的设计费用,但是企业发生的一般产品设计费用以及不符合资本化条件的借款费用,应当计入当期损益。企业在确定存货成本时必须注意,非正常消耗的直接材料、直接人工和制造费用,存货在加工环节和销售环节发生的一般仓储费用,不能归属于使存货达到目前场所和状态的其他支出等,应当于发生时直接计入当期损益,不应当计入存货成本。

自制存货按照计算确定的实际成本,借记"库存商品"等存货科目,贷记"生产成本"科目。

【例3-7】A公司基本生产车间完成一批产品,已经验收入库,经计算,其实际成本为100 000元,账务处理如下：

借：库存商品　　　　　　　　　　　　　　　　　　　　　　　100 000
　　　贷：生产成本　　　　　　　　　　　　　　　　　　　　　100 000

(三) 委托加工物资

委托加工存货的成本,一般包括在加工过程中实际耗用的原材料或半成品成本、加工费、运输费、装卸费等,以及按规定应计入加工成本的税金。

企业在拨付待加工的材料物资、委托其他单位加工存货时,按发出材料物资的实际成本,借记"委托加工物资"科目,贷记"原材料""库存商品"等科目;支付加工费和往返运杂费时,借记"委托加工物资"科目,贷记"银行存款"科目;应由受托加工方代收代缴的增值税,借记"应交税费——应交增值税(进项税额)"科目,贷记"银行存款""应付账款"等科目。

应纳消费税的委托加工存货、由受托加工方代收代缴的消费税,应分别按以下情况处理:

(1) 委托加工存货收回后以不高于受托方的计税价格直接用于销售。由受托加工方代收代缴的消费税应计入委托加工存货成本,借记"委托加工物资"科目,贷记"银行存款""应付账款"等科目,待销售委托加工存货时,不需要再交纳消费税。

(2) 委托加工存货收回后用于连续生产应税消费品或以高于受托方的计税价格直接用于销售。由受托加工方代收代缴的消费税按规定准予抵扣的,借记"应交税费——应交消费税"科目,贷记"银行存款""应付账款"等科目;待连续生产的应税消费品生产完成并销售时,从生产完成的应税消费品应纳消费税额中抵扣。

委托加工的存货加工完成、验收入库并收回剩余物资时,按计算的委托加工存货实际成本和剩余物资实际成本,借记"原材料""周转材料""库存商品"等科目,贷记"委托加工物资"科目。

【例3-8】A手机公司发出一批甲材料,委托B工厂加工组装成应税消费品乙材料,发出甲材料的实际成本为50 000元,支付加工费和往返运杂费30 000元,支付由受托加工方代收代缴的增值税3 900元、消费税8 000元。委托加工的甲材料收回后用于连续生产应税消费品时,账务处理如下:

(1) 发出委托加工的甲材料:

借:委托加工物资		50 000
贷:原材料——甲材料		50 000

(2) 支付加工费和往返运杂费:

借:委托加工物资		30 000
贷:银行存款		30 000

(3) 支付增值税和消费税:

借:应交税费——应交增值税(进项税额)		3 900
贷:银行存款		3 900
借:应交税费——应交消费税		8 000
贷:银行存款		8 000

(4) 收回加工完成的乙材料:

乙材料实际成本 = 50 000 + 30 000 = 80 000(元)

借：原材料——乙材料　　　　　　　　　　　　　　　　　　　　80 000
　　贷：委托加工物资　　　　　　　　　　　　　　　　　　　　　　80 000

【例3-9】 沿用例3-8的资料，委托加工的乙材料收回后用于直接出售时，账务处理如下：

(1) 发出委托加工的甲材料：

借：委托加工物资　　　　　　　　　　　　　　　　　　　　　　50 000
　　贷：原材料——甲材料　　　　　　　　　　　　　　　　　　　50 000

(2) 支付加工费和往返运杂费：

借：委托加工物资　　　　　　　　　　　　　　　　　　　　　　30 000
　　贷：银行存款　　　　　　　　　　　　　　　　　　　　　　　30 000

(3) 支付增值税和消费税：

借：应交税费——应交增值税(进项税额)　　　　　　　　　　　 3 520
　　贷：银行存款　　　　　　　　　　　　　　　　　　　　　　　 3 520
借：委托加工物资　　　　　　　　　　　　　　　　　　　　　　 8 000
　　贷：银行存款　　　　　　　　　　　　　　　　　　　　　　　 8 000

(4) 收回加工完成的乙材料：

乙材料实际成本 = 50 000 + 30 000 + 8 000 = 88 000(元)

借：原材料——乙材料　　　　　　　　　　　　　　　　　　　　88 000
　　贷：委托加工物资　　　　　　　　　　　　　　　　　　　　　88 000

(四) 投资者投入的存货

投资者投入的存货的成本，应当按照投资合同约定的价值确定，但合同约定价值不公允的除外。在投资合同约定价值不公允的情况下，将该项存货的公允价值作为其入账价值。

企业收到投资者投入的存货时，按照投资合同约定的存货价值借记"原材料""周转材料""库存商品"等科目，按增值税专用发票上注明的增值税进项税额借记"应交税费——应交增值税(进项税额)"科目，按投资者在注册资本中应占有的份额贷记"实收资本"或"股本"科目，按其差额贷记"资本公积"科目。

【例3-10】 A公司收到大股东B公司作为资本金投入的一批商品。增值税专用发票上注明的库存商品价格为100 000元，进项税额为13 000元，经投资各方确认大股东B公司的投入资本按原材料发票金额确定，可折换A公司每股面值1元的普通股票70 000股。

借：原材料　　　　　　　　　　　　　　　　　　　　　　　　 100 000
　　应交税费——应交增值税(进项税额)　　　　　　　　　　　 13 000
　　贷：股本——A公司　　　　　　　　　　　　　　　　　　　　70 000
　　　　资本公积——股本溢价　　　　　　　　　　　　　　　　　43 000

(五) 其他方式取得的存货

除上述方式外,企业还可以通过非货币性资产交换、债务重组等方式取得存货。

非货币性资产交换方式取得存货的计量

非货币性资产交换是一种非经常性的特殊交易行为,是交易双方主要以固定资产、无形资产、投资性房地产和长期股权投资等非货币性资产进行的交换,交换中一般不涉及货币性资产或只涉及少量的货币性资产,即补价。企业以非货币性资产交换所取得的存货,其入账价值应当根据该项交换是否具有商业实质以及换入资产或换出资产的公允价值是否能够可靠计量,分别以公允价值和账面价值为基础计量。

债务重组是指在不改变交易对手方的情况下,经债权人和债务人协定或法院裁定,就清偿债务的时间、金额或方式等重新达成协议的交易。

企业通过债务重组取得的存货,应当按照放弃债权的公允价值,以及使该资产达到当前位置和状态所发生的可直接归属于该资产的税金、运输费、装卸费、保险费等其他成本初始确认受让存货的成本。放弃债权的公允价值与账面价值的差额,计入当期损益(投资收益)。增值税一般纳税人涉及增值税的存货,受让存货允许抵扣的增值税进项税额应当单独入账,不计入存货成本,即作为存货成本入账的公允价值是指不含增值税的公允价值。

二、实际成本法下发出存货的计量

(一) 存货成本流转假设

企业的存货是不断流动的,有流入也有流出,就此形成了生产经营过程中的存货流转。存货流转包括实物流转和成本流转两个方面。理论上来说,存货的成本流转应与其实物流转相一致,但是,实际情况下企业存货进出量大、品种繁多、单位成本又多变,这些因素使得存货的成本流转难以与其实物流转相一致。为此,出现了存货成本流转假设,其内涵是:同一种存货尽管单价不同,但均能满足销售或生产的需要,在存货被销售或耗用后,无须逐一辨别哪一批实物被发出、哪一批实物被留存,也就是说,成本的流转顺序和实物的流转顺序可以分离,只需按照不同的成本流转程序确定已发出存货的成本和库存存货的成本即可。

基于存货成本流转假设,产生了不同的发出存货成本的计算方法。选择不同的发出存货成本的计算方法,会对企业财务状况、盈亏情况产生不同的影响。其主要表现在三个方面:① 对企业的损益计算有直接影响,比如,期末存货计价过高或过低,会使当期的收益可能因此而增加或者减少;② 对资产负债表有关项目,如流动资产总额、所有者权益等项目的数额计算产生一定的影响;③ 对计算所得税费用的数额有一定的影响,不同的计价方法,会使当期销售成本的结转数额不同,从而使企业当期利润的数额也随之变动。因此,为达到会计信息质量的要求,企业在确定发出存货成本的计算方法时,一般情况下,计算方法一经确定,不得随意更改。如需变更,应在附注中予以说明。

(二) 发出存货成本的确定

按照《企业会计准则》的规定,企业应当根据各类存货的实物流转方式、企业管理的要求、存货的性质等实际情况,合理地确定发出存货成本的计算方法以及当期发出存货的实际成本。企业确定发出存货成本的计算方法有个别计价法、先进先出法、月末一次加权平均法、移动加权平均法等。对于性质和用途相同的存货,应当采用相同的成本计算方法确定发出存货的成本。

1. 个别计价法

个别计价法,又称个别认定法、具体辨认法、分批实际法。采用这种方法时,假设存货具体项目的实物流转与成本流转相一致,按照各种存货,逐一辨认各批发出存货和期末存货所属的购进批别或生产批别,分别按其购入或生产时所确定的单位成本计算各批发出存货和期末存货成本。在这种方法下,是把每一种存货的实际成本作为计算发出存货成本和期末存货成本的基础。

采用个别计价法对存货进行计价,必须满足以下两个条件:

(1) 各批存货必须是容易辨认的。

(2) 各批存货必须备有详细的批号、数量及单位成本等记录。

采用个别计价法,对发出存货的成本和期末存货的成本计算准确,符合实际情况,但在存货收发频繁的情况下,其发出成本分辨的工作量较大。因此,该方法适用于一般不能替代使用的存货、为特定项目专门购入或制造的存货以及提供的劳务,如珠宝、名画等贵重物品。

2. 先进先出法

先进先出法,是指在存货实物流转假设前提下,先购入的存货应先发出(销售或耗用),对发出存货进行计价的一种方法。采用这种方法,先购入的存货成本在后购入存货成本之前转出,并据此确定发出存货和期末存货的成本。

【例3-11】A公司2020年9月存货明细账如表3-1所示。企业采用先进先出法计算发出存货和期末存货的成本。

表3-1 存货明细账

存货名称:甲 编号: 类别: 计量单位:千克、元 最高存货量: 最低存货量:

年		凭证号	摘要	收入			发出			结存		
月	日			数量	单价	金额	数量	单价	金额	数量	单价	金额
9	1	略	期初余额							200	10	2 000
	6		购入	200	20	4 000				200 200	10 20	2 000 4 000
	10		发出				200 100	10 20	2 000 2 000	100	20	2 000
	16		购入	100	30	3 000				100 100	20 30	2 000 3 000

(续表)

年		凭证号	摘要	收入			发出			结存		
月	日			数量	单价	金额	数量	单价	金额	数量	单价	金额
	20		发出				100 50	20 30	2 000 1 500	50	30	1 500
	24		购入	100	60	6 000				50 100	30 60	1 500 6 000
	30		本月发生额及余额	400		13 000	450		7 500	50 100	30 60	1 500 6 000

采用先进先出法，能随时计算出发出存货和库存存货的成本，但比较烦琐；在存货收发业务较多且存货单价不稳定时，其工作量较大。在物价持续上升时，期末存货成本接近于市价，而发出成本偏低，会高估企业当期利润和库存存货价值；反之，会低估企业存货价值和当期利润。

3. 月末一次加权平均法

月末一次加权平均法是指以本月全部进货数量加上月初库存存货数量作为权数，去除本月全部进货成本加上月初库存存货成本，计算出存货的加权平均单位成本，以此为基础，计算本月发出存货的成本和期末库存存货的成本的一种方法。计算公式如下：

$$存货单位成本 = \frac{月初库存存货的实际成本 + \sum 本月进货的实际成本}{月初库存存货数量 + \sum 本月进货数量}$$

本月发出存货成本 = 本月发出存货数量 × 存货单位成本

本月月末库存存货成本 = 月末库存存货的数量 × 存货单位成本

或

本月月末库存存货成本 = 月初库存存货的实际成本 + 本月收入存货的实际成本 − 本月发出存货的实际成本

【例 3-12】沿用例 3-11 的资料，计算月末一次加权平均法下发出存货成本和期末存货成本。

$$甲存货的单位成本 = \frac{2\,000 + 13\,000}{200 + 400} = 25(元)$$

本月发出甲存货成本 = 450 × 25 = 11 250(元)

月末库存甲存货成本 = 150 × 25 = 3 750(元)

采用月末一次加权平均法，只在月末一次计算加权平均单价，比较简单，有利于简化成本计算工作，而且在市场价格上涨或下跌时所计算出来的单位成本平均化，对存货成本的分摊较为折中。但由于这种方法平时无法从账上提供发出和结存存货的单价及金额，因此，不利于存货成本的日常管理与控制。

4. 移动加权平均法

移动加权平均法，是指以每次进货的成本加上原有库存存货的成本，除以每次进货数量加上原有库存存货的数量，据以计算加权平均单位成本，作为在下次进货前计算各次发出存货成本依据的一种方法。计算公式如下：

$$存货单位成本 = \frac{原有库存存货的实际成本 + 本次进货的实际成本}{原有库存存货数量 + 本次进货数量}$$

本次发出存货成本 = 本次发出存货数量 × 本次发货前存货的单位成本

本月月末库存存货成本 = 月末库存存货的数量 × 本月月末存货单位成本

【例3-13】沿用例3-11的资料，在明细账中采用移动加权平均法，计算发出存货成本和期末存货成本如表3-2所示。

表3-2　　　　　　　　　　　　　存货明细账

存货名称：甲　　编号：　　类别：　　计量单位：千克、元　　最高存货量：　　最低存货量：

年		凭证号	摘要	收入			发出			结存		
月	日			数量	单价	金额	数量	单价	金额	数量	单价	金额
9	1	略	期初余额							200	10	2 000
	6		购入	200	20	4 000				400	15	6 000
	10		发出				300	15	4 500	100	15	1 500
	16		购入	100	30	3 000				200	22.5	4 500
	20		发出				150	22.5	3 375	50	22.5	1 125
	24		购入	100	60	6 000				150	47.5	7 125
	30		本月发生额及余额	400		13 000	450		7 875	150	47.5	7 125

采用移动加权平均法，能使企业管理层及时了解存货的结存情况，计算出的平均单位成本以及发出和结存的存货成本比较客观。但是，由于每次收货都要计算一次平均单价，使得计算的工作量较大，不适用于收发货较频繁的企业。

探究与发现

我国为什么禁止采用后进先出法计量发出存货的成本？

(三) 发出存货的核算

企业各生产单位及有关部门领用的材料具有种类多、业务频繁等特点。为了简化核算,可以在月末根据领料单或限额领料单中有关领料的单位、部门等进行归类,编制发料凭证汇总表,据以编制记账凭证、登记入账。发出材料实际成本的确定,可以由企业从上述个别计价法、先进先出法、月末一次加权平均法、移动加权平均法等方法中选择。主要业务核算内容如下:

1. 生产经营领用的原材料

原材料在生产经营过程中被领用后,其原有的实物形态会发生改变乃至消失,其成本也随之形成相关资产成本或直接转化为费用。根据原材料的消耗特点,企业应按发出原材料的用途,将其成本直接计入相关资产成本或当期费用。企业领用原材料时,按计算确定的实际成本,借记"生产成本""制造费用""委托加工物资""在建工程""销售费用""管理费用"等科目,贷记"原材料"科目。

【例3-14】A公司月末根据领料单等编制发料凭证汇总表。根据发料凭证汇总表的记录,2020年10月各生产单位和部门实际耗用的甲材料成本为:基本生产车间领用150 000元,辅助生产车间领用50 000元,车间管理部门领用20 000元,企业各行政管理部门领用20 000元。应编制会计分录如下:

```
借:生产成本——基本生产成本              150 000
        ——辅助生产成本              50 000
    制造费用                          20 000
    管理费用                          20 000
    贷:原材料——甲材料                        240 000
```

2. 销售存货的核算

企业销售商品、确认收入时,借记"银行存款""应收账款""应收票据"等科目,贷记"主营业务收入""应交税费——应交增值税(销项税额)"科目,同时,应结转其销售成本,借记"主营业务成本"等科目,贷记"库存商品"科目。

企业对外销售的原材料、周转材料等存货,取得的销售收入构成其附营业务收入的,存货成本应计入其他业务成本。销售存货时,按从购货方已收或应收的全部合同价款,借记"银行存款""应收账款"等科目,贷记"其他业务收入""应交税费——应交增值税(销项税额)"等科目;同时,应结转其销售成本,借记"其他业务成本"科目,贷记"原材料"等科目。

【例3-15】B公司2020年10月末汇总的发出商品中,当月销售甲产品100件,乙产品200件。其中,甲产品的单位实际成本为120元,乙产品的单位实际成本为80元。在结转已售产品的销售成本时,应编制会计分录如下:

```
借:主营业务成本                          28 000
    贷:库存商品——甲产品                      12 000
            ——乙产品                      16 000
```

【例3-16】 C公司2020年10月销售原材料一批,该批原材料成本为5 000元,编制会计分录如下:

　　借:其他业务成本　　　　　　　　　　　　　　　　　　　　　5 000
　　　　贷:原材料　　　　　　　　　　　　　　　　　　　　　　　　　5 000

3.周转材料的核算

企业领用的周转材料分布于生产经营的各个环节,因具体用途不同,会计处理也不尽相同:① 生产部门领用的周转材料,构成产品实体一部分的,其账面价值应直接计入产品生产成本;属于车间一般性物料消耗的,其账面价值应计入制造费用。② 销售部门领用的周转材料,随同商品出售但不单独计价的,其账面价值应计入销售费用;随同商品出售并单独计价的,应视为材料销售,将取得的收入作为其他业务收入,相应的周转材料账面价值计入其他业务成本。③ 管理部门领用的周转材料,其账面价值应计入管理费用。④ 用于出租的周转材料,收取的租金应作为其他业务收入并计算交纳增值税,相应的周转材料账面价值应计入其他业务成本;用于出借的周转材料,其账面价值应计入销售费用。

企业的周转材料一般包括包装物及低值易耗品两类,企业一般应设置"周转材料"科目核算各种周转材料的实际成本或计划成本,也可以单独设置"包装物""低值易耗品"科目分别核算企业的包装物和低值易耗品。企业应根据周转材料的消耗方式、价值大小、耐用程度等,选择适当的摊销方法,将其账面价值一次或分次计入有关成本费用中。常用的周转材料摊销方法有一次转销法、五五摊销法、分次摊销法等。

(1)包装物的核算。包装物的使用很广泛,其主要作用是盛装、装潢产品或商品。包装物按不同用途可分为:在生产过程中用于包装产品作为产品组成部分的包装物;随同商品出售而不单独计价的包装物;随同商品出售而单独计价的包装物;出租或出借给购买单位使用的包装物。

为了反映和监督包装物的增减变化及其价值损耗、结存等情况,企业应当设置"周转材料——包装物"账户进行核算。该账户借方登记包装物的增加,贷方登记包装物的减少,期末余额在借方,反映企业期末结存包装物的金额。该账户在包装物采用五五摊销法下,需要单独设置"周转材料——包装物——在用""周转材料——包装物——在库""周转材料——包装物——摊销"明细科目。企业发出包装物的核算,应按不同用途分别处理。

一是生产领用包装物。企业生产部门为了包装产品所领用的包装物,构成产品的组成部分,为此,应将包装物的实际成本计入产品生产成本,借记"生产成本"等科目,贷记"周转材料——包装物"科目。

【例3-17】 D公司某生产车间为了包装产品领用包装物一批,实际成本计3 000元。应编制会计分录如下:

　　借:生产成本　　　　　　　　　　　　　　　　　　　　　　　3 000
　　　　贷:周转材料——包装物　　　　　　　　　　　　　　　　　　　3 000

二是随同商品出售包装物。随同商品出售包装物的核算要分成两种情况分别处理：① 随同商品出售但不单独计价的包装物，这类包装物价值较低，随产品出售后无须回收，如纸盒、塑料袋等。在会计处理上，应于包装物发出时，按其实际成本，借记"销售费用"，贷记"周转材料——包装物"。② 随同商品出售且单独计价的包装物，这类包装物价值较高，可予以回收周转使用，如塑料箱、木板箱等。在会计处理上应视同材料销售处理，也就是，在随同商品出售时，一方面应反映其销售收入，借记"银行存款"等科目，贷记"其他业务收入""应交税费——应交增值税（销项税额）"科目，另一方面要反映其实际的销售成本，借记"其他业务成本"，贷记"周转材料——包装物"科目。

【例3-18】D公司销售部门在销售产品时领用不单独计价包装物，该包装物的实际成本为2 000元。应编制会计分录如下：

借：销售费用　　　　　　　　　　　　　　　　　　　　　　　2 000
　　贷：周转材料——包装物　　　　　　　　　　　　　　　　　　2 000

【例3-19】D公司为一般纳税人，公司销售部门在销售产品时领用单独计价包装物，该包装物的实际成本为2 000元，增值税专用发票显示销售收入为5 000元，增值税额为650元，款项已存银行。应编制会计分录如下：

实现销售收入时：

借：银行存款　　　　　　　　　　　　　　　　　　　　　　　5 650
　　贷：其他业务收入　　　　　　　　　　　　　　　　　　　　　5 000
　　　　应交税费——应交增值税（销项税额）　　　　　　　　　　　650

结转已售包装物的成本时：

借：其他业务成本　　　　　　　　　　　　　　　　　　　　　2 000
　　贷：周转材料——包装物　　　　　　　　　　　　　　　　　　2 000

三是出租、出借包装物。在销售过程中企业可以将包装物出租、出借给购买单位使用，并要求使用单位用毕归还。出借包装物是销货单位为购货单位提供的一种无偿服务，而出租包装物则是销货单位通过收取租金的方式为购货单位提供包装物的一种业务活动。这两种业务活动主要在领用包装物及发生相应的包装物损耗和修理支出的会计处理上存在一定差异：出借包装物应将领用包装物及发生的相应的包装物损耗和修理支出计入"销售费用"科目核算；出租包装物则将领用包装物及发生相应的包装物损耗和修理支出计入"其他业务成本"科目核算。出租、出借包装物的会计核算内容如下：收到出租包装物的租金时，对于租金收入，借记"库存现金""银行存款"等科目，贷记"其他业务收入"科目；收到出租、出借包装物的押金时，借记"库存现金""银行存款"等科目，贷记"其他应付款——存入保证金"科目，退回押金时作相反的会计分录。对于逾期未归还包装物的，按规定没收其押金，相关的会计处理视同销售材料，借记"其他应付款——存入保证金"科目，贷记"其他业务收入""应交税费——应交增值税（销项税额）"科目；这部分没收的押金收入应交的消费税等税费，借记"营业税金及附加"，贷记"应交税费——应交消费税"科目。对于出租、出借包装物的摊销,因出租、出借包装物一般能长期周转使用,企业应选择适当的方法摊销其成本,但摊销方法一经确定,不得随意变更。包装物的摊销方法有一次转销法和五五摊销法。

一次转销法是指在领用包装物时,将其价值一次、全部计入有关资产成本或者当期损益的一种摊销方法。这种摊销方法的主要优点是简便易行,在实务工作中经常使用;其主要不足之处是各期费用负担不合理,不符合收入与费用的配比要求,且因一次转销时由于其实物仍存在,不利于对其实物的管理与控制。一次转销法适用于价值较低或极易损坏的包装物的摊销。

一次转销的包装物,领用时,按其账面价值,借记"其他业务成本"(出租,下同)、"销售费用"(出借,下同)科目,贷记"周转材料——包装物"科目;报废时,应按报废包装物的残料价值,借记"原材料"等科目,贷记"其他业务成本""销售费用"科目。

五五摊销法是指包装物在领用时先摊销其账面价值的一半,在报废时再摊销其账面价值的另一半,即包装物两次各按50%进行摊销。这种摊销法是在领用及报废时各摊销一次,这使得各期成本费用负担也不均衡。但是,与一次转销法相比,在这种方法下,只要实物还在使用中,账面记录就不会被注销。因此,采用五五摊销法有利于对实物的管理与控制。五五摊销法通常既适用于价值较低、使用期限较短的包装物,也适用于每期领用数量和报废数量大致相等的包装物。

采用五五摊销法的包装物,领用时按其账面价值,借记"周转材料——包装物——在用"科目,贷记"周转材料——包装物——在库"科目;摊销时应按摊销额,借记"其他业务成本""销售费用"科目,贷记"周转材料——包装物——摊销"科目;报废时应补提摊销额,借记"其他业务成本""销售费用"科目,贷记"周转材料——包装物——摊销"科目,同时,按报废包装物的残料价值,借记"原材料"等科目,贷记"其他业务成本""销售费用"科目,并转销全部已提摊销额,借记"周转材料——包装物——摊销"科目,贷记"周转材料——包装物——在用"科目。

(2)领用低值易耗品的核算。低值易耗品属于劳动资料,它可以周转使用且不改变原有的实物形态,但由于其价值较低或易损耗,为便于核算,在实际工作中,将低值易耗品作为流动资产归入存货核算。

低值易耗品所包含的具体物品很多,不同企业所使用的低值易耗品也存在较大差异。为了加强对低值易耗品的核算与管理,必须按照一定的划分标准,对低值易耗品进行分类管理。通常按其用途可以分为:一般工具,如刀具、量具、夹具、模具等;专用工具,如专用模具等;替换设备,如轧钢用的钢辊、钢锭模具等;管理用具,如办公用具等;劳动保护用品,如工作服等;其他用具等。

为了反映和监督低值易耗品的增减变化及其结存情况,企业应当设置"周转材料——低值易耗品"账户,该账户借方登记低值易耗品的增加,贷方登记低值易耗品的减少,期末余额在借方,通常反映企业期末结存低值易耗品的金额。该账户在低值易耗品采用五五摊销法下,需要单独设置"周转材料——低值易耗品——在用""周转材料——低值易耗品——在库""周转材料——低值易耗品——摊销"明细科目。

低值易耗品的领用核算要视不同的摊销方法进行处理。其摊销方法和相关的会计处理可比照包装物的核算进行。

探究与发现

学习完本节内容你是否了解了实际成本法的适用情况?除了实际成本法外,你是否能想到其他成本计量方法?你设想的方法和实际成本法的区别是什么?

第三节 计划成本法

计划成本法是在我国制造业企业中广泛应用的一种存货计价方法。采用计划成本进行材料的日常核算,可以简化会计处理工作,并且通过实际成本与计划成本对比,有利于考核采购部门的业绩,促使其降低采购成本,节约支出。

按计划成本计价存货取得具有以下特点:从存货收发凭证到明细分类账和总分类账全部按计划成本计价,实际成本与计划成本的差异,在"材料成本差异"账户中进行核算。该计价方法一般适用于存货品种繁多、收发频繁的企业,如大中型企业中的各种原材料、低值易耗品的计价等。如果企业的自制半成品、产成品品种繁多,或管理上需要分别核算其计划成本和成本差异,也可以采用计划成本计价。

采用计划成本法计价,要求事先对每一品种规格的存货制定计划成本,存货的计划成本一般由企业采购部门会同财务等有关部门共同制定,制定的计划成本应尽可能接近实际情况。存货计划成本的组成内容与其实际成本构成一致,包括买价、运杂费和有关的税金等。除一些特殊情况外,计划单位成本在年度内一般不作调整。

一、计划成本法下存货的初始计量

(一)外购存货的初始计量

企业外购的存货,需要专门设置"材料采购"科目进行计价对比,以确定外购存货实际成本与计划成本之间的差异。购进存货时,按已确定的实际采购成本,借记"材料采购"科目,按增值税专用发票上注明的增值税进项税额,借记"应交税费——应交增值税(进项税额)"科目,按已支付或应支付的金额,贷记"银行存款""应付票据""应付账款"等科目。已购进的存货验收入库时,按其计划成本,借记"原材料""周转材料"等存货科目,贷记"材料采购"科目。已购进并验收入库的存货,按实际成本大于计划成本的超支差额,借记"材料成本差异"科目,贷记"材料采购"科目;按实际成本低于计划成本的节约差额,借记"材料采购"

科目,贷记"材料成本差异"科目。月末,对已验收入库但尚未收到发票账单的存货,按计划成本暂估入账,借记"原材料"等存货科目,贷记"应付账款——暂估应付账款"科目,下月初做相反分录予以冲回;下个月收到发票账单并结算时,按正常的程序进行会计处理。

【例3-20】A公司于2020年10月份发生下列材料采购业务,已知A公司存货采用计划成本核算。

(1) 10月5日,A公司为生产经营需要购入一批原材料,增值税专用发票上注明的价款为100 000元,增值税进项税额为13 000元。材料已验收入库,货款已通过银行转账支付。该批原材料的计划成本为105 000元。

借:材料采购 100 000
　　应交税费——应交增值税(进项税额) 13 000
　　贷:银行存款 113 000
借:原材料 105 000
　　贷:材料采购 105 000
借:材料采购 5 000
　　贷:材料成本差异——原材料 5 000

(2) 10月10日,A公司为生产经营需要购入一批原材料,增值税专用发票上注明的价款为160 000元,增值税进项税额为20 800元。货款已通过银行转账支付,材料尚在运输途中。

借:材料采购 160 000
　　应交税费——应交增值税(进项税额) 20 800
　　贷:银行存款 180 800

(3) 10月16日,A公司为生产经营需要购入一批原材料,材料已经运达企业并已验收入库,但发票等结算凭证尚未收到,货款尚未支付。

暂不作会计处理。

(4) 10月18日,A公司收到10月10日购进的原材料并验收入库。该批原材料的计划成本为150 000元。

借:原材料 150 000
　　贷:材料采购 150 000
借:材料成本差异——原材料 10 000
　　贷:材料采购 10 000

(5) 10月22日,A公司收到10月16日已入库原材料的发票等结算凭证,增值税专用发票上注明的材料价款为250 000元,增值税进项税额为32 500元,开出一张商业汇票抵付。该批原材料的计划成本为243 000元。

借:材料采购 250 000
　　应交税费——应交增值税(进项税额) 32 500
　　贷:应付票据 282 500

借：原材料	243 000	
贷：材料采购		243 000
借：材料成本差异——原材料	7 000	
贷：材料采购		7 000

(6) 10月25日，A公司为生产经营需要购入一批原材料，增值税专用发票上注明的价款为200 000元，增值税进项税额为26 000元。货款已通过银行转账支付，材料尚在运输途中。

借：材料采购	200 000	
应交税费——应交增值税（进项税额）	26 000	
贷：银行存款		226 000

(7) 10月27日，A公司为生产经营需要购入一批原材料，材料已经运达企业并已验收入库，但发票等结算凭证尚未收到，货款尚未支付。10月31日，该批材料的结算凭证仍未到达，A公司按该批材料的计划成本80 000元估价入账。

借：原材料	80 000	
贷：应付账款——暂估应付账款		80 000

(8) 11月1日，反向冲回上月末暂估入账分录。

借：应付账款——暂估应付账款	80 000	
贷：原材料		80 000

(9) 11月3日，A公司收到10月27日已入库原材料的发票等结算凭证，增值税专用发票上注明的材料价款为78 000元，增值税进项税额为10 140元，货款通过银行转账支付。

借：材料采购	78 000	
应交税费——应交增值税（进项税额）	10 140	
贷：银行存款		88 140
借：原材料	80 000	
贷：材料采购		80 000
借：材料采购	2 000	
贷：材料成本差异——原材料		2 000

(10) 11月5日，A公司收到10月25日购进的原材料并验收入库，该批原材料的计划成本为197 000元。

借：原材料	197 000	
贷：材料采购		197 000
借：材料成本差异——原材料	3 000	
贷：材料采购		3 000

在会计实务中，为了简化收到存货和结转存货成本差异的核算手续，企业在收到存货时，也可以先不记录存货的增加，不结转形成的存货成本差异；月末时，将本月已付款或已

开出、承兑商业汇票并已验收入库的存货,按实际成本和计划成本分别汇总,一次登记本月存货的增加,并计算和结转本月存货成本差异。

【例 3-21】 沿用例 3-20 的资料,现假定 A 公司采用月末汇总登记存货的增加和结转存货成本差异的方法进行核算,有关会计处理如下:

(1) 10 月 5 日,A 公司为生产经营需要购入一批原材料,增值税专用发票上注明的价款为 100 000 元,增值税进项税额为 13 000 元。货款已通过银行转账支付,材料也已验收入库。该批原材料的计划成本为 105 000 元。

借:材料采购	100 000
应交税费——应交增值税(进项税额)	13 000
贷:银行存款	113 000

(2) 10 月 10 日,A 公司为生产经营需要购入一批原材料,增值税专用发票上注明的价款为 160 000 元,增值税进项税额为 20 800 元。货款已通过银行转账支付,材料尚在运输途中。

借:材料采购	160 000
应交税费——应交增值税(进项税额)	20 800
贷:银行存款	180 800

(3) 10 月 16 日,A 公司为生产经营需要购入一批原材料,材料已经运达企业并已验收入库,但发票等结算凭证尚未收到,货款尚未支付。

暂不作会计处理。

(4) 10 月 18 日,A 公司收到 10 月 10 日购进的原材料并验收入库,该批原材料的计划成本为 150 000 元。

暂不作会计处理。

(5) 10 月 22 日,A 公司收到 10 月 16 日已入库原材料的发票等结算凭证,增值税专用发票上注明的材料价款为 250 000 元,增值税进项税额为 32 500 元,开出一张商业汇票抵付。该批原材料的计划成本为 243 000 元。

借:材料采购	250 000
应交税费——应交增值税(进项税额)	32 500
贷:应付票据	282 500

(6) 10 月 25 日,A 公司为生产经营需要购入一批原材料,增值税专用发票上注明的材料价款为 200 000 元,增值税进项税额为 26 000 元。货款已通过银行转账支付,材料尚在运输途中。

借:材料采购	200 000
应交税费——应交增值税(进项税额)	26 000
贷:银行存款	226 000

(7) 10 月 27 日,A 公司为生产经营需要购入一批原材料,材料已经运达企业并已验收入库,但发票等结算凭证尚未收到,货款尚未支付。10 月 31 日,该批材料的结算凭证

仍未到达，A公司按该批材料的计划成本80 000元估价入账。

  借：原材料   80 000
    贷：应付账款——暂估应付账款   80 000

（8）10月31日，汇总本月已付款或已开出、承兑商业汇票并已验收入库的原材料实际成本和计划成本，登记本月存货的增加，并计算和结转本月存货成本差异。

$$原材料实际成本 = 100\,000 + 160\,000 + 250\,000 = 510\,000（元）$$
$$原材料计划成本 = 105\,000 + 150\,000 + 243\,000 = 498\,000（元）$$
$$原材料成本差异 = 510\,000 - 498\,000 = 12\,000（元）$$

  借：原材料   498 000
    贷：材料采购   498 000
  借：材料成本差异——原材料   12 000
    贷：材料采购   12 000

（9）11月1日，反向冲回上月末暂估入账分录。

  借：应付账款——暂估应付账款   80 000
    贷：原材料   80 000

（10）11月3日，A公司收到10月27日已入库原材料的发票等结算凭证增值税专用发票上注明的材料价款为78 000元，增值税进项税额为10 140元，货款已通过银行转账支付。

  借：材料采购   78 000
    应交税费——应交增值税（进项税额）   10 140
    贷：银行存款   88 140

（11）11月5日，A公司收到10月25日购进的原材料并验收入库。该批原材料的计划成本为197 000元。

  暂不作会计处理。

（二）其他方式取得的存货

  企业通过外购以外的其他方式取得的存货，不需要通过"材料采购"科目确定存货成本差异，而应直接按取得存货的计划成本借记"原材料"等存货科目，按确定的实际成本贷记"生产成本""委托加工物资"等相关科目，按实际成本与计划成本之间的差额借记或贷记"材料成本差异"科目。

【例3-22】A公司基本生产车间本月生产完成一批原材料，已验收入库，计划成本为80 000元。经计算，该批原材料的实际成本为82 000元。

  借：原材料   80 000
    材料成本差异   2 000
    贷：生产成本——基本生产成本   82 000

【例 3-23】 A 公司 A 股东以一批原材料作价投资,增值税专用发票上注明的材料价款为 650 000 元,增值税进项税额为 84 500 元,投资各方确认按发票金额作为甲股东的投入资本,可折换 A 公司每股面值 1 元的股票 500 000 股。该批原材料的计划成本为 660 000 元。

借:原材料 660 000
　　应交税费——应交增值税(进项税额) 84 500
　贷:股本——A 股东 500 000
　　　资本公积——股本溢价 234 500
　　　材料成本差异——原材料 10 000

二、计划成本法下发出存货的计量

(一) 生产经营领用的原材料

采用计划成本法对存货进行日常核算,发出存货时先按计划成本计价,即按发出存货的计划成本,借记"生产成本""制造费用""管理费用"等有关成本费用科目,贷记"原材料"等存货科目;月末,再将月初结存存货的成本差异和本月取得存货形成的成本差异,在本月发出存货和月末结存存货之间进行分摊,将本月发出存货和月末结存存货的计划成本调整为实际成本。计划成本、成本差异与实际成本之间的关系如下:

$$实际成本 = 计划成本 + 超支差异$$

或

$$= 计划成本 - 节约差异$$

为了便于存货成本差异的分摊,企业应当计算材料成本差异率,将其作为分摊存货成本差异的依据。材料成本差异率包括本月材料成本差异率和月初材料成本差异率两种,计算公式如下:

$$本月材料成本差异率 = \frac{月初结存材料的成本差异 + 本月验收入库材料的成本差异}{月初结存材料的计划成本 + 本月验收入库材料的计划成本} \times 100\%$$

$$月初材料成本差异率 = \frac{月初结存材料的成本差异}{月初结存材料的计划成本} \times 100\%$$

企业应当按照类别或品种对原材料、周转材料等存货成本差异进行明细核算,并计算相应的材料成本差异率,不能使用一个综合差异率。在计算发出存货应负担的成本差异时,除委托外部加工发出的存货可以使用月初材料成本差异率外,其他情况下发出的存货均应使用本月材料成本差异率;月初材料成本差异率与本月材料成本差异率相差不大的,也可按月初材料成本差异率计算。计算方法一经确定,不得随意变更。如果确需变更,应在会计报表附注中予以说明。本月发出存货应负担的成本差异及实际成本和月末结存存货应负担的成本差异及实际成本,可按如下公式计算:

本月发出存货应负担的成本差异＝发出存货的计划成本×材料成本差异率

本月发出存货的实际成本＝发出存货的计划成本＋发出存货应负担的超支差异

或　　　　　　　　　　＝发出存货的计划成本－发出存货应负担的节约差异

月末结存存货应负担的成本差异＝结存存货的计划成本×材料成本差异率

月末结存存货的实际成本＝结存存货的计划成本＋结存存货应负担的超支差异

或　　　　　　　　　　＝结存存货的计划成本－结存存货应负担的节约差异

发出存货应负担的成本差异必须按月分摊，不得在季末或年末一次分摊。企业在分摊发出存货应负担的成本差异时，按计算的各成本费用项目应负担的差异金额，借记或贷记"生产成本""制造费用""销售费用""管理费用"等科目，贷记或借记"材料成本差异"科目。本月发出存货应负担的成本差异从"材料成本差异"科目转出之后，该科目的余额为月末结存存货应负担的成本差异。在编制资产负债表时，月末结存存货应负担的成本差异应作为存货的调整项目，将结存存货的计划成本调整为实际成本列示。

【例 3-24】 2020 年 10 月 1 日，A 公司结存原材料的计划成本为 52 000 元，"材料成本差异""原材料"科目的贷方余额为 1 000 元。经汇总，10 月份已经付款或已开出承兑商业汇票并已验收入库的原材料的计划成本为 498 000 元，实际成本为 510 000 元，材料成本差异为超支的 12 000 元。10 月份领用原材料的计划成本为 504 000 元，其中，基本生产领用 350 000 元，辅助生产领用 110 000 元，车间一般耗用 16 000 元，管理部门领用 8 000 元，对外销售 20 000 元。

(1) 按计划成本发出原材料。

借：生产成本——基本生产成本　　　　　　　　　　　　350 000
　　　　　　——辅助生产成本　　　　　　　　　　　　110 000
　　制造费用　　　　　　　　　　　　　　　　　　　　 16 000
　　管理费用　　　　　　　　　　　　　　　　　　　　　8 000
　　其他业务成本　　　　　　　　　　　　　　　　　　 20 000
　　贷：原材料　　　　　　　　　　　　　　　　　　　504 000

(2) 计算本月材料成本差异率。

本月材料成本差异率＝(－1 000＋12 000)/(52 000＋498 000)×100％＝2％

在计算本月材料成本差异率时，本月收入存货的计划成本金额不包括已验收入库但发票等结算凭证月末时尚未到达、企业按计划成本估价入账的存货金额。

(3) 分摊材料成本差异。

生产成本(基本生产成本)＝350 000×2％＝7 000(元)

生产成本(辅助生产成本)＝110 000×2％＝2 200(元)

制造费用＝16 000×2％＝320(元)

管理费用＝8 000×2％＝160(元)

其他业务成本＝20 000×2％＝400(元)

借：生产成本——基本生产成本	7 000
——辅助生产成本	2 200
制造费用	320
管理费用	160
其他业务成本	400
贷：材料成本差异——原材料	10 080

(4) 月末，计算结存原材料实际成本，据以编制资产负债表。

"原材料"科目月末余额＝(52 000＋498 000＋80 000)－504 000
＝126 000(元)

"材料成本差异"科目月末余额＝(－1 000＋12 000)－10 080＝920(元)

结存原材料实际成本＝126 000＋920＝126 920(元)

月末编制资产负债表时，存货项目中的原材料存货，应当按上列结存原材料实际成本126 920元列示。

(二) 销售存货的核算

采用计划成本核算时，其方法与原材料核算相似，库存商品的实际成本与计划成本的差异通过设置"产品成本差异"科目来调整。

【例3－25】A公司2020年10月末汇总发出商品，其中当月已实现销售的甲产品有1 000件，其单位计划成本为100元。产品成本差异率为1％。在结转已售产品的销售成本时，应编制会计分录如下：

借：主营业务成本	101 000
贷：库存商品——甲产品	100 000
产品成本差异	1 000

(三) 周转材料的核算

1. 包装物的核算

在计划成本计价情况下，平时发出包装物时均按计划成本核算，月末计算当月发出包装物应负担的成本差异并进行分摊，根据领用包装物用途的不同计入"生产成本""销售费用""其他业务成本"科目，从而将发出包装物的计划成本调整为实际成本。

【例3－26】A企业对包装物采用计划成本核算，2020年10月生产产品领用包装物的计划成本为10 000元，材料成本差异为5％。应编制会计分录如下：

领用包装物时：

借：生产成本　　　　　　　　　　　　　　　　　　　　10 000
　　贷：周转材料——包装物　　　　　　　　　　　　　　　10 000

结转分摊的成本差异时：

借：生产成本　　　　　　　　　　　　　　　　　　　　　500
　　贷：材料成本差异　　　　　　　　　　　　　　　　　　500

2. 领用低值易耗品的核算

按计划成本进行低值易耗品核算的企业，如果领用低值易耗品采用一次转销法核算，在领用当月月末，结转领用的低值易耗品应负担的成本差异，借记或贷记"材料成本差异"科目；如果领用低值易耗品采用五五摊销法核算，在报废低值易耗品的月末，应分摊其成本差异。低值易耗品的领用核算要视不同的摊销方法进行处理。其摊销方法和相关的会计处理可比照包装物的核算进行。

> **探究与发现**
>
> 在上一节中你所设想的与实际成本法不同的成本计量方法，与计划成本法一样吗？如果不一样，你所设想的方法是什么样的？适用于怎样的情景？

第四节　存货的期末计量

一、存货的期末计量原则

按《企业会计准则第1号——存货》的规定，在资产负债表日，存货应当按照成本与可变现净值孰低计量。存货成本高于其可变现净值的，应当计提存货跌价准备，其损失计入当期损益。

（一）成本与可变现净值孰低法的含义

成本与可变现净值孰低法是指对期末存货按照成本与可变现净值两者之中较低者进行计价的方法。当成本低于可变现净值时，存货按成本计价；当可变现净值低于成本时，存货按可变现净值计价。

存货成本是指期末存货的实际成本。企业在日常核算中采用计划成本法、售价金额核算法等核算方法确定存货成本的，则应调整为实际成本。可变现净值是指在日常活动中，存货的估计售价减去至完工时估计将要发生的成本、估计的销售费用以及相关税费后的金额。企业预计的销售存货现金流量并不完全等于存货的可变现净值，因为存货在销售过程中可能发生销售费用和相关税费，为达到预定可销售状态还可能发生加工成本等相关支出，这些支出构成现金流入的抵减项目。企业预计销售存货的现金流量，扣除这些抵减项目后,才能确定存货的可变现净值。

(二) 存货减值迹象的判断

存货存在下列情况之一的,表明存货的成本高于其可变现净值,存货已发生减值,期末存货应按可变现净值计价,并计提存货的跌价准备:

(1) 该存货的市场价格持续下跌,并且在可预见的未来无回升的希望。

(2) 企业使用该项原材料生产的产品的成本高于产品的销售价格。

(3) 企业因产品更新换代,原有库存原材料已不能满足新产品的需求,而该原材料的市场价格又低于其账面成本。

(4) 市场的需求因企业所提供的商品或劳务过时或消费者偏好改变而发生变化,导致市场价格逐渐下跌。

(5) 其他足以证明该项存货实质上已经发生减值的情形。

存货存在下列情形之一的,表明存货的可变现净值为零:

(1) 已霉烂变质的存货。

(2) 已过期且无转让价值的存货。

(3) 在生产中已不再需要,并且已无使用价值和转让价值的存货。

(4) 其他足以证明已无使用价值和转让价值的存货。

二、存货的期末计量方法

(一) 可变现净值的确定

当有迹象表明存货发生减值的,企业应于期末计算存货的可变现净值。

1. 确定存货可变现净值应考虑的因素

企业在确定存货可变现净值时,应当以取得的确凿证据为基础,并且考虑持有存货的目的、资产负债表日后事项的影响等因素。

(1) 存货可变现净值的确凿证据。它是指对确定存货的可变现净值有直接影响的客观证明,如产成品或商品的市场销售价格、与产成品或商品相同或类似商品的市场销售价格、销货方提供的有关资料和生产成本资料等。

(2) 持有存货的目的。从存货的定义中可以看出,企业持有存货的目的主要有两个: ① 持有以备出售(这类存货又分为有合同约定的存货和没有合同约定的存货),如产成品、商品;② 将在生产过程或提供劳务过程中耗用,如材料等。企业持有存货的目的不同,其确定存货的可变现净值的计算方法也不同。

(3) 资产负债表日后事项的影响。在确定资产负债表日存货的可变现净值时,应当以资产负债表日取得的最可靠的证据估计的售价为基础并考虑持有存货的目的,资产负债表日至财务报告批准报出日之间存货售价发生波动的,如有确凿证据表明其对资产负债表日存货已经存在的情况提供了新的或进一步的证据,则应在确定存货可变现净值时予以考虑,否则,不应予以考虑。

2. 存货可变现净值计量基础的确定

对于企业所持有的各类存货,在确定其可变现净值时,应区分以下不同情况。

(1) 在没有销售合同约定情况下直接用于出售的商品存货(不包括用于出售的原材料),其可变现净值应当为在正常生产经营过程中产成品或商品的一般销售价格(市场销售价格)减去估计的销售费用和相关税费等后的金额。

【例3-27】 2020年12月30日,A公司甲产品的账面价值为100 000元,数量为500件,单位成本为200元。2020年12月31日,甲产品的市场销售价格为每件250元。该批产品并没有签署任何销售合同。已知销售这批甲产品可能发生的销售费用和相关税费为10 000元。计算确定甲产品的可变现净值。

分析:由于A公司没有签订甲产品的销售合同,因此,该批产品的可变现净值应以市场销售价格为计量基础。

计算:甲产品的可变现净值 = 500×250 - 10 000 = 115 000(元)

(2) 为执行销售合同或者劳务合同而持有的存货,其可变现净值应当以合同价格减去估计的销售费用和相关税费等后的金额确定。主要有以下三种情况:

第一种情况,企业与购买方签订了销售合同或劳务合同,并且销售合同订购的数量大于或等于企业所持有的存货数量。在这种情况下,与该项销售合同直接相关的存货的可变现净值,应当以合同价格为计量基础。

【例3-28】 2020年10月7日,B公司与A公司签订了一份不可撤销的销售合同,双方约定,次年1月12日,B公司应按每件售价100元的价格向A公司提供甲产品100件。2020年12月31日,B公司甲产品账面单位成本为90元,数量为80件,总成本为7 200元。2020年12月31日,甲产品的市场销售价格为每件120元。假设每件的销售税费为12.5元,计算确定甲产品的可变现净值。

分析:根据双方签订的销售合同,B公司该批甲产品的销售价格已在合同中约定,且其库存量小于销售合同约定订购的数量,在这种情况下,该批产品的可变现净值应以合同价格为计量基础。

计算:甲产品的可变现净值 = 100×80 - 12.5×80 = 7 000(元)

第二种情况,企业持有的同一项存货的数量多于销售合同或劳务合同订购数量时,应分别确定其可变现净值,并与其相对应的成本进行比较,分别确定存货跌价准备的计提或转回金额。超出合同部分的存货的可变现净值,应当以一般销售价格为基础计算。

【例3-29】 沿用例3-28的资料,假设B公司甲产品的库存量为120件,每件的销售税费为12.5元,其他条件不变,计算确定甲产品的可变现净值。

分析:根据双方签订的销售合同,A公司该批甲产品的销售价格已在合同中约定,但由于其库存量大于销售合同约定订购的数量,因此,在这种情况下,对于销售合同约定数量内的甲产品的可变现净值仍以合同价格为计量基础;而对于超出部分的甲产品的可变现净值应以一般市场销售价格为计量基础。

计算：

销售合同约定数量内的甲产品的可变现净值＝100×(100－12.5)＝8 750(元)

超出部分的甲产品的可变现净值＝20×(120－12.5)＝2 150(元)

第三种情况，企业就其产成品或商品订立了销售合同，如果销售合同所规定的标的物还没有生产出来，但企业持有专门用于生产该标的物的材料，其可变现净值也应当以合同价格为计量基础。

【例3－30】 2020年12月7日，B公司与C公司签订了一份不可撤销的销售合同，双方约定，次年3月12日B公司应按每件售价200元的价格向C公司提供乙产品500件。2020年12月31日，B公司还没有生产乙产品，但持有专门用于生产500件乙产品的库存原材料，其账面价值(成本)为50 000元，市场销售价格总额为60 000元。将材料加工成乙产品尚需投入成本30 000元，估计销售乙产品可能发生的销售费用和相关税费为5 000元。

分析：根据双方签订的销售合同，B公司该批乙产品的销售价格已在合同中约定，虽然B公司还没有生产乙产品，但持有专门用于生产乙产品的材料，并且可生产的乙产品的数量不大于销售合同订购的数量。在这种情况下，计算生产乙产品的材料的可变现净值时，应当以销售合同约定的乙产品的销售价格总额作为计量基础。

计算：该批材料的可变现净值＝200×500－30 000－5 000＝65 000(元)

(3) 用于出售的材料等，应当以市场价格(市场销售价格)减去估计的销售费用和相关税费等后的金额作为其可变现净值。

【例3－31】 2020年，B公司预测市场需求将会变化，决定停止生产丙产品。为了减少不必要的损失，决定将原材料中专门用于生产丙产品的外购丁材料全部出售，2020年12月31日其成本为800 000元，数量为16吨。据市场调查，丁材料的市场销售价格为每吨30 000元，同时，销售16吨丁材料可能发生的销售费用及税金为8 000元。计算确定丁材料的可变现净值。

分析：由于企业不再生产丙产品，因此，用于生产丙产品的丁材料的可变现净值不能以丙产品的销售价格作为其计量基础，而应按丁材料的市场销售价格作为计量基础。

计算：丁材料的可变现净值＝30 000×16－8 000＝472 000(元)

(4) 用于生产而持有材料的期末计量，应当根据其生产的产成品成本与产成品可变现净值的情况加以确定。一般有以下两种情况：

第一种情况，如果用其生产的产成品的可变现净值高于产成品的生产成本，则该材料应当按照成本计量。

【例3－32】 B公司2020年12月31日库存原材料——戊材料的账面价值(成本)为200 000元，市场购买价格总额为180 000元，假设不发生其他购买费用，用戊材料生产的产成品——钢管的可变现净值高于成本。试确定2020年12月31日戊材料的价值。

分析：由于持有材料的目的是用于生产产品，而不是出售，该材料存货的价值将体现在用其生产的产品上。因此,在确定需要经过加工的材料存货的可变现净值时,需要用以其生产的产成品的可变现净值与该产品的成本进行比较。本例中,虽然戊材料的账面价值(成本)高于其市场价格,但是,由于用其生产的产成品钢管的可变现净值高于其成本,即用戊材料生产的最终产品此时并没有发生价值减损。在这种情况下,即使戊材料的账面价值(成本)高于其市场价格,也不应计提存货跌价准备,仍应按其原账面价值(成本)200 000元列示在B公司2020年12月31日资产负债表的存货项目之中。

第二种情况,若材料价格下跌等原因表明以其生产的产成品的可变现净值低于产成品成本,则该材料应当按照可变现净值计量。其可变现净值为在正常生产经营过程中,以该材料所生产的产成品的估计售价减去至完工时估计将要发生的成本、估计的销售费用以及相关税费后的金额。

【例3-33】B公司2020年12月31日库存原材料——己材料的账面价值(成本)为240 000元,市场购买价格总额为200 000元,假设不发生其他购买费用。由于己材料市场销售价格下降,市场上用己材料生产的产成品钢丝的市场销售价格也发生了相应下降,下降了10%。由此造成B公司钢丝的市场销售价格总额由1 000 000元下降为900 000元,但其生产成本仍为940 000元,将己材料加工成钢丝估计尚需投入700 000元,估计销售费用及税金为20 000元。确定2020年12月31日己材料的价值。

分析:

(1) 计算用该原材料所生产的产成品的可变现净值:

$$钢丝的可变现净值 = 钢丝的估计售价 - 估计销售费用及税金$$
$$= 900\ 000 - 20\ 000 = 880\ 000(元)$$

(2) 将用该原材料所生产的产成品的可变现净值与其成本进行比较:

钢丝的可变现净值880 000元小于其成本940 000元,即己材料价格的下降表明以其生产的产成品——钢丝的可变现净值低于成本,因此,己材料应当按可变现净值计量。

(3) 计算该原材料的可变现净值,并确定其期末价值:

$$己材料的可变现净值 = 钢丝的估计售价 - 将己材料加工成钢丝尚需投入的成本 -$$
$$估计销售费用及税金 = 900\ 000 - 700\ 000 - 20\ 000 = 180\ 000(元)$$

由于己材料的可变现净值180 000元小于其成本240 000元,因此,己材料的期末价值应为其可变现净值180 000元,即己材料应按180 000元列示在B公司2020年12月31日资产负债表的存货项目之中。

(二) 存货跌价准备的核算

在资产负债表日,存货的成本高于其可变现净值,企业应当计提存货跌价准备。企业应当设置"存货跌价准备"和"资产减值损失"账户进行核算。"存货跌价准备"账户核算存货的跌价准备。该账户贷方登记计提的存货跌价准备金额,借方登记转回和结转的存货跌价准备金额,期末余额一般在贷方,反映企业已计提但尚未结转的存货跌价准备。该账户可按存货项目或类别进行明细核算。"资产减值损失"账户核算企业计提各项资产减值准备所形成的损失。该账户借方登记计提各项资产减值准备形成的损失,贷方登记有关资产价值恢复转回减值准备的损失金额,期末,该账户余额应转入"本年利润"科目,结转后该账户无余额。该账户可按资产减值损失的项目进行明细核算。

1. 存货跌价准备的计提

存货跌价准备通常应当按单个存货项目计提。企业应于每一资产负债表日,将每一项存货的成本与可变现净值逐一进行比较,按较低者计量存货,对于可变现净值小于成本的,根据两者的差额计提存货跌价准备,以后再与已计提数进行比较,若应提数大于已提数,应予补提。企业计提的存货跌价准备,应计入当期损益。对于数量繁多、单价较低的存货,可以按照存货类别计提存货跌价准备。与在同一地区生产和销售的产品系列相关、具有相同或类似最终用途或目的且难以与其他项目分开计量的存货,可以合并计提存货跌价准备。

【例3-34】2020年12月31日,A公司甲、乙两项存货的成本分别为10 000元、20 000元,可变现净值分别为12 000元、18 000元。该公司采用成本与可变现净值孰低法对期末存货进行计量,存货成本与可变现净值的比较采用单项比较法。假定"存货跌价准备"科目余额为零,确定在当日资产负债表中列示的存货金额。

分析:A存货的成本10 000元低于其可变现净值12 000元,不需计提存货跌价准备;B存货的成本20 000元高于其可变现净值18 000元,需计提存货跌价准备2 000(20 000—18 000)元。

【例3-35】B公司采用成本与可变现净值孰低法对丙存货进行期末计价。2020年年末,丙存货的账面成本为150 000元,由于市场价格下跌,预计可变现净值为100 000元,假定"存货跌价准备"科目余额为零,由此应计提的存货跌价准备为50 000元。应编制会计分录如下:

借:资产减值损失——计提的存货跌价准备　　　　　　50 000
　　贷:存货跌价准备　　　　　　　　　　　　　　　　　　50 000

假定2021年年末丙存货的种类、数量、账面成本和已计提的存货跌价准备均未发生变化,但由于市场价格的上升,该材料的预计可变现净值为120 000元,则丙材料应计提的存货跌价准备为30 000(150 000—120 000)元,当期应冲减已计提的存货跌价准备20 000(50 000—30 000)元。应编制会计分录如下:

借:存货跌价准备　　　　　　　　　　　　　　　　　　　20 000
　　贷:资产减值损失——计提的存货跌价准备　　　　　20 000

期末对存货进行计量时,如果同一类存货,其中一部分是有合同价格约定的,而另一部分不存在合同价格,在这种情况下,企业应区分有合同约定和没有合同价格约定的存货,分别确定其期末可变现净值,并与其相对应的成本进行比较,以确定是否需要计提存货跌价准备。

【例3-36】B公司期末存货采用成本与可变现净值孰低法计价。2020年11月27

日,B公司与C公司签订销售合同:B公司于2021年3月11日向C公司销售机器2 000台,每台20 000元。2020年12月31日,B公司库存机器2 200台,单位成本16 000元,账面成本为35 200 000元。2020年年末,市场销售价格为每台15 000元,预计销售税费均为每台900元。确定该机器期末应计提的存货跌价准备数。

分析:由于B公司库存机器2 200台多于已经签订销售合同的数量2 000台,因此,销售合同约定数量2 000台,其可变现净值为38 200 000(2 000×20 000—2 000×900)元,成本为32 000 000元,这部分存货不需计提存货跌价准备;超过部分的可变现净值为2 820 000(200×15 000—200×900)元,相应的成本为3 200 000元,超过部分的可变现净值低于其成本,因此,机器期末应计提存货跌价准备380 000(3 200 000—2 820 000)元。

2. 存货跌价准备的转回

在资产负债表日,以前减记存货价值的影响因素已经消失的,减记的金额应当予以恢复,并在原已计提的存货跌价准备金额内转回,转回的金额计入当期损益。

在核算存货跌价准备的转回时应注意两点:① 转回的存货跌价准备与计提该准备的存货项目或类别应当存在直接对应关系;② 应在原已计提的存货跌价准备金额内转回,即转回的金额以将存货跌价准备的余额冲减至零为限。

【例3-37】沿用例3-35的资料,假定2020年年末丙存货的种类、数量、账面成本和已计提的存货跌价准备均未发生变化,但由于市场价格持续上升,市场前景明显好转,2020年年末根据当时状态确定的丙存货的可变现净值为130 000元。应编制会计分录如下:

借:存货跌价准备　　　　　　　　　　　　　　　　　　　10 000
　　贷:资产减值损失——计提的存货跌价准备　　　　　　　10 000

3. 存货跌价准备的结转

存货跌价准备的结转的会计处理要分不同情况进行。

(1) 如果是销售出去的,应随同存货一并结转。企业计提的存货跌价准备,如果其中有部分存货已经销售,则企业在结转销售成本时,应同时结转对其已计提的存货跌价准备。若是按单个存货项目计提存货跌价准备的,直接对应结转;若是按存货类别计提存货跌价准备的,也应按比例结转相应的存货跌价准备。

【例3-38】2020年年末,C公司库存机器10台,每台成本为10 000元,已经计提存货跌价准备20 000元。次年C公司将库存的10台机器以每台85 000元的价格全部售出。假定不考虑可能发生的销售费用及税金的影响。应编制会计分录如下:

借:主营业务成本　　　　　　　　　　　　　　　　　　　80 000
　　存货跌价准备　　　　　　　　　　　　　　　　　　　20 000
　　贷:库存商品——A机器　　　　　　　　　　　　　　　100 000

(2) 如果是生产领用,可不同时结转相应的存货跌价准备,待期末一并调整。

(3) 如果是因债务重组和非货币性资产交换转出的存货,其对应的存货跌价准备应同时结转,但不冲减当期的资产减值损失,具体会计处理按债务重组和收入的准则进行。

> **探究与发现**
>
> 通过以上的学习,你认为在本章"导入"的案例中,A 公司应该通过哪些情况来判断自己的存货是否需要减值?

第五节 存货的清查

一、存货清查的意义与方式

存货是企业资产的重要组成部分,处于不断销售、耗用以及重置之中,具有较强的流动性。为加强对存货的控制,维护存货的安全完整,企业应当定期或不定期地对存货的实物进行盘点和抽查,以确定存货的实有数量,并与账面记录进行核对,确保存货账实相符。企业至少应当在编制年度财务报告之前,对存货进行一次全面的清查盘点。确定存货数量的会计方法有两种:一是实地盘存制,二是永续盘存制。

(一) 实地盘存制

实地盘存制又称定期盘存制,是指在会计期末时,通过对全部存货进行实地盘点,确定期末存货的结存数量,并据以计算期末存货成本和发出成本的一种方法。这种方法在工业企业中称为"以存计耗"或"盘存计耗";在商品流通企业中称为"以存计销"或"盘存计销"。

采用这种方法,企业平时在存货账面上只登记收入增加数,不登记发出减少数,也不逐日轧计结存数。在会计期末,按实地盘点确定的存货数量作为期末存货账户的结存数,再乘以各项存货的盘存单价,计算出期末存货的总成本,再倒轧出本期已耗用或已销售存货的成本。其计算公式为:

$$期末存货结存成本 = 结存数量(实地盘点数) \times 进货单价$$

$$本期耗用或销售成本 = 期初存货结存成本 + 本期存货购进或收入成本 - 期末存货结存成本$$

实地盘存制的主要优势在于简化了存货的日常核算工作。其主要缺点有:① 不能随时反映存货收入、发出和结存的动态,不便于存货的日常管理。② 采用以存计耗、以存计销的方法倒挤出发出存货的成本,使得非正常的销售或耗用的存货损失、差错、贪污舞弊甚至偷盗等原因引起的短缺,全部挤入耗用或销售成本之中,从而影响了耗用或销售成本计算的正确性,也削弱了对存货的控制。实地盘存制仅适用于那些自然损耗大、数量不稳定的鲜活商品。

(二) 永续盘存制

永续盘存制又称账面盘存制,是指按存货的品名、规格设置明细账,根据凭证逐日逐笔登记收入和发出的数量,并随时结算出账面结存数量的一种方法。其计算公式为:

$$本期销售或耗用成本 = 本期销售或耗用数量 \times 进货单价$$

$$\frac{期末存货}{结存成本} = \frac{期初存货}{结存成本} + \frac{本期存货购进}{或收入成本} - \frac{本期耗用}{或销售成本}$$

采用这种方法,企业平时在存货账面上不仅要登记收入增加数,也要登记发出减少数,还要随时轧计结存数(月末一次加权平均法除外)。这样,通过账簿记录,可以完整地反映存货收入成本、发出成本和期末结存成本。采用永续盘存制,并不排除对存货的实物盘点,为了保证账实相符,企业需定期或不定期地进行实物的盘点,具体盘点次数视企业内部控制要求而定。

永续盘存制的主要优点有:① 各种存货明细账的记录可以随时提供每一种存货的收入、发出和结存情况,因此,采用永续盘存制有利于加强对存货的管理。同时,可以比较账簿记录的结存量与相关存货核定的限额,以了解库存储备的情况,及时合理地组织货源,加速资金周转。② 通过账面结存数与实际盘点数的核对,可以及时查明短缺及溢余的原因。其主要缺点是:存货的日常核算工作量较大。与实地盘存制相比,由于永续盘存制在对存货的计划、控制、管理等方面具有显著的优越性,因此,这种方法被大多数企业采用。

存货清查应编制"存货盘存报告单",作为存货清查的原始凭证,在进行存货清查盘点时,如果发现存货盘盈或盘亏,应于期末前查明原因,并根据企业的管理权限,报经股东大会或董事会,或经理(厂长)会议或类似机构批准后,在期末结账前处理完毕。

二、存货盘盈的核算

企业发生存货盘盈时,应及时办理存货入账手续,调整存货的账面记录,按盘盈存货的计划成本或估计成本,借记"原材料""库存商品"等科目,贷记"待处理财产损溢"科目;在按管理权限报经批准后,借记"待处理财产损溢"科目,贷记"管理费用"科目。

【例3-39】A公司财产清查中盘盈某种材料100千克,经查是由日常收发计量上的误差引起的。按每千克10元计划成本入账。应编制会计分录如下:

(1) 批准处理前:

借:原材料   1 000
    贷:待处理财产损溢   1 000

(2) 批准处理后:

借:待处理财产损溢   1 000
    贷:管理费用   1 000

三、存货盘亏及毁损的核算

企业发生存货盘亏及毁损时,借记"待处理财产损溢"科目、"存货跌价准备"科目(已计提存货跌价准备),贷记"原材料""库存商品"等科目。在按管理权限报经批准后应作如下会计处理:

(1) 对于已入库的残料价值,借记"原材料"等科目,贷记"待处理财产损溢"科目。

(2) 对于应由保险公司和过失人赔款的部分,借记"其他应收款"科目,贷记"待处理财产损溢"科目。

(3) 扣除残料价值和应由保险公司、过失人赔款后的净损失,借记"管理费用"科目(属于一般经营损失的部分)、"营业外支出"科目(属于非常损失的部分),贷记"待处理财产损溢"科目。

按增值税会计处理规定,外购材料及材料投入后形成的在产品或库存商品发生非正常损失时,要将进货时已支付的增值税的进项税额转出,连同遭受损失的存货成本一并记入"待处理财产损溢"科目中。这里的非正常损失是指生产经营过程中正常损耗之外的损失,包括:因管理不当造成的损失、自然灾害引起的损失及其他非正常损失。

【例 3-40】B 公司在财产清查中盘亏某种材料 100 千克,计划单位成本 20 元,该批材料的成本差异为超支 200 元。经查属于一般经营损失。假定该批存货未计提存货跌价准备。应编制会计分录如下:

(1) 批准处理前:

借:待处理财产损溢　　　　　　　　　　　　　　　　　　　2 000
　　贷:原材料　　　　　　　　　　　　　　　　　　　　　　　　2 000

同时,分摊盘亏材料的成本差异:

借:待处理财产损溢　　　　　　　　　　　　　　　　　　　　200
　　贷:材料成本差异　　　　　　　　　　　　　　　　　　　　　200

(2) 批准处理后:

借:管理费用　　　　　　　　　　　　　　　　　　　　　　2 200
　　贷:待处理财产损溢　　　　　　　　　　　　　　　　　　　2 200

【例 3-41】B 公司仓库中的某种材料因受自然灾害的影响遭受损失,实际成本为 10 000 元,根据保险责任范围及保险合同规定,应由保险公司赔偿 8 000 元。假定该批存货未计提存货跌价准备。应编制会计分录如下:

(1) 批准处理前:

借:待处理财产损溢　　　　　　　　　　　　　　　　　　 11 300
　　贷:原材料　　　　　　　　　　　　　　　　　　　　　　　10 000
　　　　应交税费——应交增值税(进项税额转出)　　　　　　　　1 300

(2) 批准处理后:

由保险公司赔偿部分:

借:其他应收款　　　　　　　　　　　　　　　　　　　　 8 000
　　贷:待处理财产损溢　　　　　　　　　　　　　　　　　　　8 000

材料毁损的净损失:

借:营业外支出　　　　　　　　　　　　　　　　　　　　 3 300
　　贷:待处理财产损溢　　　　　　　　　　　　　　　　　　　3 300

【例3-42】B公司2021年1月31日又有某种材料发生非正常损失,其账面成本(实际成本)为1 000元,已计提跌价准备100元。该批材料的进项税额为130元。应编制的会计分录如下:

借:待处理财产损溢　　　　　　　　　　　　　　　　　　1 030
　　存货跌价准备　　　　　　　　　　　　　　　　　　　　100
　　贷:原材料——甲材料　　　　　　　　　　　　　　　　　　1 000
　　　　应交税费——应交增值税(进项税额转出)　　　　　　　　130

【例3-43】沿用例3-42的资料,经查该材料损失是保管员失职造成,责成由其赔偿全部损失的80%,其余列支在管理费用中。

借:其他应收款　　　　　　　　　　　　　　　　　　　　824
　　管理费用　　　　　　　　　　　　　　　　　　　　　　206
　　贷:待处理财产损溢　　　　　　　　　　　　　　　　　　1 030

> **探究与发现**
>
> 　　如果你所在的公司是一家煤矿企业,并且采用实地盘存制来盘点存货,那么在年末盘点时该采用什么方法完成盘点?如果是钢铁公司呢?如果是智能手机公司呢?

本 章 小 结

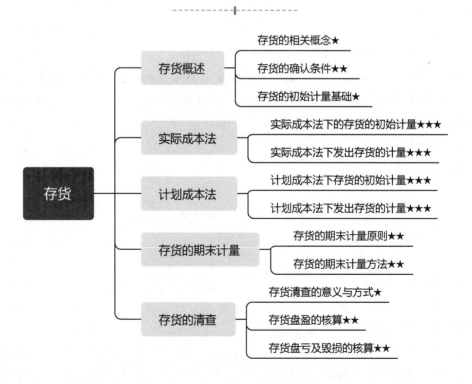

复习与思考题

名词解释

存货　　　　　　存货成本流转假设　　先进先出法　　　　月末一次加权平均法
移动加权平均法　　个别计价法　　　　毛利率法　　　　　委托加工物资
实地盘存制　　　　永续盘存制　　　　成本与可变现净值孰低法

简答题

1. 什么是存货？确认存货的条件是什么？存货的初始计量原则是什么？
2. 存货的成本包括哪些内容？不同方式取得的存货，其成本如何确定？
3. 发出存货的计价方法有几种？每种方法各有什么特点？
4. 比较实地盘存制与永续盘存制的特点、优缺点和适用性。
5. 存货简化核算的方法有哪些？它们各自的特点和适用性是什么？
6. 包装物与低值易耗品的摊销方法有哪两种？在会计处理上有什么不同？
7. 哪些情况表明存货发生减值？
8. 确定存货的可变现净值时应考虑哪些因素？举例说明如何计算确定存货的可变现净值。

综合题

甲公司是生产、销售机床的上市公司，其期末存货按成本与可变现净值孰低计量，并按单个存货项目计提存货跌价准备。相关资料如下：

(1) 2019年9月10日，甲公司与乙公司签订了一份不可撤销的S型机床销售合同。合同约定，甲公司应于2020年1月10日向乙公司提供10台S型机床，单位销售价格为45万元/台。

2019年9月10日，甲公司S型机床的库存数量为14台，单位成本为44.25万元/台，该机床的市场销售价格为42万元/台。估计甲公司向乙公司销售该机床的销售费用为0.18万元/台，向其他客户销售该机床的销售费用为0.15万元/台。2019年12月31日，甲公司对存货进行减值测试前未曾对S型机床计提存货跌价准备。

(2) 2019年12月31日，甲公司库存一批用于生产W型机床的M材料。该批材料的成本为80万元，可用于生产W型机床10台，甲公司将该批材料加工成10台W型机床尚需投入50万元。该批M材料的市场销售价格总额为68万元，估计销售费用总额为0.6万元。甲公司尚无W型机床订单。W型机床的市场销售价格为12万元/台，估计销售费用为0.1万元/台。

2019年12月31日，在甲公司对存货进行减值测试前，"存货跌价准备——M材料"

科目的贷方余额为 5 万元。

假定不考虑增值税等相关税费及其他因素。

要求：

1. 计算甲公司 2019 年 12 月 31 日 S 型机床的可变现净值。

2. 判断甲公司 2019 年 12 月 31 日 S 型机床是否发生减值并简要说明理由。如果发生减值，计算应计提存货跌价准备的金额，并编制相关会计分录。

3. 判断甲公司 2019 年 12 月 31 日是否应对 M 材料计提或转回存货跌价准备，并简要说明理由。如果发生计提或转回存货跌价准备，计算应计提或转回的存货跌价准备的金额，并编制相关会计分录。

本章综合题参考答案

思考题

2020 年 9 月 27 日，某洗护用品公司发布公告表示，该公司本应存放在外包第三方仓库内的价值约 5.72 亿元的存货下落不明，在该公司相关人员多次前往仓库进行货物盘点及抽样检查受阻后，针对仓库发出要求配合存货盘点的函件，对方表示从未与该公司签订过仓储合同，且盘点表公章与该公司不一致。随后，该公司在 2020 年 10 月 30 日回复深交所的关注函中表示，其存货损失不止 5.72 亿元，而是 8.66 亿元。

2021 年 1 月 27 日晚间，该洗护用品公司发布公告称：于近日获悉，公司前任副董事长兼总经理、前董事会秘书因涉嫌职务违法，目前已被监察机关立案调查。有业内人士猜测，"可能是相关高管伪造了'虚假仓单'"空手骗走了公司的存货。

思考：

1. 存货核算管理的重要性有哪些？
2. 如何加强企业存货的日常核算管理？
3. 如何识别"虚假仓单"？

拓 展 学 习

如果你是一名审计师，年底在一家水产养殖企业审计存货，对于湖里的乌龟，你该怎么处理？

方法 A：第一步，找到被审计企业的高管，请他提交报告，说明湖里的乌龟数量，还要在报告上签字盖章。第二步，召集同事捞取湖底的乌龟，以证明乌龟的存在和完整性，并与被审计企业的报告进行对比，若不一致则要求该企业进行调整。第三步，仔细检查每只乌龟，看上面是不是有"本企业饲"的印章或者其他相关标识，同时给当地渔业部门发询证函。如上述询证函无法发放或回函结果无法确认，则考虑执行替代程序，以确认这些乌龟是否为被审计企业所拥有。第四步，对被审计企业提交的报告里的乌龟分类进行审计，以确定乌龟账面价值的准确性。第五步，拿到被审计企业和律师的声明。

方法 B：第一步，在确认乌龟的步行速度不会超过每小时 1 千米后，堵住湖的所有出口以防止有乌龟移动的情况。第二步，要求被审计企业将全部乌龟赶入湖中。第三步，划定某一范围，运用审计抽样方法计算出的样本数量随机捞出乌龟。第四步，通过计算水深、湖水面积，计算出乌龟的总数，并与被审计企业报告的数字进行比较。

你认为上述哪一种方法更好？每一种方法又各有什么弊端？你还有其他方法吗？

第四章

金融资产

 本章教学目标

自 2017 年以来新金融工具相关会计准则陆续颁布并实施,全面掌握并透彻理解新金融工具准则至关重要。通过本章的学习,学生应了解金融资产的内容、分类及分类的要求和条件;熟悉三类金融资产的初始计量、后续计量以及减值的确认和计量要求;掌握以摊余成本计量的金融资产、以公允价值计量且其变动计入其他综合收益的金融资产和以公允价值计量且其变动计入当期损益的金融资产的账务处理。

 本章核心概念

以摊余成本计量的金融资产;以公允价值计量且其变动计入其他综合收益的金融资产;以公允价值计量且其变动计入当期损益的金融资产

 导入

2020 年 1 月,A 公司以 120 万元(含交易费)的价格从证券公司购入 B 公司发行的 3 年期固定利率债券,票面利率为 4%,债券面值为 115 万元,按年支付利息,本金最后一次性支付,A 公司持有该债券是以收取合同现金流量为目标;又以 110 万元购入 C 股票 20 万股,占 C 公司有表决权股份的 1%,A 公司将其指定为以公允价值计量且其变动计入其他综合收益的非交易性权益工具投资;A 公司以 90 万元的价格购买了一个贷款组合,A 公司持有该组合以满足每日流动性需求,同时 A 公司通过电话、邮件等其他方法与借款人联系催收,尽可能实现合同现金流量;A 公司又以 120 万元购买了 E 公司股票 20 万股,并且以交易为目的持有该股票。

问题:

(1) A 公司购买的上述金融资产分别作为哪项金融资产进行处理?
(2) 金融资产的种类有哪些?
(3) 如何对各类金融资产进行会计处理?
(4) 金融资产的重分类是如何规定的?

带着这些问题,让我们进入本章的学习。

第一节　金融资产概述

一、金融资产的相关概念

金融资产是指企业持有的现金、其他方权益工具以及符合下列条件之一的资产：

(1) 从其他方收取现金或其他金融资产的合同权利。

(2) 在潜在有利条件下，与其他方交换金融资产或金融负债的合同权利。

(3) 将来须用或可用企业自身权益工具进行结算的非衍生工具合同，且企业根据该合同将收到可变数量的自身权益工具。

(4) 将来须用或可用企业自身权益工具进行结算的衍生工具合同，但以固定数量的自身权益工具交换固定金额的现金或其他金融资产的衍生工具合同除外。其中，企业自身权益工具不包括应当按照《企业会计准则第37号——金融工具列报》分类为权益工具的可回售工具或发行方仅在清算时才有义务向另一方按比例交付其净资产的金融工具，也不包括本身就要求在未来收取或交付企业自身权益工具的合同。

金融资产包括：库存现金、银行存款、应收账款、应收票据、其他应收款、贷款、垫款、债权投资、股权投资、基金投资、衍生金融资产等。

二、金融资产的具体分类

企业应当根据其管理金融资产的业务模式和金融资产的合同现金流量特征，将金融资产划分为以下三类：① 以摊余成本计量的金融资产；② 以公允价值计量且其变动计入其他综合收益的金融资产；③ 以公允价值计量且其变动计入当期损益的金融资产。上述分类一经确定，不得随意变更。

(一) 以摊余成本计量的金融资产

金融资产满足以下条件的，应分类为以摊余成本计量的金融资产：

(1) 企业管理该金融资产的业务模式是以收取合同现金流量为目标。

(2) 该金融资产的合同条款规定，在特定日期产生的现金流量，仅为对本金和以未偿付本金金额为基础的利息的支付。

比如银行向企业客户发放的固定利率贷款，在没有其他特殊安排的情况下，贷款通常可能符合本金加利息的合同现金流量特征。如果银行管理该贷款的业务模式是以收取合同现金流量为目标的，则该贷款可以分类为以摊余成本计量的金融资产。

企业一般应当设置"贷款""应收账款""债权投资"等科目核算分类为以摊余成本计量的金融资产。

(二) 以公允价值计量且其变动计入其他综合收益的金融资产

金融资产满足以下条件的,应分类为以公允价值计量且其变动计入其他综合收益的金融资产:

(1) 企业管理该金融资产的业务模式既以收取合同现金流量为目标,又以出售该金融资产为目标。

(2) 该金融资产的合同条款规定,在特定日期产生的现金流量,仅为对本金和以未偿付本金金额为基础的利息的支付。

企业分类为以公允价值计量且其变动计入其他综合收益的金融资产和分类为以摊余成本计量的金融资产所要求的合同现金流量特征是相同的,两者区别在于业务模式不同。例如,企业所持有的公司债券、政府债券等金融资产,如企业管理这些金融资产的业务模式既以收取合同现金流量为目标,又以出售该金融资产为目标,则应将其分类为以公允价值计量且其变动计入其他综合收益的金融资产。

企业持有的权益工具投资,因其合同现金流量特征不是对本金和以未偿付本金金额为基础的利息的支付,因而不能分类为以摊余成本计量的金融资产。企业持有的非交易性权益工具投资,在初始确认时可以指定为以公允价值计量且其变动计入其他综合收益的金融资产,该指定一经做出,不得撤销。除此之外,企业持有的权益工具投资应分类为以公允价值计量且其变动计入当期损益的金融资产。

企业应当设置"其他债权投资"科目核算分类为以公允价值计量且其变动计入其他综合收益的债权投资;设置"其他权益工具投资"科目核算分类为以公允价值计量且其变动计入其他综合收益的非交易性权益工具投资。

(三) 以公允价值计量且其变动计入当期损益的金融资产

对于以摊余成本计量的金融资产和以公允价值计量且其变动计入其他综合收益的金融资产以外的金融资产,企业应当将其分类为以公允价值计量且其变动计入当期损益的金融资产。主要包括交易性金融资产和指定为以公允价值计量且其变动计入当期损益的金融资产。

金融资产或金融负债满足下列条件之一的,表明企业持有该金融资产或承担该金融负债的目的是交易性的:

(1) 取得相关金融资产或承担相关金融负债的目的,主要是近期出售或回购。

(2) 在初始确认时,相关金融资产或金融负债属于集中管理的可辨认金融工具组合中的一部分,且有客观证据表明近期实际存在短期获利模式。

(3) 相关金融资产或金融负债属于衍生工具,但符合财务担保合同定义的衍生工具以及被指定为有效套期工具的衍生工具除外。

在初始确认时,如果能够消除或显著减少会计错配,企业可以将金融资产指定为以公允价值计量且其变动计入当期损益的金融资产。该指定一经做出,不得撤销。

企业应当设置"交易性金融资产"科目核算以公允价值计量且其变动计入当期损益的

金融资产。企业持有的直接指定为以公允价值计量且其变动计入当期损益的金融资产也在本科目核算。

此类金融资产的投资产品常见的有：股票、基金和可转换债券。

表 4-1　金融资产的具体分类

划分类型	划分依据	核算科目
以摊余成本计量的金融资产	**业务模式**：以收取合同现金流量为目标 **现金流特征**：本金＋利息	贷款、应收账款、债权投资
以公允价值计量且其变动计入其他综合收益的金融资产	**一般情况**： 业务模式：既以收取合同现金流量为目标，又以出售该金融资产为目标 现金流特征：本金＋利息 **特殊情况**：权益工具投资一般只能分类为第三类。然而在初始确认时，企业可以将非交易性权益工具投资指定为以公允价值计量且其变动计入其他综合收益的金融资产。该指定一经做出，不得撤销	其他债权投资、其他权益工具投资
以公允价值计量且其变动计入当期损益的金融资产	除划分为上述两类金融资产之外的金融资产	交易性金融资产

【例 4-1】

1. A公司于2020年7月1日购入B公司同日按面值发行的债券10万张，债券利息每年支付一次，于每年6月30日支付；期限为5年，本金在债券到期日一次性偿还。A公司管理B公司债券的目标是在保证日常流动性需求的同时，维持固定的收益率。

2. A公司于2020年7月1日购入C公司发行的5年期可转换债券20万张，支付价款2 130万元，其中交易费用30万元，该可转换债券每张面值为100元，票面年利率为1.5%，利息每年支付一次；可转换债券持有人可于可转换债券发行之日满3年后的第一个交易日起至到期日止，按照20元/股的价格将持有的可转换债券转换为C公司的普通股。

资料1中的金融资产应划分为"以公允价值计量且其变动计入其他综合收益的金融资产"，因为企业既以收取合同现金流量为目标，又以出售该金融资产为目标；资料2中的金融资产应划分为"以公允价值计量且其变动计入当期损益的金融资产"，因为可转换公司债券含有权益成分，不满足合同现金流量（Solely Payments of Principal and Interest，SPPI）测试，因此作为交易性金融资产。

> **探究与发现**
>
> 通过上述学习,你是否了解了金融资产分类的依据?这样处理能否提升会计信息质量?

金融资产分类决策树

第二节 金融资产的初始计量

企业初始确认金融资产,应当按照公允价值计量。对于以公允价值计量且其变动计入当期损益的金融资产,相关交易费用应当直接计入当期损益;对于其他类别的金融资产或金融负债,相关交易费用应当计入初始确认金额。但是,企业初始确认的应收账款未包含《企业会计准则第14号——收入》中所定义的重大融资成分或根据《企业会计准则第14号——收入》规定不考虑一年内的合同中的融资成分的,应当按照该准则定义的交易价格进行初始计量。

交易费用是指可直接归属于购买、发行或处置金融资产的增量费用。增量费用是指企业没有发生购买、发行或处置相关金融资产的情形就不会发生的费用,包括支付给代理机构、咨询公司、券商、证券交易所、政府有关部门等的手续费、佣金、相关税费及其他必要支出,不包括债券溢价、折价、融资费用、内部管理成本和持有成本等与交易不直接相关的费用。

一、以摊余成本计量的金融资产的初始计量

债权投资应当按取得的公允价值与相关交易费用之和作为初始入账金额。如果实际支付的价款中包含了已到付息期但尚未领取的债券利息,则应单独将其确认为应收项目,其不构成债权投资的初始入账价值。具体会计处理如下:

借:债权投资——成本(面值)
　　　　——利息调整(差额,也可能在贷方)
　　应收利息(已到付息期但尚未领取的利息)
　贷:银行存款等

【例4-2】2020年1月1日,A公司购入20万张B公司当日发行的3年期分期付息、到期还本债券,面值为50元/张,票面利率为5%,债券的发行价格为51元/张。A公司根据其管理债券的业务模式和该债券的合同现金流量特征,将该债券划分为以摊余成本计量的金融资产。

2020年1月1日购入债券:
　借:债权投资——成本　　　　　　　　　　　　　　　　　10 000 000
　　　　——利息调整　　　　　　　　　　　　　　　　　　　200 000
　贷:银行存款　　　　　　　　　　　　　　　　　　　　　10 200 000

二、以公允价值计量且变动计入其他综合收益的金融资产的初始计量

（一）非交易性权益工具投资

指定为以公允价值计量且其变动计入其他综合收益的非交易性权益工具投资，应当通过"其他权益工具投资"科目进行核算。

其他权益工具投资应当按照取得时的公允价值和相关交易费用之和作为初始入账金额。如果支付的价款中包含已宣告但尚未发放的现金股利，则应单独确认为应收项目，不构成其他权益工具投资的初始入账金额。具体会计处理如下：

借：其他权益工具投资——投资成本（公允价值与交易费用之和）
　　应收股利（已宣告但尚未发放的现金股利）
　贷：银行存款等

【例4-3】2020年3月5日，A公司支付价款510万元（包含交易费用1万元和已宣告但尚未发放的现金股利9万元），购入B公司发行的股票100万股，占B公司有表决权股份的1%。A公司将其指定为以公允价值计量且其变动计入其他综合收益的非交易性权益工具投资。A公司盈余公积的计提比例为10%。

2020年3月5日：

借：其他权益工具投资——成本　　　　　　　　　　　　　　5 010 000
　　应收股利　　　　　　　　　　　　　　　　　　　　　　　　90 000
　贷：银行存款　　　　　　　　　　　　　　　　　　　　　　5 100 000

（二）其他债权投资

以公允价值计量且其变动计入其他综合收益的债务工具投资，应当通过"其他债权投资"科目进行核算。

其他债权投资应当以取得该金融资产的公允价值和支付的相关交易费用之和作为初始入账金额。如果支付的价款中包含已到付息期但尚未领取的利息，应单独将其确认为应收项目，其不构成其他债权投资的初始入账金额。具体会计处理如下：

借：其他债权投资——成本（面值）
　　　　　　　　——利息调整
　　应收利息（已到付息期但尚未领取的利息）
　贷：银行存款等

【例4-4】2020年1月1日，A公司购入20万张B公司当日发行的3年期分期付息、到期还本债券，面值为50元/张，票面利率为5%，债券的发行价格为51元/张。A公司根据其管理债券的业务模式和该债券的合同现金流量特征，将该债券划分为以公允价值计量且其变动计入其他综合收益的金融资产。

2020年1月1日购入债券：

借：其他债权投资——成本	10 000 000
——利息调整	200 000
贷：银行存款	10 200 000

三、以公允价值计量且其变动计入当期损益的金融资产的初始计量

企业应当设置"交易性金融资产"科目核算，以公允价值计量且其变动计入当期损益的金融资产。企业取得交易性金融资产时，应以取得该金融资产时的公允价值(不包含已宣告发放但尚未发放的现金股利或已到付息期但尚未取得的债券利息)作为初始计量金额。企业取得交易性金融资产所发生的交易费用，按实际支付的金额借记"投资收益"。已宣告发放但尚未发放的现金股利或已到付息期但尚未取得的债券利息，应单独将其确认为应收项目，借记"应收股利"或"应收利息"。具体会计处理如下：

借：交易性金融资产——成本(公允价值)
　　投资收益(已发生的交易费用)
　　应收股利(已宣告但尚未发放的现金股利)
　　应收利息(已到付息期但尚未领取的利息)
　贷：银行存款等

表 4-2　　　　　　　　　　　金融资产的初始计量

分　　　类	初　始　计　量
以公允价值计量且其变动计入当期损益的金融资产	初始成本＝公允价值
其他金融资产	初始成本＝公允价值＋交易费用

【例 4-5】 2020 年 3 月 5 日，A 公司支付价款 510 万元(包含交易费用 1 万元和已宣告但尚未发放的现金股利 9 万元)，购入 B 公司发行的股票 100 万股。A 公司将其指定为以公允价值计量且其变动计入当期损益的金融资产。

2020 年 3 月 5 日：

借：交易性金融资产——成本	5 000 000
应收股利	90 000
投资收益	10 000
贷：银行存款	5 100 000

> **探究与发现**
>
> 通过上述学习，你认为三类金融资产的交易费用的会计处理有何不同？为什么？

第三节　金融资产的后续计量

金融资产的后续计量与金融资产的分类密切相关。企业应当对不同类别的金融资产，分别以摊余成本计量、以公允价值计量且其变动计入其他综合收益或以公允价值计量且其变动计入当期损益进行后续计量。

一、以摊余成本计量的金融资产的会计处理

(一) 实际利率法

实际利率法是指计算金融资产或金融负债的摊余成本以及将利息收入或利息费用分摊计入各会计期间的方法。

实际利率是指将金融资产或金融负债在预计存续期的估计未来现金流量折现为该金融资产账面余额(不考虑减值)或该金融负债摊余成本所使用的利率。在确定实际利率时，应当在考虑金融资产或金融负债所有合同条款(如提前还款、展期、看涨期权或其他类似期权等)的基础上估计预期现金流量，但不应当考虑预期信用损失。

合同各方之间支付或收取的属于实际利率组成部分的各项费用、交易费用及溢价或折价等，应当在确定实际利率时予以考虑。

(二) 摊余成本

金融资产或金融负债的摊余成本，应当按其初始确认金额经下列调整后确定：

(1) 扣除已偿还的本金。

(2) 加上或减去采用实际利率法将该初始确认金额与到期日金额之间的差额进行摊销形成的累计摊销额。

(3) 扣除计提的累计信用减值准备(仅适用于金融资产)。

企业对以摊余成本计量的金融资产、以公允价值计量且其变动计入其他综合收益的债权投资(其他债权投资)计提信用减值准备时，应当采用"预期信用损失法"。在预期信用损失法下，减值准备的计提不以减值的实际发生为前提，而是以未来可能的违约事件造成的损失的期望值来计量当前(资产负债表日)应当确认的减值准备。

(三) 具体会计处理

以摊余成本计量的金融资产的会计处理，主要包括该金融资产实际利率的计算、摊余成本的确定、持有期间的收益确认以及将其处置时损益的处理。以摊余成本计量的金融资产所产生的利得或损失，应当在终止确认、按照规定重分类、按照实际利率法摊销或确认减值时计入当期损益。

以摊余成本计量的债权投资相关的后续账务处理如下：

(1) 初始计量。企业取得的以摊余成本计量的债权投资,应按该投资的面值借记"债权投资——成本"科目,按支付的价款中包含的已到付息期但尚未领取的利息借记"应收利息"科目,按实际支付的金额贷记"银行存款"等科目,按其差额借记或贷记"债权投资——利息调整"科目。

借:债权投资——成本(面值)
　　　　　——利息调整(差额,也可能在贷方)
　　应收利息(实际支付的款项中包含的利息)
　贷:银行存款等

(2) 后续计量。资产负债表日,以摊余成本计量的债权投资为分期付息、一次还本债券投资的,应按票面利率计算确定的应收未收利息借记"应收利息"科目,按该金融资产摊余成本和实际利率计算确定的利息收入贷记"投资收益"科目,按其差额借记或贷记"债权投资——利息调整"科目。

借:应收利息
　贷:投资收益
　　　债权投资——利息调整

以摊余成本计量的债权投资为一次还本付息债券投资的,应按票面利率计算确定的应收未收利息,借记"债权投资——应计利息"科目,按该金融资产摊余成本和实际利率计算确定的利息收入,贷记"投资收益"科目,按其差额,借记或贷记"债权投资——利息调整"科目。

借:债权投资——应计利息
　贷:投资收益
　　　债权投资——利息调整

【例 4-6】沿用例 4-2 的资料,2020 年 1 月 1 日,A 公司购入 20 万张 B 公司当日发行的 3 年期分期付息、到期还本债券,面值为 50 元/张,票面利率为 5%,债券的发行价格为 51 元/张。A 公司根据其管理债券的业务模式和该债券的合同现金流量特征,将该债券划分为以摊余成本计量的金融资产。

要求:编写债券持有期间的会计分录。

(1) 2020 年 1 月 1 日购入债券:

借:债权投资——成本　　　　　　　　　　　　　　　10 000 000
　　　　　——利息调整　　　　　　　　　　　　　　　　 200 000
　贷:银行存款　　　　　　　　　　　　　　　　　　　10 200 000

$$10\ 200\ 000 = 10\ 000\ 000 \times (P/F, r, 3) + 500\ 000 \times (P/A, r, 3)$$

根据插值法计算得到,实际利率 $r = 4.28\%$

(2) 2020 年 12 月 31 日:

$$投资收益 = 10\ 200\ 000 \times 4.28\% = 436\ 560(元)$$

借:应收利息 500 000
　　贷:投资收益 436 560
　　　　债权投资——利息调整 63 440
实际收到利息时:
借:银行存款 500 000
　　贷:应收利息 500 000

表 4-3　　　　　　　　实际利率法下投资收益的计算过程　　　　　　　　单位:元

年份(年)	期初摊余成本(a)	投资收益(b)	现金流入(c)	期末摊余成本(d=a+b-c)
2020	10 200 000	436 560	500 000	10 136 560
2021	10 136 560	433 845	500 000	10 070 405
2022	10 070 405	429 595*	10 500 000	0

注:*表示该数据经过尾数调整

(3) 2021 年 12 月 31 日:
借:应收利息 500 000
　　贷:投资收益 433 845
　　　　债权投资——利息调整 66 155
实际收到利息时:
借:银行存款 500 000
　　贷:应收利息 500 000

(4) 2022 年 12 月 31 日:
借:应收利息 500 000
　　贷:投资收益 429 595
　　　　债权投资——利息调整 70 405

此处的利息调整并不是摊余成本与实际利率的乘积,而是债权投资——利息调整后的账面余额。此处的投资收益通过应收利息与债权投资——利息调整倒轧得到。

实际收到利息和本金时:
借:银行存款 10 500 000
　　贷:债权投资——成本 10 000 000
　　　　应收利息 500 000

【例 4-7】2020 年 1 月 1 日,A 公司购入 20 万张 B 公司当日发行的 3 年期分期付息、到期还本债券,面值为 50 元/张,票面利率为 5%,债券的发行价格为 49 元/张。A 公司根据其管理债券的业务模式和该债券的合同现金流量特征,将该债券划分为以摊余成本计量的金融资产。

要求：编写债券持有期间的会计分录并计算累计收益。

(1) 2020 年 1 月 1 日购入债券：

借：债权投资——成本   10 000 000
    贷：银行存款   9 800 000
        债权投资——利息调整   200 000

$$9\,800\,000 = 10\,000\,000 \times (P/F,r,3) + 500\,000 \times (P/A,r,3)$$

根据插值法计算得到，实际利率 $r = 5.74\%$。

(2) 2020 年 12 月 21 日：

$$投资收益 = 9\,800\,000 \times 5.74\% \approx 562\,500(元)$$

借：应收利息   500 000
    投资收益——利息调整   62 500
    贷：投资收益   562 500

实际收到利息时：

借：银行存款   500 000
    贷：应收利息   500 000

表 4-4   实际利率法下投资收益的计算过程   单位：元

年份(年)	期初摊余成本(a)	投资收益(b)	现金流入(c)	期末摊余成本(d=a+b-c)
2020	9 800 000	562 500	500 000	9 862 500
2021	9 862 500	566 108	500 000	9 928 608
2022	9 928 608	571 392*	10 500 000	0

注：*表示该数据经过尾数调整

(3) 2021 年 12 月 31 日：

借：应收利息   500 000
    债权投资——利息调整   66 108
    贷：投资收益   566 108

实际收到利息时：

借：银行存款   500 000
    贷：应收利息   500 000

(4) 2022 年 12 月 31 日：

借：应收利息 500 000
　　债权投资——利息调整 71 392
　　贷：投资收益 571 392

此处的利息调整并不是摊余成本与实际利率的乘积，而是债权投资——利息调整后的账面余额。此处的投资收益通过应收利息与债权投资——利息调整倒轧得到。

实际收到利息和本金时：

借：银行存款 10 500 000
　　贷：债权投资——成本 10 000 000
　　　　应收利息 500 000

【例 4-8】2020 年 1 月 1 日，A 公司购入 20 万张 B 公司当日发行的 3 年期到期一次还本付息债券，债券面值为 50 元/张，票面利率为 5%，发行价格为 51 元/张。A 公司根据其管理该债券的业务模式和合同现金流量特征，将该债权划分为以摊余成本计量的金融资产。

(1) 2020 年 1 月 1 日，购入该债券时：

借：债权投资——成本 10 000 000
　　　　　　——利息调整 200 000
　　贷：银行存款 10 200 000

$$10\,200\,000 = (10\,000\,000 + 500\,000 \times 3) \times (P/F, r, 3)$$

解得实际利率 $r = 4.08\%$

(2) 2020 年 12 月 31 日：

借：债权投资——应计利息 500 000
　　贷：投资收益 416 160
　　　　债权投资——利息调整 83 800

表 4-5　　　　　　　　　　　实际利率法下投资收益的计算过程　　　　　　　　　　单位：元

年份（年）	期初摊余成本(a)	投资收益(b)	现金流入(c)	期末摊余成本(d=a+b-c)
2020	10 200 000	416 160	0	10 616 160
2021	10 616 160	433 137	0	11 049 243
2022	11 049 243	450 757*	11 500 000	11 049 300

注：* 表示该数据经过尾数调整

(3) 2021年12月31日：

借：债权投资——应计利息　　　　　　　　　　　　　　　500 000
　　贷：投资收益　　　　　　　　　　　　　　　　　　　　433 137
　　　　债权投资——利息调整　　　　　　　　　　　　　　 66 863

(4) 2022年12月31日：

借：债权投资——应计利息　　　　　　　　　　　　　　　500 000
　　贷：投资收益　　　　　　　　　　　　　　　　　　　　450 757
　　　　债权投资——利息调整　　　　　　　　　　　　　　 49 243

借：银行存款　　　　　　　　　　　　　　　　　　　11 500 000
　　贷：债权投资——成本　　　　　　　　　　　　　　10 000 000
　　　　　　　　——应计利息　　　　　　　　　　　　 1 500 000

二、以公允价值计量且其变动计入其他综合收益的金融资产的会计处理

以公允价值计量且其变动计入其他综合收益的金融资产的会计处理，要求按公允价值进行后续计量。

在会计处理上，以公允价值计量且其变动计入其他综合收益的债务工具投资，应当通过"其他债权投资"科目进行核算；指定为以公允价值计量且其变动计入其他综合收益的非交易性权益工具投资，应当通过"其他权益工具投资"科目进行核算。

(一) 其他债权投资的相关账务处理

(1) 企业取得以公允价值计量且其变动计入其他综合收益的债务工具投资，应按该金融资产投资的面值借记"其他债权投资——成本"科目，按支付的价款中包含的已到付息期但尚未领取的利息借记"应收利息"科目，按实际支付的金额贷记"银行存款"等科目，按其差额借记或贷记"其他债权投资——利息调整"科目。

借：其他债权投资——成本
　　　　　　　　——利息调整
　　应收利息
　　贷：银行存款等

(2) 在资产负债表日，以公允价值计量且其变动计入其他综合收益的债务工具投资为分期付息、一次还本的，应按票面利率计算确定的应收未收利息借记"应收利息"科目，按债券的摊余成本和实际利率计算确定的利息收入贷记"投资收益"科目，按其差额借记或贷记"其他债权投资——利息调整"科目。

以公允价值计量且其变动计入其他综合收益的债务工具投资为一次还本付息的，应按票面利率计算确定的应收未收利息借记"其他债权投资——应计利息"科目，按债券的摊余成本和实际利率计算确定的利息收入贷记"投资收益"科目，按其差额借记或贷记"其他债权投资——利息调整"科目。

借：应收利息
　　贷：投资收益
　　　　其他债权投资——利息调整

或：

借：其他债权投资——应计利息
　　贷：投资收益
　　　　其他债权投资——利息调整

(3) 其他债权投资所产生的利得或损失,除减值损失或利得和汇兑损益外,均应当计入其他综合收益,直至该金融资产终止确认或被重分类。在资产负债表日,以公允价值计量且其变动计入其他综合收益的债务工具投资的公允价值高于其账面余额的差额,借记"其他债权投资——公允价值变动"科目,贷记"其他综合收益——其他债权投资公允价值变动"科目;公允价值低于其账面余额的差额作相反的会计分录。

借：其他债权投资——其他债权投资公允价值变动
　　贷：其他综合收益

【例4-9】2020年1月1日,A公司购入20万张B公司当日发行的3年期分期付息、到期还本债券,面值为50元/张,票面利率为5%,债券的发行价格为51元/张。A公司根据其管理债券的业务模式和该债券的合同现金流量特征,将该债券划分为以公允价值计量且其变动计入其他综合收益的金融资产。

2020年12月31日,该债券的市价为54元/张。

2021年12月31日,该债券的市价为52元/张。

要求：编写债券持有期间的会计分录。

(1) 2020年1月1日购入债券：

借：其他债权投资——成本　　　　　　　　　　　　10 000 000
　　　　　　　　——利息调整　　　　　　　　　　　　200 000
　　贷：银行存款　　　　　　　　　　　　　　　　　10 200 000

$$10\,200\,000 = 10\,000\,000 \times (P/F, r, 3) + 500\,000 \times (P/A, r, 3)$$

根据插值法计算得到,实际利率 $r = 4.28\%$

(2) 2020年12月31日：

第一步：确认利息收入、摊销利息调整。债务工具投资分类为以公允价值计量且其变动计入其他综合收益的金融资产,期末按公允价值计量,此公允价值的调整不影响每期利息收益的计算,即每期利息收益仍以期初账面余额或摊余成本乘以实际利率计算。

投资收益 $= 10\,200\,000 \times 4.28\% = 436\,560$ (元)

借：应收利息　　　　　　　　　　　　　　　　　　　　　　　　500 000
　　贷：投资收益　　　　　　　　　　　　　　　　　　　　　　　　436 560
　　　　其他债权投资——利息调整　　　　　　　　　　　　　　　　 63 440

第二步：判断债券公允价值的变动。

　　　　公允价值变动＝10 800 000－10 136 600＝663 400（元）

借：其他债权投资——公允价值变动　　　　　　　　　　　　　　　663 400
　　贷：其他综合收益　　　　　　　　　　　　　　　　　　　　　　663 400

　　　　此时，摊余成本＝10 200 000－63 440＝10 136 560（元）

实际收到利息时：

借：银行存款　　　　　　　　　　　　　　　　　　　　　　　　500 000
　　贷：应收利息　　　　　　　　　　　　　　　　　　　　　　　 500 000

表4-6　　　　　　　　实际利率法下投资收益的计算过程　　　　　　　　单位：元

年份（年）	期初摊余成本(a)	投资收益(b)	现金流入(c)	期末摊余成本(d＝a＋b－c)
2020	10 200 000	436 560	500 000	10 136 560
2021	10 136 560	433 845	500 000	10 070 405
2022	10 070 405	429 640*	10 500 000	0

注：＊表示该数据经过尾数调整

(3) 2021年12月31日：

第一步：确认利息收入、摊销利息调整。

借：应收利息　　　　　　　　　　　　　　　　　　　　　　　　500 000
　　贷：投资收益　　　　　　　　　　　　　　　　　　　　　　　 433 845
　　　　其他债权投资——利息调整　　　　　　　　　　　　　　　　 66 155

第二步：判断债券公允价值的变动。

　　　　累计公允价值变动＝10 400 000－10 070 405＝329 595（元）

　　　　本期公允价值变动＝329 640－663 440＝－333 800（元）

借：其他综合收益　　　　　　　　　　　　　　　　　　　　　　　333 800
　　贷：其他债权投资——公允价值变动　　　　　　　　　　　　　　333 800

实际收到利息时：

借：银行存款　　　　　　　　　　　　　　　　　　　　　　　　500 000
　　贷：应收利息　　　　　　　　　　　　　　　　　　　　　　　 500 000

【例 4-10】 2020 年 1 月 1 日，A 公司购入 20 万张 B 公司当日发行的 3 年期到期一次还本付息债券，面值为 50 元/张，票面利率为 5%，债券的发行价格为 51 元/张。A 公司根据其管理债券的业务模式和该债券的合同现金流量特征，将该债券划分为以公允价值计量且其变动计入其他综合收益的金融资产。

2020 年 12 月 31 日，该债券的市价为 54 元/张。

2021 年 12 月 31 日，该债券的市价为 52 元/张。

要求：编写债务持有期间的会计分录。

(1) 2020 年 1 月 1 日购入该债券时：

借：其他债权投资——成本　　　　　　　　　　　　　　　1 000 000
　　　　　　　　——利息调整　　　　　　　　　　　　　　200 000
　　贷：银行存款　　　　　　　　　　　　　　　　　　　1 020 000

$$10\,200\,000 = (10\,000\,000 + 500\,000 \times 3) \times (P/F, r, 3)$$

解得实际利率 $r = 4.08\%$

(2) 2020 年 12 月 31 日：

第一步：确认利息收入、摊销利息调整。

$$投资收益 = 10\,200\,000 \times 4.08\% = 416\,160（元）$$

借：其他债权投资——应计利息　　　　　　　　　　　　　500 000
　　贷：投资收益　　　　　　　　　　　　　　　　　　　416 160
　　　　其他债权投资——利息调整　　　　　　　　　　　 83 840

第二步：判断债券公允价值的变动。

$$公允价值变动 = 10\,800\,000 - (10\,200\,000 - 83\,840 + 500\,000) = 183\,840（元）$$

借：其他债权投资——公允价值变动　　　　　　　　　　　183 840
　　贷：其他综合收益　　　　　　　　　　　　　　　　　183 840

表 4-7　　　　　　　　　　实际利率法下投资收益的计算过程　　　　　　　　　　单位：元

年份(年)	期初摊余成本(a)	投资收益(b)	现金流入(c)	期末摊余成本(d=a+b-c)
2020	10 200 000	416 160	0	10 616 160
2021	10 616 160	433 140	0	11 049 300
2022	11 049 260	450 740*	11 500 000	0

注：* 表示该数据经过尾数调整

(3) 2021年12月31日：

第一步：确认利息收入、摊销利息调整。

借：其他债权投资——应计利息　　　　　　　　　　　　　500 000
　　贷：投资收益　　　　　　　　　　　　　　　　　　　　　433 140
　　　　其他债权投资——利息调整　　　　　　　　　　　　　 66 860

第二步：判断债券公允价值的变动。

公允价值变动＝10 400 000－11 049 300－183 840＝－833 140（元）

借：其他综合收益　　　　　　　　　　　　　　　　　　　　833 140
　　贷：其他债权投资——公允价值变动　　　　　　　　　　　833 140

（二）其他权益工具投资的相关账务处理

指定为以公允价值计量且其变动计入其他综合收益的非交易性权益工具投资的会计处理，与分类为以公允价值计量且其变动计入其他综合收益的债务工具投资的会计处理有相同之处，但也有明显不同。相同之处在于，公允价值的后续变动计入其他综合收益。不同之处在于，指定为以公允价值计量且其变动计入其他综合收益的非交易性权益工具投资不需计提减值准备，除了获得的股利收入（作为投资成本部分收回的股利收入除外）计入当期损益外，其他相关的利得和损失（包括汇兑损益）均应计入其他综合收益且后续不得转入损益；当终止确认时，之前计入其他综合收益的累计利得或损失应当从其他综合收益中转出，计入留存收益。

(1) 企业取得指定为以公允价值计量且其变动计入其他综合收益的非交易性权益工具投资，应按该投资的公允价值与交易费用之和借记"其他权益工具投资——成本"科目，按支付的价款中包含的已宣告但尚未发放的现金股利借记"应收股利"科目，按实际支付的金额贷记"银行存款"等科目。

借：其他权益工具投资——成本
　　应收股利
　　贷：银行存款等

(2) 资产负债表日，指定为以公允价值计量且其变动计入其他综合收益的非交易性权益工具投资的公允价值高于其账面余额的差额，借记"其他权益工具投资——公允价值变动"科目，贷记"其他综合收益——其他权益工具投资公允价值变动"科目；公允价值低于其账面余额的差额作相反的会计分录。

借：其他权益工具投资——公允价值变动
　　贷：其他综合收益——其他权益工具投资公允价值变动

【例4-11】2020年3月5日，A公司支付价款510万元（包含交易费用1万元和已宣告但尚未发放的现金股利9万元），购入B公司发行的股票100万股，占B公司有表决权股份的1%。A公司将其指定为以公允价值计量且其变动计入其他综合收益的非交易性权益工具投资。A公司盈余公积的计提比例为10%。

2020年3月15日,A公司收到现金股利9万元。

2020年6月30日,该股票市价为每股5.4元。

2020年12月31日,该股票市价为每股5.2元。

2021年5月5日,B公司宣告发放现金股利1 000万元。

2021年5月10日,A公司收到B公司发放的现金股利。

要求:编写与股票相关的会计分录。

(1) 2020年3月15日:

借:其他权益工具投资——成本　　　　　　　　　　　　　　5 010 000
　　应收股利　　　　　　　　　　　　　　　　　　　　　　　　 90 000
　　贷:银行存款　　　　　　　　　　　　　　　　　　　　　　5 100 000

(2) 2020年3月15日:

借:银行存款　　　　　　　　　　　　　　　　　　　　　　　　 90 000
　　贷:应收股利　　　　　　　　　　　　　　　　　　　　　　　 90 000

(3) 2020年6月30日:

借:其他权益工具投资——公允价值变动　　　　　　　　　　　390 000
　　贷:其他综合收益——其他权益工具投资公允价值变动　　　　 390 000

(4) 2020年12月31日:

借:其他综合收益——其他权益工具投资公允价值变动　　　　 200 000
　　贷:其他权益工具投资——公允价值变动　　　　　　　　　　 200 000

(5) 2021年5月5日:

借:应收股利　　　　　　　　　　　　　　　　　　　　　　　　100 000
　　贷:投资收益　　　　　　　　　　　　　　　　　　　　　　　100 000

(6) 2021年5月10日:

借:银行存款　　　　　　　　　　　　　　　　　　　　　　　　100 000
　　贷:应收股利　　　　　　　　　　　　　　　　　　　　　　　100 000

三、以公允价值计量且其变动计入当期损益的金融资产的会计处理

以公允价值计量且其变动计入当期损益的金融资产的会计处理,着重于反映该类金融资产公允价值的变化,以及对企业财务状况和经营成果的影响。相关的账务处理如下:

(1) 企业取得以公允价值计量且其变动计入当期损益的金融资产,按其公允价值借记"交易性金融资产——成本"科目,按发生的交易费用借记"投资收益"科目,按已到付息期但尚未领取的利息或已宣告但尚未发放的现金股利借记"应收利息"或"应收股利"科目,按实际支付的金额贷记"银行存款"等科目。

借：交易性金融资产——成本
　　投资收益
　　应收利息
　　应收股利
　　贷：银行存款等

(2) 以公允价值计量且其变动计入当期损益的金融资产持有期间收到被投资单位发放的现金股利，或在资产负债表日按分期付息、一次还本债券投资的票面利率计算的利息，或已宣告但未发放的上述股利或利息，借记"库存现金""银行存款""应收股利""应收利息"等科目，贷记"投资收益"科目。

借：库存现金
　　银行存款
　　应收股利
　　应收利息
　　贷：投资收益

(3) 资产负债表日，以公允价值计量且其变动计入当期损益的金融资产的公允价值高于其账面余额的差额，借记"交易性金融资产——公允价值变动"科目，贷记"公允价值变动损益"科目；公允价值低于其账面余额的差额作相反的会计分录。

借：交易性金融资产——公允价值变动
　　贷：公允价值变动损益

【例4-12】2020年3月5日，A公司支付价款510万元（包含交易费用1万元和已宣告但尚未发放的现金股利9万元），购入B公司发行的股票100万股。A公司将其指定为以公允价值计量且其变动计入当期损益的金融资产。

2020年3月10日，A公司收到B公司发放的现金股利。

2020年6月30日，该公司股价为每股5.4元。

要求：编写与股票相关的会计分录。

(1) 2020年3月5日：

借：交易性金融资产——成本	5 000 000
应收股利	90 000
投资收益	10 000
贷：银行存款	5 100 000

(2) 2020年3月10日：

借：银行存款	90 000
贷：应收股利	90 000

(3) 2020年6月30日：

借：交易性金融资产——公允价值变动	400 000
贷：公允价值变动损益	400 000

【例 4-13】 2020 年 1 月 1 日,A 公司从二级市场支付价款 512 万元(包含已到付息期但尚未领取的利息 10 万元、交易费用 2 万元)购入 B 公司发行的债券。该债券面值 500 万元,剩余期限 2 年,票面年利率为 4%,每半年付息一次。A 公司根据其管理该债券的业务模式和该债券的合同现金流量特征,将该债券划分为以公允价值计量且其变动计入当期损益的金融资产。

2020 年 1 月 6 日,收到该债券 2018 年下半年利息 10 万元。

2020 年 6 月 30 日,该债券公允价值为 520 万元(不含利息)。

2020 年 7 月 6 日,收到该债券半年利息 10 万元。

2020 年 12 月 31 日,该债券公允价值为 510 万元(不含利息)。

2021 年 1 月 6 日,收到该债券半年利息。

要求:编写与债券相关的会计分录。

(1) 2020 年 1 月 1 日:

借:交易性金融资产——成本	5 000 000	
应收利息	100 000	
投资收益	20 000	
贷:银行存款		5 120 000

(2) 2020 年 1 月 6 日:

借:银行存款	100 000	
贷:应收账款		100 000

(3) 2020 年 6 月 30 日:

借:交易性金融资产——公允价值变动	200 000	
贷:公允价值变动损益		200 000
借:应收利息	100 000	
贷:投资收益		100 000

(4) 2020 年 7 月 6 日:

借:银行存款	100 000	
贷:应收利息		100 000

(5) 2020 年 12 月 31 日:

借:公允价值变动损益	100 000	
贷:交易性金融资产——公允价值变动		100 000
借:应收利息	100 000	
贷:投资收益		100 000

(6) 2021 年 1 月 6 日:

借:银行存款	100 000	
贷:应收利息		100 000

> **探究与发现**
>
> 通过上述学习,你是否了解了三种金融资产后续计量的不同之处?三者对利润的影响有何不同?

第四节 金融资产的期末计量和处置

一、金融资产减值

(一) 金融资产减值概述

企业应当以预期信用损失为基础,对下列项目进行减值会计处理并确认损失准备:

(1) 分类为以摊余成本计量的金融资产和以公允价值计量且其变动计入其他综合收益的金融资产(其他债权投资)。

(2) 租赁应收款。

(3) 《企业会计准则第 14 号——收入》定义的合同资产。

(4) 部分贷款承诺。

(5) 财务担保合同。

损失准备,是指针对按照以摊余成本计量的金融资产、租赁应收款和合同资产的预期信用损失计提的准备,按照以公允价值计量且其变动计入其他综合收益的金融资产的累计减值金额以及针对贷款承诺和财务担保合同的预期信用损失计提的准备。

信用损失,是指企业按照原实际利率折现的、根据合同应收的所有合同现金流量与预期收取的所有现金流量之间的差额,即全部现金短缺的现值。其中,对于企业购买或源生的已发生信用减值的金融资产,应按照该金融资产经信用调整后的实际利率折现。由于预期信用损失考虑付款的金额和时间分布,因此即使企业预计可以全额收款,但若收款时间晚于合同规定的到期期限,也会产生信用损失。

预期信用损失,是指以发生违约的风险为权重的金融工具信用损失的加权平均值。

(二) 金融资产减值的三个阶段

一般情况下,企业应当在每个资产负债表日评估相关金融资产的信用风险自初始确认后是否已显著增加,金融资产发生信用减值的过程可以分为三个阶段(见表 4-8)。

表 4-8　　　　　　　　　金融资产减值的三个阶段

阶　段	特　　征	损失准备的确认	利息收入的计算
第一阶段	初始确认后信用风险并未显著增加的金融工具(包括在报告日信用风险较低的金融工具)	未来 12 个月的预期信用损失	账面余额×实际利率

(续表)

阶 段	特 征	损失准备的确认	利息收入的计算
第二阶段	自初始确认后信用风险发生显著增加的金融工具，但未发生信用减值(不存在表明发生信用损失的事件的客观证据)	整个存续期的预期信用损失	账面余额×实际利率
第三阶段	在报告日发生信用减值(存在表明发生减值的客观证据)的金融工具		摊余成本×实际利率

上述三个阶段的划分，适用于购买或源生时未发生信用减值的金融资产。对于购买或源生时已发生信用减值的金融资产，企业应当仅将初始确认后整个存续期内预期信用损失的变动确认为损失准备，并按其摊余成本和经信用调整的实际利率计算利息收入。在两类特殊情形下，企业无须就金融资产初始确认时的信用风险与资产负债表日的信用风险进行比较分析。

(三) 金融资产减值的账务处理

1. 减值准备的计提和转回

企业应当在资产负债表日计算金融资产预期信用损失。如果该预期信用损失大于该资产当前减值准备的账面余额，企业应当将其差额确认为减值损失借记"信用减值损失"科目，根据金融资产的种类贷记"贷款损失准备""债权投资减值准备""坏账准备""租赁应收款减值准备""预计负债"(用于贷款承诺及财务担保合同)或"其他综合收益"(用于以公允价值计量且其变动计入其他综合收益的债权类资产，企业可以设置二级科目"其他综合收益——信用减值准备"核算此类工具的减值准备)等科目(上述贷记科目，以下统称"贷款损失准备"等科目)；如果资产负债表日计算的预期信用损失小于该金融工具(或组合)当前减值准备的账面余额(例如，从按照整个存续期预期信用损失计量损失准备转为按照未来12个月预期信用损失计量损失准备时可能出现这一情况)，则应当将差额确认为减值利得，作相反的会计分录。

2. 已发生信用损失金融资产的核销

企业实际发生信用损失，认定相关金融资产无法收回，经批准予以核销的，应当根据批准的核销金额，借记"贷款损失准备"等科目，贷记相应的资产科目，如"贷款""应收账款""合同资产"等。若核销金额大于已计提的损失准备，还应按其差额借记"信用减值损失"科目。

二、金融资产处置

(一) 以摊余成本计量的金融资产的处置

出售以摊余成本计量的债权投资，应按实际收到的金额借记"银行存款"等科目，按其账面余额贷记"债权投资——成本、应计利息"科目、贷记或借记"债权投资——利息调整"科目，按其差额贷记或借记"投资收益"科目。已计提信用减值准备的，还应同时结转信用减值准备。

企业持有的以摊余成本计量的应收款项、贷款等的账务处理原则,与债权投资大致相同,企业可使用"应收账款""贷款"等科目进行核算。

借:银行存款等
  贷:债权投资——成本
     ——应计利息
     ——利息调整
    投资收益

【例4-14】2020年1月1日,A公司购入20万张B公司当日发行的3年期分期付息、到期还本债券,面值为50元/张,票面利率为5%,债券的发行价格为51元/张。A公司根据其管理债券的业务模式和该债券的合同现金流量特征,将该债券划分为以摊余成本计量的金融资产。

2021年2月1日,A公司以1 030万元将上述债券出售。

要求:编写与债券相关的会计分录。

(1) 2020年1月1日购入债券:

借:债权投资——成本	10 000 000
——利息调整	200 000
贷:银行存款	10 200 000

$$10\ 200\ 000 = 10\ 000\ 000 \times (P/F,r,3) + 500\ 000 \times (P/A,r,3)$$

根据插值法计算得到,实际利率$r = 4.28\%$

(2) 2020年12月31日:

$$投资收益 = 10\ 200\ 000 \times 4.28\% = 436\ 560(元)$$

借:应收利息	500 000
贷:投资收益	436 560
债权投资——利息调整	63 440

实际收到利息时:

借:银行存款	500 000
贷:应收利息	500 000

(3) 2020年2月1日:

借:银行存款	10 300 000
贷:债权投资——成本	10 000 000
——利息调整	136 600
投资收益	163 400

(二) 以公允价值计量且其变动计入其他综合收益的金融资产的处置

1. 其他债权投资的相关账务处理

出售以公允价值计量且其变动计入其他综合收益的金融资产,应按实际收到的金额借记"银行存款"等科目,按其账面余额贷记"其他债权投资——成本、应计利息"科目,贷记或借记"其他债权投资——公允价值变动、利息调整"科目;按应从其他综合收益中转出的公允价值累计变动额借记或贷记"其他综合收益——其他债权投资公允价值变动"科目;按应从其他综合收益转出的信用减值准备累计金额借记"其他综合收益——信用减值准备";按其差额贷记或借记"投资收益"科目。

借:银行存款
  贷:其他债权投资——成本
      ——应计利息
      ——公允价值变动
      ——利息调整
   投资收益
借:其他综合收益——其他债权投资公允价值变动
  贷:投资收益

【例4-15】沿用例4-9的资料,2020年1月1日,A公司购入20万张B公司当日发行的3年期分期付息、到期还本债券,面值为50元/张,票面利率为5%,债券的发行价格为51元/张。A公司根据其管理债券的业务模式和该债券的合同现金流量特征,将该债券划分为以公允价值计量且其变动计入其他综合收益的金融资产。

2022年2月20日,A公司将上述债券按50元/张全部出售。

要求:编写与债券相关的会计分录。

借:银行存款   10 000 000
  投资收益   400 000
  贷:其他债权投资——成本   10 000 000
       ——利息调整   70 400
       ——公允价值变动   329 600
借:其他综合收益——其他债权投资公允价值变动 329 600
  贷:投资收益   329 600

【例4-16】沿用例4-10的资料,2020年1月1日,A公司购入20万张B公司当日发行的3年期到期一次还本付息债券,面值为50元/张,票面利率为5%,债券的发行价格为51元/张。A公司根据其管理债券的业务模式和该债券的合同现金流量特征,将该债券划分为以公允价值计量且其变动计入其他综合收益的金融资产。

2022年2月20日,A公司将上述债券按50元/张全部出售。

要求:编写与债券相关的会计分录。

借：银行存款	10 000 000	
投资收益	400 000	
其他债权投资——公允价值变动	649 300	
贷：其他债权投资——成本		10 000 000
——利息调整		49 300
——应计利息		1 000 000
借：投资收益	649 300	
贷：其他综合收益——其他债权投资公允价值变动		649 300

2. 其他权益工具投资的相关账务处理

出售指定为以公允价值计量且其变动计入其他综合收益的非交易性权益工具投资，应按实际收到的金额借记"银行存款"等科目，按其账面余额贷记"其他权益工具投资——成本、公允价值变动"科目，按应从其他综合收益中转出的公允价值累计变动额借记或贷记"其他综合收益——其他权益工具投资公允价值变动"科目，将其差额转入留存收益。

借：银行存款
　　贷：其他权益工具投资——成本
　　　　　　　　　　　　——公允价值变动
　　　　盈余公积
　　　　利润分配——未分配利润
借：其他综合收益——其他权益工具投资公允价值变动
　　贷：盈余公积
　　　　利润分配——未分配利润

【例4-17】 沿用例4-11的资料，2020年3月5日，A公司支付价款510万元（包含交易费用1万元和已宣告但尚未发放的现金股利9万元），购入B公司发行的股票100万股，占B公司有表决权股份的1%。A公司将其指定为以公允价值计量且其变动计入其他综合收益的非交易性权益工具投资。A公司盈余公积的计提比例为10%。

2021年5月12日，A公司以每股5.1元的价格将股票全部转让。

要求：编写与股票相关的会计分录。

2021年5月12日：

借：银行存款	5 100 000	
盈余公积	10 000	
利润分配——未分配利润	90 000	
贷：其他权益工具投资——成本		5 010 000
——公允价值变动		190 000

借：其他综合收益——其他权益工具投资公允价值变动	190 000
贷：盈余公积	1 900
利润分配——未分配利润	188 100

(三) 以公允价值计量且其变动计入当期损益的金融资产的处置

出售以公允价值计量且其变动计入当期损益的金融资产,应按实际收到的金额借记"银行存款"等科目,按该金融资产的账面余额贷记"交易性金融资产——成本"科目、贷记或借记"交易性金融资产——公允价值变动"等科目,按其差额贷记或借记"投资收益"科目。

借：银行存款
  贷：交易性金融资产——成本
         ——公允价值变动
    投资收益

【例 4-18】 沿用例 4-12 的资料,2020 年 3 月 5 日,A 公司支付价款 510 万元(包含交易费用 1 万元和已宣告但尚未发放的现金股利 9 万元),购入 B 公司发行的股票 100 万股。A 公司将其指定为以公允价值计量且其变动计入当期损益的金融资产。

2020 年 7 月 15 日,A 公司将持有的 B 公司股票全部出售,每股售价 6 元。

要求：编写与股票相关的会计分录。

2020 年 7 月 15 日：

借：银行存款	6 000 000
贷：交易性金融资产——成本	5 000 000
——公允价值变动	400 000
投资收益	600 000

【例 4-19】 沿用例 4-13 的资料,2020 年 1 月 1 日,A 公司从二级市场支付价款 512 万元(包含已到付息期但尚未领取的利息 10 万元、交易费用 2 万元)购入 B 公司发行的债券。该债券面值 500 万元,剩余期限 2 年,票面年利率为 4%,每半年付息一次。A 公司根据其管理该债券的业务模式和该债券的合同现金流量特征,将该债券划分为以公允价值计量且其变动计入当期损益的金融资产。

2021 年 3 月 31 日,A 公司以 520 万元的价格出售该债券(含第一季度利息 5 万元)。

要求：编写与债券相关的会计分录。

2021 年 3 月 31 日：

借：银行存款	5 150 000
贷：交易性金融资产——成本	5 000 000
——公允价值变动	100 000
投资收益	50 000
借：银行存款	50 000
贷：投资收益	50 000

探究与发现

通过上述学习,你认为三类金融资产从持有到处置整个过程中影响"投资收益"科目的时间点有何不同?

本章小结

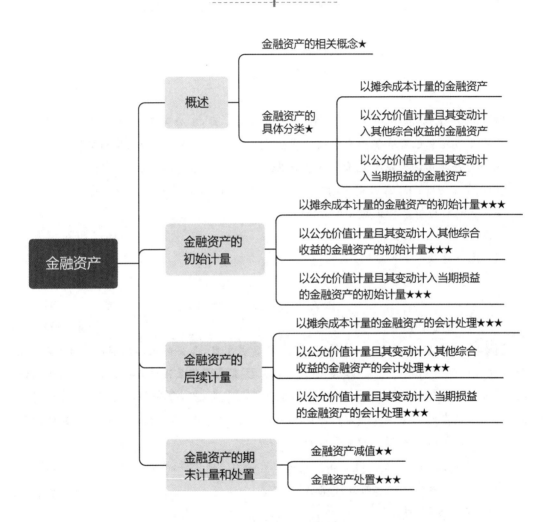

复习与思考题

名词解释

金融资产　　摊余成本　　实际利率法　　实际利率　　损失准备
信用损失　　预期信用损失　　交易费用

简答题

1. 金融资产减值的模型与原准则有何不同？新金融工具准则中的预期信用损失模型有何优势？
2. 以摊余成本计量的金融资产有何特征？
3. 以公允价值计量且其变动计入其他综合收益的金融资产有何特征？
4. 在资产负债表中，交易性金融资产的价值应如何反映？
5. 如何确认债权投资的利息收益？
6. 交易性金融资产与其他权益工具投资公允价值上升时的会计处理有何不同？

综合题

2020年1月1日，A公司自证券市场购入乙公司同日发行的面值总额为2 000万元的债券，购入时实际支付价款2 078.98万元，另支付交易费用10万元。该债券为分期付息、到期还本债券，期限为5年，票面年利率为5%，实际年利率为4%，每年12月31日支付当年利息。A公司将该债券分类为以公允价值计量且其变动计入其他综合收益的金融资产，至2020年12月31日，A公司该债券投资的信用风险自初始确认后未显著增加，根据12个月预期信用损失确认的预期信用损失准备为20万元，其公允价值为2 080万元。A公司于2021年1月1日变更了债券管理的业务模式，将其重分类为以摊余成本计量的金融资产，至2021年12月31日，A公司该债券投资的信用风险显著增加，但未发生减值，由此确认的预期信用损失准备余额为50万元。至2022年12月31日，A公司该债券投资已发生减值，由此确认的预期信用损失准备余额为100万元。

假定不考虑其他因素。

要求：

1. 编制A公司2020年1月1日购入乙公司债券的会计分录。
2. 计算A公司2020年应确认的利息收入，并编制相关会计分录。
3. 编制A公司2020年12月31日公允价值变动及确认预期信用损失的会计分录。
4. 编制A公司2021年1月1日重分类时的会计分录。
5. 计算A公司2021年应确认的利息收入，并编制相关会计分录。
6. 编制A公司2021年12月31日确认预期信用损失的会计分录。
7. 计算A公司2022年应确认的利息收入，并编制相关会计分录。
8. 编制A公司2022年12月31日确认预期信用损失的会计分录。
9. 计算A公司2023年应确认的利息收入。

本章综合题
参考答案

思考题

原金融工具准则根据管理层持有金融资产的目的与能力并参考金融资产本身的特征与所处市场环境，将金融资产分类为持有至到期投资、贷款和应收款项、可供出售金融资产和以公允价值计量且其变动计入当期损益的金融资产四类；新金融工具准则根据主体管理金融资产的业务模式与金融资产的合同现金流量特征，将金融资产分类为以摊余成本计量的金融资产、以公允价值计量且其变动计入其他综合收益的金融资产和以公允价值计量且其变动计入当期损益的金融资产三类。在原金融工具准则下，企业的权益性投资通过"交易性金融资产"和"可供出售金融资产"两个科目进行核算。其中，可供出售金融资产公允价值变动形成的利得或损失，除减值损失和外币货币性金融资产形成的汇兑差额外，应当计入所有者权益中的"其他综合收益"科目，在该资产终止确认时转出，计入当期损益。

思考：

1. 原准则下"可供出售金融资产"与新准则下"其他权益工具投资"的会计处理有何不同之处？
2. 新准则的制定对企业有哪些影响？
3. 企业应如何应对新准则带来的影响？

拓 展 学 习

A公司原是一家专注于服装业务的制造业公司，1998年在上海证券交易所上市。截至2018年12月31日，A公司持有交易性金融资产约29.7亿元，占总资产的3.93%，持有可供出售金融资产约204.48亿元，占总资产的27.04%，并且可供出售金融资产全部为股权投资。新金融工具准则为企业股权投资提供了两种可供选择的会计科目类别，第一种是"交易性金融资产"科目，第二种是"其他权益工具投资"科目。

原金融工具准则下，A公司主要通过股权投资类金融资产的处置进行真实盈余管理，2013—2018年，A公司通过择机处置可供出售金融资产，获取的投资收益分别占当年利润总额的17.53%、61.09%、43.54%、12.71%、138.43%和7.51%。同时，A公司还通过金融资产与长期股权投资之间的转换进行应计盈余管理，例如，A公司于2014年将持有的××银行股份由可供出售金融资产转换为以权益法核算的长期股权投资，因转换产生投资收益6.43亿元，占当期利润总额的16.49%。原准则下的可供出售金融资产重新分类为新准则下的交易性金融资产还是其他权益工具投资，成为A公司需要慎重考虑的问题。

请分析将可供出售金融资产重新分类为交易性金融资产或其他权益工具投资的利弊。如果你是A公司的高管，你会怎么做？为什么？

第五章

固定资产和使用权资产

 本章教学目标

固定资产是指企业为生产产品、提供劳务、出租或者经营管理而持有的、使用寿命超过一个会计年度的有形资产;使用权资产是指企业通过租赁取得的资产。通过本章的学习,学生应了解固定资产的概念和取得方式、影响折旧的因素以及固定资产减值的判断标准;熟悉固定资产的确认、使用权资产的概念、不同折旧方法下固定资产的会计处理、后续支出的账务处理;掌握固定资产在不同取得方式下的账务处理,包括外购固定资产、自行建造固定资产、计提减值准备的账务处理;重点掌握使用权资产的初始计量及后续计量。

 本章核心概念

固定资产;固定资产折旧;使用权资产

 导入

李先生投资 500 万元开办了一家工厂,花费 50 万元租了一处厂房,花费 100 万元购买了几套生产设备,花费 50 万元购买了生产用的材料,又花费 20 万元购买了一辆办公用车,花费 5 万元购买了一系列办公用品,同时租入一套流水线设备用于加工,剩余的资金作为流动资金使用。李先生通过朋友的介绍,知道要把公司的资产分为固定资产和流动资产等,也知道租入设备形成了一项使用权资产,但是,李先生无法在这些资产中准确分出固定资产和流动资产,也不清楚使用权资产相关会计处理。

问题:

(1) 什么是固定资产?其特征有哪些?种类有哪些?

(2) 什么是使用权资产?如何确认?

(3) 不同渠道取得的固定资产如何进行初始计量?如何进行会计处理?

(4) 对固定资产在使用过程中发生的损耗价值如何确定?如何进行会计处理?

(5) 对固定资产的清查如何进行会计处理?

(6) 对固定资产的销售、报废和毁损等如何进行会计处理?

(7) 如果固定资产发生了减值,应该如何处理?
(8) 使用权资产如何进行后续计量与期末计量?
带着这些问题,让我们进入本章的学习。

第一节 固定资产概述

一、固定资产的概念

固定资产是指企业为生产产品、提供劳务、出租或者经营管理而持有的、使用寿命超过一个会计年度的有形资产,包括房屋、建筑物、机器、机械、运输工具以及其他与生产经营活动有关的设备、器具、工具等。固定资产是企业的劳动手段,也是企业赖以生产经营的主要资产。

具体来说,企业的固定资产,其特征主要表现在以下三个方面:

(1) 有实体存在,也即这些资产有看得见、摸得着的形体存在。这一特征将固定资产与其他诸如专利权、商标权等无形资产相区别。

(2) 企业持有固定资产的目的是满足生产商品、提供劳务、出租或经营管理的需要,而不是直接用于出售。这一特征将固定资产与商品等流动资产相区别。

(3) 企业使用固定资产的年限较长,使用寿命超过一个会计年度且在使用寿命内保持原实物形态基本不变。这一特征表明企业固定资产的收益期超过一年,因此,固定资产的支出不能一次性地在一个会计期间费用化,而只能随着损耗逐渐、分次地收回。这是对固定资产进行折旧的前提条件,也是固定资产明显区别于流动资产的特征。

二、固定资产的确认

某一资产项目,如果要作为固定资产加以确认,除需要符合固定资产的定义以外,还必须同时满足以下条件:① 与该固定资产有关的经济利益很可能流入企业;② 该固定资产的成本能够可靠地计量。

(一) 与该固定资产有关的经济利益很可能流入企业

资产最主要的特征是预期能给企业带来经济利益,如果某一项资产预期不能给企业带来经济利益,就不能被确认为企业的资产。企业在确认固定资产时,需要判断该项固定资产所包含的经济利益是否很可能流入企业。如果某一固定资产包含的经济利益不是很有可能流入企业,那么,即使其满足固定资产确认的其他条件,企业也不应将其确认为固定资产;如果某一固定资产包含的经济利益很可能流入企业,并同时满足固定资产确认的其他条件,那么,企业应将其确认为固定资产。

在实务工作中,判断某项固定资产包含的经济利益是否很可能流入企业,主要依据是与该固定资产所有权相关的风险和报酬是否转移到了企业。其中,与固定资产所有权相关的风险是指由于经营情况变化造成的相关收益的变动以及由于资产闲置、技术陈旧等原因造成的损失;与固定资产所有权相关的报酬是指在固定资产使用寿命内直接使用该资产而获得的收入以及处置该资产所实现的利得等。通常情况下,取得固定资产的所有权是判断与固定资产所有权相关的风险和报酬转移到企业的一个重要标志。凡是所有权已属于企业,无论企业是否收到或持有,该固定资产均应作为企业的固定资产;反之,如果企业没有取得所有权,即使该资产存放在企业,也不能作为企业的固定资产。

但是所有权是否转移并不是判断与固定资产所有权相关的风险和报酬是否转移到企业的唯一标志。有时企业虽然不能取得固定资产的所有权,但是与固定资产所有权相关的风险和报酬实质上已转移给企业,此时企业能够控制该固定资产所包含的经济利益流入企业,企业也应当将其确认为固定资产。

在固定资产的确认过程中,企业购置的环保设备和安全设备等资产,虽然它们的使用不能直接为企业带来经济利益,但是有助于企业从相关资产中获得经济利益或者将减少企业未来经济利益的流出,对于这些设备,企业应将其确认为固定资产。例如,为净化环境或者满足国家有关排污标准的需要,企业专门购买环保设备。这些设备的使用虽然不会为企业带来直接的经济利益,却有助于企业提高对废气、废水、废渣的处理能力,有利于净化环境,企业为此将减少未来由于污染环境而需要支付的环境净化费或者罚款,因此,企业应将这些设备确认为固定资产。

对于构成固定资产的各组成部分,如果各自具有不同的使用寿命或者以不同的方式为企业提供经济利益,从而适用不同的折旧率或者折旧方法,此时,各组成部分实际上是以独立的方式为企业提供经济利益,因此,企业应将各组成部分单独确认为固定资产。例如,飞机的引擎,如果其与飞机机身具有不同的使用寿命,从而适用不同的折旧率或折旧方法,则企业应将其单独确认为固定资产。

(二)该固定资产的成本能够可靠地计量

成本能够可靠地计量,是资产得以确认的一项基本条件。固定资产作为企业资产的重要组成部分,要予以确认,其为取得该固定资产而发生的支出也必须能够可靠地计量。如果固定资产的成本能够可靠地计量,并同时满足其他确认条件,企业就可以对固定资产加以确认;否则,企业不应对其加以确认。

企业在确认固定资产成本时,有时需要根据所获得的最新资料,对固定资产的成本进行合理估计。比如,企业对于已达到预定可使用状态的固定资产,在尚未办理竣工决算时,需要根据工程预算、工程造价或者工程实际发生的成本等资料,按暂估价值确定固定资产的入账价值,待办理竣工决算手续后再作调整。

另外,对于工业企业所持有的工具、模具、管理用具、玻璃器皿等资产,施工企业所持有的模板、挡板、架料等周转材料,以及地质勘探企业所持有的管材等资产,企业应当根据实际情况进行核算和管理。如果这些资产项目符合固定资产的定义及确认条件,就应当将其作为固定资产进行核算和管理;如果这些资产项目不符合固定资产的定义或没有满足固定资产的确认条件,就不应当将其作为固定资产进行核算和管理,而应当将其作为流动资产进行核算和管理。

三、固定资产的分类

根据不同的管理需要和核算要求以及不同的分类标准,可以对固定资产进行不同的分类,主要有以下几种分类方法:

(一) 按固定资产的经济用途分类

固定资产按照经济用途可以分为生产经营用固定资产和非生产经营用固定资产。生产经营用固定资产是指参加生产经营过程或者直接服务于生产经营过程的各种房屋、建筑物、机器设备、运输工具等;非生产经营用固定资产是指不服务于生产经营过程,而用于职工住宅、公用事业、文化生活、卫生保健、科研等方面的建筑物以及器具等。按照固定资产的经济用途分类,可以反映和监督企业生产经营用固定资产和非生产经营用固定资产之间以及生产经营用各类固定资产之间的组成和变化情况,借以考核和分析企业固定资产的利用情况,促使企业合理地配备固定资产,充分发挥其效用。

(二) 按固定资产的使用情况分类

固定资产按照使用情况可以分为未使用固定资产、使用中固定资产和不需用固定资产。未使用的固定资产是指已经完工或者已构建而尚未交付使用的新增固定资产以及因改建、扩建等原因而暂停使用的资产,如企业购建的尚待安装的固定资产、经营任务变更停止使用的固定资产等;使用中固定资产是指正在使用中的经营用以及非经营用固定资产,由于季节性经营或大修理等原因暂时停止使用的固定资产仍属于企业使用中的固定资产,企业以经营租赁方式租给其他单位使用的固定资产和内部替换使用的固定资产也属于使用中的固定资产;不需用固定资产是指本企业多余或者不适用,需要调配处理的固定资产。按照固定资产使用情况分类,有利于反映企业固定资产的使用情况及其比例关系,便于分析固定资产的利用效率,挖掘其使用潜力,促进企业合理地使用固定资产。

(三) 按固定资产的所有权分类

固定资产按照所有权可以分为自有资产和租入资产。自有资产是指企业拥有所有权的各类固定资产;租入固定资产是指企业从外部租赁来的固定资产。这种分类的作用在于分析、考核固定资产的实有数额及其利用情况,分析考核租入和自有固定资产的经济效益。

以上分类,也是企业会计准则对固定资产的分类,即综合分类法。在实际情况中,固定资产的种类繁多,不同的企业有不同的特点,企业的经营性质以及经营规模都决定了固定资产如何分类,企业可以按照自身的实际情况自行进行分类,编制固定资产目录,明确固定资产的初始成本、使用寿命、折旧方法等信息,加强对固定资产的管理。

企业拥有的备品备件和维修设备通常确认为存货,但符合固定资产定义和确认条件的,比如,民用航空运输企业的高价周转件等,应当确认为固定资产。

> **探究与发现**
>
> 回想一下固定资产有哪些分类。

第二节　固定资产的初始计量

一、固定资产的取得

固定资产在取得时应当按照成本进行初始计量。成本是指固定资产的取得成本,即企业在取得某项固定资产过程中为使固定资产达到预定可使用状态所发生的一切合理、必要的支出。这些支出不仅包括直接发生的价款、相关税费、运杂费、包装费和安装成本等,也包括间接发生的其他一些费用,如应承担的借款利息、外币借款折算差额以及应分摊的其他间接费用。对于特定行业的特定固定资产,确定其成本时,还应考虑预计弃置费用的因素,如核电站核废料的处置等。在实务中,由于企业固定资产的取得方式是不尽相同的,因此,相应的会计处理也是不尽相同的。在不同的取得方式下,固定资产取得成本的构成也是有差别的。

(一) 外购固定资产

外购固定资产的成本包括购买价款、相关税费以及使固定资产达到预定可使用状态前所发生的可归属于该项资产的运输费、装卸费、安装费和专业人员服务费等。

以一笔款项购入多项没有单独标价的固定资产,应当按照各项固定资产公允价值比例对总成本进行分配,分别确定各项固定资产的成本。

购买固定资产的价款超过正常信用条件延期支付,实质上具有融资性质的,固定资产的成本应以购买价款的现值为基础确定。实际支付的价款与购买价款的现值之间的差额,除应予资本化的以外,应当在信用期间计入当期损益。

(二) 自行建造固定资产

自行建造的固定资产的成本,由建造该项资产达到预定可使用状态前所发生的必要支出构成。符合资本化的借款费用应计入自行建造的固定资产的成本。企业自行建造的固定资产包括自营建造和出包建造两种方式。

1. 自营建造

自营建造是指企业自行组织工程物资采购、自行组织施工人员进行施工建设和相应工作。自营建造的固定资产的成本包括工程物资成本、人工成本、相关税费、应予资本化的借款费用等。

2. 出包建造

出包建造是指企业将建造固定资产的任务出包给建造承包商，由建造承包商负责组织建造完成固定资产。在这种方式下，企业通过招标方式确定建造承包商并与之签订建造合同，企业负责筹集资金和组织管理工程建设，承包商负责建造完成固定资产。

（三）投资者投入的固定资产

投资者投入固定资产的成本，应当按照投资合同或协议约定的价值确定，但合同或协议约定价值不公允的除外。在合同或协议约定价值不公允时，投资者投入的固定资产应将其公允价值作为其初始入账成本。

（四）其他方式取得的固定资产

企业还可以通过非货币性资产交换和债务重组方式取得固定资产。

非货币性资产交换取得固定资产是指企业以自身的固定资产、无形资产、长期股权投资等非货币性资产与其他方进行交换，从而取得其他方固定资产的行为（相关账务处理参见本书第三章"存货"）。

债务重组是在不改变交易对手方的情况下，经债权人和债务人协定或法院裁定，债务人以固定资产清偿债务，债务人将固定资产转移给债权人，从而使得债权人通过债务重组取得固定资产（相关账务处理参见本书第三章"存货"）。

二、取得固定资产的会计处理

企业一般需要设置"固定资产""在建工程""工程物资""累计折旧""固定资产清理"等科目核算固定资产取得、计提折旧、处置等情况。

"固定资产"科目用来核算企业固定资产的原价，借方登记企业增加的固定资产原价，贷方登记企业减少的固定资产原价，期末借方余额反映企业期末固定资产的账面原价。企业应当设置"固定资产登记簿"和"固定资产卡片"，按固定资产类别、使用部门进行明细核算。

"在建工程"科目用来核算企业基建、更新改造等在建工程发生的支出，借方登记企业各项在建工程的实际支出，贷方登记完工工程转出的成本，期末借方余额反映企业尚未达到预定可使用状态的在建工程的成本。

"工程物资"科目用来核算企业为在建工程而准备的各种物资的实际成本。该科目借方登记企业购入工程物资的成本，贷方登记领用工程物资的成本，期末借方余额反映企业为在建工程准备的各种物资的成本。

"累计折旧"科目属于"固定资产"的调整科目，用来核算企业固定资产的累计折旧，贷方登记企业计提的固定资产折旧，借方登记处置固定资产转出的累计折旧，期末贷方余额反映企业固定资产的累计折旧额。

"固定资产清理"科目用来核算企业因出售、报废、毁损、对外投资、非货币性资产交换、债务重组等原因转出的固定资产价值以及在清理过程中发生的费用等，借方登记转出的固定资产价值、清理过程中应支付的相关税费、其他费用以及清理完毕后转出的清理净损失,贷方登记固定资产清理过程收回的出售固定资产的价款、残料价值和变价收入以及清理完成时转出的清理净收益,期末借方余额反映企业尚未清理完毕固定资产的清理净损失。本科目应按被清理的固定资产项目设置明细科目,进行明细核算。

此外,企业固定资产、在建工程、工程物资发生减值的,还应当设置"固定资产减值准备""在建工程减值准备""工程物资减值准备"等科目进行核算。若企业购入有关固定资产超过正常信用条件延期支付价款、实质上具有融资性质的,还应设置"未确认融资费用"科目核算企业应当分期计入利息费用的未确认融资费用。

(一) 外购固定资产的会计处理

外购固定资产分为不需要安装的固定资产和需要安装的固定资产两类。

1. 购入不需要安装的固定资产

这种情况是指企业购入的固定资产不需要安装就可以直接交付使用。企业应按购入固定资产时实际支付的买价、运输费、装卸费、专业人员服务费和其他相关税费等,借记"固定资产"科目,贷记"银行存款"等科目。

【例 5-1】2020 年 10 月 15 日,A 公司购入不需要安装的设备一台,已交付生产使用,增值税专用发票注明该设备买价为 80 000 元,在购买过程中共发生运输费 1 100 元,包装费 3 000 元,装卸费 3 400 元,专业人员服务费 2 500 元,上述款项均以银行存款支付。A 公司作为一般纳税人,其适用增值税税率为 13%,不考虑其他税费。A 公司有关的会计处理如下:

借:固定资产 90 000
　　应交税费——应交增值税(进项税额) 11 700
　　贷:银行存款 101 700

2. 购入需要安装的固定资产

这种情况是指企业购入的固定资产需要经过安装才能交付使用。企业购入固定资产时实际支付的买价、运输费、装卸费、专业人员服务费和其他相关税费等均应先通过"在建工程"科目核算,待安装完毕达到预定可使用状态时,再由"在建工程"科目转入"固定资产"科目。企业购入固定资产时,按实际支付的买价、运输费、装卸费、发生的专业人员服务费和其他相关税费等,借记"在建工程"科目,贷记"银行存款"等科目;安装完毕达到预定可使用状态时,按其实际成本,借记"固定资产"科目,贷记"在建工程"科目。

【例 5-2】2020 年 3 月 14 日,为生产经营活动需要,A 公司购入一条需要安装的流水线,为购买该条流水线共支付货款 200 000 元,增值税 26 000 元,款项均以银行存款支付。安装设备时,领用价值 10 000 元的原材料一批,账面记载该批原材料的增值税进项税额为 1 300 元,同时安装发生人工费用 5 000 元。该条流水线于 2020 年 3 月 31 日安装完毕并达到预定可使用状态,不考虑其他税费。A 公司有关的会计处理如下:

(1) 2020 年 3 月 14 日购入一条流水线时:

借：在建工程	200 000	
应交税费——应交增值税(进项税额)	26 000	
贷：银行存款		226 000

(2) 建造过程中领用原材料、发生人工费用时：

借：在建工程	15 000	
贷：原材料		10 000
应付职工薪酬		5 000

(3) 2020年3月14日设备安装完毕达到预定可使用状态时：

借：固定资产	215 000	
贷：在建工程		215 000

3. 一揽子购入的固定资产

企业基于产品价格等因素的考虑，可能以一笔款项购入多项没有单独标价却可独立使用的固定资产。如果这些资产均符合固定资产的定义，并满足固定资产的确认条件，则应将各项资产单独确认为固定资产，并按各项固定资产公允价值的比例对总成本进行分配，分别确定各项固定资产的入账价值。

【例5-3】甲企业于2020年7月12日向乙企业一次性购入三条不同型号且具有不同生产能力的流水线A、B和C。甲企业总共为三条流水线支付货款7 000 000元，另外在购买过程中发生运输费13 000元，装卸费7 000元，增值税进项税额共912 600元，上述款项均以银行转账支付。假定A、B和C三条流水线分别满足固定资产确认条件，公允价值分别为1 400 000元、2 100 000元和3 500 000元。假定不考虑其他相关税费。要求：计算甲公司固定资产的入账价值，并编制与其相关的账务处理。

甲企业相关的会计处理如下：

(1) 确定应计入固定资产成本的金额，包括购买价款、运输费和装卸费，即：固定资产成本＝7 000 000＋13 000＋7 000＝7 020 000(元)

(2) 确定A、B、C三条流水线的价值分配比例：

A流水线应分配的固定资产价值比例为：

$$1\ 400\ 000/(1\ 400\ 000＋2\ 100\ 000＋3\ 500\ 000)＝20\%$$

B流水线应分配的固定资产价值比例为：

$$2\ 100\ 000/(1\ 400\ 000＋2\ 100\ 000＋3\ 500\ 000)＝30\%$$

C流水线应分配的固定资产价值比例为：

$$3\ 500\ 000/(1\ 400\ 000＋2\ 100\ 000＋3\ 500\ 000)＝50\%$$

(3) 确定A、B、C三条流水线各自的成本：

$$A流水线的成本＝7\ 020\ 000×20\%＝1\ 404\ 000(元)$$

B 流水线的成本 = 7 020 000 × 30% = 2 106 000(元)

C 流水线的成本 = 7 020 000 × 50% = 3 510 000(元)

(4) 作如下会计分录：

借：固定资产——A 流水线	1 404 000
——B 流水线	2 106 000
——C 流水线	3 510 000
应交税费——应交增值税(进项税额)	912 600
贷：银行存款	7 932 600

4. 递延付款取得的固定资产

有时，企业购买固定资产的价款有可能会延期支付，如在正常信用条件下，则往往不考虑利息因素，在购入固定资产时，按应计入固定资产的价值借记"固定资产""在建工程"科目，贷记"应付账款""应付票据"等科目。但是，如果购买固定资产的价款超过正常信用条件延期支付，实质上具有融资性质的，固定资产的成本应当以购买价款的现值为基础确定。实际支付的价款与购买价款的现值之间的差额，应当在信用期间采用实际利率法进行摊销，摊销金额除满足借款费用资本化条件应当计入固定资产成本外，均应在信用期间确认为财务费用，计入当期损益。

【例 5-4】2020 年 1 月 1 日，甲公司向乙公司购入一台需要安装的机器设备。合同约定甲公司于 2020 年至 2022 年 3 年内，每年的 12 月 31 日支付 780 000 元。假定甲公司 3 年期银行借款年利率为 6%(利率 6%，期限为 3 年的年金现值系数为 2.673 0)，同时 2020 年 1 月 1 日设备已安装完毕达到预定可使用状态。甲公司有关的会计处理如下：

(1) 2020 年 1 月 1 日：

固定资产的成本 = 780 000 × 2.673 0 = 2 084 940(元)

购入固定资产：

借：固定资产	2 084 940
未确认融资费用	255 060
贷：长期应付款	2 340 000

甲公司编制"未确认融资费用计算表"，如表 5-1 所示：

表 5-1　　　　　　　　　　未确认融资费用计算表　　　　　　　　　　单位：元

日　期	分期付款额(1)	未确认的融资费用 (2)=上期(4)×6%	应付本金减少额 (3)=(1)-(2)	应付本金余额本期 (4)=上期(4)-(3)
2020 年 1 月 1 日				2 084 940
2021 年 12 月 31 日	780 000	125 096	654 904	1 430 036

(续表)

日期	分期付款额(1)	未确认的融资费用(2)=上期(4)×6%	应付本金减少额(3)=(1)-(2)	应付本金余额本期(4)=上期(4)-(3)
2022年12月31日	780 000	85 802	694 198	735 832
2023年12月31日	780 000	44 162	735 838	0
合计	2 340 000	255 060	2 084 940	

(2) 2021年12月31日：

支付款项：

借：长期应付款 780 000
　　贷：银行存款 780 000

分摊未确认融资费用：

借：财务费用 125 096
　　贷：未确认融资费用 125 096

(3) 2022年12月31日：

支付款项：

借：长期应付款 780 000
　　贷：银行存款 780 000

分摊未确认融资费用：

借：财务费用 85 802
　　贷：未确认融资费用 85 802

(4) 2023年12月31日：

支付款项：

借：长期应付款 780 000
　　贷：银行存款 780 000

分摊未确认融资费用：

借：财务费用 44 162
　　贷：未确认融资费用 44 162

(二) 自行建造固定资产的会计处理

自行建造的固定资产，在按建造该项资产达到预定可使用状态前所发生的必要支出，包括工程用物资成本、人工成本、交纳的相关税费、应予以资本化的借款费用以及应分摊的间接费用等，作为入账价值。

企业自行建造固定资产分为自营方式建造固定资产和出包方式建造固定资产两种，主要通过"工程物资"和"在建工程"科目进行核算。

1. 自营方式建造固定资产

企业通过自营方式建造固定资产,其入账价值应当按照建造该项固定资产达到预定可使用状态前所发生的必要支出确定。这些支出包括直接材料、直接人工、直接机械施工费等。工程项目较多且工程支出较大的企业,应当按照工程项目的性质分别核算各工程项目的成本。

企业为在建工程准备的各种物资,应将实际支付的购买价款、不能抵扣的增值税税额、运输费、保险费等相关税费作为实际成本,并按各种专项物资的种类进行明细核算。

工程完工达到预定可使用状态后,应将该项工程完工达到预定可使用状态前所发生的必要支出结转,作为固定资产的入账价值。固定资产达到预定可使用状态后剩余的工程物资,如转作库存材料,按其实际成本或计划成本,转作企业的库存材料;若材料存在可抵扣的增值税进项税额,应按减去可抵扣增值税进项税额后的实际成本或计划成本,转作企业的库存材料。盘盈、盘亏、报废、毁损的工程物资,减去保险公司、过失人赔偿部分后的余额,分不同情况处理:如果工程项目尚未达到预定可使用状态,则计入或冲减所建工程项目的成本;如果工程项目已经达到预定可使用状态,则计入当期营业外支出或营业外收入。

工程在达到预定可使用状态前,因负荷联合试车而形成的、能够对外销售的产品,其发生的成本,计入在建工程成本;销售或转为库存商品时,按实际销售收入或按预计售价冲减工程成本。所建造的固定资产已达到预定可使用状态但尚未办理竣工决算的,应当自达到预定可使用状态之日起,根据工程预算、造价或者工程实际成本等,按暂估价值转入固定资产成本,待办理竣工决算手续后再作调整。

因正常原因造成的单项工程或单位工程报废或毁损,减去残料价值和过失人或保险公司等赔款后的净损失或净收益,工程项目尚未达到预定可使用状态的,计入或冲减继续施工的工程成本;工程项目已经达到预定可使用状态,属于筹建期间的,计入或冲减管理费用,不属于筹建期间的,直接计入当期营业外支出或营业外收入。

如因非正常原因造成的单项工程或单位工程报废或毁损,或在建工程项目全部报废或毁损,减去残料价值和过失人或保险公司等赔款后的净损失,计入当期营业外支出。

企业通过自营方式建造的固定资产,按建造该项资产达到预定可使用状态前所发生的必要支出,先通过"在建工程"科目核算,工程达到预定可使用状态交付使用时,再由"在建工程"科目转入"固定资产"科目。

【例5-5】2020年4月1日,甲企业为扩大生产,准备斥资自行建造一条生产流水线,相关资料如下所示:

4月15日,甲企业为建造生产流水线购入一批专门用于建造的物资,取得的增值税专用发票上注明的价款为1 000 000元,增值税额为130 000元,上述款项已经以银行存款支付。

4月21日工程开工后,领用原材料60 000元,账面记载该批原材料的增值税为7 800元。

4月15日至12月15日，生产建造共领用工程物资价值为1 017 000元，施工人员的工资为75 000元，以银行存款支付其他工程费用为78 600元。

2020年12月15日，生产流水线已达到预定可使用状态并交付使用。剩余工程物资转为该公司的存货，其所含的增值税进项税额可以抵扣。甲企业的会计处理如下：

(1) 4月15日：

借：工程物资　　　　　　　　　　　　　　　　　　　　1 130 000
　　贷：银行存款　　　　　　　　　　　　　　　　　　　　1 130 000

(2) 4月21日工程领用生产用原材料时：

借：在建工程　　　　　　　　　　　　　　　　　　　　　60 000
　　贷：原材料　　　　　　　　　　　　　　　　　　　　　60 000

(3) 4月15日至12月15日领用工程物资时：

借：在建工程　　　　　　　　　　　　　　　　　　　　1 017 000
　　贷：工程物资　　　　　　　　　　　　　　　　　　　1 017 000

(4) 4月15日至12月15日计提施工人员工资时：

借：在建工程　　　　　　　　　　　　　　　　　　　　　75 000
　　贷：应付职工薪酬　　　　　　　　　　　　　　　　　　75 000

(5) 4月15日至12月15日支付其他工程费用时：

借：在建工程　　　　　　　　　　　　　　　　　　　　　78 600
　　贷：银行存款　　　　　　　　　　　　　　　　　　　　78 600

(6) 工程达到预定可使用状态并交付使用时：

借：固定资产　　　　　　　　　　　　　　　　　　　　1 230 600
　　贷：在建工程　　　　　　　　　　　　　　　　　　　1 230 600

(7) 剩余工程物资转作存货时：

借：原材料　　　　　　　　　　　　　　　　　　　　　100 000
　　应交税费——应交增值税（进项税额）　　　　　　　　13 000
　　贷：工程物资　　　　　　　　　　　　　　　　　　　　113 000

2. 出包方式建造固定资产

出包方式建造固定资产是指企业通过招标等方式将工程项目发包给建造承包商，由建造承包商组织施工的建筑工程和安装工程。企业通过出包工程方式建造的固定资产成本，应按照支付的工程价款等计量，其工程的具体支出在承包单位核算，此时，"在建工程"科目实际成为企业与承包单位的结算科目，企业应当将与承包单位结算的工程价款作为工程成本，通过"在建工程"科目核算。企业按合同规定预付工程款时，借记"预付账款"科目，贷记"银行存款"等科目，按合理估计的发包工程进度和合同规定结算的进度款借记"在建工程"科目，贷记"银行存款""预付账款"等科目。工程达到预定可使用状态时，借记"固定资产"科目，贷记"在建工程"科目。

【例5-6】2020年5月,A公司将一栋办公楼的建造工程出包给B公司承建,年底按合理估计的发包工程进度和合同规定向乙公司结算进度款1 200 000元。工程完工后,A公司收到B公司有关工程的工程结算单据,补付工程款600 000元。工程完工后达到预定可使用状态。A公司应编制如下会计分录:

(1) 按照合理估计的发包工程进度和合同规定向乙公司结算进度款时:

借:在建工程　　　　　　　　　　　　　　　　　　　1 200 000
　　贷:银行存款　　　　　　　　　　　　　　　　　　1 200 000

(2) 补付工程款时:

借:在建工程　　　　　　　　　　　　　　　　　　　　600 000
　　贷:银行存款　　　　　　　　　　　　　　　　　　　600 000

(3) 工程完工并达到预定可使用状态时:

借:固定资产　　　　　　　　　　　　　　　　　　　1 800 000
　　贷:在建工程　　　　　　　　　　　　　　　　　　1 800 000

(三) 投资者投入固定资产的会计处理

投资者投入的固定资产,应在办理了固定资产移交手续之后,将投资合同或协议约定的价值作为入账价值,但合同或协议约定价值不公允的除外。在合同或协议约定价值不公允时,投资者投入的固定资产应当将其公允价值作为其初始入账成本。

企业取得投资者投入的固定资产时,按照投资合同或协议中约定的价值借记"固定资产"科目,按照其在注册资本中所占的份额贷记"实收资本"或"股本"科目,借贷方差额记入"资本公积"科目。

【例5-7】A公司于2020年5月收到B公司投入的一台设备,投资合同约定的公允价值为450 000元,应交增值税额为58 500(450 000×13%)元,该设备不需要安装,可以直接投入使用。A公司收到的这台设备折换A公司每股价值1元的股票150 000股。按照增值税法规定,B公司将该台设备作为投资提供给A公司使用视同销售货物,属于增值税征收范围。A公司应编制如下会计分录:

借:固定资产　　　　　　　　　　　　　　　　　　　　450 000
　　应交税费——应交增值税(进项税额)　　　　　　　　58 500
　　贷:股本　　　　　　　　　　　　　　　　　　　　　150 000
　　　　资本公积　　　　　　　　　　　　　　　　　　　358 500

其他方式取得的固定资产,如通过债务重组取得的固定资产、通过非货币性资产交换取得的固定资产等,分别按照债务重组、非货币性资产交换的会计处理原则进行核算。

> **探究与发现**
>
> 固定资产的初始计量是本章的重点内容,你认为固定资产取得方式的不同对会计处理有什么不同的影响?

第三节　固定资产的后续计量

一、固定资产折旧

(一) 固定资产折旧的概念

企业在取得固定资产后,应当对固定资产计提折旧。根据我国《企业会计准则第4号——固定资产》,固定资产的折旧是指在固定资产的使用寿命内,按照确定的方法对应计折旧额进行的系统分摊。

固定资产作为一种经营用资产,可以在较长时期内提供服务,为企业带来经济利益,并且其服务潜能随着企业的不断使用或时间的推移会逐渐衰退消失。因此,固定资产的取得成本可以看作为取得这些服务潜能或未来经济效益的成本,当固定资产的服务潜能消耗时,固定资产的成本就应转化为费用,与其产生的收益相配合以计算损益,这种成本转化过程即折旧过程。

(二) 影响折旧的因素

企业在对固定资产计提折旧时,对固定资产折旧产生影响的因素主要有固定资产的原价、固定资产的预计净残值、固定资产的使用寿命以及固定资产的减值准备。

固定资产的原价,是固定资产取得时的历史成本,或固定资产的初始入账成本,是可计提折旧的最大数额。如前文所述,企业有不同的固定资产取得方式,因此,在不同的固定资产取得方式下固定资产初始入账成本的具体构成不尽相同。预计净残值,是指假定固定资产预计使用寿命已满并处于使用寿命终了的预期状态,企业目前从该项资产处置中获得的扣除预计处置费用后的金额。固定资产的预计净残值并非通过固定资产折旧的形式转移至产品成本或费用中去,而是作为固定资产处置损益处理。固定资产的减值准备,是指固定资产在期末计量中已计提的固定资产减值准备累计金额。固定资产在计提减值准备时,相应的资产减值损失计入当期损益。固定资产的使用寿命,是指企业使用固定资产的预计期间,或者该固定资产所能生产产品或提供劳务的数量。

企业在确定固定资产的使用寿命时,主要应当考虑下列因素:① 预计的生产能力或实物产量。② 预计的有形损耗。有形损耗是指固定资产在使用过程中,因使用而磨损或因自然力的作用而引起的使用价值和价值的降低,它是因物质上的变化而不堪使用,所以也称物质损耗。例如设备使用中发生磨损、房屋建筑物受到自然侵蚀等。③ 预计的无形损耗。无形损耗是指由于某种因素的影响,固定资产虽在物质形态上仍可使用,但在经济上已丧失使用的价值。例如,由于劳动生产率的提高或科学技术的进步而使固定资产无形中贬值、市场需求变化而使产品过时等。④ 有关资产使用的法律或者类似的限制。

企业应当根据固定资产的性质和使用情况,合理确定固定资产的使用寿命和预计净残值。固定资产的使用寿命、预计净残值一经确定,不得随意变更。

(三) 固定资产折旧范围

在会计实务中,除以下情况外,企业应对所有固定资产计提折旧:① 已提足折旧仍继续使用的固定资产;② 按照规定单独估价作为固定资产入账的土地。

固定资产提足折旧后,不论能否继续使用,均不再计提折旧;提前报废的固定资产也不再补提折旧。所谓提足折旧,是指已经提足该项固定资产的应计折旧额。

已达到预定可使用状态的固定资产,尚未办理竣工决算的,应当按照估计价值暂估入账,并计提折旧;待办理了竣工决算手续的,再按照实际成本调整原来的暂估价值,但不需要调整原已计提的折旧额。

租入的固定资产(非短期租赁和低价值资产租赁)的折旧会计处理,详见本章第五节"使用权资产"。

企业对固定资产进行更新改造而停止使用时,应将更新改造的固定资产账面价值转入在建工程,不再计提折旧。更新改造项目达到预定可使用状态转为固定资产后,再按重新确定的折旧方法和该项固定资产尚可使用年限计提折旧。

因进行大修理而停用的固定资产,应当照提折旧,计提的折旧应计入相关资产的成本或当期损益。

企业一般应按月计提折旧,当月增加的固定资产,当月不计提折旧,从下个月起计提折旧;当月减少的固定资产,当月仍计提折旧,从下个月起不计提折旧。

(四) 固定资产折旧方法

固定资产折旧方法指的是企业将固定资产应计折旧额在固定资产使用寿命内进行系统分摊的方法。企业应当根据固定资产所含经济利益的预期实现方式选择折旧方法,可选用的折旧方法包括年限平均法、工作量法、双倍余额递减法和年数总和法。折旧方法一经选定,不得随意变更。

1. 年限平均法

年限平均法又称直线法,是将固定资产的应计折旧额均衡地分摊到固定资产预计使用寿命内的一种方法。在这种方法下,固定资产在预计使用寿命内各个会计期间的折旧数额相等。年限平均法的计算公式如下:

$$年折旧率 = \frac{1-预计净残值率}{预计使用寿命} \times 100\%$$

$$月折旧率 = \frac{年折旧率}{12}$$

$$月折旧额 = 固定资产原价 \times 月折旧率$$

【例5-8】A公司于2020年1月接受B公司投资的一套设备,协议约定的价值为200 000元,预计使用年限为5年,预计净残值率为4%。在年限平均法下,A公司计算该项固定资产的折旧额如下：

$$年折旧率 = \frac{1-4\%}{5} \times 100\% = 19.2\%$$

$$月折旧率 = \frac{19.2\%}{12} = 1.6\%$$

$$月折旧率 = 200\,000 \times 1.6\% = 3\,200(元)$$

上述折旧率是按个别固定资产单独计算的，称为个别折旧率，即某项固定资产在一定期间折旧额与该项固定资产原价的比率。固定资产折旧率还可按固定资产类别或全部固定资产计算，称为分类折旧率或综合折旧率。

分类折旧，应先把性质、结构和使用年限接近的固定资产归为一类，再按类计算平均折旧率，用该类折旧率对该类固定资产计提折旧。如将房屋建筑物划分为一类、将机械设备划分为一类等。采用分类折旧率计算固定资产折旧，优点是计算方法简单，但准确度不如采用个别折旧率高。

综合折旧率是指某一期间企业按全部固定资产计算的平均折旧率。与采用个别折旧率和分类折旧率计算固定资产折旧相比，采用综合折旧率计算固定资产折旧，计算结果的准确度较低。

年限平均法是建立在固定资产的服务潜能随着其使用时间的推移而等量减少的假设上。按照年限平均法计算求得的折旧额，在固定资产的整个使用期，每期计入相关资产成本或当期损益的数额是相等的，因此，这种折旧方法也叫直线法。它的优点是简单明了，计算容易，但它也存在着一些明显的局限性：① 固定资产在不同使用年限提供的经济效益是不同的。一般来说，固定资产在其使用前期工作效率相对较高，所带来的经济利益也较多；而在其使用后期，工作效率一般呈下降趋势，因而所带来的经济利益也就逐渐减少。年限平均法不考虑这一事实，明显是不合理的。② 固定资产在不同的使用年限发生的维修费用也不一样。固定资产的维修费用将随着其使用时间的延长而不断增长，而年限平均法也没有考虑这一因素。因此，年限平均法比较适用于各个时期使用强度和使用效率大致相同的固定资产。

2. 工作量法

工作量法是按固定资产所完成的实际工作量计提固定资产折旧额的一种方法。不同固定资产的工作量的表现形式可以是不相同的，例如，加工用固定资产的工作量可以表现为工时或产品产量，运输用固定资产的工作量可以表现为运输里程等。在工作量法下，固定资产的折旧额与其工作量直接相关，在会计实务中，可以将工作量法看作一种直线法，因为折旧额在每单位的工作量上是相等的。工作量法的计算公式如下：

$$单位工作量折旧额 = \frac{固定资产原价 \times (1 - 预计净残值率)}{预计总工作量}$$

某项固定资产月折旧＝当月实际工作量×单位工作量折旧额

【例5-9】A公司的一辆运输卡车的原价400 000元,预计总行驶里程400 000千米,预计报废时的净残值率为5%,运输卡车本月行驶4 000千米。该辆卡车的月折旧额计算如下:

$$单位里程折旧额 = \frac{400\,000 \times (1 - 5\%)}{400\,000} = 0.95(元/千米)$$

本月折旧额＝4 000×0.95＝3 800(元)

工作量法是建立在固定资产的服务潜能随着它使用程度的增加而相应减少且固定资产折旧额与固定资产的工作量直接相关的假设上。工作量法使运输设备、大型车间设备等的折旧计提与其使用程度结合起来,可以比较准确地反映该类固定资产服务潜力的递减情况。但工作量法也有一定的缺点,例如只重视固定资产的使用而未考虑无形损耗对资产的影响等。此外,在会计实务中,预计固定资产的总工作量也非易事。

3. 双倍余额递减法

双倍余额递减法是根据每期固定资产的账面净值和确定的折旧率计算当期固定资产折旧额的一种方法。这种方法的折旧率是按残值为零时直线折旧率的两倍计算的。折旧率和折旧额的计算公式如下:

$$年折旧率 = \frac{2}{预计使用年限} \times 100\%$$

$$月折旧率 = \frac{年折旧率}{12}$$

月折旧率＝月初固定资产账面净值×月折旧率

企业在选用双倍余额递减法计提折旧时,固定资产的预计净残值不能从其价值中抵减。因此,固定资产每年计提的折旧额是用两倍于直线法的折旧率去乘固定资产的账面净值。只要该项固定资产仍继续使用,其账面净值就不可能被冲销完毕,因此,在固定资产的使用后期,如果发现采用双倍余额递减法计算的折旧额小于采用直线法计算的折旧额时,就应改用直线法计提折旧。在实务中,为操作方便,采用双倍余额递减法计提折旧的固定资产,应当在固定资产折旧年限到期前两年内,将固定资产账面净值扣除预计净残值后的余额平均摊销。

【例5-10】沿用例5-8的资料,A公司按照双倍余额递减法对该套设备计提折旧,各年折旧额的计算,如表5-2所示。

表 5-2　　　　　　　　　　双倍余额法下各年折旧额计算表　　　　　　　　单位：元

年次	年折旧率 (1)＝2/5×100%	年折旧额 (2)＝期初(4)×(1)	累计折旧额 (3)＝期初(3)＋(2)	账面净值 (4)＝200 000－(3)
取得时				200 000
第一年	40%	80 000	80 000	120 000
第二年	40%	48 000	128 000	72 000
第三年	40%	28 800	156 800	43 200
第四年	—	17 600	174 400	25 600
第五年	—	17 600	192 000	8 000
合　计	—	192 000	—	—

4. 年数总和法

年数总和法又称年限合计法，是将固定资产的原价减去预计净残值后的余额，乘以一个以固定资产预计尚可使用寿命为分子、以预计使用寿命年数之和为分母的逐年递减的分数计算每年的折旧额。计算公式如下：

$$年折旧率 = \frac{尚可使用年限}{预计可使用年限的年数之和} \times 100\%$$

$$月折旧率 = \frac{年折旧率}{12}$$

$$月折旧额 = (固定资产原价 - 累计净残值) \times 月折旧率$$
$$= 固定资产应计折旧额 \times 月折旧率$$

【例 5-11】 沿用例 5-8 的资料，各年折旧额的计算，如表 5-3 所示。

表 5-3　　　　　　　　　　年数总和法下各年折旧额计算表　　　　　　　　单位：元

年份	尚可使用年限 (1)	年折旧率 (2)	年折旧额 (3)＝(2)×(5)	累计折旧额 (4)＝期初(4)＋(3)	应计折旧额 (5)＝192 000
取得时					192 000
第一年	5	5/15	64 000	64 000	192 000
第二年	4	4/15	51 200	115 200	192 000
第三年	3	3/15	38 400	153 600	192 000
第四年	2	2/15	25 600	179 200	192 000
第五年	1	1/15	12 800	192 000	192 000

年数总和法和双倍余额法一样,其特点也是在使用寿命的早期计提较多的折旧,体现了加速折旧的特点,也是谨慎性原则的体现。

(五) 固定资产折旧的会计处理

企业应按月计提折旧,一方面,计提的折旧应计入"累计折旧"科目,该科目只进行总分类核算,不进行明细分类核算。若需要查明某项固定资产的已提折旧,可以根据固定资产卡片上所记载的该项固定资产原值、折旧率和实际使用年数等资料进行计算。另一方面,应根据固定资产用途,分别计入相关的资产成本或当期费用,如企业自行建造固定资产过程中使用的固定资产,其计提的折旧计入"在建工程"科目,基本生产车间所使用的固定资产,其计提折旧应计入"制造费用"科目并最终计入所生产的产品成本;企业管理部门所使用的固定资产,其计提折旧应计入"管理费用"科目;企业销售部门所使用的固定资产,其计提折旧应计入"销售费用"科目;经营租赁租出的固定资产,其计提折旧应计入"其他业务成本"科目等。计算时,应注意本月应提折旧额=上月计提折旧额+上月增加固定资产应计提折旧额-上月减少固定资产应计提折旧额。应编制如下会计分录:

借:在建工程
　　制造费用
　　管理费用
　　销售费用
　　其他业务成本
　　贷:累计折旧

【例 5-12】A 公司于 2020 年 9 月末计提该月份固定资产折旧合计为 200 000 元,具体的情况为:生产车间使用的固定资产计提折旧 150 000 元,管理部门使用的固定资产计提折旧 35 000 元,销售部门使用的固定资产计提折旧 15 000 元。A 公司应编制如下会计分录:

借:制造费用　　　　　　　　　　　　　　　　　　　　　　150 000
　　管理费用　　　　　　　　　　　　　　　　　　　　　　 35 000
　　销售费用　　　　　　　　　　　　　　　　　　　　　　 15 000
　　贷:累计折旧　　　　　　　　　　　　　　　　　　　　200 000

(六) 固定资产预计使用寿命等的复核

1. 固定资产预计使用寿命和预计净残值的复核

固定资产在使用过程中,其所处的经济环境、技术环境以及其他环境有可能发生很大的变化。例如,固定资产使用强度大大提高,致使固定资产实际使用寿命大大缩短、预计净残值大大减少等。此时,如果不调整固定资产预计使用寿命和预计净残值,原先确定的固定资产使用寿命和预计净残值必然不能反映出其为企业提供经济利益的期间及每期实际的资产消耗,据此提供的会计信息就很可能是不真实的,从而影响会计信息使用者做出恰当的经济决策。为了避免这种情况发生,企业至少应当于每年年度终了时复核固定资产的使用寿命和预计净残值。如果固定资产使用寿命、预计净残值的预期数与原先的估计数有重大差异，则应当相应调整固定资产的使用寿命和预计净残值，并按照会计估计变更的有关规定进行会计处理。

2. 固定资产折旧方法的复核

固定资产在使用过程中，其包含的经济利益的预期实现方式有可能会发生重大改变。如果固定资产给企业带来经济利益的方式发生重大变化，企业也应相应改变固定资产折旧方法。例如，某企业以前年度采用年限平均法计提固定资产折旧，在年度复核中发现，与该固定资产相关的技术发生很大变化，采用年限平均法计提折旧已很难反映该项固定资产给企业带来经济利益的方式，因此，企业决定变年限平均法为加速折旧法。此时，如果不调整固定资产折旧方法，原先确定的固定资产折旧方法必然不能反映出其为企业提供经济利益的方式，据此提供的会计信息就很可能是不真实的，从而影响会计信息使用者做出恰当的经济决策。为避免这种情况，企业至少应当于每年年度终了时复核固定资产的折旧方法。如果与固定资产有关的经济利益的预期实现方式有重大改变，应当改变固定资产折旧方法，并按照会计估计变更的有关规定进行会计处理。

二、固定资产后续支出

企业的固定资产投入使用后，为了适应新技术发展的需要，或者为维护或提高固定资产的使用效能，往往需要对现有固定资产进行维护、改建、扩建或者改良。固定资产后续支出是指固定资产在使用过程中发生的更新改造支出、修理费用等。

（一）资本化支出

固定资产的更新改造等后续支出，满足固定资产确认条件的，应当资本化，计入固定资产成本，如有被替换的部分，应同时将被替换部分的账面价值从该固定资产原账面价值中扣除，以避免将替换部分的成本和被替换部分的账面价值同时计入固定资产成本。

固定资产发生可资本化的后续支出时，企业应将该固定资产的原价、已计提的累计折旧和减值准备转销，将固定资产的账面价值转入"在建工程"科目，并停止计提折旧。固定资产发生的可资本化的后续支出，通过"在建工程"科目核算。在固定资产发生的后续支出完工并达到预定可使用状态时，再从"在建工程"科目转入"固定资产"科目，并按重新确定的使用寿命、预计净残值和折旧方法进行计提折旧。

【例5-13】2020年6月30日，A公司一台电梯出现故障，经检修发现其中的电动机磨损严重，需要更换。2016年6月30日，A公司已经将该电梯整体作为一项固定资产进行了确认，原价为500 000元，预计净残值为0，预计使用年限为10年，采用平均年限法计提折旧。购买原电动机时，其市场价格为100 000元。为了继续使用该设备并提高工作效率，A公司决定对其进行改造，为此购买了一台功率更大的电动机来替代原来的电动机。新购置的电动机的价款为90 000元，增值税为11 700元，款项已通过银行转账支付；

安装过程中,辅助生产车间发生了劳务支出 20 000 元。

假定原电动机磨损严重,没有任何价值,不考虑其他相关税费,A 公司的账务处理为:

(1) 固定资产账面价值转入在建工程:

2020 年 6 月 30 日该设备已提折旧为 (500 000÷10)×4＝200 000(元)

借:在建工程	300 000
累计折旧	200 000
贷:固定资产	500 000

(2) 更新改造支出:

借:工程物资	90 000
应交税费——应交增值税(进项税额)	11 700
贷:银行存款	101 700
借:在建工程	110 000
贷:工程物资	90 000
生产成本——辅助生产车间	20 000

(3) 原电动机报废时:

2020 年 6 月 30 日,原电动机价值为 100 000－(100 000÷10)×4＝60 000(元)

借:营业外支出	60 000
贷:在建工程	60 000

(4) 在建工程完工转回固定资产:

借:固定资产	350 000
贷:在建工程	350 000

本例中,在 2020 年 6 月 30 日以后的会计期间,A 公司应当按照重新确定的电梯成本 350 000 元对该电梯计提折旧。

(二) 费用化支出

一般情况下,固定资产投入使用之后,由于磨损、各组成部分耐用程度不同,可能会导致固定资产的局部损坏,为了维持固定资产的正常运转和使用,充分发挥其使用效能,企业将对固定资产进行必要的维护。发生固定资产维护支出只是确保固定资产的正常工作状况,它并不会导致固定资产性能的改变或固定资产未来经济利益的增加。因此,应在发生时一次性直接计入当期费用,不再通过预提或者待摊的方式进行核算。

在具体实务中,对于固定资产发生的下列各项后续支出,通常的处理方法如下:

(1) 固定资产修理费用,应当直接计入当期费用。

(2) 固定资产改良支出,应当计入固定资产账面价值。

(3) 如果不能区分是固定资产修理还是固定资产改良,或固定资产修理和固定资产改良结合在一起,则企业应当判断,与固定资产有关的后续支出是否满足固定资产的确认条件。如果该后续支出满足固定资产的确认条件,则后续支出应当计入固定资产账面价值;否则,后续支出应当确认为当期费用。

(4)固定资产装修费用,如果满足固定资产的确认条件,装修费用应当计入固定资产账面价值,并在"固定资产"科目下单设"固定资产装修"明细科目核算,在两次装修期间与固定资产尚可使用年限两者中较短的期间,采用合理的方法单独计提折旧。如果在下次装修时该项固定资产相关的"固定资产装修"明细科目仍有账面价值,应将该账面价值一次全部计入当期营业外支出。

【例5-14】A公司于2020年10月对销售部门使用的机器设备进行日常维护,领用修理用配件4件,每件单位成本200元,修理用配件成本合计800元,同时,通过银行存款支付了其他修理费用400元。A公司应编制如下会计分录:

借:销售费用　　　　　　　　　　　　　　　　　　　　　1 200
　　贷:原材料　　　　　　　　　　　　　　　　　　　　　　800
　　　　银行存款　　　　　　　　　　　　　　　　　　　　　400

> **探究与发现**
>
> 固定资产的累计折旧是其后续计量的主要科目,熟悉折旧的各类方法,有助于正确地进行会计处理,请思考各种折旧方法有什么区别、都适合怎样的企业。

第四节　固定资产的期末计量和处置

为了客观、真实、准确地反映期末固定资产的实际价值,企业在编制资产负债表时,应合理地确定固定资产的期末价值。根据我国《企业会计准则第8号——资产减值》的规定,企业应当在每年年末对固定资产的账面价值进行检查和确定。在此基础上,企业应当判断固定资产是否存在可能发生减值的迹象。固定资产存在减值迹象的,应该进行减值测试,估计固定资产的可收回金额,如果可收回金额低于账面价值的金额,计提相应的固定资产减值准备。

同时,企业应当及时处置闲置多余的固定资产或不再适合现行生产经营活动需要的固定资产,以免造成企业的资源浪费。

一、固定资产减值

(一)判断固定资产减值的主要迹象

(1)固定资产的当期市场价格大幅度下跌,其跌幅明显高于因时间的推移或者正常使用而预计的下跌。在市场经济条件下,资产的市场价格是其价值最为直观的表现形式。

如果某一固定资产的市场价格大幅度下跌,并且预期在近期内不可能恢复,那么,这一固定资产就有可能发生了减值。

（2）企业经营所处的经济、技术或者法律等环境以及固定资产所处的市场在当期或者将在近期发生重大变化,从而对企业产生不利影响。在市场经济条件下,企业产品的生产和销售总是依赖于一定的经营环境。企业经营环境发生重大变化,将对企业固定资产产生重大的影响,如果这种影响是负面的,企业就应当测试固定资产是否发生减值。

（3）市场利率或者其他市场投资报酬率在当期已经提高,从而影响企业计算固定资产预计未来现金流量现值的折现率,导致固定资产可收回金额大幅度降低。

判断固定资产是否减值的依据主要是看固定资产账面价值是否高于其可收回金额,如果采用未来现金流量现值来计算固定资产的可收回金额,则固定资产的未来现金流量与折现率将会影响固定资产的可收回金额。如果以同期市场利率等作为计算固定资产可收回金额的折现率,则同期市场利率的提高将降低固定资产的可收回金额。如果同期市场利率大幅度提高,则表明以此计算的固定资产的可收回金额将大幅度降低,从而表明固定资产有可能发生减值。

（4）有证据表明固定资产已经陈旧过时或者其实体已经损坏。固定资产陈旧过时或者发生实体损坏,将大大影响固定资产的生产能力,如生产出大量不合格产品等,从而降低固定资产产生未来经济利益的能力,进而表明其可收回金额将降低,此时,固定资产就有可能发生了减值。

（5）固定资产已经或者将被闲置、终止使用或者计划提前处置。

（6）企业内部报告的证据表明固定资产的经济绩效已经低于或者将低于预期,如固定资产所创造的净现金流量或者实现的营业利润（或者亏损）远远低于（或者高于）预计金额等。

(二) 资产可收回金额的计量

在资产负债表日,如果固定资产存在减值迹象,应当进行减值测试,估计资产的可收回金额。固定资产的可收回金额是根据其公允价值减去处置费用后的净额与资产预计未来现金流量的现值两者之间较高者确定。

企业在估计固定资产的可收回金额时,通常需要同时估计该资产的公允价值减去处置费用后的净额和资产预计未来现金流量的现值。

固定资产的公允价值,是指在公平交易中,熟悉情况的交易双方自愿进行资产交换的金额。处置费用包括与资产处置有关的法律费用、相关税费、搬运费以及为使固定资产达到可销售状态所发生的直接费用等。

固定资产预计未来现金流量的现值,是指按照固定资产在持续使用过程中和在最终处置时所产生的预计未来现金流量,选择恰当的折现率对其进行折现后加以确定的金额。预计固定资产未来现金流量的现值,应当综合考虑固定资产的预计未来现金流量、使用寿命和折现率等因素。

(三) 固定资产减值的会计处理

可收回金额的计量结果表明,固定资产的可收回金额低于其账面价值的,应当将固定资产的账面价值减记至可收回金额,减记的金额确认为资产减值损失,计入当期损益,同时计提相应的固定资产减值准备。固定资产减值损失应当在取得固定资产可收回金额后,根据可收回金额低于其账面价值的差额确定。固定资产的账面价值是指固定资产的原价扣减累计折旧和累计减值准备后的金额。

企业应当设置"资产减值损失"科目和"固定资产减值准备"科目核算计提的固定资产减值损失。计提固定资产减值损失时,企业应按固定资产账面价值超过其可收回金额的部分,借记"资产减值损失——固定资产减值损失"科目,贷记"固定资产减值准备"科目。

资产减值损失一经确认,在以后会计期间不得转回。但是遇到资产处置、出售、对外投资、非货币性交换换出、债务重组中抵债等情况,同时符合固定资产终止确认条件的,应同时结转已计提的固定资产减值准备。

【例5-15】2020年12月31日,A公司的某台加工设备存在可能发生减值的迹象。经计算,该设备的可收回金额合计为1 800 000元,账面价值为2 000 000元,A公司以前年度并未对该台设备计提过减值准备。由于A公司该项加工设备的可收回金额低于账面价值,A公司应按两者差额200 000(2 000 000－1 800 000)元计提减值准备。A公司应编制如下分录:

借:资产减值损失　　　　　　　　　　　　　　　　　　　　　200 000
　　贷:固定资产减值准备　　　　　　　　　　　　　　　　　　　200 000

本例中,A公司经过对固定资产计提减值准备使固定资产的账面价值变为1 800 000元,即在存在固定资产减值的情况下,固定资产的账面价值是固定资产原值减去累计折旧以及固定资产减值准备后的金额。以后年度,A公司应当以该固定资产账面价值为基础来计提固定资产折旧。

二、固定资产处置

(一) 固定资产处置的概念

固定资产处置是指企业因各种原因而安排固定资产退出生产经营活动的固定资产终止确认行为。根据我国《企业会计准则第4号——固定资产》的规定,固定资产满足下列条件之一的,应当予以终止确认:① 该固定资产处于处置状态;② 该固定资产预期通过使用或处置不能产生经济利益。固定资产处置一般通过"固定资产清理"科目进行核算。

因出售、报废或毁损而进行处置的固定资产,企业应当将处置收入扣除账面价值和相关税费后的金额计入当期损益。企业持有待售的固定资产,应当对其预计净残值进行调整,使该项固定资产的预计净残值能够反映其公允价值减去处置费用后的金额,但不得超过符合持有待售条件时该项固定资产的原账面价值,如果原账面价值高于预计净残值的差额,应作为资产减值损失计入当期损益。持有待售的固定资产从划归为持有待售之日起停止计提折旧和减值准备。

其他方式减少的固定资产,如以固定资产清偿债务、投资转出固定资产、以非货币性交易换出固定资产等,分别按照债务重组、长期股权投资、非货币性资产交换的会计处理原则进行核算。

(二)固定资产处置的会计核算

固定资产的账面价值是固定资产成本扣减累计折旧和累计减值准备后的金额。其会计核算一般经过以下几个步骤:

(1)固定资产转入清理。出售、报废和毁损的固定资产转入清理时,按固定资产净额借记"固定资产清理"科目,按已计提的累计折旧借记"累计折旧"科目,按已计提的减值准备借记"固定资产减值准备"科目,按固定资产原价贷记"固定资产"科目。

(2)发生的清理费用。固定资产清理过程中发生的相关税费和其他费用,借记"固定资产清理"科目,贷记"银行存款""应交税费"等科目。

(3)处置的变价收入。收回出售固定资产的价款、残料价值和变价收入时,借记"银行存款""原材料"等科目,贷记"固定资产清理"和"应交税费"科目。收到应由保险公司或过失人赔偿的损失时,借记"其他应收款"等科目,贷记"固定资产清理"等科目。

(4)结转清理净损益。企业在固定资产清理完成时,对于固定资产清理的净损益,依据固定资产处置方式和原因的不同,分别适用不同的处理方法。

因已丧失使用功能或因自然灾害发生毁损等原因而报废清理产生的利得或损失,应计入营业外收支。属于生产经营期间正常报废清理产生的处理净损失,作为处置非流动资产损失,借记"营业外支出"科目,贷记"固定资产清理"科目;属于生产经营期间由于自然灾害等非正常原因造成的,作为非常损失,借记"营业外支出"科目,贷记"固定资产清理"科目;如为净收益,借记"固定资产清理"科目,贷记"营业外收入"科目。

因出售、转让等原因产生的固定资产处置利得或损失,应计入资产处置损益。产生处置净损失的,借记"资产处置损益"科目,贷记"固定资产清理"科目;如为净收益,借记"固定资产清理"科目,贷记"资产处置损益"科目。

由于企业在不同交易中形成的非流动资产毁损报废利得和损失不能相互抵销,而应当分别在利润表的"营业外收入"项目和"营业外支出"项目进行填列,因此,对于在不同交易中形成的非流动资产毁损报废利得和损失,企业应当分别使用"营业外收入"科目和"营业外支出"科目进行日常核算。

1. 固定资产出售

【例5-16】2020年10月,A公司出售一台不需用的设备。该设备原价为80 000元,已计提折旧35 000元,实际出售价格为40 000元,相应的增值税税额为5 200(40 000×13%)元,款项合计45 200元已存入开户银行。根据税法规定,增值税一般纳税人销售自己使用过的机器设备类固定资产,应当征收增值税。A公司应编制如下分录:

(1)将出售的固定资产转入固定资产清理:

借：固定资产清理	45 000
累计折旧	35 000
贷：固定资产	80 000

(2) 收到出售固定资产的价款时：

借：银行存款	45 200
贷：固定资产清理	40 000
应交税费——应交增值税(销项税额)	5 200

(3) 结转出售固定资产净损益时：

借：资产处置损益	5 000
贷：固定资产清理	5 000

2. 固定资产报废

【例5-17】2020年10月15日，A公司报废一台使用期满的加工设备。该设备的原价为300 000元，已计提折旧250 000元，已计提减值20 000元，固定资产账面净值为30 000(300 000－250 000－20 000)元。报废时，获得残料变价收入10 000元，款项存入开户银行；同时发生清理费用8 000元，以银行存款支付。若暂时不考虑相关税费的因素，A公司应编制如下会计分录：

(1) 将报废固定资产转入固定资产清理：

借：固定资产清理	30 000
累计折旧	250 000
固定资产减值准备	20 000
贷：固定资产	300 000

(2) 收到出售固定资产残料的变价收入时：

借：银行存款	10 000
贷：固定资产清理	10 000

(3) 支付清理费用时：

借：固定资产清理	8 000
贷：银行存款	8 000

(4) 结转报废固定资产发生的净损失时：

报废固定资产发生的净损失＝30 000－10 000＋8 000＝28 000(元)

借：营业外支出	28 000
贷：固定资产清理	28 000

3. 固定资产毁损

【例5-18】A公司于2020年遭受洪水，毁损一台机器设备。该机器设备的原价为200 000元，已计提折旧80 000元，固定资产账面净值为120 000(200 000－80 000)元。毁损残料价值估计为 80 000 元,已办理入库手续。同时,以银行存款支付清理费用 2 000 元。经保险公司核定,A 公司可以获得保险赔偿 30 000 元。款项尚未收到。若暂时不考虑相关税费的因素,A 公司应编制如下会计分录:

(1) 将毁损固定资产转入固定资产清理:

借：固定资产清理　　　　　　　　　　　　　　　　120 000
　　累计折旧　　　　　　　　　　　　　　　　　　 80 000
　　　贷：固定资产　　　　　　　　　　　　　　　　　　200 000

(2) 毁损固定资产的残料入库时:

借：原材料　　　　　　　　　　　　　　　　　　　 80 000
　　　贷：固定资产清理　　　　　　　　　　　　　　　　 80 000

(3) 支付固定资产清理费用时:

借：固定资产清理　　　　　　　　　　　　　　　　 2 000
　　　贷：银行存款　　　　　　　　　　　　　　　　　　 2 000

(4) 确认应由保险公司赔偿的损失时:

借：其他应收款　　　　　　　　　　　　　　　　　 30 000
　　　贷：固定资产清理　　　　　　　　　　　　　　　　 30 000

(5) 结转毁损固定资产发生的净损益时:

毁损的固定资产发生的净损失＝200 000－80 000－80 000＋2 000－30 000
　　　　　　　　　　　　　＝12 000(元)

借：营业外支出　　　　　　　　　　　　　　　　　 12 000
　　　贷：固定资产清理　　　　　　　　　　　　　　　　 12 000

> **探究与发现**
>
> 固定资产处置的方式不同会产生不同的会计科目,请思考为什么要规定这样的区别以及对会计利润会造成什么影响。

三、固定资产清理

企业应定期或者至少于每年年末对固定资产进行全面的清查,以保证固定资产核算的真实性,充分挖掘企业现有固定资产的潜力。固定资产的清查采用实地盘点方式。在固定资产清查过程中,如果发现盘盈、盘亏的固定资产,应填制固定资产盘盈、盘亏报告表。清查发现固定资产的损溢,应及时查明原因,并根据企业的管理权限,经股东大会或董事会或经理(厂长)会议或类似机构批准后,在期末结账前处理完毕。

(一) 固定资产盘盈

企业在清查中盘盈的固定资产,应当作为前期差错处理。盘盈的固定资产,应按规定确定其入账价值：同类或类似固定资产存在活跃市场的，按同类或类似固定资产的市场价格，减去按该项资产的新旧程度估计的价值损耗后的余额，作为入账价值；同类或类似固定资产不存在活跃市场的，按该项固定资产的预计未来现金流量的现值，作为入账价值。企业应按确定的入账价值借记"固定资产"科目、贷记"以前年度损益调整"科目，同时进行相应的账务处理。

【例 5 - 19】2020 年 11 月，A 公司在财产清查过程中，发现一台未入账的打印机，该打印机在按同类或类似设备市场价格减去按该项资产的新旧程度估计的价值损耗处理后的余额为 16 000 元（假定与其计税基础不存在差异）。该企业适用的所得税税率为 25%，该企业按净利润的 10%计提法定盈余公积。A 公司应编制如下会计分录：

(1) 盘盈固定资产时：

借：固定资产　　　　　　　　　　　　　　　　　　　　　　　　16 000
　　贷：以前年度损益调整　　　　　　　　　　　　　　　　　　　16 000

(2) 计算应交纳的所得税时：

借：以前年度损益调整　　　　　　　　　　　　　　　　　　　　4 000
　　贷：应交税费——应交所得税　　　　　　　　　　　　　　　4 000

(3) 结转为留存收益时：

借：以前年度损益调整　　　　　　　　　　　　　　　　　　　　12 000
　　贷：盈余公积——法定盈余公积　　　　　　　　　　　　　　1 200
　　　　利润分配——未分配利润　　　　　　　　　　　　　　　10 800

(二) 固定资产的盘亏

对盘亏的固定资产，按其账面净额借记"待处理财产损溢——待处理固定资产损溢"科目，按已计提的累计折旧借记"累计折旧"科目，按已计提的减值准备借记"固定资产减值准备"科目；按固定资产原价贷记"固定资产"科目。盘亏的固定资产报经批准转销时，借记"营业外支出——盘亏损失"科目，贷记"待处理财产损溢——待处理固定资产损溢"科目。

【例 5 - 20】A 公司在 2020 年期末进行固定资产清查时，发现固定资产减少了一项，A 公司作固定资产盘亏处理。据记录，该固定资产账面原价为 25 000 元，已提折旧为 18 000 元。经批准，该盘亏设备作为营业外支出处理。A 公司该项业务应编制如下会计分录：

(1) 盘亏设备时：

借：待处理财产损溢——待处理固定资产损溢　　　　　　　　　7 000
　　累计折旧　　　　　　　　　　　　　　　　　　　　　　　18 000
　　贷：固定资产　　　　　　　　　　　　　　　　　　　　　25 000

(2) 经批准转销时：

借：营业外支出——盘亏损失　　　　　　　　　　　　　　　　7 000
　　贷：待处理财产损溢——待处理固定资产损溢　　　　　　　7 000

第五节 使用权资产

一、使用权资产的概念

使用权资产是指企业通过租赁取得的资产。租赁是指在一定期间,出租人将资产的使用权让与承租人用以获取对价的合同。

企业需识别合同是否为租赁合同。若合同中一方让渡了一项或多项资产的控制权用以换取对价,那么该合同为租赁合同或包含租赁合同。为确定合同中是否转移了一项或多项资产的控制权,企业应当评估合同中客户是否有权利获得在使用期间因使用已识别资产所产生的几乎全部经济利益,并且在使用期间主导该资产的使用。

二、使用权资产的确认和初始计量

根据我国《企业会计准则第21号——租赁》的规定,在租赁期开始日,承租人应当确认使用权资产和租赁负债,但按照规定进行简化处理的短期租赁和低价值资产租赁除外。

(一)使用权资产

使用权资产是指承租人可在租赁期内使用租赁资产的权利。使用权资产应当按成本进行初始计量。该成本包括:

(1)租赁负债的初始计量金额。

(2)在租赁期开始日或之前支付的租赁付款额,存在租赁激励的,应扣除已享受的租赁激励相关金额。

(3)承租人发生的初始直接费用。

(4)承租人为拆卸及移除租赁资产、复原租赁资产所在场地或将租赁资产恢复至租赁条款约定状态预计将发生的成本。

其中,初始直接费用是指为达成租赁所发生的增量成本。增量成本是指若企业不取得该租赁则不会发生的成本。

租赁期开始日是指出租人提供租赁资产使其可供承租人使用的起始日期。租期是指承租人有权使用租赁资产且不可撤销的期间。承租人有续租选择权,即有权选择续租该资产,且合理确定将行使该选择权的,租赁期还应当包含续租选择权涵盖的期间。

(二)租赁负债

租赁负债是指承租人尚未支付的租赁付款额。其中,租赁付款额是指承租人向出租人支付的与在租赁期内使用租赁资产的权利相关的款项,包括:

(1)固定付款额及实质固定付款额。其中,实质固定付款额是指在形式上可能包含变量但实质上无法避免的付款额。

(2)取决于指数或比率的可变租赁付款额。可变租赁付款额是指承租人为取得在租赁期内使用租赁资产的权利,向出租人支付的因租赁期开始日后的事实或情况发生变化而变动的款项。取决于指数或比率的可变租赁付款额包括与消费者价格指数挂钩的款项、与基准利率挂钩的款项和为反映市场租金费率变化而变动的款项等。

(3)购买选择权的行权价格,前提是承租人将合理确定将行使该选择权。

(4)行使终止租赁选择权将支付的款项,前提是租赁期将反映出承租人将行使终止选择权。

(5)根据承租人提供的担保余值预计应支付的款项。在租赁业务中,担保余值是指第三方向出租人提供担保,保证在租赁结束时租赁资产的价值至少为某指定的金额。未担保余值是指在租赁资产余值中,出租人无法保证能够实现或仅由与出租人有关的一方予以担保的部分。有时,租赁合同要求承租人或与其有关的第三方对租赁资产的余值进行担保,目的是让承租人谨慎地使用租赁资产,从而使出租人的风险降低。租赁资产余值是指在租赁开始日估计的租赁期满时租赁资产的公允价值。

根据规定,租赁负债应当按照租赁开始日尚未支付的租赁付款额的现值进行初始计量。在计算租赁付款额的现值时,承租人应当将租赁内含利率作为折现率。若承租人无法确定租赁内含折现率,则应将增量借款率作为计算现值的折现率。租赁内含利率是指使出租人的租赁收款额的现值与未担保余值的现值之和等于租赁资产公允价值与出租人初始直接费用之和的利率。承租人增量借款利率是指承租人在类似经济环境下为获得与使用权资产价值接近的资产,在类似期间以类似抵押条件借入资金须支付的利率。

(三)使用权资产的取得的会计处理

为核算使用权资产的业务,企业应设置"使用权资产"科目。该科目核算承租人持有的使用权资产的原价。该科目可按租赁资产的类别和项目进行明细核算。在租赁期开始日,承租人应当按成本借记该科目,按尚未支付的租赁付款额的现值贷记"租赁负债"科目;对于租赁期开始日之前支付租赁付款额的,贷记"预付账款"等科目;按发生的初始直接费用贷记"银行存款"等科目。按预计将发生的为拆卸及移除租赁资产、复原租赁资产所在场地或将租赁资产恢复至租赁条款约定状态等成本的现值,贷记"预计负债"科目。该科目期末借方余额反映承租人使用权资产的原价。

借:使用权资产
　　租赁负债——未确认融资费用
　贷:租赁负债——租赁付款额
　　　银行存款

使用权资产初始计量例题

三、使用权资产的后续计量

(一)使用权资产的折旧

根据我国《企业会计准则21号——租赁》的规定,在租赁期开始日之后,承租人应当按照成本模式对使用权资产进行后续计量,并且应对使用权资产计提折旧。对于折旧期间的确定参照固定资产折旧期间的相关规定,即承租人能够合理确定租赁期届满时取得租赁资产所有权的,应当在租赁资产剩余使用寿命内计提折旧。无法合理确定租赁期届满时能够取得租赁资产所有权的,应当在租赁期与租赁资产剩余使用寿命两者较短的期间计提折旧。

根据我国《〈企业会计准则第21号——租赁〉应用指南》的规定,使用权资产通常应自租赁期开始的当月计提折旧,当月计提有困难的,也可以选择自租赁期开始的下个月计提折旧。企业应当对同类的使用权资产采取相同的折旧政策,且折旧政策一旦选择,不得随意更换。

(二)使用权资产折旧的会计处理

为核算企业使用权资产的累计折旧企业应设置"使用权资产累计折旧"总账科目。承租人通常应当自租赁期开始日起按月计提使用权资产的折旧,借记"主营业务成本""制造费用""销售费用""管理费用""研发支出"等科目,贷记"使用权资产累计折旧"科目。企业当月计提确有困难的,也可选择从下个月起计提折旧,并需要在附注中予以披露。因租赁范围缩小、租赁期缩短或转租等原因减记或终止确认使用权资产时,承租人应同时结转相应的使用权资产累计折旧。该科目期末贷方余额反映企业使用权资产的累计折旧数额。

企业计提使用权资产折旧的分录为:

借:主营业务成本
　　制造费用
　　销售费用
　　研发支出
　　贷:使用权资产折旧

四、使用权资产的期末计量

承租人应当按照《企业会计准则第8号——资产减值》的相关规定,确定使用权资产是否发生减值,并对已识别的减值损失进行会计处理。

企业应设置"使用权资产减值准备"总账科目,用以核算使用权资产的减值准备。当使用权资产发生减值时,按减值的金额借计"资产减值损失"科目、贷记"使用权资产减值准备"科目。"使用权资产减值准备"科目贷方余额反映企业使用权资产的累计减值准备金额。因租赁范围缩小、租赁期缩短或转租等原因减记或终止确认使用权资产时,承租人应当同时结转相应的使用权资产累计减值准备。使用权资产减值准备一旦计提,不得转回。

承租人计提使用权资产减值准备时:

借:资产减值损失
　　贷:使用权资产减值准备

> **探究与发现**
>
> 使用权资产虽然属于固定资产的一部分,但其是因租赁准则的修改而产生的,请思考使用权资产科目的核算和原租赁准则下租赁资产科目的核算有什么区别。

本 章 小 结

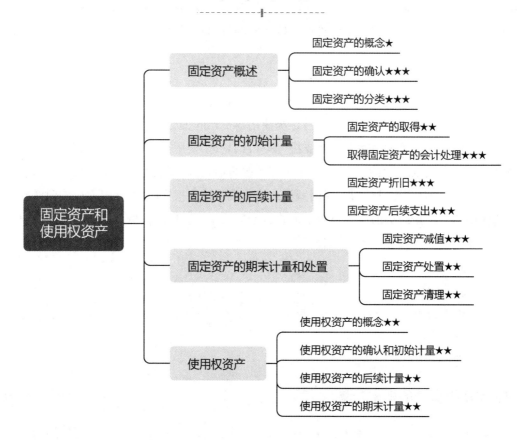

复习与思考题

名词解释

固定资产	未确认融资费用	固定资产折旧	固定资产减值
应计折旧额	预计净残值	年限平均法	工作量法
加速折旧法	年数总和法	双倍余额递减法	固定资产后续支出
固定资产清理	租赁负债	使用权资产	

简答题

1. 什么是固定资产?固定资产具有哪些主要特征?

2. 影响固定资产折旧的因素有哪些?

3. 固定资产计提折旧的方法有哪些? 在不同的固定资产折旧方法下企业应该如何进行会计处理?

4. 固定资产的处置方法主要有哪几种? 不同处置方法下的会计处理有什么不同?

5. 什么是使用权资产? 使用权资产的入账价值如何确定? 使用权资产如何计提减值准备?

综合题

习题 5-1

本章综合题
参考答案

A 公司为增值税一般纳税人,其动产适用的增值税税率均为 13%。2020 年 A 公司与固定资产相关的交易或事项资料如下:

(1) 2020 年 2 月 12 日,A 公司购入一台需要安装的机器设备,取得的增值税专用发票上注明的设备价款为 600 万元,增值税进项税额为 78 万元。设备安装时,领用本公司库存商品一批,成本为 200 万元,售价为 240 万元,应支付安装工人的工资为 10 万元。该项固定资产于当月月末达到预定可使用状态。

(2) 2020 年 7 月 31 日,A 公司认为已有的产品在未来的销售量会越来越大,但是已有生产线的生产能力却难以满足公司需求,A 公司决定对现有生产线进行改扩建。至 2020 年 10 月 30 日,该生产线改扩建完成,达到预定可使用状态,共计发生支出 1 000 万元,该生产线达到预定可使用状态之后,其生产能力大大提高,预计其使用寿命延长至 20 年。该生产线为 2016 年 7 月 31 日购入,原成本为 2 000 万元,使用寿命为 10 年。假定改扩建之后,A 公司对该生产线的折旧政策不变。

(3) 其他资料:A 公司对上述固定资产采用平均年限法计提折旧,预计净残值均为 0。假定不考虑与不动产相关的税费,不考虑其他因素。

要求:

1. 根据资料(1)计算该设备的入账价值,并编制与之相关的会计分录。

2. 根据资料(2)计算该生产线改扩建后的入账价值,并编制与之相关的会计分录。

3. 根据资料(3)计算该生产线 2020 年应计提的折旧金额。

(答案中金额单位用万元表示,计算结果不为整数的,保留两位小数)

习题 5-2

A 公司为一家上市公司,属于增值税一般纳税人。A 公司 2019 年至 2022 年与固定资产有关的业务资料如下:

(1) 2019 年 12 月 1 日,A 公司购入一条需要安装的生产线,取得的增值税专用发票上注明的生产线售价为 2 340 万元,增值税税额为 304.2 万元;发生保险费 5 万元,款项均以银行存款支付;没有发生其他相关税费。

(2) 2019 年 12 月 1 日,A 公司开始以自营方式安装该生产线。安装期间领用生产用原材料的实际成本为23.4万元,购入时确认的增值税进项税额为3.042万元。发生安装工人工资10万元,没有发生其他相关税费,该原材料未计提存货跌价准备。

(3) 2019年12月31日,该生产线达到预定可使用状态,当日投入使用。该生产线预计使用年限为6年,预计净残值为26.4万元,采用年限平均法计提折旧。

(4) 2020年12月31日,A公司在对该生产线进行检查时发现其已经发生减值。A公司预计该生产线在2021年至2024年每年产生的现金流量净额分别为200万元、300万元、400万元、600万元,预计2025年产生的现金流量净额以及该生产线使用寿命结束时处置形成的现金流量净额合计400万元;假定按照5%的折现率和相应期间的时间价值系数计算该生产线未来现金流量的现值。

已知部分时间价值系数如下:$(P/F,1,5\%)=0.9524$,$(P/F,2,5\%)=0.9070$,$(P/A,3,5\%)=0.8638$,$(P/F,4,5\%)=0.8227$,$(P/F,5,5\%)=0.7835$

该生产线的公允价值减去处置费用后的净额为1 564万元。

(5) 2021年1月1日,该生产线的预计尚可使用年限为5年,预计净残值为25.12万元,采用年限平均法计提折旧。

(6) 2021年6月30日,A公司采用出包方式对该生产线进行改良。当日,该生产线停止使用,开始进行改良。在改良过程中,A公司以银行存款支付工程总价款244.28万元。

(7) 2021年8月20日,改良工程完工验收合格并于当日投入使用,预计尚可使用年限为8年,预计净残值为20.4万元,采用年限平均法计提折旧。2021年12月31日,该生产线未发生减值。

(8) 2022年4月30日,A公司将该生产线出售,售价为2 000万元,增值税税额为260万元,收到款项存入银行。

假定不考虑其他相关税费。

要求:

1. 编制2019年12月1日购入该生产线的会计分录。

2. 编制2019年12月安装该生产线的会计分录。

3. 编制2019年12月31日该生产线达到预定可使用状态的会计分录。

4. 计算2020年度该生产线计提的折旧额。

5. 计算2020年12月31日该生产线的可收回金额。

6. 计算2020年12月31日该生产线应计提的固定资产减值准备金额,并编制相应的会计分录。

7. 计算2021年度该生产线改良前计提的折旧额。

8. 编制2021年6月30日该生产线转入改良时的会计分录。

9. 计算2021年8月20日改良工程达到预定可使用状态后该生产线的成本。

10. 计算2021年度该生产线改良后计提的折旧额。

11. 编制2022年出售该生产线的会计分录。

思考题

某企业 2013 年底发布公告称"拟从 2014 年 1 月 1 日起调整固定资产折旧年限,会计估计变更后,预计 2014 年公司将减少固定资产折旧 20 亿元,所有者权益及净利润增加 15 亿元"。

公告中给出的变更的表面原因是"对比同行业其他公司的固定资产折旧情况发现,公司目前执行的固定资产折旧速度明显偏快,折旧年限偏短"。固定资产折旧年限变更的根本原因是行业的极度不景气。

思考:

1. 什么是固定资产?固定资产具有哪些主要特征?

2. 影响固定资产折旧的因素有哪些?

3. 固定资产计提折旧的方法有哪些?在不同的固定资产折旧方法下企业应该如何进行会计处理?企业在什么情况下变更固定资产折旧方法是合理的?案例中企业的做法有何不妥之处?

拓 展 学 习

会计准则是会计工作的前提,是会计实践的行为规范,也是会计事务处理的模板。2017 年中国财政部发布相关公告,在利润表中增设了新的项目,其中"资产处置损益"科目是用来核算出售固定资产、在建工程、生产性生物资产及无形资产而产生的处置利得或损失的,而"营业外支出"科目用来核算债务重组损失、公益性捐赠支出、非常损失、盘亏损失、非流动资产毁损报废损失。

请思考这两个科目之间存在的区别,并思考在我国会计准则不断与国际会计准则接轨的过程中,我们应当如何看待我国会计准则修改对固定资产等非流动资产会计处理的影响。

第六章

无形资产

 本章教学目标

无形资产是指企业拥有或者控制的没有实物形态的可辨认的非货币性资产。通过本章的学习,学生应了解无形资产的分类、研究与开发阶段的区分、使用寿命的判断以及可收回金额的确定;理解无形资产研究与开发支出的确认和计量、使用寿命的确定和摊销的后续计量方法,以及无形资产取得、摊销、计提减值准备和报废的账务处理;掌握分期付款购入、自行开发无形资产以及出租、出售无形资产的账务处理。

 本章核心概念

无形资产;资本化;费用化

 导入

某可乐公司的一位高管说过,如果公司一夜之间被大火烧为灰烬,第二天各大银行也会主动上门给公司贷款,因为该可乐公司拥有的几百亿美元的无形资产依然存在,丝毫无损。该公司生产的品牌可乐百年畅销,稳坐世界饮料市场霸主的地位,就在于其拥有三项强大的无形资产:一是商标权;二是包装瓶外观设计专利权;三是该饮料的配方(技术秘密)。

问题:

(1) 什么是无形资产?其种类有哪些?

(2) 企业对无形资产应该如何进行会计核算?

带着这些问题,让我们进入本章的学习。

第一节 无形资产概述

一、无形资产的概念

无形资产是指企业拥有或者控制的没有实物形态的可辨认的非货币性资产。无形资产具有下列特征：

（1）不具有实物形态。无形资产往往是一种权利，由法律赋予或获得超额利润的能力，有价值而无形体存在，不能触摸，它不像固定资产、存货等有形资产具有实物形体。

（2）具有可辨认性。资产满足下列条件之一的，符合无形资产定义中的可辨认性标准：① 能够从企业中分离或者划分出来，并能单独或者与相关合同、资产或负债一起，用于出售、转移、授予许可、租赁或者交换。② 源自合同性权利或其他法定权利，无论这些权利是否可以从企业或其他权利和义务中转移或者分离。

商誉的存在无法与企业自身分离，不具有可辨认性，不属本章学习的内容。

（3）属于非货币性长期资产。无形资产属于非货币性资产，这使其与库存现金、银行存款和应收款项相区别；无形资产的使用年限在一年以上，能够在多个会计期间为企业带来经济利益。因此，其价值将在各个受益期间逐渐摊销。

二、无形资产的确认

一项无形资产，应当符合无形资产的定义并同时满足以下条件时才能予以确认：

1. 与该无形资产有关的经济利益很可能流入企业

资产最基本的特征是产生的经济利益预期很可能流入企业。对无形资产而言，如果某一无形资产产生的经济利益预期不能流入企业，就不能将其确认为企业的无形资产；反之，如果其产生的经济利益很可能流入企业，并同时满足无形资产确认的其他条件，则应当将其确认为无形资产。通常情况下，无形资产产生的未来经济利益可能包含在销售商品、提供劳务的收入当中，或者企业使用该项无形资产而降低或节约了成本，或者体现在企业获得的其他利益当中。例如，企业外购一项专利技术用于产品的生产，这项专利技术的使用可以提高产品的质量，从而提高售价或增加销量而增加企业的收入，为企业带来经济利益。

在实务工作中，要确定无形资产产生的经济利益是否很可能流入企业，应当对无形资产在预计使用寿命内可能存在的各种经济因素作出合理估计，并且应当有确凿证据支持。在进行这种判断时，需要考虑相关的因素，比如，企业是否有足够的人力、高素质的管理队伍、相关硬件设备等来配合无形资产为企业创造经济利益。最为重要的是应关注外界因素的影响，比如，是否存在相关的新技术、新产品冲击着与无形资产相关的技术或利用其生产的产品的市场等。

2. 该无形资产的成本能够可靠地计量

成本能够可靠地计量是资产确认的一项基本条件。对于无形资产而言，这个条件显得十分重要。比如，一些高科技领域的高科技人才与企业签订了服务合同，且合同规定其在一定期限内不能为其他企业提供服务，在这种情况下，虽然这些高科技人才的知识在规定的期限内预期能够为企业创造经济利益，但由于他们所掌握的知识难以准确或合理辨认，加之为形成这些知识所发生的支出难以计量，因此不能作为企业的无形资产加以确认。

三、无形资产的分类

（一）按经济内容分类

按经济内容分类，无形资产可分为专利权、非专利技术、商标权、著作权、土地使用权、特许经营权等。

专利权的特征与确认

1. 专利权

专利权是指国家专利主管机关依法授予发明创造专利申请人对其发明创造在法定期限内所享有的专有权利，包括发明专利权、实用新型专利权和外观设计专利权。它给予持有者独家使用或控制某项发明的特殊权利。《中华人民共和国专利法》明确规定，专利人拥有的专利权受到国家法律保护。

2. 非专利技术

非专利技术即专有技术或技术秘密、技术诀窍，是指先进的、未公开的、未申请专利、可以带来经济效益的技术及诀窍。

3. 商标权

商标是用来辨认特定的商品或劳务的标记。商标权是指专门在某类指定的商品或产品上使用特定的名称或图案的权利。商标经过注册登记，就获得了法律上的保护。《中华人民共和国商标法》明确规定，经商标局核准注册的商标为注册商标，商标注册人享有商标专用权，受法律的保护。

4. 著作权

著作权又称版权，是指制作者对其创作的文学、科学和艺术作品依法享有的某种特殊权利。著作权包括两方面的权利，即精神权利（人身权利）和经济权利（财产权利）。

5. 土地使用权

土地使用权是指国家准许某一企业或单位在一定期间对国有土地享有的开发、利用、经营的权利。企业取得的土地使用权通常应确认为无形资产，但属于投资性房地产或者作为固定资产核算的土地使用权，应当按投资性房地产或固定资产的核算原则进行会计处理。

6. 特许权

特许权又称经营特许权、专营权，指企业在某一地区经营或销售某种特定商品的权利或一家企业接受另一家企业使用其商标、商号、技术秘密等的权利。前者一般是指政府机关授权、准许企业使用或在一定地区享有的经营某种业务的特权，如水、电、邮电通信等专营权、烟草专卖权等；后者指企业间依照签订的合同，有限期或无限期使用另一家企业的某些权利，如连锁店分店使用总店的名称等。

（二）按使用寿命分类

按使用寿命分类，无形资产可分为使用寿命有限的无形资产和使用寿命不确定的无形资产。

1. 使用寿命有限的无形资产

使用寿命有限的无形资产是指可以使用的时间受到法规或合同限定的无形资产,如专利权、商标权、著作权、土地使用权等。使用寿命有限的无形资产,其成本应当在预计受益期内摊销。

2. 使用寿命不确定的无形资产

使用寿命不确定的无形资产是指可以使用的时间不受法规或合同限定的无形资产,如非专利技术。这类无形资产的使用寿命取决于技术进步的快慢、技术保密的好坏等因素。当新的可替代技术出现时,旧的非专利技术自然贬值甚至无价值可言。

(三)按取得渠道分类

按取得渠道分类,无形资产可分为外来无形资产、自行研究开发无形资产等。

1. 外来无形资产

外来无形资产是指企业从外单位购入、接受投资者投入等渠道取得的无形资产。外来无形资产应当按照取得成本或评估价值计价入账。

2. 自行研究开发无形资产

自行研究开发无形资产也称内部研究开发无形资产,是指企业通过自行研究和开发取得的无形资产。自行研究开发的无形资产,其成本应当在具体分析支出内容的基础上进行确认。

> **探究与发现**
>
> 无形资产是资产中较为特殊的部分,随着电商时代的到来,无形资产的种类越来越多,请思考商誉为什么不属于无形资产。

第二节 无形资产的初始计量

无形资产应当按照成本进行初始计量。企业取得无形资产的方式主要有购入、自行研究开发、投资者投入等,取得的方式不同,其成本构成和会计处理也有所不同。

企业取得无形资产,应在"无形资产"科目进行核算。"无形资产"科目核算企业持有的无形资产成本,借方登记取得无形资产的成本,贷方登记出售无形资产等转出的无形资产成本,期末借方余额反映企业无形资产的成本。本科目应按无形资产项目设置明细科目,进行明细核算。

一、购入的无形资产

(一)外购的无形资产

外购无形资产的成本,包括购买价款、相关税费以及直接归属于使该项资产达到预定用途所发生的其他支出。其中,直接归属于使该项资产达到预定用途所发生的其他支出,是指无形资产达到预定用途所发生的专业服务费用以及测试该无形资产是否能够发挥作用的费用等。外购的无形资产,按应计入无形资产成本的金额,借记"无形资产"科目,贷记"银行存款"等科目。

【例6-1】A公司为增值税一般纳税人,购入一项商标权,取得的增值税专用发票上注明的价款为2 500 000元,税率13%,增值税税额为325 000元,上述款项以银行存款支付。A公司的账务处理为:

借:无形资产——商标权　　　　　　　　　　　　　　　　2 500 000
　　应交税费——应交增值税(进项税额)　　　　　　　　　　325 000
　　贷:银行存款　　　　　　　　　　　　　　　　　　　　2 825 000

企业取得的土地使用权,通常应当按照取得时所支付的价款及相关税费确认为无形资产。土地使用权用于自行开发建造厂房等地上建筑物时,土地使用权的账面价值不与地上建筑物合并计算其成本,仍作为无形资产进行核算。但是,如果房地产开发企业取得的土地使用权是用于建造对外出售的房屋建筑物的,其相关的土地使用权的价值应当计入所建造的房屋建筑物成本。

企业外购房屋建筑物所支付的价款中包括土地使用权以及建筑物的价值的,则应当对实际支付的价款按照合理的方法(如公允价值相对比例)在土地使用权和地上建筑物之间进行分配;如果确实无法在土地使用权和地上建筑物之间进行合理分配,应当全部作为固定资产,按照固定资产确认和计量的原则进行处理。

企业改变土地使用权的用途,停止自用土地使用权而用于赚取租金或资本增值时,应将其账面价值转为投资性房地产。

(二)分期付款购买的无形资产

购买无形资产的价款超过正常信用条件延期支付时,其实质上具有融资性质的,无形资产的成本以购买价款的现值为基础确定。实际支付的价款与购买价款的现值之间的差额,除按照借款费用的有关规定予以资本化外,应当在信用期间采用实际利率法进行摊销,计入当期损益。即应按所购无形资产购买价款的现值借记"无形资产"科目,按应支付的金额贷记"长期应付款"科目,按其差额借记"未确认融资费用"科目。

【例6-2】A公司于2020年1月1日从B公司购入一项非专利技术。由于A公司资金紧张,经与B公司协商采用分期付款方式支付购买价款,并协商于每年年末支付价款20 000元,共3年付清全部购买价款。A公司购买该项非专利技术时,银行同期贷款利率为9%。A公司采用该银行同期贷款利率作为折现率来计算购入的非专利技术的价值。A公司计算该项非专利技术的价值以及未确认融资费用如下:

购入的商标权的价值 = $20\ 000 \times (P/A, 9\%, 3) = 20\ 000 \times 2.531\ 3 = 50\ 626$(元)

未确认融资费用 = $3 \times 20\ 000 - 50\ 626 = 9\ 374$(元)

性。开发无形资产并使其形成成果在技术上的可靠性,是继续开发活动的关键。因此,必须有确凿证据证明企业继续开发该项无形资产有足够的技术支持、技术能力以及财务和其他资源支持。财务和其他资源支持是能够完成相关无形资产开发的经济基础。因此,企业必须能够证明可以取得无形资产开发所必需的财务和其他资源以及获得这些资源的相关计划;如企业自有资金不足以提供支持的,应当能够证明存在外部其他方面的资金支持,如银行等金融机构声明愿意为该无形资产的开发提供所需资金等。

(5)归属于该无形资产开发阶段的支出能够可靠地计量。企业在开发活动中所发生的支出应当单独核算,如直接发生的开发人员工资、材料费以及相关设备折旧费等。在企业同时从事多项开发活动的情况下,所发生的支出同时用于支持多项开发活动的,应按照合理的标准在各项开发活动之间进行分配;无法合理分配的,应予以费用化计入当期损益,不计入开发活动的成本。

无法区分研究阶段和开发阶段的支出,应当在发生时作为管理费用,全部计入当期损益。

(三)自行研究开发无形资产成本的计量

企业自行研究开发形成的无形资产的成本,由可直接归属于该资产的创造、生产并使该资产能够以管理层预定的方式运作的所有必要支出组成。可直接归属成本包括开发该无形资产时所耗费的材料、劳务成本、注册费,在开发该无形资产过程中使用的其他专利权和特许权的摊销,以及按照借款费用的处理原则可以资本化的利息支出。在开发无形资产过程中发生的除上述可直接归属于无形资产开发活动之外的其他销售费用、管理费用等间接费用,无形资产达到预定用途前发生的可辨认的无效和初始运作损失,为运行该无形资产发生的培训支出等不构成无形资产的开发成本。

需要说明的是,自行研究开发无形资产的成本仅包括在满足资本化条件的时点至该无形资产达到预定用途前发生的支出总和,对于同一项无形资产在开发过程中达到资本化条件之前已经费用化计入当期损益的支出不再进行调整。

(四)自行研究开发无形资产的会计处理

企业自行研究开发无形资产所发生的研发支出,无论是否满足资本化条件,均应先在"研发支出"科目中归集。"研发支出"科目核算企业在研究与开发无形资产过程中发生的各项支出,借方登记企业自行开发无形资产发生的研发支出,贷方登记研究开发项目达到预定用途形成无形资产后转入无形资产的研发支出以及期末转入当期损益的研发支出,期末借方余额反映企业正在进行的研究开发项目中满足资本化条件的支出。

企业内部研究开发项目所发生的支出应区分研究阶段支出和开发阶段支出。企业自行开发无形资产发生的研发支出,不满足资本化条件的,借记"研发支出——费用化支出"科目;满足资本化条件的,借记"研发支出——资本化支出"科目,贷记"原材料""银行存款""应付职工薪酬"等科目。研究开发项目达到预定用途形成无形资产的,应按"研发支出——资本化支出"科目的余额,借记"无形资产"科目,贷记"研发支出——资本化支出"

科目。期(月)末,应将"研发支出——费用化支出"科目归集的金额转入"管理费用"科目,借记"管理费用"科目,贷记"研发支出——费用化支出"科目。

【例6-3】2019年1月1日,A公司的董事会批准研发某项非专利技术,该公司董事会认为,研发该项目具有可靠的技术和财务等资源的支持,并且一旦研发成功将降低该公司产品的生产成本。2020年1月31日,该项新型技术研发成功并已经达到预定用途。研发过程中所发生的直接相关的必要支出情况如下:

2019年度发生材料费用8 000 000元,人工费用4 500 000元,计提专用设备折旧5 500 000元,以银行存款支付其他费用2 000 000元,总计20 000 000元,其中,符合资本化条件的支出为9 500 000元。

2020年1月31日前,发生材料费用500 000元,人工费用120 000元,计提专用设备折旧120 000元,其他费用10 000元,总计750 000元,全部符合资本化条件。

A公司的账务处理为:

(1) 2019年度发生研发支出:

借:研发支出——费用化支出　　　　　　　　　　　　　　10 500 000
　　　　　　——资本化支出　　　　　　　　　　　　　　　9 500 000
　　贷:原材料　　　　　　　　　　　　　　　　　　　　　8 000 000
　　　　应付职工薪酬　　　　　　　　　　　　　　　　　　4 500 000
　　　　累计折旧　　　　　　　　　　　　　　　　　　　　5 500 000
　　　　银行存款　　　　　　　　　　　　　　　　　　　　2 000 000

(2) 2019年12月31日,将不符合资本化条件的研发支出转入管理费用:

借:管理费用——研究费用　　　　　　　　　　　　　　　10 500 000
　　贷:研发支出——费用化支出　　　　　　　　　　　　　10 500 000

(3) 2020年1月发生研发支出:

借:研发支出——资本化支出　　　　　　　　　　　　　　750 000
　　贷:原材料　　　　　　　　　　　　　　　　　　　　　500 000
　　　　应付职工薪酬　　　　　　　　　　　　　　　　　　120 000
　　　　累计折旧　　　　　　　　　　　　　　　　　　　　120 000
　　　　银行存款　　　　　　　　　　　　　　　　　　　　10 000

(4) 2020年1月31日,该项新型技术已经达到预定用途:

借:无形资产　　　　　　　　　　　　　　　　　　　　　10 250 000
　　贷:研发支出——资本化支出　　　　　　　　　　　　　10 250 000

三、投资者投入的无形资产

投资者投入的无形资产的成本,应当按照投资合同或协议约定的价值确定,但合同或协议约定价值不公允的除外。

【例6-4】A公司于2020年接受B公司专利技术的投资,双方协议约定,该专利技术的价值为500 000元,为该专利技术的公允价值。A公司将取得的专利技术全部作为实收资本入账。若暂时不考虑相关税费的因素,A公司应当编制如下会计分录:

借:无形资产——专利技术　　　　　　　　　　　　　　　500 000
　　贷:实收资本　　　　　　　　　　　　　　　　　　　　500 000

四、其他方式取得的无形资产

非货币性资产交换、债务重组和政府补助取得的无形资产的成本,应当分别按照相关会计准则规定处理。

> **探究与发现**
>
> 近年来,企业创新能力受到市场的重视,自行研发的无形资产在市场上占了很大一部分比例,请认真学习费用化和资本化支出的界限,思考这两者应该如何区分。

第三节　无形资产的后续计量

一、无形资产使用寿命的判断

企业应当于取得无形资产时分析判断其使用寿命。无形资产的使用寿命有限的,应当估计该使用寿命的年限或者构成使用寿命的产量等类似计量单位数量;无法预见无形资产为企业带来经济利益期限的,应当将其视为使用寿命不确定的无形资产。

估计无形资产使用寿命应当考虑的相关因素包括:① 该资产通常的产品寿命周期、可获得的类似资产使用寿命的信息;② 技术、工艺等方面的现实情况及对未来发展的估计;③ 以该资产生产的产品或服务的市场需求情况;④ 现在或潜在的竞争者预期采取的行动;⑤ 为维持该资产产生未来经济利益的能力预期的维护支出,以及企业预计支付有关支出的能力;⑥ 对该资产的控制期限、法律或类似限制,如特许使用期间、租赁期间等;⑦ 与企业持有的其他资产使用寿命的关联性等。

二、无形资产的摊销方法

使用寿命有限的无形资产,应在其预计的使用寿命内采用系统合理的方法对应摊销金额进行摊销。应摊销金额,是指无形资产的成本扣除残值后的金额。已计提减值准备的无形资产,还应扣除已计提的无形资产减值准备累计金额。

（一）无形资产摊销期和摊销方法的确定

无形资产的摊销期自其可供使用(即其达到预定用途)时起至终止确认时止。在无形资产的使用寿命内系统地分摊其应摊销金额,存在多种方法。这些方法包括直线法、生产总量法等。企业所选择的无形资产摊销方法,应当能够反映与该项无形资产有关的经济利益的预期实现方式,并一致地运用于不同会计期间;无法可靠确定其预期实现方式的,应当采用直线法进行摊销。

（二）无形资产残值的确定

除下列情况外,使用寿命有限的无形资产,其残值应当视为零:

(1) 有第三方承诺在无形资产使用寿命结束时购买该无形资产;

(2) 可以根据活跃市场得到预计残值信息,并且该市场在无形资产使用寿命结束时可能存在。

无形资产的残值意味着在其经济寿命结束之前,企业预计将会处置该无形资产,并且从该处置中获得利益。估计无形资产的残值应以资产处置时的可收回金额为基础,此时的可收回金额是指在预计出售日,出售一项使用寿命已满且处于类似使用状况下同类无形资产预计的处置价格（扣除相关税费）。残值确定以后,在持有无形资产的期间,至少应于每年年末进行复核,预计其残值与原估计金额不同的,应按照会计估计变更进行处理。如果无形资产的残值重新估计以后高于其账面价值,则无形资产不再摊销。

（三）无形资产摊销的会计处理

使用寿命有限的无形资产应当在使用寿命内采用合理的摊销方法进行摊销。无形资产的摊销金额一般应当计入当期损益,但如果某项无形资产是专门用于生产某种产品或者其他资产,其所包含的经济利益是通过转入所生产的产品或其他资产中实现的,则无形资产的摊销金额应当计入相关资产的成本。例如,某项专门用于生产过程中的无形资产,其摊销金额应构成所生产产品成本的一部分,计入该产品的制造费用。

企业摊销无形资产,应设置"累计摊销"科目,核算企业对使用寿命有限的无形资产计提的累计摊销。该科目属于"无形资产"的调整科目,贷方登记企业计提的无形资产摊销,借方登记处置无形资产转出的累计摊销额,期末贷方余额反映企业无形资产的累计摊销额。

【例6-5】2020年1月1日,A公司从外单位购得一项新专利技术用于产品生产,支付价款1 000 000元,增值税税率13%,款项已用银行存款支付。该项专利技术法律保护期限为7年,公司预计运用该专利生产的产品在未来5年内会为公司带来经济利益。假定该项无形资产的净残值为0,并按年采用直线法摊销。A公司应当编制如下会计分录:

(1) 取得无形资产时:

借:无形资产——专利权　　　　　　　　　　　　　　　　1 000 000
　　应交税费——应交增值税(进项税额)　　　　　　　　　 130 000
　　贷:银行存款　　　　　　　　　　　　　　　　　　　1 130 000

(2) 以后年度摊销时:

借:制造费用——专利权摊销　　　　　　　　　　　　　　 200 000
　　贷:累计摊销　　　　　　　　　　　　　　　　　　　　200 000

企业至少应当于每年年度终了对无形资产的使用寿命及摊销方法进行复核,如果有证据表明无形资产的使用寿命及摊销方法不同于以前的估计,则对于使用寿命有限的无形资产,应改变其摊销年限及摊销方法,并按照会计估计变更进行处理。对于使用寿命不确定的无形资产,如果有证据表明无形资产的使用寿命是有限的,应当估计其使用寿命,作为会计估计变更,按使用寿命有限的无形资产的有关规定处理。

> **探究与发现**
> 无形资产的后续计量方式与固定资产较为相似,请认真学习并比较两者的异同。

第四节 无形资产的期末计量和处置

一、无形资产的期末计量

企业在资产负债表日应当判断无形资产是否存在可能发生减值的迹象。如果无形资产存在减值迹象,应该进行减值测试,估计无形资产的可收回金额,若可收回金额低于账面价值的金额,计提相应的无形资产减值准备。其减值测试的方法比照判断固定资产减值的原则进行。

企业应当设置"资产减值损失"科目和"无形资产减值准备"科目核算计提的无形资产减值损失。计提无形资产减值损失时,企业应按无形资产账面价值超过其可收回金额的部分借记"资产减值损失——无形资产减值损失"科目,贷记"无形资产减值准备"科目。

【例6-6】2020年12月31日,市场上某项新技术生产的产品销售势头较好,已对A公司产品的销售产生重大不利影响。A公司外购B公司的类似专利技术的账面价值为750 000元,剩余摊销年限为5年,经减值测试,该专利技术的可收回金额为600 000元。由于B公司该专利技术在资产负债表日的账面价值为750 000元,可收回金额为750 000元,可收回金额低于账面价值,应按其差额150 000(750 000—600 000)元计提减值准备。B公司的账务处理如下:

借:资产减值损失——无形资产减值准备　　　　　　　　　　　150 000
　　贷:无形资产减值准备　　　　　　　　　　　　　　　　　　150 000

无形资产减值损失一经确认,在以后会计期间不得转回。计提无形资产减值损失后,无形资产的摊销费用应当在未来期间作相应调整,以使该无形资产在剩余使用寿命内,系统地分摊调整后的账面价值。

二、无形资产的出租

企业将拥有的无形资产出租给他人使用,表明企业让渡无形资产的使用权。企业出租无形资产的业务属于企业的其他业务活动,收取的租金应当计入其他业务收入,摊销的无形资产成本应当计入其他业务成本。相应的会计处理为:取得无形资产租金收入时,借记"银行存款"等科目,贷记"其他业务收入"科目;摊销无形资产成本时,借记"其他业务成本"科目,贷记"累计摊销"科目;计算应缴纳的增值税时,借记"银行存款"科目,贷记"应交税费"科目。

【例6-7】2020年1月1日,A公司将某商标权出租给B公司使用,租期为8年,每年收取租金200 000元,A公司为一般纳税人,应缴纳的增值税为26 000元。在出租期间A公司不再使用该商标。该商标权系A公司2019年购入,初始入账价值为2 500 000元,预计使用年限为20年,采用直线法摊销。假定按年摊销商标权,且不考虑增值税以外的其他相关税费。A公司应当编制如下会计分录:

(1) 每年取得租金:

借:银行存款　　　　　　　　　　　　　　　　　　　　　226 000
　　贷:其他业务收入——出租商标权　　　　　　　　　　　200 000
　　　　应交税费——应交增值税(销项税额)　　　　　　　　26 000

(2) 按年对该商标权进行摊销:

借:其他业务成本——商标权摊销　　　　　　　　　　　　125 000
　　贷:累计摊销　　　　　　　　　　　　　　　　　　　　125 000

三、无形资产的处置

(一) 无形资产的出售

企业出售无形资产,应当将取得的价款与该无形资产账面价值的差额计入当期损益。出售无形资产时,应按实际收到的金额借记"银行存款"等科目,按已计提的累计摊销借记"累计摊销"科目,已计提减值准备的,借记"无形资产减值准备"科目,按应支付的相关税费,贷记"应交税费""无形资产"等科目,按其差额借记或贷记"资产处置损益"科目。

【例6-8】A公司打算将其购买的一项商标权转让给B公司,该商标权的成本为700 000元,已经摊销300 000元,应交税费78 000元,实际取得的转让价款为600 000元,款项已存入银行。A公司应当编制如下会计分录:

借:银行存款　　　　　　　　　　　　　　　　　　　　　600 000
　　累计摊销　　　　　　　　　　　　　　　　　　　　　300 000
　　贷:无形资产　　　　　　　　　　　　　　　　　　　　700 000
　　　　应交税费——应交增值税(销项税额)　　　　　　　　36 000
　　　　资产处置损益　　　　　　　　　　　　　　　　　　164 000

(二) 无形资产的报废

如果无形资产预期不能为企业带来经济利益,比如该无形资产已被其他新技术所替代,则应将其报废并予以转销,其账面价值转作当期损益。转销时,按已计提的累计摊销借记"累计摊销"科目,已计提减值准备的,借记"无形资产减值准备"科目,按其账面余额贷记"无形资产"科目,按其差额借记"营业外支出"科目。

【例6-9】 A公司原拥有一项非专利技术,采用直线法进行摊销,预计使用期限为15年。现该项非专利技术生产的产品已没有市场,预期不能再为企业带来任何经济利益,故应当予以转销。转销时,该项非专利技术的成本为10 500 000元,已经摊销5年,累计减值准备为2 500 000元,该项非专利技术的残值为0,假定不考虑其他相关因素。A公司应当编制如下会计分录:

借:累计摊销　　　　　　　　　　　　　　　　　　　　　　　3 500 000
　　无形资产减值准备——非专利技术　　　　　　　　　　　　2 500 000
　　营业外支出　　　　　　　　　　　　　　　　　　　　　　4 500 000
　　贷:无形资产　　　　　　　　　　　　　　　　　　　　　　　　10 500 000

> **探究与发现**
>
> 通过上述学习,你是否对"导入"所提出的问题进行了相关思考,并能够回答所提出的问题?

本 章 小 结

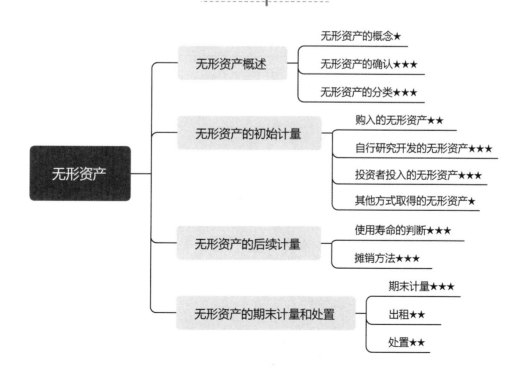

复习与思考题

名词解释

无形资产　　　　专利权　　　　　非专利技术　　　　商标权
著作权　　　　　土地使用权　　　特许权　　　　　　研究阶段
开发阶段　　　　无形资产减值准备

简答题

1. 无形资产可以按照哪些内容进行分类？按经济内容，无形资产可以分为哪些种类？
2. 无形资产的取得方式有哪些？自行研究开发的无形资产的成本应当如何计量？
3. 对于使用寿命有限和使用寿命不确定的无形资产在取得后的会计核算方法有什么区别？

本章综合题参考答案

综合题

习题 6-1

A 公司有关无形资产业务如下：

(1) 2017 年 1 月 1 日购入一项管理用无形资产，支付价款 3 600 万元。该无形资产有效使用年限为 8 年，A 公司估计其使用年限为 6 年，采用直线法摊销，无残值。

(2) 2018 年 12 月 31 日，由于与该无形资产相关的经济因素发生不利变化，致使其发生减值，A 公司估计可收回金额为 1 500 万元。计提减值准备后原预计使用年限、残值和摊销方法不变。

(3) 2020 年 12 月 31 日，由于与该无形资产相关的经济因素继续发生不利变化，致使其继续发生减值，A 公司估计可收回金额为 600 万元。计提减值准备后原预计使用年限、残值和摊销方法不变。

(4) 假定不考虑增值税及其他税费，该公司按年对无形资产进行摊销。

要求：

1. 计算 2017 年无形资产的摊销金额，并编制相关会计分录。
2. 计算 2018 年 12 月 31 日计提无形资产减值准备的金额，并编制相关会计分录。
3. 计提 2019 年无形资产的摊销金额，并编制相关分录。
4. 计算 2020 年 12 月 31 日计提无形资产减值准备的金额，并编制相关会计分录。

习题 6-2

2020 年 1 月 1 日，A 公司购入一块土地的使用权，以银行存款转账支付 8 000 万元，并在该土地上自行建造厂房等工程，领用工程物资支出 10 000 万元，工资费用 6 000 万元,用银行存款支付其他相关费用 4 000 万元。该工程于 2020 年 12 月 31 日完工并达到预定可使用状态。假定土地使用权的使用年限为 50 年,无净残值,采用直线法进行摊销,不考虑增值税及其他税费。

要求：
1. 计算取得无形资产的成本,并编制相关会计分录。
2. 编制自建厂房的会计分录。

思考题

在 2015 年以前,A 公司是一家传统的焦炭企业。2015 年,A 公司收购了 7 家公司,发展动漫游戏业务,共耗资 10.16 亿元,其中对 4 家公司的收购均溢价 10 倍以上,其主要原因是这些公司的动漫 IP(Intellectual Property)存在着巨大的市场,即其手中的无形资产溢价很高,A 公司在收购时对各子公司的无形资产估值都增值至少 10 倍。在取得这些无形资产以后,后续的减值也随之发生相应变化。

思考：
1. 无形资产的取得方式有哪些？不同方式取得的无形资产的成本应当如何计量？
2. 无形资产发生减值应当如何进行会计处理？

拓 展 学 习

随着社会信息化的发展,各种新兴科学技术和专利不断涌现,无形资产的核算范围不断增大,对无形资产的估值也面临重大挑战。2016 年以来企业合并不断,随之出现了商誉减值,究其原因,是由于在估值时无形资产的溢价过高。这反映出以下问题：无形资产的估值定价应当如何来准确估计衡量？自行构建的无形资产与购入的无形资产的价值该如何确定？在企业并购环节中各项无形资产应当根据账面价值还是市场未来估值进行确认？

第七章

投资性房地产

 本章教学目标

投资性房地产是指为赚取租金或资本增值,或两者兼有而持有的房地产。通过本章的学习,学生应了解投资性房地产的范围和确认;熟悉投资性房地产的概念、成本模式与公允价值模式;掌握投资性房地产后续计量以及投资性房地产转换核算。

 本章核心概念

投资性房地产;成本模式;公允价值模式

 导入

A公司原拥有一幢自用办公楼,近几年公司高速发展,另行建造了一栋现代化办公楼。所有办公人员都转移到新的办公楼办公,导致原办公楼闲置。公司管理层为了优化资产使用效率,经董事会决议,决定把原办公楼对外出租。经公开招标,最终与B公司签订了经营租赁协议,把原办公楼出租给B公司。

问题:

(1) A公司原办公楼在经营出租后还应当作为"固定资产"核算吗?

(2) 如果将原办公楼作为投资性房地产核算,应当采用成本模式还是公允价值模式计量?

(3) 假定初始按成本模式计量,后来符合特定条件转为按公允价值模式计量,应当怎样核算?

(4) 若经营租赁期满,A公司将原办公楼转卖给B公司,应当如何核算? 若A公司将其收回重新作为自用办公楼,又应当如何核算?

带着这些问题,让我们进入本章的学习。

第一节 投资性房地产概述

一、投资性房地产的概念

投资性房地产是指为赚取租金或资本增值,或两者兼有而持有的房地产,包括已出租的土地使用权、持有并准备增值后转让的土地使用权和已出租的建筑物。

投资性房地产在用途、状态、目的等方面区别于作为生产经营场所的房地产（固定资产和无形资产）和用于销售的房地产（存货）。投资性房地产业务属于企业日常经营活动。投资性房地产的主要形式是出租建筑物、出租土地使用权，这实际上属于一种让渡资产使用权的行为，租金就是让渡资产使用权取得的使用费收入，是企业为完成其经营目标所从事的经营性活动以及与之相关的其他活动形成的经济利益总流入。持有并准备增值后转让的土地使用权，尽管其增值收益通常与市场供求、经济发展等因素相关，但目的是增值后转让以赚取增值收益，也是企业为完成其经营目标所从事的经营性活动以及与之相关活动形成的经济利益总流入。

二、投资性房地产的确认

某项房地产被确认为投资性房地产，其应当符合投资性房地产的定义，并同时满足投资性房地产的两个确认条件：与该项房地产相关的经济利益很可能流入企业；该项房地产的成本能够可靠地计量。

三、投资性房地产的分类

投资性房地产可以分为以下三类：

（一）已出租的土地使用权

已出租的土地使用权，是指企业通过出让或转让方式取得并以经营租赁方式出租的土地使用权。企业计划出租但尚未出租的土地使用权不属于此类。以经营租赁方式租入土地使用再转租给其他单位的，不能确认为投资性房地产。

（二）持有并准备增值后转让的土地使用权

持有并准备增值后转让的土地使用权，是指企业通过出让或转让方式取得并准备增值后转让的土地使用权。按照国家相关规定认定的闲置土地，不属于持有并准备增值后转让的土地使用权。

（三）已出租的建筑物

已出租的建筑物，是指企业拥有产权并以经营租赁方式出租的房屋等建筑物，主要包括自行建造或开发活动完成后用于出租的建筑物以及正在建造或开发的将来用于出租的建筑物。一般应自租赁协议规定的租赁期开始日起，经营出租的建筑物才属于已出租的建筑物。对于企业持有以备经营出租的空置建筑物，如董事会或类似机构作出书面决议，明确表示将其用于经营出租且持有意图短期内不再发生改变，即使尚未签订租赁协议，也应视为投资性房地产。

以下情况不属于投资性房地产的项目：

（1）自用房地产，即为生产商品、提供劳务或者经营管理而持有的房地产。企业出租给本企业职工居住的宿舍，即使按照市场价格收取租金，也不属于投资性房地产。这部分房产间接为企业自身的生产经营服务,具有自用房地产性质。

(2) 作为存货的房地产,是指房地产开发企业销售的或为销售而正在开发的商品房和土地。这部分房地产属于开发企业的存货。

> **探究与发现**
>
> 通过上述学习,你是否对投资性房地产的概念有了清晰的认识?试从现实中举几个投资性房地产的例子,并思考现今越来越多的企业持有投资性房地产的原因是什么。

第二节 投资性房地产的初始计量

企业取得投资性房地产的方式主要为外购、自行建造等,取得的方式不同,其成本构成和会计处理也有所不同。企业取得投资性房地产,应在"投资性房地产"科目进行核算。"投资性房地产"科目借方登记取得投资性房地产的成本,贷方登记出售投资性房地产等转出的投资性房地产成本,期末借方余额反映企业投资性房地产的成本。本科目应按投资性房地产项目设置明细科目,进行明细核算。

一、外购投资性房地产

外购投资性房地产的成本,包括购买价款、相关税费和直接归属于该资产的其他支出。对于企业外购的房地产,只有在购入房地产的同时开始对外出租或用于资本增值,才能称之为外购的投资性房地产。企业外购取得的投资性房地产,按应计入投资性房地产成本的金额借记"投资性房地产"科目,贷记"银行存款"等科目。

【例7-1】A公司2020年3月11日考虑到房地产价格增值潜力较大,决定将闲置的5 000万元现金用于购置房地产,并对外出租。公司在购置房地产过程中支付相关税费650万元。A公司应当编制如下会计分录:

采用成本模式计量:

借:投资性房地产　　　　　　　　　　　　　　　　　56 500 000
　　贷:银行存款　　　　　　　　　　　　　　　　　　56 500 000

采用公允价值模式计量:

借:投资性房地产——成本　　　　　　　　　　　　　56 500 000
　　贷:银行存款　　　　　　　　　　　　　　　　　　56 500 000

二、自行建造投资性房地产

自行建造投资性房地产的成本,由建造该项资产达到预定可使用状态前所发生的必要支出构成,包括土地开发费、建筑成本、安装成本、应予以资本化的借款费用、支付的其他费用和分摊的间接费用等。建造过程中发生的非正常损失,直接计入当期损益,不计入建造成本。

【例7-2】 A公司2020年1月1日开始自行建造一幢商务办公楼,用于对外出租,工期为1年,于2020年12月31日完工。工程期间发生人工费用800万元,投入工程物资4 000万元,假设不考虑相关税费。开工时,所占用地皮的账面价值为5 000万元,工程期间土地的摊销金额为1 000万元,在"无形资产"科目核算。A公司应当编制如下会计分录:

领用工程物资时:
借:在建工程　　　　　　　　　　　　　　　　40 000 000
　　贷:工程物资　　　　　　　　　　　　　　　　40 000 000
分配工程人员工资时:
借:在建工程　　　　　　　　　　　　　　　　 8 000 000
　　贷:应付职工薪酬　　　　　　　　　　　　　　 8 000 000
将土地使用权的摊销金额在开工时转入工程成本:
借:在建工程　　　　　　　　　　　　　　　　10 000 000
　　贷:无形资产　　　　　　　　　　　　　　　　10 000 000
工程完工时:
借:投资性房地产　　　　　　　　　　　　　　58 000 000
　　贷:在建工程　　　　　　　　　　　　　　　　58 000 000

以其他方式取得的投资性房地产的成本,按照相关会计准则的规定确定。

第三节　投资性房地产的后续计量

投资性房地产的后续计量有成本模式和公允价值模式两种。企业通常应当采用成本模式对投资性房地产进行后续计量,满足特定条件时也可以采用公允价值模式对投资性房地产进行后续计量。但是,同一企业只能采用一种模式对所有投资性房地产进行后续计量,不得同时采用两种计量模式。

一、以成本模式进行后续计量的投资性房地产

采用成本模式进行后续计量的投资性房地产,可比照固定资产和无形资产进行后续会计处理。投资性房地产按期(月)计提折旧或进行摊销,借记"其他业务成本"科目,贷记"投资性房地产累计折旧(摊销)"科目。投资性房地产取得的租金收入,借记"银行存款"等科目,贷记"其他业务收入"等科目。

【例 7-3】 A 公司于 2020 年 1 月 1 日以银行存款购入某栋商务楼作为投资性房地产，购置价格为 1 500 万元，相关税费为 200 万元，使用年限为 20 年，假设无净残值，企业采用年限平均法计提折旧，该房地产出租年租金为 300 万元，每年年末一次性结算。该公司采用成本模式对投资性房地产进行核算。A 公司应当编制如下会计分录：

购入投资性房地产时：

借：投资性房地产　　　　　　　　　　　　　　　　　17 000 000
　　贷：银行存款　　　　　　　　　　　　　　　　　　　17 000 000

2020 年应计提的折旧：

借：其他业务成本　　　　　　　　　　　　　　　　　　850 000
　　贷：投资性房地产累计折旧　　　　　　　　　　　　　　850 000

收取租金时：

借：银行存款　　　　　　　　　　　　　　　　　　　3 000 000
　　贷：其他业务收入　　　　　　　　　　　　　　　　　3 000 000

投资性房地产作为企业主营业务的，应通过"主营业务收入"和"主营业务成本"科目核算。投资性房地产为建筑物的，其折旧参照固定资产准则，投资性房地产为土地使用权的，其摊销参照无形资产准则。

二、以公允价值模式进行后续计量的投资性房地产

（一）以公允价值模式进行后续计量的条件

以公允价值模式进行后续计量的投资性房地产应满足以下条件：

（1）投资性房地产所在地有活跃的交易市场。所在地，通常指的是投资性房地产所在城市，对于大中型城市，应当为投资性房地产所在的城区。

（2）企业能够从活跃的房地产交易市场上取得同类或类似房地产的市场价格及其他相关信息，从而对投资性房地产的公允价值作出合理的估计。同类或者类似的房地产，对建筑物而言，是指所处的地理位置和环境相同、性质相同、结构类型相同或相近、新旧程度相同或相近、可使用状态相同或相近的建筑物；对土地使用权而言，是指同一城区、同一位置区域、所处地理环境相同或相近、可使用状况相同或相近的土地。

（二）以公允价值模式进行后续计量的投资性房地产的会计处理

以公允价值模式计量的，不对投资性房地产计提折旧或摊销，应当以资产负债表日投资性房地产的公允价值为基础，调整其账面价值，公允价值与原账面价值之间的差额计入当期损益。投资性房地产取得的租金收入，确认为其他业务收入。资产负债表日，投资性房地产的公允价值高于其账面余额的差额，借记"投资性房地产（公允价值变动）"科目，贷记"公允价值变动损益"科目；公允价值低于其账面余额的差额作相反分录。

【例 7-4】 A 公司 2017 年年末支付了 800 万元购置了一幢办公楼，用于出租，该办公

楼属于投资性房地产。A公司与B公司签订经营租赁合同,从2018年1月1日起,租期为3年,每年租金为50万元,在年末一次性收取。A公司对该投资性房地产采用公允价值模式计量。已知2019年年末该投资性房地产的公允价值为1 000万元;2020年年末该投资性房地产的公允价值为1 080万元。A公司应当编制如下会计分录:

2017年购置办公楼时:

借:投资性房地产——成本 8 000 000
　　贷:银行存款 8 000 000

2018年年末确认收入:

借:银行存款 500 000
　　贷:其他业务收入 500 000

2019年年末确认收入和公允价值变动损益时:

借:银行存款 500 000
　　贷:其他业务收入 500 000
借:投资性房地产——公允价值变动 2 000 000
　　贷:公允价值变动损益 2 000 000

2020年年末确认收入和公允价值变动损益时:

借:银行存款 500 000
　　贷:其他业务收入 500 000
借:投资性房地产——公允价值变动 800 000
　　贷:公允价值变动损益 800 000

三、投资性房地产后续计量模式的变更

企业对投资性房地产的计量模式一经确定,不得随意变更。只有在房地产市场比较成熟、能够满足采用公允价值模式条件的情况下,才允许企业从成本模式计量转为公允价值模式计量。企业从成本计量模式转为公允价值计量模式应当作为会计政策变更,按照《企业会计准则第28号——会计政策、会计估计和差错更正》处理,将计量模式变更时公允价值与账面价值的差额调整期初留存收益。已采用公允价值模式计量的投资性房地产不得转为成本模式计量。

投资性房地产的后续计量由成本模式变更为公允价值模式的会计处理如下:

借:投资性房地产(变更日公允价值)
　　投资性房地产累计折旧(摊销)
　　投资性房地产减值准备
　　贷:投资性房地产(原价)
　　　　利润分配——未分配利润(或借方)
　　　　盈余公积(或借方)

> **探究与发现**
> 采用公允价值计量的投资性房地产不能转为成本模式计量的原因是什么？

第四节　投资性房地产的期末计量和处置

一、投资性房地产的期末计量

在成本模式下，企业应当按照固定资产或无形资产准则的有关规定进行后续计量，按期（月）计提折旧，存在减值迹象的，按照《企业会计准则第8号——资产减值》的有关规定进行处理。经减值测试后确定发生减值的，应当计提减值准备，借记"资产减值损失"科目，贷记"投资性房地产减值准备"科目。另外，投资性房地产减值准备一经计提，不得转回。

二、投资性房地产的处置

当投资性房地产被处置，或者永久退出使用且不能从其处置中取得经济利益时，应当终止确认该项投资性房地产。企业出售、转让、报废投资性房地产或者发生投资性房地产毁损时，应当将处置收入扣除其账面价值和相关税费后的金额计入当期损益。

（一）采用成本模式计量的投资性房地产的处置

采用成本模式计量的投资性房地产在处置时，应当按实际收到的金额借记"银行存款"等科目，贷记"其他业务收入"科目；按该项投资性房地产的累计折旧或累计摊销借记"投资性房地产累计折旧（摊销）"科目；按该项投资性房地产的账面余额贷记"投资性房地产"科目，按其差额借记"其他业务成本"科目。已计提减值准备的，还应同时结转减值准备。

【例7-5】A公司将一幢出租用厂房出售，取得收入4 000万元，款项已存入银行。企业对该厂房采用成本模式计量，其账面价值为2 400万元，其中厂房的原值为7 000万元，已计提折旧4 200万元，计提减值准备400万元。假定不考虑相关税费，则有关会计处理如下：

```
借：银行存款                              40 000 000
    贷：其他业务收入                          40 000 000
借：投资性房地产累计折旧                   42 000 000
    投资性房地产减值准备                    4 000 000
    其他业务成本                           24 000 000
    贷：投资性房地产                          70 000 000
```

(二) 采用公允价值模式计量的投资性房地产的处置

采用公允价值模式计量的投资性房地产在处置时,应按实际收到的金额借记"银行存款"等科目,贷记"其他业务收入"科目;按该项投资性房地产的账面价值借记"其他业务成本"科目,贷记"投资性房地产(成本)"科目,贷记或借记"投资性房地产(公允价值变动)"科目;按该项投资性房地产的累计公允价值变动借记或贷记"公允价值变动损益"科目,贷记或借记"其他业务成本"科目。若为由自用转换为投资性房地产的,原计入"其他综合收益"的金额应冲减"其他业务成本"。

【例7-6】A 公司将一幢出租用厂房出售,取得收入 4 000 万元,款项已存入银行。企业对该投资性房地产采用公允价值模式计量。处置当日,厂房的成本和公允价值变动明细科目分别为 3 500 万元和 300 万元(借方)。假定不考虑相关的税费,则有关会计处理如下:

借:银行存款　　　　　　　　　　　　　　　　　　　　40 000 000
　　贷:其他业务收入　　　　　　　　　　　　　　　　　　40 000 000
借:其他业务成本　　　　　　　　　　　　　　　　　　38 000 000
　　贷:投资性房地产——成本　　　　　　　　　　　　　35 000 000
　　　　　　　　　　——公允价值变动　　　　　　　　　 3 000 000
借:公允价值变动损益　　　　　　　　　　　　　　　　 3 000 000
　　贷:其他业务成本　　　　　　　　　　　　　　　　　　3 000 000

本 章 小 结

- 投资性房地产
  - 投资性房地产概述
    - 投资性房地产的概念★
    - 投资性房地产的确认★★
    - 投资性房地产的分类★
  - 投资性房地产的初始计量
    - 外购投资性房地产★★
    - 自行建造投资性房地产★★
  - 投资性房地产的后续计量
    - 以成本模式进行后续计量的投资性房地产★★★
    - 以公允价值模式进行后续计量的投资性房地产★★★
    - 投资性房地产后续计量模式的变更★★
  - 投资性房地产的期末计量和处置
    - 投资性房地产的期末计量★
    - 投资性房地产的处置★★

复习与思考题

名词解释

投资性房地产　　　成本模式　　　公允价值模式

简答题

1. 简述投资性房地产的分类。
2. 简述投资性房地产采用成本模式计量和采用公允价值计量的会计处理有哪些区别。
3. 简述投资性房地产从成本模式转换为公允价值模式计量的会计处理。

综合题

本章综合题参考答案

习题 7-1

A 公司 2017 年与投资性房地产相关的业务如下：

(1) 2017 年 1 月 1 日，购入一块土地使用权用于出租，买价 3 000 万元，发生相关税费 90 万元，全部款项以银行存款支付。购入的土地使用权在当月出租给 B 公司，A 公司对该投资性房地产采用成本模式进行后续计量。

(2) A 公司购入的上述用于出租的土地使用权预计使用寿命为 30 年，预计净残值为 0，采用直线法按年计提摊销。

(3) 该项土地使用权 2017 年取得租金收入为 200 万元，已存入银行，无其他相关税费。

要求：根据上述经济业务编制 A 公司会计分录。

习题 7-2

A 公司 2017 年至 2018 年与投资性房地产相关的业务如下：

(1) 2017 年初支付 2 000 万元购置了一幢办公楼用于出租，属于投资性房地产，以成本模式计量。

(2) A 公司与 B 公司签订经营租赁协议，从 2017 年 1 月 1 日起将该办公楼出租给 B 公司，租期为 2 年，年租金为 100 万元，在每年年初一次性收取。该办公楼预计使用年限为 25 年，净残值为 0，按年限平均法计提折旧。

(3) 2018 年 1 月 1 日，A 公司出租的办公楼所在地的房地产交易市场具备了采用公允价值模式计量的条件，A 公司决定对该项投资性房地产从成本模式转换为公允价值模式计量。2018 年 1 月 1 日该投资性房地产的公允价值为 2 200 万元；2018 年年末该投资性房地产的公允价值为 2 300 万元。假设 A 公司按净利润的 10% 计提盈余公积。

要求：根据上述经济业务编制 A 公司会计分录。

思考题

经济的快速发展和信息技术的快速应用，大力推动了房地产数据联网，使我国房地产市场日趋完善，房地产的市场价格更加容易获得，采用公允价值模式对投资性房地产进行后续计量的条件日渐成熟。

思考：

1. 投资性房地产的后续计量为什么要分为成本模式和公允价值模式？
2. 企业应如何选择采用哪种后续计量模式？

拓 展 学 习

为提高政策的确定性和适用性，改善营商环境，国家税务总局北京市税务局搜集整理了各类涉及企业所得税的相关问题，在充分研讨的基础上形成了《企业所得税实务操作政策指引》（以下简称《操作指引》）。该《操作指引》主要涉及应纳税所得额的计算、税收优惠、专项政策等方面的问题。该《操作指引》便于纳税人理解相关政策，有利于纳税人依法纳税，减少纳税风险。其中涉及的投资性房地产的税务处理问题有：

（1）以成本模式计量的投资性房地产，在会计处理中对房屋或土地使用权计算折旧或摊销计入当期损益，税收上是否允许计算折旧或摊销从税前扣除？

（2）以公允价值模式计量的投资性房地产，在会计处理中不对房屋或土地使用权计算折旧或摊销，将资产公允价值的变化计入公允价值变动损益。在税务处理时能否允许计算折旧或摊销从税前扣除？

试通过查找相关资料回答以上两个问题。

第八章

长期股权投资

 本章教学目标

　　长期股权投资是指通过投资取得被投资企业的股权,投资企业成为被投资企业的股东,按所持有股份享有被投资企业权益并承担有限责任的投资。通过本章的学习,学生应了解长期股权投资的特点、企业合并的形式以及成本法和权益法的适用范围;掌握同一控制下企业合并与非同一控制下企业合并形成的长期股权投资的初始计量的区别以及其他方式取得长期股权投资的初始投资成本的确定和相应的账务处理要求;重点掌握长期股权投资的初始计量、分别采用成本法和权益法的后续计量以及长期股权投资减值和处置的账务处理。

 本章核心概念

　　控制;成本法;权益法

 导入

　　A公司主要生产甲产品,市场销路一直很好,所需要的主要原材料一直由B公司负责供应。由于甲产品市场前景看好,市场上出现了多家企业准备投产甲产品,B企业出现了原材料供不应求的局面,所以其向A公司提出了涨价的要求。A公司董事会经会议研究认为,在市场经济条件下,企业生产经营日趋多元化,除传统的通过原材料投入、加工、销售方式获取利润外也应当采用投资、收购、兼并、重组等方式拓宽生产经营渠道,提高企业的获利能力。所以,董事会决定对B公司实施投资,以控制B公司的生产经营和财务决策等,从而有力地保证A公司甲产品生产的原材料供应。

　　问题:

　　(1) 什么是长期股权投资?其范围及分类是怎样的?

　　(2) 如何对长期股权投资进行初始计量及会计处理?

　　(3) 成本法和权益法的适用范围有何区别?两种方式下长期股权投资的会计处理是怎样的?

　　(4) 如何计算长期股权投资的减值并进行会计处理?

(5) 如何进行长期股权投资处置的核算？

带着这些问题，让我们进入本章的学习。

第一节　长期股权投资概述

一、长期股权投资的概念

长期股权投资是指通过投资取得被投资企业的股权，投资企业成为被投资企业的股东，按所持有股份享有被投资企业权益并承担有限责任的投资。

长期股权投资通常为长期持有，不准备随时出售，具有投资金额多、投资期限长、投资风险大以及能为企业带来较大的经济利益等特点。由于被投资企业在其未来的生产经营活动中有许多潜在的不确定因素，长期股权投资未来的收益可能高于投资企业原有的期望值，也可能低于投资企业原有的期望值，这就是投资风险。人们通常认为，投资所承担的风险越大，要求所获取的收益就越大。这就决定了企业为了获取更高的投资报酬进行长期股权投资，这也必然会带来更大的风险。投资企业进行长期股权投资是为了获取投资收益，但它的目的不仅仅在于这一点。它更主要的目的在于通过长期股权投资来快速地扩大新市场、拓宽新领域、影响或控制被投资企业，以期实现企业长远的发展战略。因此，企业是否进行某项长期股权投资，这是企业未来发展的重要选择机会，能否在新的投资领域获得有利的竞争地位、达到预期的目的，是企业规划未来的一项重要决策。

企业进行长期股权投资，必须遵守国家有关企业投资的政策、法规和制度。鉴于长期股权投资的特点，企业进行长期股权投资必须具有一定的经济实力，投资后不会影响本企业资金周转的正常进行，不会构成对本企业生产经营活动的威胁。同时，企业进行长期股权投资除了应提高投资报酬率外，还应提高企业的整体协同效应，增强企业的生存能力和发展后劲。

二、长期股权投资的范围

根据《企业会计准则第2号——长期股权投资》规定，长期股权投资，包括投资方对被投资方能够实施控制或具有重大影响的权益性投资，以及对其合营企业的权益性投资。

（一）投资企业能够对被投资单位实施控制的权益性投资

控制是指投资方拥有对被投资单位的权力，通过参与被投资方的相关活动而享有可变回报，并有能力运用对被投资方的权力影响其回报金额。投资企业能够对被投资单位实施控制的，被投资单位为其子公司。

（二）投资企业对被投资单位具有共同控制或重大影响的权益性投资

共同控制，是指按照相关约定对某项安排所共同的控制，并且该安排的相关活动必须经过分享控制权的参与方一致同意后才能决策。投资企业与其他方对被投资单位实施共同控制的,被投资单位为其合营企业。重大影响是指对一个企业的财务和经营政策有参与决策的权力,但并不能够控制或者与其他方一起共同控制这些政策的制定。投资企业能够对被投资单位施加重大影响的,被投资单位为其联营企业。

> **探究与发现**
>
> 会计准则曾将活跃市场中没有报价、公允价值不能可靠计量的权益性投资也划分为长期股权投资,但是新的会计准则中长期股权投资并不包含这一种类,你认为是什么原因导致了这一变化?

第二节 长期股权投资的初始计量

长期股权投资的取得可分为两种情况:一是由于企业合并所形成的长期股权投资;二是除企业合并以外方式取得的长期股权投资。企业取得长期股权投资的初始投资成本的确定应根据不同的情况分别加以计量。

一、企业合并形成的长期股权投资

企业合并,是指将两个或者两个以上单独的企业合并形成一个报告主体的交易或事项。

企业合并通常包括吸收合并、新设合并和控股合并三种形式。其中,吸收合并和新设合并均不形成投资关系,只有控股合并形成投资关系。因此,企业合并形成的长期股权投资,是指控股合并所形成的投资方(即合并后的母公司)对被投资方(即合并后的子公司)的股权投资。企业合并形成的长期股权投资,应当区分同一控制下的企业合并所形成的和非同一控制下的企业合并所形成的,并分别确定初始投资成本。

(一)同一控制下企业合并形成的长期股权投资

参与合并的企业在合并前后均受同一方或相同多方最终控制且该控制并非暂时性的,为同一控制下的企业合并。其中,在合并日取得对其他参与合并企业控制权的一方为合并方,参与合并的其他企业为被合并方。对于同一控制下的企业合并,从能够对参与合并各方在合并前及合并后均实施最终控制的一方来看,其能够控制的资产在合并前及合并后并没有发生变化。因此,合并方通过企业合并形成的对被合并方的长期股权投资,其成本代表的是按持股比例享有的被合并方在最终控制方合并财务报表中净资产的账面价值份额。若最终控制方收购被合并方时形成商誉,该商誉应继续保留,并反映在长期股权投资的成本中。

1. 合并方以支付现金、转让非现金资产或承担债务等方式作为合并对价

合并方以支付现金、转让非现金资产或承担债务方式作为合并对价的,应当在合并日

按照持股比例应享有的被合并方在最终控制方合并财务报表中净资产的账面价值份额作为长期股权投资的初始投资成本。初始投资成本大于支付的合并对价账面价值的差额，应计入资本公积（资本溢价或股本溢价）；初始投资成本小于支付的合并对价账面价值的差额，应冲减资本公积（仅限于资本溢价或股本溢价），资本公积的余额不足冲减的，应依次冲减盈余公积、未分配利润。

合并方为进行企业合并而发行债券或承担其他债务支付的手续费、佣金等，应当计入所发行债券及其他债务的初始确认金额；为进行企业合并而发生的各项直接相关费用，如审计费用、评估费用、法律服务费用等，应当于发生时计入当期损益（管理费用）。

同一控制下的企业合并对子公司的长期股权投资不会产生新的商誉，但原子公司在集团内部合并报表中存在商誉的，该商誉应继续保留。

合并方应当在企业合并日，按持股比例应享有的被合并方在最终控制方合并财务报表中净资产的账面价值份额和最终控制方收购被合并方形成的商誉（如有）借记"长期股权投资"科目，按应享有被合并方已宣告但尚未发放的现金股利或利润借记"应收股利"科目，按支付的合并对价的账面价值贷记有关资产等科目，按其差额贷记"资本公积——资本溢价（或股本溢价）"科目。如为借方差额，则应借记"资本公积——资本溢价（或股本溢价）"科目，资本公积（资本溢价或股本溢价）不足冲减的，应依次借记"盈余公积""利润分配——未分配利润"科目。

【例 8-1】A、B 两家公司是某集团公司下属的两家子公司，根据集团公司的授意，A 公司于 2020 年 9 月 1 日以货币资金 7 000 000 元作为对 B 公司的投资，取得 B 公司 70%的股份。假设 B 公司 2020 年 9 月 1 日在最终控制方合并财务报表中净资产的账面价值为 12 000 000 元，A 公司应如何进行会计处理？

提示：确定 A 公司的长期股权投资的初始投资成本为 8 400 000 元（12 000 000×70%）。长期股权投资成本与支付的合并对价 7 000 000 元之间的差额 1 400 000 元应当计入资本公积。

  借：长期股权投资   8 400 000
    贷：银行存款   7 000 000
      资本公积   1 400 000

假设 B 公司 2020 年 9 月 1 日净资产合计 7 000 000 元，若 A 公司资本公积账面价值为 5 000 000 元，则 A 公司会计处理如下：

  借：长期股权投资   4 900 000
    资本公积   2 100 000
    贷：银行存款   7 000 000

2. 合并方以发行权益性证券作为合并对价

合并方以发行权益性证券作为合并对价的，应当在合并日按照持股比例应享有的被合并方在最终控制方合并财务报表中净资产的账面价值的份额和最终控制方收购被合并方形成的商誉（如有）作为长期股权投资的初始投资成本，将发行的权益性证券的面值总额作为股本。初始投资成本大于发行的权益性证券的面值总额的差额，应当计入资本公积（股本溢价）；初始投资成本小于发行的权益性证券的面值总额的差额，应当冲减资本公积（仅限于股本溢价），资本公积的余额不足冲减的，应依次冲减盈余公积、未分配利润。合并方为进行企业合并而发行权益性证券所发生的手续费、佣金等费用，应当抵减权益性证券的溢价发行收入（资本公积——股本溢价），溢价发行收入不足冲减的，冲减留存收益。

合并方应当在企业合并日，按持股比例应享有的被合并方在最终控制方合并财务报表中净资产的账面价值的份额和最终控制方收购被合并方形成的商誉（如有）借记"长期股权投资"科目，按应享有被合并方已宣告但尚未发放的现金股利或利润借记"应收股利"科目，按所发行权益性证券的面值总额贷记"股本"科目，按其差额贷记"资本公积——股本溢价"科目。如为借方差额，则应借记"资本公积——股本溢价"科目，资本公积（股本溢价）不足冲减的，应依次借记"盈余公积""利润分配——未分配利润"科目。同时，按发行权益性证券过程中支付的手续费、佣金等费用借记"资本公积——股本溢价"科目、贷记"银行存款"等科目，溢价发行收入不足冲减的，应依次借记"盈余公积""利润分配——未分配利润"科目。

【例8-2】 A、B两家公司是某集团公司下属的两家子公司。A公司于2020年9月1日以发行股票的方式从B公司的股东手中取得B公司70％的股份，A公司发行10 000 000股普通股票，该股票每股面值1元。B公司2020年9月1日在最终控制方合并财务报表的净资产账面价值合计为12 000 000元。A公司2020年9月1日的资本公积为1 000 000元，盈余公积为1 500 000元。A公司应如何进行会计处理？

提示：该投资的初始投资成本为8 400 000（12 000 000×70％＝8 400 000)元。对于该投资成本与所发行的股票的面值10 000 000元的差额1 600 000元，应首先调减资本公积1 000 000元，然后再调减盈余公积600 000元。A公司的会计处理为：

借：长期股权投资　　　　　　　　　　　　　　　　　8 400 000
　　资本公积　　　　　　　　　　　　　　　　　　　1 000 000
　　盈余公积　　　　　　　　　　　　　　　　　　　　600 000
　　贷：股本　　　　　　　　　　　　　　　　　　　10 000 000

在确定同一控制下企业合并形成的长期股权投资时，如果企业合并前合并方与被合并方适用的会计政策不同，在以被合并方的账面价值为基础确定形成的长期股权投资成本时，首先应基于重要性原则统一合并方与被合并方的会计政策。在按照合并方的会计政策对被合并方资产、负债的账面价值进行调整的基础上，计算确定长期股权投资的初始投资成本。

（二）非同一控制下企业合并形成的长期股权投资

参与合并的各方在合并前后不受同一方或相同多方最终控制的，为非同一控制下的企业合并。其中,在购买日取得对其他参与合并企业控制权的一方为购买方,参与合并的其他企业为被购买方。对于非同一控制下的企业合并,购买方应将企业合并视为一项购买交易,合理确定合并成本,将其作为长期股权投资的初始投资成本(合并成本大于被购买方可辨认净资产公允价值的份额确认为商誉)。

1. 购买方以支付现金、转让非现金资产或承担债务等方式作为合并对价

购买方以支付现金、转让非现金资产或承担债务方式作为合并对价的,合并成本为购买方在购买日为取得对被购买方的控制权而付出的资产、发生或承担的负债的公允价值。

购买方作为合并对价付出的资产,应当按照以公允价值处置该资产进行会计处理。其中,付出资产为固定资产、无形资产的,付出资产的公允价值与其账面价值的差额计入资产处置损益;付出资产为金融资产的,付出资产的公允价值与其账面价值的差额计入投资收益(如果付出资产是指定为以公允价值计量且其变动计入其他综合收益的非交易性权益工具投资,则付出资产的公允价值与其账面价值的差额应当计入留存收益);付出资产为存货的,按其公允价值确认收入,同时按其账面价值结转成本,涉及增值税的,还应进行相应的处理。此外,作为合并对价付出的资产为以公允价值计量且其变动计入其他综合收益的金融资产的,该金融资产在持有期间因公允价值变动而形成的其他综合收益应同时转出,计入当期投资收益(或者留存收益)。

购买方为进行企业合并而发行债券所支付的手续费、佣金等费用,应当计入所发行债券及其他债务的初始确认金额,不构成初始投资成本;购买方为进行企业合并而发生的各项直接相关费用,如审计费用、评估费用、法律服务费用等,应当于发生时计入当期损益(管理费用)。

购买方应当在购买日,按照确定的企业合并成本(不含应自被购买方收取的现金股利或利润)借记"长期股权投资"科目,按应享有被购买方已宣告但尚未发放的现金股利或利润借记"应收股利"科目,按支付合并对价的账面价值贷记有关资产等科目,按其差额贷记"资产处置损益""投资收益"等科目或借记"资产处置损益""投资收益"等科目;合并对价为以公允价值计量且其变动计入其他综合收益的金融资产的,还应按持有期间公允价值变动形成的其他综合收益借记(或贷记)"其他综合收益"科目,贷记(或借记)"投资收益"科目(或者"盈余公积"和"利润分配——未分配利润"科目);同时,按企业合并发生的各项直接相关费用借记"管理费用"科目,贷记"银行存款"等科目。

【例8-3】A和B为非同一控制下的两个公司。2020年9月1日,A公司以机器设备换取B公司60%的股份,换出机器设备的账面价值为1 000 000元,经评估其公允价值为750 000元。A公司2020年9月1日的会计处理为:

借:长期股权投资	750 000
营业外支出	250 000
贷:固定资产清理	1 000 000

【例8-4】C公司于2020年9月1日取得D公司80%的股权。合并中,C公司支付

的有关资产在购买日的账面价值与公允价值如表 8-1 所示。合并中,C 公司向有关机构进行咨询,并支付咨询费用 800 000 元。

表 8-1　　　　　　　　C 公司 2020 年 9 月 1 日有关资产情况　　　　　　　单位:万元

项　　目	账面价值	公允价值
土地使用权	100	120
专利技术	50	60
银行存款	30	30
合　　计	180	210

本例中因 C 公司与 D 公司在合并前不存在任何关联方关系,因此此项合并属于非同一控制下的企业控股合并。C 公司的会计处理为:

借:长期股权投资　　　　　　　　　　　　　　　　　　　2 100 000
　　管理费用　　　　　　　　　　　　　　　　　　　　　　 800 000
　贷:无形资产　　　　　　　　　　　　　　　　　　　　　1 500 000
　　　银行存款　　　　　　　　　　　　　　　　　　　　　1 100 000
　　　资产处置损益　　　　　　　　　　　　　　　　　　　　300 000

2. 购买方以发行权益性证券作为合并对价

购买方以发行权益性证券作为合并对价的,合并成本为购买方在购买日为取得对被购买方的控制权而发行的权益性证券的公允价值。

购买方为发行权益性证券而支付的手续费、佣金等费用,应当抵减权益性证券的溢价发行收入,溢价发行收入不足冲减的,冲减留存收益,不构成初始投资成本。

购买方应当在购买日,按照所发行权益性证券的公允价值(不含应自被购买方收取的现金股利或利润)借记"长期股权投资"科目,按应享有被购买方已宣告但尚未发放的现金股利或利润借记"应收股利"科目,按所发行权益性证券的面值总额贷记"股本"科目,按其差额贷记"资本公积——股本溢价"科目。发行权益性证券过程中支付的手续费、佣金等费用,借记"资本公积——股本溢价"科目,贷记"银行存款"等科目,溢价发行收入不足冲减的,应依次借记"盈余公积""利润分配——未分配利润"科目。同时,按企业合并发生的各项直接相关费用借记"管理费用"科目,贷记"银行存款"等科目。

【例 8-5】 E 公司和 F 公司为两个独立的法人企业,合并之前不存在任何关联方关系。E 公司和 F 公司达成合并协议,约定 E 公司以发行的权益性证券作为合并对价,取得 F 公司 80% 的股份。E 公司拟增发的权益性证券为每股面值 1 元的普通股票,共增发 1 000 000 股,每股公允价值 3 元;2020 年 7 月 1 日,E 公司完成了权益性证券的增发,发生手续费及佣金等发行费用120 000元。在与F公司的合并中,E公司另以银行存款支付审计费用、评估费用、法律服务费用等共计80 000元。

在本例中,E公司和F公司为两个独立的法人企业,在合并之前不存在任何关联方关系,通过合并,E公司取得了对F公司的控制权。因此,该合并为非同一控制下的控股合并,E公司为购买方,F公司为被购买方,购买日为2020年7月1日。E公司在购买日的会计处理如下:

合并成本＝1 000 000×3＝3 000 000(元)

借:长期股权投资——F公司	3 000 000
贷:股本	1 000 000
资本公积——股本溢价	2 000 000
借:资本公积——股本溢价	120 000
贷:银行存款	120 000
借:管理费用	80 000
贷:银行存款	80 000

二、企业合并以外方式取得的长期股权投资

除企业合并形成的长期股权投资以外,以其他方式取得的长期股权投资,应当按照下列规定确定其初始投资成本。

(一) 以支付现金取得的长期股权投资

以支付现金取得的长期股权投资应当按照实际支付的购买价款作为初始投资成本。初始投资成本包括与取得长期股权投资直接相关的费用、税金及其他必要支出。

企业取得的长期股权投资,如果实际支付的价款中包含已宣告而尚未领取的现金股利,应按实际支付的全部价款扣除已宣告而尚未领取的现金股利后的金额作为长期股权投资的成本,已宣告而尚未领取的现金股利应作为应收股利单独核算。

(二) 以发行权益性证券取得的长期股权投资

以发行权益性证券取得的长期股权投资应当按照发行权益性证券的公允价值作为初始投资成本。为发行权益性证券支付的手续费、佣金等应从权益性证券的溢价发行收入中扣除,溢价收入不足的,应冲减盈余公积和未分配利润。

【例8-6】A公司发行股票1 000 000股,每股面值1元,公允价值每股4元,从B公司的股东手中换到B公司5%的股份。A公司为发行股票而聘请某证券公司的佣金按股票发行金额的1%支付。A公司的会计分录为:

借:长期股权投资——B公司	4 000 000
贷:股本	1 000 000
资本公积	3 000 000

借：资本公积　　　　　　　　　　　　　　　　　　　40 000
　　贷：银行存款　　　　　　　　　　　　　　　　　　　40 000

(三) 投资者投入的长期股权投资

投资者投入的长期股权投资应当按照投资合同或协议约定的价值作为初始投资成本，但合同或协议约定价值不公允的除外。投资者投入的长期股权投资，是指投资者将其持有的对第三方的投资作为出资投入企业形成的长期股权投资。

(四) 以其他方式取得的长期股权投资

企业还可以通过非货币性资产交换、债务重组等方式取得长期股权投资。

非货币性资产交换取得长期股权投资是指企业以自身的固定资产、无形资产等非货币性资产与其他方进行交换，从而取得其他方持有的长期股权投资的行为(相关账务处理参见本书第三章"存货")。

债务重组是指在不改变交易对手方的情况下，经债权人和债务人协定或法院裁定，债务人以其持有的长期股权投资清偿债务，从而使得债权人通过债务重组取得长期股权投资(相关账务处理参见本书第三章"存货")。

> **探究与发现**
>
> 通过上述学习，你是否可以确定"导入"中 A 公司的收购属于同一控制还是非同一控制？你还可以找一个类似的收购案，了解其中的细节。

第三节　长期股权投资的后续计量

企业取得的长期股权投资在持有期间，要根据对被投资方是否能够实施控制，分别采用成本法或权益法进行核算。

一、长期股权投资的成本法

(一) 成本法的概念

成本法是指长期股权投资按初始投资成本计价的方法。在成本法下，长期股权投资以取得股权时的初始投资成本计价入账后，除了追加或收回投资、发生减值等应当调整长期股权投资的成本外，长期股权投资的账面价值一般应保持不变。被投资单位宣告分派的现金股利或利润，确认为当期投资收益。投资企业确认投资收益，仅限于被投资单位接受投资后产生的累积净利润的分配额，所获得的利润或现金股利超过上述数额的部分作为初始投资成本的收回。

(二) 成本法的核算范围

根据《企业会计准则第 2 号——长期股权投资》的规定，投资方对被投资方能够实施控制的长期股权投资,即对子公司的长期股权投资,应当采用成本法核算。

投资企业对被投资单位是否具有实质控制权,可以通过以下情形来判定:

(1) 通过与其他投资者的协议,投资企业拥有被投资单位50%以上表决权资本的控制权。

(2) 根据章程或协议,投资企业有权控制被投资单位的财务和经营政策。

(3) 有权任免被投资单位董事会等类似权力机构的多数成员。这种情况是指虽然投资企业拥有被投资单位50%或以下的表决权资本,但根据章程或协议等有权任免董事会的董事,以达到实质上控制的目的。

(4) 在董事会或类似权力机构会议上有半数以上投票权。这种情况是指虽然投资企业拥有被投资单位50%或以下的表决权资本,但能够控制被投资单位董事会等类似权力机构的会议,从而能够控制其财务和经营政策,使其达到实质上控制的目的。

投资方在判断是否能够控制被投资方时,应综合考虑直接持有的股权和通过子公司间接持有的股权,但在个别财务报表中采用成本法进行核算时,应仅考虑直接持有的股权份额。

(三) 成本法核算

成本法的基本核算程序如下:

(1) 设置"长期股权投资"科目,反映长期股权投资的初始投资成本。在收回投资前,无论被投资方经营情况如何、净资产是否增减,投资方一般不对股权投资的账面价值进行调整。

(2) 如果发生追加投资或收回投资等情况,应按追加或收回投资的成本增加或减少长期股权投资的账面价值。

(3) 除取得投资时实际支付的价款或对价中包含的已宣告但尚未发放的现金股利或利润外,投资方应当按照被投资方宣告发放的现金股利或利润中属于本企业享有的部分确认投资收益;被投资方宣告分派股票股利,投资方应于除权日作备忘录;被投资方未分派股利,投资方不作任何会计处理。

企业在持有长期股权投资期间,当被投资方宣告发放现金股利或利润时,投资方应当按照享有的份额,借记"应收股利"科目,贷记"投资收益"科目;收到上列现金股利或利润时,借记"银行存款"科目,贷记"应收股利"科目。

【例8-7】2018年3月1日,A公司以62 500 000元的价款(包括相关税费和已宣告但尚未发放的现金股利2 500 000元)取得B公司普通股票25 000 000股,占公司普通股股份的60%,形成非同一控制下的企业合并,A公司将其划分为长期股权投资并采用成本法核算。2018年4月1日,A公司收到支付的投资价款中包含的已宣告但尚未发放的现金股利;2019年3月1日,B公司宣告2018年度股利分配方案,每股分派现金股利0.3元,并于2019年4月5日派发;2020年4月5日,B公司宣告2019年度股利分配方案,每股派送股票股利0.3股,除权日为2020年5月10日;2020年度,B公司发生亏损,以留存

收益弥补亏损,未分配股利。A公司的会计处理如下:

(1) 2018年3月1日 A公司取得B公司普通股票:

借:长期股权投资——B公司　　　　　　　　　　　　　60 000 000
　　应收股利　　　　　　　　　　　　　　　　　　　　2 500 000
　　　贷:银行存款　　　　　　　　　　　　　　　　　　　62 500 000

(2) 2018年4月1日 A公司收到B公司派发的现金股利:

借:银行存款　　　　　　　　　　　　　　　　　　　　2 500 000
　　　贷:应收股利　　　　　　　　　　　　　　　　　　　2 500 000

(3) 2019年3月1日 B公司宣告2018年度股利分配方案:

$$现金股利 = 0.3 \times 25\,000\,000 = 7\,500\,000(元)$$

借:应收股利　　　　　　　　　　　　　　　　　　　　7 500 000
　　　贷:投资收益　　　　　　　　　　　　　　　　　　　7 500 000

(4) 2019年4月5日 A公司收到B公司派发的现金股利:

借:银行存款　　　　　　　　　　　　　　　　　　　　7 500 000
　　　贷:应收股利　　　　　　　　　　　　　　　　　　　7 500 000

(5) 2020年5月10日 B公司派送的股票股利除权:

A公司不作正式会计记录,但应于除权日在备查簿中登记增加的股份:

$$股票股利 = 0.3 \times 25\,000\,000 = 7\,500\,000(股)$$

$$持有B公司股票总数 = 25\,000\,000 + 7\,500\,000 = 32\,500\,000(股)$$

(6) 2020年度B公司继续亏损,该年未进行股利分配:

A公司不必作任何会计处理。

在成本法下,投资方在确认自被投资方应分得的现金股利或利润后,应当关注有关长期股权投资的账面价值是否大于应享有被投资方净资产(包括相关商誉)账面价值的份额等情况。出现这类情况时,表明该项长期股权投资存在减值迹象,投资方应当对其进行减值测试。减值测试的结果证实长期股权投资的可收回金额低于账面价值的,应当计提减值准备。

二、长期股权投资的权益法

(一) 权益法的概念

权益法是指投资最初以投资成本计价,后续根据投资企业享有被投资企业所有者权益份额的变动对投资的账面价值进行调整的方法。在权益法下,长期股权投资的账面价值随着被投资企业所有者权益的变动而变动,包括被投资企业实现净利润或发生净亏损以及其他所有者权益项目的变动。

(二)权益法的核算范围

根据《企业会计准则第2号——长期股权投资》的规定,投资方对被投资方具有共同控制或重大影响的长期股权投资,即对合营企业或联营企业的长期股权投资,应当采用权益法核算。

企业通常可以通过以下情形来判断是否对被投资单位具有重大影响:

(1)在被投资单位的董事会或类似权力机构中派有代表。在这种情况下由于在被投资单位的董事会或类似权力机构中派有代表,并享有相应的实质性参与决策权,投资企业可以通过该代表参与被投资单位政策的制定,从而达到对该被投资单位施加重大影响的目的。

(2)参与被投资单位的政策制定过程。在这种情况下,由于可以参与被投资单位的政策制定过程,在制定政策过程中可以为其自身利益而提出建议和意见,由此可以对该被投资单位施加重大影响。

(3)向被投资单位派出管理人员。在这种情况下,派出的管理人员有权力负责被投资单位的财务和经营活动,从而达到对该被投资单位施加重大影响的目的。

(4)向被投资单位提供关键技术资料。在这种情况下,由于被投资单位的生产经营需要依赖对方的技术或技术资料,从而表明投资企业对被投资单位具有重大影响。

(5)其他能足以证明投资企业对被投资单位具有重大影响的情况。投资方在判断对被投资方是否具有共同控制、重大影响时,应综合考虑直接持有的股权和通过子公司间接持有的股权,但在个别财务报表中采用权益法进行核算时,应仅考虑直接持有的股权份额。

(三)权益法的核算

1. 会计科目的设置

采用权益法核算,在"长期股权投资"科目下应当设置"投资成本""损益调整""其他综合收益""其他权益变动"明细科目,分别反映长期股权投资的初始投资成本以及因被投资方所有者权益发生变动而对长期股权投资账面价值进行调整的金额。

(1)投资成本,反映长期股权投资的初始投资成本,以及在长期股权投资的初始投资成本小于取得投资时应享有被投资方可辨认净资产公允价值份额的情况下,按其差额调整初始投资成本后形成的账面价值。

(2)损益调整,反映被投资方因发生净损益、分配利润引起的所有者权益变动中,投资方按持股比例计算的应享有或应分担的份额。

(3)其他综合收益,反映被投资方因确认其他综合收益引起的所有者权益变动中,投资方按持股比例计算的应享有或应分担的份额。

(4)其他权益变动,反映被投资方除发生净损益、分配利润以及确认其他综合收益以外所有者权益的其他变动中,投资方按持股比例计算的应享有或应分担的份额。

2. 长期股权投资初始成本的确认

企业在取得长期股权投资时,按照确定的初始投资成本入账。对于初始投资成本与

应享有被投资方可辨认净资产公允价值份额之间的差额,应区别处理:

(1) 如果长期股权投资的初始投资成本大于取得投资时应享有被投资方可辨认净资产公允价值的份额,两者之间的差额在本质上是通过投资作价体现的与所取得的股权份额相对应的商誉以及被投资方不符合确认条件的资产价值,不需要按该差额调整已确认的初始投资成本。

(2) 如果长期股权投资的初始投资成本小于取得投资时应享有被投资方可辨认净资产公允价值的份额,两者之间的差额体现的是投资作价过程中转让方的让步,该差额导致的经济利益流入应作为一项收益,计入取得投资当期的营业外收入,同时调整长期股权投资的账面价值。

投资方应享有被投资方可辨认净资产公允价值的份额,可用下列公式计算:

$$\genfrac{}{}{}{}{\text{应享有被投资方可辨认}}{\text{净资产公允价值份额}} = \genfrac{}{}{}{}{\text{投资时被投资方可辨认}}{\text{净资产公允价值总额}} \times \text{投资方持股比例}$$

【例8-8】2020年7月1日,A公司购入B公司股票16 000 000股,实际支付购买价款20 000 000元(包括交易税费)。该股份占B公司普通股股份的25%,A公司在取得股份后,派人参与B公司的生产经营决策,因能够对B公司施加重大影响,A公司采用权益法核算。

(1) 假定投资当时,B公司可辨认净资产公允价值为60 000 000元,应享有B公司可辨认净资产公允价值份额=60 000 000×25%=15 000 000(元)。

由于长期股权投资的初始投资成本大于投资时应享有B公司可辨认净资产公允价值的份额,因此,不调整长期股权投资的初始投资成本。A公司应作如下会计处理:

借:长期股权投资——B公司(投资成本)　　　　　　　　20 000 000
　　贷:银行存款　　　　　　　　　　　　　　　　　　　　20 000 000

(2) 假定投资当时,B公司可辨认净资产公允价值为100 000 000元。应享有B公司可辨认净资产公允价值的份额=100 000 000×25%=25 000 000(元)。

由于长期股权投资的初始投资成本小于投资时应享有B公司可辨认净资产公允价值的份额,因此,应按两者之间的差额调整长期股权投资的初始投资成本,同时计入当期营业外收入。A公司应作如下会计处理:

初始投资成本调整额=25 000 000-20 000 000=5 000 000(元)

借:长期股权投资——B公司(投资成本)　　　　　　　　20 000 000
　　贷:银行存款　　　　　　　　　　　　　　　　　　　　20 000 000
借:长期股权投资——B公司(投资成本)　　　　　　　　 5 000 000
　　贷:营业外收入　　　　　　　　　　　　　　　　　　　 5 000 000

调整后的投资成本=20 000 000+5 000 000=25 000 000(元)

3. 投资损益的确认

（1）属于被投资企业当年实现的净利润而影响的所有者权益的变动，投资企业应按所持表决权资本的比例计算应享有的份额，调增长期股权投资的账面价值，并将其确认为投资收益。

（2）被投资企业宣告分派利润或现金股利时，投资企业按其持股比例计算的应分得的利润或现金股利冲减长期股权投资的账面价值。

（3）属于被投资企业当年发生的净亏损而影响的所有者权益的变动，投资企业应按所持表决权资本的比例计算应承担的份额，调减长期股权投资的账面价值，并将其确认为投资损失。必须明确的是：投资企业确认被投资单位发生的净亏损，应当以长期股权投资的账面价值以及其他实质上构成对被投资单位净投资的长期权益减记至零为限，投资企业负有承担额外损失义务的除外。其他实质上构成对被投资单位净投资的长期权益，通常是指长期应收项目。例如，企业对被投资单位的长期债权，没有明确的清收计划且在可预见的未来期间不准备收回的，实质上构成对被投资单位的净投资。

在确认应分担被投资单位发生的亏损时，应当按照以下顺序进行处理：① 冲减长期股权投资的账面价值；② 长期股权投资的账面价值不足以冲减的，应当以其他实质上构成对被投资单位净投资的长期权益账面价值为限继续确认投资损失，冲减长期应收项目的账面价值；③ 经过上述处理，按照投资合同或协议约定企业仍承担额外义务的，应按预计承担的义务确认预计负债。除上述情况外，仍未确认的应分担被投资单位的损失，应在备查簿中登记。发生亏损的被投资单位以后实现净利润的，应按上述相反的顺序进行处理。

【例 8-9】 A 公司持有 B 公司 40% 的股权，2019 年 12 月 31 日投资的账面价值为 20 000 000 元。B 公司 2019 年亏损 20 000 000 元。假定取得投资时被投资单位各资产公允价值等于账面价值，双方采用的会计政策、会计期间相同。那么，A 公司 2019 年应确认投资损失 8 000 000 元，长期股权投资账面价值降至 12 000 000 元。

如果 B 公司当年度的亏损额为 60 000 000 元，当年度 A 企业应分担损失 24 000 000 元，长期股权投资账面价值减至 0 为限。A 公司应当编制如下会计分录：

借：投资收益 20 000 000
　　贷：长期股权投资——损益调整 20 000 000

如果 A 公司账上有应收 B 公司长期应收款 8 000 000 元，则应进一步确认损失：

借：投资收益 4 000 000
　　贷：长期应收款 4 000 000

4. 其他权益变动

投资企业对于被投资单位除净损益、其他综合收益以及利润分配以外的所有者权益的其他变动，如被投资企业增资扩股、接受捐赠、专项拨款转入资本公积，在持股比例不变的情况下，企业按照持股比例计算应享有或承担的部分，调整长期股权投资的账面价值，同时增加或减少资本公积——其他资本公积。

【例 8-10】A 公司 2020 年 1 月 1 日用现金 500 000 元购买了 B 公司 20% 的股权，并具有重大影响，投资时 B 公司可辨认净资产账面价值为 2 000 000 元，公允价值 2 800 000 元。当年 B 公司因持有的交易性金融资产公允价值上升，增加资本公积 160 000 元，那么，A 公司应当编制的会计分录为：

(1) 2020 年 1 月 1 日投资时：

借：长期股权投资　　　　　　　　　　　　　　　　　　560 000
　　贷：银行存款　　　　　　　　　　　　　　　　　　500 000
　　　　营业外收入　　　　　　　　　　　　　　　　　 60 000

(2) 2020 年 12 月 31 日：

借：长期股权投资　　　　　　　　　　　　　　　　　　 32 000
　　贷：资本公积——其他资本公积　　　　　　　　　　 32 000

5. 其他综合收益变动

被投资方确认其他综合收益及其变动，会导致其所有者权益总额发生变动，从而影响投资方在被投资方所有者权益中应享有的份额。因此，在权益法下，当被投资方确认其他综合收益及其变动时，投资方应按持股比例计算应享有或分担的份额，调整长期股权投资的账面价值，同时计入其他综合收益。

【例 8-11】C 公司持有 D 公司 25% 的股份，能够对 D 公司施加重大影响，采用权益法核算。2020 年 12 月 31 日，D 公司持有的一项成本为 2 000 万元的以公允价值计量且其变动计入其他综合收益的金融资产，公允价值升至 2 050 万元，D 公司按公允价值超过成本的差额 50 万元调增该项金融资产的账面价值，并计入其他综合收益，导致其所有者权益发生变动。

应享有其他综合收益份额 = 50 × 25% = 12.5（万元）

借：长期股权投资——D 公司（其他综合收益）　　　　　125 000
　　贷：其他综合收益　　　　　　　　　　　　　　　　125 000

> **探究与发现**
>
> 通过本节内容的学习，请思考：为什么投资方对被投资方能够实施控制的长期股权投资需要用成本法核算，而投资方对被投资方能够实施同一控制或重大影响的长期股权投资则采用权益法核算？

第四节　长期股权投资的期末计量和处置

一、长期股权投资的期末计量

企业应对长期股权投资的账面价值定期地逐项进行检查，至少于每年年末检查一次。

企业持有的对被投资单位不具有控制、共同控制或重大影响,其减值金额为投资的账面价值与按照类似金融资产当时市场收益率对未来现金流量折现确定的现值之间的差额,确认的减值损失直接计入当期损益。

投资企业对被投资单位具有控制、共同控制或重大影响的投资,存在减值迹象的,应当估计其可收回金额。可收回金额应当根据资产的公允价值减去处置费用后的净额与资产预计未来现金流量的现值两者之间较高者确定。如果可收回金额的计量结果表明投资的可收回金额低于其账面价值,应当将其账面价值减记至可收回金额,减记的金额确认为资产减值损失,计入当期损益。资产减值损失一经确认,在以后会计期间不得转回。

在具体确定资产减值金额时,资产的公允价值应按照公平交易中销售协议价格、市场价格、根据可获取的最佳信息并参考同行业类似资产的最近交易价格或者结果进行的估计这一优先顺序确定。无法可靠估计资产公允价值减去处置费用后的净额的,应当以该资产预计未来现金流量的现值作为其可收回金额。

【例8-12】2019年11月1日,A公司与B公司签订股权转让协议。该股权转让协议规定:A公司收购B公司持有的C公司30%股份总额,收购价格为5 400 000元。2020年1月1日,A公司以银行存款支付收购股权价款5 400 000元,并办理了相关股权划转手续。2020年1月1日,B公司股东权益总额为16 000 000元。2020年度,B公司实现净利润8 000 000元。2020年12月31日,A公司对B公司投资的预计可收回金额为7 400 000元。

A公司对上述经济业务编制的有关会计分录如下:

(1) 2020年1月1日取得投资:

借:长期股权投资　　　　　　　　　　　　　　　　　　　　　　　5 400 000
　　贷:银行存款　　　　　　　　　　　　　　　　　　　　　　　　5 400 000

(2) 2020年12月31日确认投资收益:

借:长期股权投资　　　　　　　　　　　　　　　　　　　　　　　2 400 000
　　贷:投资收益　　　　　　　　　　　　　　　　　　　　　　　　2 400 000

(3) 2020年12月31日计提减值准备:

借:资产减值损失　　　　　　　　　　　　　　　　　　　　　　　　400 000
　　贷:长期股权投资减值准备　　　　　　　　　　　　　　　　　　400 000

二、长期股权投资的处置

处置长期股权投资的投资损益在符合股权转让的条件时才能确认。股权转让日应以被转让股权的所有权上的风险和报酬实质上已转移给购买方且相关经济利益很可能流入企业为标志。在会计实务中,只有当保护相关各方权益的所有条件均能满足时才能确认股权转让收益。这些条件包括:出售协议已获股东大会批准通过;与购买方已办理必要的财产交接手续;已取得购买价款的大部分;企业已不能再从所持有的股权中获得利益和承担风险等。如有关股权转让需要经过国家有关部门批准,则股权转让收益只有在满足上述条件且取得国家有关部门的批准文件时才能确认。

处置长期股权投资,其账面价值与实际取得价款的差额应当计入当期损益。采用权益法核算的长期股权投资,因被投资单位除净损益以外所有者权益的其他变动而计入所有者权益的,处置该项投资时应当将原计入所有者权益的部分转入当期损益。部分处置某项长期股权投资时,仍采用权益法核算的,应按该项投资的总平均成本确定其处置部分的成本,并按相应比例结转已计提的减值准备和资本公积项目。

处置长期股权投资时,应按实际收到的金额借记"银行存款"等科目,原已计提减值准备的,借记"长期股权投资减值准备"科目,按其账面余额贷记"长期股权投资"科目,按尚未领取的现金股利或利润贷记"应收股利"科目,按其差额贷记或借记"投资收益"科目。出售采用权益法核算的长期股权投资时,还应按结转原记入"资本公积——其他资本公积"的金额借记或贷记"资本公积——其他资本公积"科目,贷记或借记"投资收益"科目。同时结转原计入"其他综合收益"科目的金额,借记或贷记"其他综合收益"科目,贷记或借记"投资收益"(可转损益部分)。

【例8-13】2018年5月10日,A公司以80 000 000元的价款取得B公司普通股票20 000 000股,占B公司普通股股份的60%,能够对B公司实施控制,A公司将其划分为长期股权投资并采用成本法核算。2019年12月31日,A公司为该项股权投资计提了减值准备20 000 000元。2020年9月25日,A公司将持有的B公司股份全部转让,实际收到转让价款61 000 000元。

转让损益=61 000 000-(80 000 000-20 000 000)=1 000 000(元)

借:银行存款	61 000 000
长期股权投资减值准备	20 000 000
贷:长期股权投资——B公司	80 000 000
投资收益	1 000 000

【例8-14】A公司对持有的B公司股份采用权益法核算。2020年4月5日,A公司将持有的B公司股份全部转让,收到转让价款70 000 000元。转让日,该项长期股权投资的账面余额为66 000 000元,其中,投资成本50 000 000元,损益调整(借方)10 000 000元,其他综合收益(借方)4 000 000元(均为在B公司持有的以公允价值计量且其变动计入其他综合收益的C公司债券公允价值变动中应享有的份额),其他权益变动(借方)2 000 000元。

转让损益=70 000 000-66 000 000=4 000 000(元)

借:银行存款		70 000 000
贷:长期股权投资——B公司(投资成本)		50 000 000
——B公司(损益调整)		10 000 000
——B公司(其他综合收益)		4 000 000
——B公司(其他权益变动)		2 000 000
投资收益		4 000 000
借:其他综合收益		4 000 000
贷:投资收益		4 000 000
借:资本公积——其他资本公积		2 000 000
贷:投资收益		2 000 000

探究与发现

通过上述学习,你是否对"导入"所提出的问题进行了相关思考,并能够回答所提出的问题?

本 章 小 结

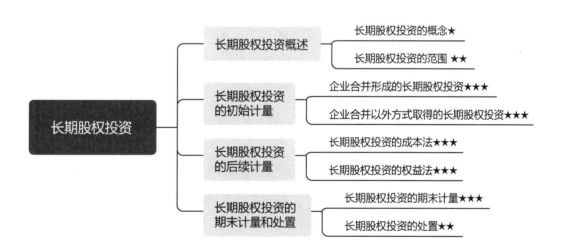

复习与思考题

名词解释

长期股权投资　　成本法　　权益法　　控制
共同控制　　重大影响　　同一控制下的企业合并
非同一控制下的企业合并

简答题

1. 如何确定企业合并形成的长期股权投资的初始投资成本?
2. 长期股权投资的成本法和权益法分别适用于什么情况?
3. 权益法下长期股权投资收益应如何确认?
4. 长期股权投资核算的范围包括哪些?
5. 简述企业合并的形式及其分类。
6. 如何对长期股权投资进行期末计量?
7. 处置长期股权投资的要求是什么?
8. 长期股权投资的披露内容包括哪些?

本章综合题参考答案

综合题

习题 8-1

A 公司支付现金 3 000 万元取得 B 公司 60% 的股权(A 和 B 受同一方控制),投资时 B 公司所有者权益的账面价值为 4 000 万元。A 公司账面的资本公积为 400 万元,盈余公积为 300 万元。

要求:编制 A 公司上述与投资业务有关的会计分录。

习题 8-2

A 公司 2020 年 4 月 1 日与 B 公司原投资者 C 公司签订协议,A 公司以存货和承担 C 公司的还贷义务换取 C 公司原持有的 B 公司 70% 股权(A、B、C 三个公司在合并前后均无关联方关系)。A 公司投出存货的公允价值为 2 000 万元,增值税额 260 万元,账面成本为 1 600 万元,承担归还短期贷款义务 800 万元。

要求:编制 A 公司取得 B 公司长期股权投资时的会计分录。

习题 8-3

A 公司 2020 年 4 月 1 日购入 B 公司股票 50 000 股,每股价格为 12 元,另支付相关税费 3 200 元,A 公司购入的 B 公司股票占 B 公司发行在外有表决权股票的 15%,对 B 公司具有重大影响,A 公司准备长期持有。B 公司 2020 年 5 月 8 日宣告分配 2019 年的现金股利,每股 0.2 元。B 公司 2020 年度每股盈余 2 元。

要求:编制 A 公司上述与投资业务有关的会计分录。

习题 8-4

A 公司 2019 年 1 月 1 日以 600 000 元购入 B 公司 65% 的股权。该股权不存在活跃市场,其公允价值不能可靠地计量。B 公司 2019 年实现净利润 100 000 元,2020 年 5 月 8 日宣告分配 2019 年度现金股利 50 000 元。2020 年 5 月 18 日,A 公司收到现金股利。

要求：编制 A 公司上述与投资业务有关的会计分录。

习题 8-5

A 公司于 2017 年 3 月 1 日发行普通股票 800 万股，与 B 公司股东进行交换并取得 B 公司有表决权股份的 20%，采用权益法核算。该股票的面值为每股 1 元，其市场价格为 3 元，A 公司另支付相关税费 20 万元。同日，B 公司可辨认净资产公允价值为 10 000 万元。

要求：

1. 编制 A 公司上述与投资业务有关的会计分录。

2. 假设所发行的股票的市场价格为每股 2 元，其他资料不变。编制 A 公司会计核算有关的分录。

习题 8-6

A 公司于 2017 年 3 月 1 日发行普通股票 800 万股，与 B 公司股东进行交换并取得 B 公司有表决权股份的 20%，采用权益法核算。该股票的面值为每股 1 元，其市场价格为 2 元，A 公司另支付相关税费 20 万元。同日，B 公司可辨认净资产公允价值为 10 000 万元。

2017 年至 2020 年 B 公司投资业务的有关资料如下：

(1) 2017 年 5 月 1 日，B 公司宣告分派 2016 年度的现金股利 200 万元。

(2) 2017 年度，B 公司实现利润 800 万元，其中 1—2 月份实现利润 200 万元。

(3) 2018 年 5 月 2 日，B 公司宣告分派现金股利 200 万元。

(4) 2018 年度，B 公司发生净亏损 8 000 万元。

(5) 2019 年度，B 公司发生净亏损 3 000 万元。

(6) 2020 年度，B 公司实现净利润 1 000 万元。

要求：编制 A 公司 2017 年至 2020 年上述与投资业务有关的会计分录。

习题 8-7

A 公司 2020 年 1 月 1 日用现金 25 万元购买了 B 公司 20% 的股权，B 公司净资产账面价值为 100 万元，公允价值 140 万元。B 公司 2020 年度利润表中的净利润为 50 万元。假定 B 公司公允价值 140 万元，比账面价值 100 万元高的 40 万元系存货的增值，该存货 2020 年卖出 60%。

要求：编制 A 公司确认当期投资收益的会计分录。

思考题

会计是一门具有艺术性的语言，仅作为记账工具总是过于单一。其实，会计的原理也可以用来解释生活中的一些现象。下面的一个小故事就蕴含着长期股权投资的知识。

甲乙二人共同出资购买了几头奶牛，希望通过养殖奶牛发家致富。丙看好未来牛奶产业的发展,于是投资了甲乙的养殖产业,对其产生重大影响,并将其划分为长期股权投资,以权益法核算。在奶牛养殖的过程中,一头奶牛受伤了,预计会影响以后育种和产奶,于是,丙预估奶牛减值1万元。一段时间后,奶牛成功产犊产奶。通过卖牛犊和牛奶,丙获得了5万元的收益,这些收益可以视为分红。

思考:
1. 是否还有其他时间节点可以看作长期股权投资处理?
2. 是否还有其他生活现象可以用长期股权投资的原理来解释?

拓 展 学 习

长期股权投资在其初始投资、持有期间、处置时的各个环节中均存在着会计和税法之间的差异,需要纳税人根据相关会计和税务处理的规定作出正确的处理。

一、对合营、联营企业发生初始投资时

会计处理:对合营、联营企业的长期股权投资无论是以支付现金或还是非现金方式取得的,其投资成本均按照公允价值进行计量。支付对价中包含的已宣告但尚未发放的现金股利或利润不计入投资成本。长期股权投资的初始投资成本大于投资时,应享有被投资单位可辨认净资产公允价值份额的,不调整长期股权投资的初始投资成本。在初始投资成本小于享有被投资单位可辨认净资产公允价值的份额时,其差额应当计入当期损益,同时调整长期股权投资的成本。

税务处理:根据企业所得税法相关规定,企业的各项资产均以历史成本为计税基础。历史成本是指企业取得该项资产时实际发生的投资支出,资产应按照以下方法确定成本:

(1) 通过支付现金方式取得的投资资产以购买价款为成本。

(2) 通过支付现金以外的方式取得的投资资产以该资产的公允价值和支付的相关税费为成本。据此,长期股权投资的初始计税基础取决于投资时发生的实际支出,并非应享有被投资单位可辨认净资产公允价值的份额。

二、同一控制下的企业合并形成长期股权投资时

会计处理:同一控制下的企业合并形成的长期股权投资以应享有被合并方在最终控制方合并财务报表中净资产的账面价值份额确认初始投资成本,合并方所支付的合并对价账面价值与初始投资成本之间的差额调整资本公积,资本公积不足冲减的,调整留存收益。在这个过程中不确认损益。

税务处理:《企业所得税法实施条例》第七十一条规定,企业对外进行权益性投资和债权性投资形成的资产为投资资产。企业在转让或者处置投资资产时投资资产的成本准予扣除。投资资产按照以下方法确定成本:通过支付现金方式取得的投资资产以购买价款为成本;通过支付现金以外的方式取得的投资资产以该资产的公允价值和支付的相关税费为成本。

三、权益法核算下被投资单位的净损益发生变化时

会计处理：被投资单位净损益发生变化时，投资单位应确认投资收益，同时调整长期股权投资——损益调整。投资方按照被投资单位宣告分派的利润或现金股利计算应享有的部分相应减少长期股权投资的账面价值。

税务处理：不属于税收上应确认的收入范畴。因为税收上并未确认收入，因此在确认投资收益时会计和税务处理存在差异，应在"投资收益纳税调整明细表"中反映纳税调减情况。

请思考：为什么会计和税务会有如上差异？除上述差异外，长期股权投资是否还有其他会计和税务的处理差异？

第九章

流动负债

 本章教学目标

流动负债是企业将在一年内或超过一年的一个营业周期内偿还的债务。通过本章的学习,学生应了解应付职工薪酬的内容与确认原则,应交税费、其他流动负债的概念及核算范围;熟悉应付职工薪酬、应交税费、其他流动负债的核算特点;掌握应付职工薪酬、应交增值税、应交消费税的账务处理。

 本章核心概念

应付职工薪酬;增值税;消费税

 导入

A公司是一家私营家电制造企业,随着业务的扩张,A公司目前已拥有近千名职工。A公司除发放工资和奖金之外,还为职工缴纳社会保险费和住房公积金等,节假日还会发放一定的福利。同时,A公司还与管理层签订了利润分享计划,以进一步提高销量。

A公司在经营生产活动中,产生了大量的增值税、消费税及其他相关税费。由于A公司每月需采购大量原材料,因而产生了一定的资金压力,A公司在采用票据进行支付的同时,还向银行借入了短期借款。

问题:

(1) 应付职工薪酬包括哪些?

(2) A公司支付的职工薪酬的会计核算应该如何处理?

(3) 公司日常经营活动会涉及哪些税费?会计核算分别应该如何处理?

(4) 其他流动负债的核算特点是什么?

带着这些问题,让我们进入本章的学习。

第一节 流动负债概述

一、流动负债的概念

负债是指由过去的交易或事项形成的、预期会导致经济利益流出企业的现时义务。负债按其偿还时间的长短可划分为流动负债和非流动负债两类。其中,流动负债是指企业将在一年或超过一年的一个营业周期内偿还的债务,非流动负债是指除流动负债以外的负债。

满足下列条件之一的负债属于流动负债:① 预计在一个正常经营周期中清偿;② 主要为交易目的而持有;③ 自资产负债表日起一年内到期应予以清偿;④ 企业无权自主地将清偿推迟至资产负债表日后一年以上。

将流动负债单独作为负债中的一个种类予以反映,主要目的是可以将其与流动资产进行比较,从而可以反映企业的短期偿债能力。

二、流动负债的分类

流动负债主要包括短期借款、应付票据、应付账款、预收账款、应付职工薪酬、应付福利费、应付股利、应付利息、应交税金、其他暂收应付款项、预提费用和一年内到期的短期借款等,可按以下标准分类:

(一) 按偿付金额是否确定分类

按偿付金额是否确定分类,流动负债可分为:

(1) 偿付金额能够确定的流动负债,指根据合同、契约或法律的规定,能确定未来应偿付的金额、付款日及债权人的负债,如短期借款、应付票据、应付账款、预收账款以及大部分应付职工薪酬等。

(2) 偿付金额视经营情况而定的流动负债,指在承担偿付义务时,并不能确定未来应偿付的金额,而必须等到期末根据企业一定时期的经营状况才能计算确定其金额的负债,如应交税费、应付股利等。

(3) 偿付金额需估计的流动负债,指债务的发生是确实的,但其应付金额、偿还日期和债权人在会计期末仍无法确定的流动负债,如或有负债、部分应付职工薪酬等。

(二) 按形成方式分类

按形成方式分类,流动负债可分为:

(1) 筹资形成的流动负债,主要是指企业从银行或其他金融机构筹集资金而产生的债务,如短期借款、一年内到期的长期借款和应付债券等。

(2) 结算中形成的流动负债,主要是指企业在与外部有关单位进行结算时所产生的债务,如应付账款、应付票据、预收账款、应交税费等。

(3) 经营中产生的流动负债,主要是指企业按照权责发生制原则核算正常的经营活动时产生的债务,即企业内部结算形成的流动负债,如应付职工薪酬、应付利息等。

(4) 利润分配中产生的流动负债,主要是指企业在利润分配中产生的债务,如应付利润或应付股利等。

(三) 按偿还对象分类

按偿还对象分类,流动负债可分为:

(1) 偿还给供应商的流动负债,指应当向货品或服务供应商偿还的流动负债,如应付票据、应付账款、预收账款等。

(2) 偿还给职工的流动负债,指应当向企业职工偿还的流动负债,如应付职工薪酬等。

(3) 偿还给国家或政府的流动负债,指应当向国家或政府偿还的流动负债,如应交税费等。

(4) 偿还给投资者或信贷者的流动负债,指应当向投资者或信贷者偿还的流动负债,如短期借款、应付股利、应付利息等。

(四) 按偿还手段分类

按偿还手段分类,流动负债可分为:

(1) 货币性流动负债,指需要以货币资金来偿还的流动负债,如短期借款、应付票据、应付账款、应付职工薪酬、应付利息、应付股利、应交税费、其他应付款等。

(2) 非货币性流动负债,指不需要用货币资金来偿还的流动负债,如预收账款。

第二节 应付职工薪酬

一、应付职工薪酬的确认

(一) 职工和职工薪酬的概念

职工主要包括三类人员:① 与企业订立劳动合同的所有人员,含全职、兼职和临时职工;② 虽未与企业订立劳动合同,但由企业正式任命的人员,如董事会成员、监事会成员等;③ 在企业的计划和控制下,虽未与企业订立正式劳动合同或未由其正式任命,但向企业所提供的服务与职工所提供的服务类似的人员,如劳务派遣人员等。

职工薪酬,是指企业为获得职工提供的服务或解除劳动合同关系而给予各种形式的报酬以及其他相关支出,包括职工在职期间和离职以后提供给职工的全部货币性薪酬和非货币性薪酬。企业以商业保险形式提供给职工的各种保险待遇、以现金结算形式提供的股份支付,以权益结算形式提供的股份支付,也属于职工薪酬。此外,企业提供给职工配偶、子女、已故职工遗属或其他受益人等的福利,同样列入职工薪酬范围。

(二) 职工薪酬的内容

1. 短期薪酬

短期薪酬是指企业在职工提供相关服务的年度报告期间结束后 12 个月内需要全部

予以支付的职工薪酬,因解除与职工的劳动关系给予的补偿除外。

短期薪酬具体包括:职工工资、奖金、津贴和补贴,医疗保险费、工伤保险费和生育保险费等社会保险费,住房公积金,工会经费和职工教育经费,职工福利费,非货币性福利,短期带薪缺勤,短期利润分享计划以及其他短期薪酬。

其中,短期带薪缺勤,是指职工虽然缺勤但企业仍向其支付报酬的安排,包括年休假、病假、婚假、产假、丧假、探亲假等。短期利润分享计划,是指因职工提供服务而与职工达成的基于利润或其他经营成果提供薪酬的协议。

2. 离职后福利

离职后福利是指企业为获得职工提供的服务而在职工退休或与企业解除劳动关系后提供的各种形式的报酬和福利,短期薪酬和辞退福利除外。基本养老保险和失业保险归为此类。

3. 辞退福利

辞退福利是指企业在职工劳动合同到期之前解除与职工的劳动关系或者为鼓励职工自愿接受裁减而给予职工的补偿。

4. 其他长期职工福利

其他长期职工福利是指除短期薪酬、离职后福利、辞退福利之外所有的职工薪酬,包括长期带薪缺勤、长期残疾福利、长期利润分享计划等。

> **探究与发现**
>
> 企业为职工代扣代缴的个人所得税是否属于应付职工薪酬?判断的依据是什么?

(三)应付职工薪酬的确认原则

应付职工薪酬是指企业根据有关规定应付给职工的各种薪酬,它既是职工对企业投入劳动而获得的报酬,也是企业因职工对其提供服务而产生的义务。

企业应当在职工为其提供服务的会计期间,将应付的职工薪酬(辞退福利除外)确认为流动负债,并根据受益对象分别计入相关资产成本或当期损益。

应付职工薪酬的确认原则归纳如下:

(1)根据配比原则,在职工为企业提供服务的会计期间,职工薪酬应确认为企业的负债。

(2)根据"谁受益、谁负担"原则,应付的职工薪酬应根据职工所提供服务的受益部门,按受益对象分配计入相关成本或费用(除辞退福利全部计入管理费用以外)。其中,由生产产品负担的职工薪酬,计入产品成本;由在建工程、无形资产开发成本负担的职工薪酬,计入固定资产的建造成本或无形资产的开发成本;由产品成本、固定资产成本和无形资产成本负担以外的其他职工薪酬,计入当期损益。

二、应付职工薪酬的计量

（一）应付职工薪酬的计量要求

（1）计量应付职工薪酬时，国家有规定计提基础和计提比例的，企业应当按照国家规定的标准计提。

（2）国家没有规定计提基础和计提比例的，如职工福利费等，企业应当根据历史经验数据和实际情况，合理预计当期的应付职工薪酬。

（3）对于在职工提供服务的会计期末以后一年以上到期的应付职工薪酬，企业应当选择合理的折现率，以应付职工薪酬折现后的金额计入相关资产成本或当期费用；应付职工薪酬金额与其折现后金额相差不大的，也可以以未折现金额计入相关资产成本或当期费用。

（二）账务处理

1. 短期薪酬

企业应当在职工为其提供服务的会计期间，按实际发生的短期薪酬确认为负债，并计入当期损益或相关资产成本。

企业应当按照职工提供服务的情况和有关的标准，按期计算相应应付职工薪酬的金额。如企业应当按照职工考勤的出勤情况、职工生产产品的产量情况、职工超额劳动的情况等计算应支付给职工的工资、奖金等职工薪酬，按照国家规定的基准和比例等计算应为职工支付的各种社会保险费、住房公积金等，确认应付职工薪酬，同时企业应当按照职工薪酬的受益对象将职工薪酬分别计入相关的资产成本或当期费用。

具体处理为：对于应由生产产品、提供劳务负担的职工薪酬，计入产品成本或劳务成本；对于应由在建工程、无形资产负担的职工薪酬，计入在建工程或无形资产的成本；对于其他职工薪酬，如企业管理人员、董事会成员、销售部门人员等的职工薪酬，因难以确定直接对应的受益对象，计入当期损益。

为核算应付职工薪酬，企业应设置"应付职工薪酬"总账科目。企业发生应付职工薪酬时，生产部门人员的职工薪酬，借记"生产成本""制造费用""劳务成本"等科目；应由在建工程、研发支出负担的职工薪酬，借记"在建工程""研发支出"等科目；管理部门人员、销售人员的职工薪酬，借记"管理费用""销售费用"科目，贷记"应付职工薪酬科目"。企业发放货币性职工薪酬时，按应付职工薪酬的数额借记"应付职工薪酬"科目，按实际发放职工薪酬的数额贷记"库存现金""银行存款"等科目，按应从应付职工薪酬中扣还的各种款项数额贷记"应交税费——应交个人所得税""其他应收款"等科目。该科目可按"工资""职工福利""社会保险费""住房公积金""工会经费""职工教育经费""非货币性福利""累积带薪缺勤""利润分享计划"等进行明细核算。"应付职工薪酬"科目期末贷方余额，反映企业应付未付的职工薪酬。

（1）职工工资、奖金、津贴和补贴。企业发生的职工工资、奖金、津贴和补贴等短期薪酬,应当根据职工提供服务的情况和工资标准等计算应计入职工薪酬的工资总额,并按照收益对象计入当期损益或相关资产成本。

应付职工工资总额是企业计算应缴或应付各种社会保险费、住房公积金、工会经费、职工教育经费等的依据。职工工资总额减去代扣个人所得税、代扣社会保险费和住房公积金等后的余额为公司实发工资的数额。公司职工按规定计算的应当缴纳的个人所得税和由职工个人负担的养老保险、医疗保险等社会保险费和住房公积金等,由公司代扣代缴。

【例9-1】A公司当月应付工资总额1 000 000元,工资费用分配表中列示的产品生产人员工资为500 000元,车间管理人员工资为100 000元,企业行政管理人员工资为120 000元,销售人员工资为80 000元,研发部门人员工资为200 000元。A公司应编制如下会计分录:

借:生产成本	500 000
制造费用	100 000
管理费用	120 000
销售费用	80 000
研发支出	200 000
贷:应付职工薪酬——工资	1 000 000

A公司于次月发放职工工资。其中,实发工资数额700 000元通过银行转账向职工支付。同时,A公司将代扣个人所得税80 000元转入"应交税费——应交个人所得税"科目,准备向税务机关缴纳;将代扣社会保险费和住房公积金220 000元转入"其他应付款"科目,准备向有关社会保险经办机构和住房公积金管理机构缴纳。A公司应编制如下会计分录:

借:应付职工薪酬——工资	1 000 000
贷:银行存款	700 000
应交税费——应交个人所得税	80 000
其他应付款	220 000

(2) 社会保险费、住房公积金、工会经费和职工教育经费。职工的养老保险、医疗保险都属于社会保险,但养老保险在单独的离职后福利中核算,不属于短期薪酬类别。

根据有关规定,职工的养老保险、医疗保险等社会保险费以及住房公积金,一部分由职工个人负担,一部分由企业负担,也即职工个人和企业应当分别按照一定的比例向相关机构缴纳款项。

为鼓励企业加大职工教育投入,根据财政部、国家税务总局关于企业职工教育经费税前扣除政策的相关规定,自2018年1月1日起,企业发生的职工教育经费支出,不超过工资薪金总额8%的部分,准予在计算企业所得税应纳税所得额时扣除;超过部分,准予在以后纳税年度结转扣除。

【例 9-2】沿用例 9-1 的资料，A 公司根据国家规定按照职工工资总额的相应比例计提当月应付职工薪酬的社会保险费、住房公积金、工会经费和职工教育经费。其中社会保险费比例为 10%、住房公积金比例为 10%、工会经费比例为 2%、职工教育经费比例为 8%。A 公司应编制如下会计分录：

借：生产成本　　　　　　　　　　　　　　　　　　　150 000
　　制造费用　　　　　　　　　　　　　　　　　　　　30 000
　　管理费用　　　　　　　　　　　　　　　　　　　　36 000
　　销售费用　　　　　　　　　　　　　　　　　　　　24 000
　　研发支出　　　　　　　　　　　　　　　　　　　　60 000
　　贷：应付职工薪酬——社会保险费　　　　　　　　100 000
　　　　　　　　　　——住房公积金　　　　　　　　100 000
　　　　　　　　　　——工会经费　　　　　　　　　 20 000
　　　　　　　　　　——职工教育经费　　　　　　　 80 000

次月，A 公司向有关社会保险经办机构缴纳基本医疗保险费 100 000 元，同时，向住房公积金管理机构缴存住房公积金 100 000 元。以上款项都通过银行转账支付。A 公司应编制如下会计分录：

借：应付职工薪酬——社会保险费　　　　　　　　　100 000
　　　　　　　　——住房公积金　　　　　　　　　 100 000
　　贷：银行存款　　　　　　　　　　　　　　　　 200 000

A 公司于次月以库存现金支付工会日常运作经费 5 000 元。A 公司应编制如下会计分录：

借：应付职工薪酬——工会经费　　　　　　　　　　　5 000
　　贷：库存现金　　　　　　　　　　　　　　　　　 5 000

A 公司于次月开展职工业务技能培训活动，以银行存款支付职工教育经费 10 000 元。A 公司应编制如下会计分录：

借：应付职工薪酬——职工教育经费　　　　　　　　 10 000
　　贷：银行存款　　　　　　　　　　　　　　　　　10 000

(3) 职工福利费。企业发生的职工福利费，应当在实际发生时根据实际发生额计入当期损益或相关资产成本。企业在决定向职工发放福利费时，借记"生产成本""制造费用""管理费用"等科目，贷记"应付职工薪酬"科目。企业在向职工发放货币性福利费时，借记"应付职工薪酬"科目，贷记"库存现金""银行存款"科目。

在实务中，职工福利一般包括发放给职工或为职工支付的各项现金补贴和非货币性福利：① 为职工卫生保健、生活等发放或支付的各项现金补贴和非货币性福利，如职工因公外地就医费用、职工疗养费用、体检费用、防暑降温费等；② 企业尚未分离的内设集体福利部所发生的设备、设施和人员费用,如给职工食堂的补助等;③ 发放给在职职工的生活困难补助以及按规定发放的其他职工福利支出,如职工异地安家费等。

【例9-3】A公司在岗职工共计200人,其中管理部门30人,生产车间170人。8月,A公司需给每位职工补贴防暑降温费800元。A公司应编制如下会计分录:

借:生产成本　　　　　　　　　　　　　　　　　　　　136 000
　　管理费用　　　　　　　　　　　　　　　　　　　　 24 000
　　贷:应付职工薪酬——职工福利　　　　　　　　　　　160 000

A公司于8月15日向在岗职工发放了防暑降温费,款项以银行存款支付,应编制如下会计分录:

借:应付职工薪酬——职工福利　　　　　　　　　　　　160 000
　　贷:银行存款　　　　　　　　　　　　　　　　　　　160 000

(4) 其他短期薪酬。其他短期薪酬还包括非货币性福利、向职工无偿提供住房、短期带薪缺勤、短期利润分享计划等。

2. 离职后福利

企业应当在职工为企业提供服务的会计期间对养老金等离职后福利进行确认和计量。相应的会计分录为:借记"生产成本""制造费用""管理费用"等科目,贷记"应付职工薪酬"科目。企业支付离职后福利时,借记"应付职工薪酬"科目,贷记"银行存款"等科目。

3. 辞退福利

辞退福利包括:① 在职工劳动合同尚未到期前,不论职工本人是否愿意,企业决定解除与职工的劳动关系而给予的补偿。② 在职工劳动合同尚未到期前,为鼓励职工自愿接受裁减而给予的补偿,职工有权利选择继续在职或接受补偿离职。辞退福利通常采取在解除劳动关系时一次性支付补偿的方式,也有通过提高退休后养老金或其他离职后福利标准的方式,或者将职工薪酬的工资部分支付到辞退后未来某一期间。

辞退福利同时满足下列条件的,应当确认因解除与职工的劳动关系给予补偿而产生的预计负债,同时计入当期的管理费用:

(1) 企业已经制订正式的解除劳动关系计划或提出自愿裁减建议,并即将实施。该计划或建议应当包括拟解除劳动关系或裁减的职工所在部门、职位及数量;根据有关规定按工作类别或职位确定的解除劳动关系或裁减补偿金额;拟解除劳动关系或裁减的时间。

(2) 企业不能单方面撤回解除劳动关系或裁减建议。正式的辞退计划或建议应当经过批准。辞退工作一般应当在一年内实施完毕,但因付款程序等原因使部分款项推迟至一年后支付的,视为符合应付职工薪酬的确认条件。满足辞退福利确认条件、实质性辞退工作在一年内完成、付款时间超过一年的辞退福利,企业应当选择恰当的折现率,以折现后的金额计量应付职工薪酬。

企业应当严格按照辞退计划条款的规定,合理预计并确认辞退福利产生的应付职工薪酬。对于职工没有选择权的辞退计划,应当根据辞退计划条款规定的拟解除劳动关系的职工数量、每一职工辞退补偿标准等,确认应付职工薪酬。对于自愿接受裁减的建议,应当预计将会接受裁减建议的职工数量,根据预计的职工数量和每一职位的辞退补偿标准等,确认应付职工薪酬。

企业向职工提供辞退福利的,应当在下列两者之中的较早日确认辞退福利产生的职工薪酬负债并计入当期损益(管理费用):① 企业不能单方面撤回劳动关系计划或裁减建议所提供的辞退福利时;② 企业确认涉及支付辞退福利的重组相关的成本或费用时。

【例9-4】A公司主要从事摩托车生产业务。2017年11月,该公司管理层为在2018年顺利实施转产制订了一项辞退计划,规定自2018年1月1日起,以职工自愿方式实施辞退议程。辞退计划的详细内容,包括拟辞退职工所在部门、数量、各级别的职工能够获得的补偿标准以及计划实施时间等,均已与职工协商一致。该辞退计划已于2017年12月15日经公司董事会正式批准,并将在2018年实施完毕。辞退计划的有关内容如表9-1所示。

表9-1　　　　　　　　A公司职工接受辞退及补偿金额一览表

职位	拟辞退数(人)	工龄(年)	接受辞退计划职工人数(人)	每人补偿标准(元)	补偿金额(元)
管理人员	16	1—10	8	100 000	800 000
		11—20	3	200 000	600 000
		21—30	2	300 000	600 000
技术工人	80	1—10	32	80 000	2 560 000
		11—20	16	180 000	2 880 000
		21—30	8	280 000	2 240 000
生产工人	160	1—10	80	50 000	4 000 000
		11—20	32	150 000	4 800 000
		21—30	16	250 000	4 000 000
合计	256		197		22 480 000

根据表9-1的资料,A公司的会计处理如下:

借:管理费用　　　　　　　　　　　　　　　　　　　　　　　　22 480 000
　　贷:应付职工薪酬——辞退福利　　　　　　　　　　　　　　　22 480 000

4. 其他长期职工福利

其他长期职工福利是指除短期薪酬、离职后福利、辞退福利之外所有的职工薪酬,包括长期带薪薪酬、长期残疾福利、长期利润分享计划等。

> **探究与发现**
>
> 通过上述学习,你是否掌握了应付职工薪酬的会计核算,对"导入"中提出的第二个问题进行了相关思考?

第三节 应交税费

应交税费,包括企业依法交纳的增值税、消费税、所得税、资源税、土地增值税、城市维护建设税、房产税、城镇土地使用税、车船税、教育费附加等税费,以及在上缴国家之前,由企业代扣代缴的个人所得税等。

一、应交增值税

(一)增值税概述

增值税的征税范围包括销售或进口货物、提供加工修理修配劳务、提供应税服务等。

增值税以增值额为课税对象,是价外税,实行价外计征的办法,其特点是缴纳多少并不会影响当期损益。

增值税的纳税人根据经营规模及会计核算的健全程度可分为一般纳税人和小规模纳税人。这两类纳税人在税款计算方法、适用税率(征收率)以及管理办法上都有所不同。对一般纳税人实行凭发票扣税、计算扣税、核定扣税的计税方法;对小规模纳税人按照简易的计税方法和征收管理办法计税。

(二)计算公式

(1)一般纳税人应纳增值税额,根据当期销项税额减去当期进项税额的差额确定,计算公式如下:

应纳税额＝当期销项税额－当期进项税额＝销售额×税率－进货额×税率

若一般纳税人购销货物为含税销售额,计算公式如下:

销售额＝含税销售额/(1＋增值税税率)

公式中的销售额是指纳税人向购买方收取的全部价款和价外费用。

可以抵扣增值税进项税额的法定凭证通常包括:

第一,增值税专用发票注明的增值税税额。

第二,海关进口增值税专用缴款书上注明的增值税税额。

第三,购进农产品,如用于生产税率为9%的产品,按照农产品收购发票或者销售发票注明的农产品买价和9%扣除率计算的进项税额;如用于生产税率为13%的产品,按照农产品收购发票或者销售发票上注明的农产品买价和10%的扣除率计算的进项税额。

第四,接受境外单位或个人提供应税服务,从税务机关或者境内代理人取得的解缴税款的完税凭证上注明的增值税税额。

第五,一般纳税人支付的道路、桥、闸通行费,凭取得的通行费发票上注明的收费金额和规定的方法计算的可抵扣的增值税进项税额。

(2)小规模纳税人,其进项税额不得从销项税额中抵扣,应纳增值税额实行简易征收办法,即按照销售额和规定的征收率的乘积确定,计算公式如下:

$$应纳税额 = 销售额 \times 征收率$$

表9-2　　　　　　　　　　　　2020年各行业具体税率

行　　业	税率(%)
销售或进口货物、提供加工修理修配劳务	13(部分9)
有形动产租赁服务	13
销售或进口粮食等农产品、食用植物油、食用盐、自来水、图书、报纸、农药、农机等国务院及其有关部门规定的其他货物,提供交通运输、邮政、基础电信、建筑、不动产租赁服务,销售不动产,转让土地使用权	9
金融服务、增值电信服务、现代服务(租赁服务除外)、生活服务、销售无形资产(土地使用权除外)等其他应税行为	6
一般纳税人出口货物(另有规定的除外)	零税率
小规模纳税人采用简易计税方法(征收率)	3、5

(三)一般纳税人的核算

一般纳税企业应在"应交税费"科目下设置"应交增值税"和"未交增值税"明细科目进行核算。"应交税费——应交增值税"明细账内,分别设置"进项税额""已交税金""销项税额""出口退税""进项税额转出"等。

1.取得资产、接受劳务或服务的账务处理

(1)一般纳税人购进货物、加工修理修配劳务、服务、无形资产或固定资产,根据合法扣税凭证注明的增值税税额借记"应交税费——应交增值税(进项税额)"科目。

【例9-5】A公司为增值税一般纳税人。2020年1月1日,A公司采购一批原材料,采用商业汇票方式结算货款,根据有关发票账单,购入材料的实际成本为150 000元,增值税专用发票上注明的增值税额为19 500元,材料已经验收入库,A公司开出3个月承兑的商业汇票,采用实际成本进行材料的日常核算。同时,购买原材料发生相关运费10 000元,增值税专用发票上注明的增值税额为900元,A公司已使用银行存款付清运费。根据上述资料,该公司应编制如下会计分录:

借:原材料　　　　　　　　　　　　　　　　　　　　　　　　　160 000
　　应交税费——应交增值税(进项税额)　　　　　　　　　　　　20 400
　　贷:应付票据　　　　　　　　　　　　　　　　　　　　　　　169 500
　　　　银行存款　　　　　　　　　　　　　　　　　　　　　　　 10 900

(2) 企业购进免税农产品,虽然无法取得增值税专用发票,但仍可按购进农产品的买价和规定的扣除率(9%或10%)计算的进项税额,借记"应交税费——应交增值税(进项税额)"科目,按买价减去按规定计算的进项税额后的差额借记"材料采购""库存商品"等科目,按应付和实际支出的价款贷记"应付账款""银行存款"等科目。

【例9-6】A公司2020年1月5日收购一批免税农产品,实际支付的价款为2 000元,收购的农产品已验收入库,款项已经支付。假设该农产品规定的扣除率为9%,A公司应作如下会计处理:

$$进项税额 = 2\,000 \times 9\% = 180(元)$$

借:材料采购　　　　　　　　　　　　　　　　　　　　　　　　　1 820
　　应交税费——应交增值税(进项税额)　　　　　　　　　　　　　 180
　　贷:银行存款　　　　　　　　　　　　　　　　　　　　　　　 2 000

(3) 一般纳税人已取得增值税扣税凭证、按照现行增值税制度的规定准予从销项税额中抵扣但尚未经税务机关认证的进项税额,以及一般纳税人已申请稽核但尚未取得稽核相符结果的海关缴款书的进项税额,应记入"应交税费——待认证进项税额"科目。经认证后准予抵扣时,转入"应交税费——应交增值税(进项税额)"科目。

(4) 企业购进的货物由于非正常损失,以及将购进货物、加工修理修配劳务或服务、无形资产或不动产改变用途,导致其进项税额不能再抵扣的,应转入"应交税费——应交增值税(进项税额转出)"科目。其中,非正常损失是指因管理不善造成货物被盗、丢失、霉烂变质,以及因违反法律法规造成货物或者不动产被依法没收、销毁、拆除的情形;改变用途是指专用于简易计税项目、免税项目、集体福利或个人消费等。

【例9-7】2020年1月7日,A公司购进的原材料因管理不善发生火灾导致非正常损失,根据增值税专用发票确认的成本为70 000元,进项税额为9 100元。A公司应编制如下会计分录:

借:待处理财产损溢　　　　　　　　　　　　　　　　　　　　　　79 100
　　贷:原材料　　　　　　　　　　　　　　　　　　　　　　　　 70 000
　　　　应交税费——应交增值税(进项税额转出)　　　　　　　　　 9 100

2020年1月10日,A公司领用一部分外购原材料用于集体福利消费,该批原材料的成本为60 000元,购入时支付的增值税进项税额为7 800元。A公司应编制如下会计分录:

借:应付职工薪酬　　　　　　　　　　　　　　　　　　　　　　67 800
　　贷:原材料　　　　　　　　　　　　　　　　　　　　　　　　60 000
　　　　应交税费——应交增值税(进项税额转出)　　　　　　　　7 800

2. 销售等业务的账务处理

(1) 企业销售货物、提供加工修理修配劳务、服务、销售无形资产或不动产时,按照不含税收入和增值税税率计算确认"应交税费——应交增值税(销项税额)"。发生销售退回的,应根据税务机关开具的红字增值税专用发票作相反的会计分录。会计上收入或利得确认时点早于增值税纳税义务发生时点的,应将相关销项税额记入"应交税费——待转销项税额"科目,待实际发生纳税义务时再转入"应交税费——应交增值税(销项税额)"科目。

【例9-8】2020年1月15日,A公司销售一批产品,开具增值税专用发票注明的价款为1 000 000元,符合收入确认条件,货款尚未收到,增值税税率为13%。根据上述经济业务,A公司应编制如下会计分录:

借:应收账款　　　　　　　　　　　　　　　　　　　　　　1 130 000
　　贷:主营业务收入　　　　　　　　　　　　　　　　　　　1 000 000
　　　　应交税费——应交增值税(销项税额)　　　　　　　　　130 000

2020年1月20日,A公司为外单位加工办公桌800个,每个收取加工费100元,增值税税率为13%,加工完成,款项已收到并存入银行。A公司应编制如下会计分录:

借:银行存款　　　　　　　　　　　　　　　　　　　　　　　90 400
　　贷:主营业务收入　　　　　　　　　　　　　　　　　　　　80 000
　　　　应交税费——应交增值税(销项税额)　　　　　　　　　10 400

(2) 视同销售。企业将自产或委托加工的货物用于非增值税应税项目、集体福利或个人消费,将自产、委托加工或购买的货物作为投资、分配给股东或投资者、无偿赠送他人等,税法上视同销售行为,计算确认增值税销项税额。

【例9-9】2020年1月25日,A公司以自产的产品对外投资,该批产品的实际成本为200 000元,双方协议不含税价值为250 000元,增值税税率为13%。A公司应编制如下会计分录:

借:长期股权投资　　　　　　　　　　　　　　　　　　　　　282 500
　　贷:其他业务收入　　　　　　　　　　　　　　　　　　　　250 000
　　　　应交税费——应交增值税(销项税额)　　　　　　　　　32 500
借:其他业务成本　　　　　　　　　　　　　　　　　　　　　200 000
　　贷:库存商品　　　　　　　　　　　　　　　　　　　　　　200 000

3. 交纳增值税的账务处理

一般纳税企业纳税期满后,应汇总本期发生的销项税额和进项税额,按照增值税的计税公式计算本期应交纳的增值税税额。如果当期销项税额小于当期进项税额不足抵扣时,其不足部分可以结转下期继续抵扣。

交纳当月应交增值税时,按照交纳税额借记"应交税费——应交增值税(已交税金)",贷记"银行存款"等科目。交纳以前期间未交增值税时,按照交纳税额借记"应交税费——未交增值税",贷记"银行存款"等科目。

【例9-10】沿用例9-5—例9-9的资料,当月,A公司发生销项税额合计为172 900元,进项税转出合计16 900元,进项税合计为20 580元。该公司当月应交增值税计算结果如下:

$$应交增值税 = 172\,900 + 16\,900 - 20\,580 = 169\,220(元)$$

当月,该公司银行存款交纳增值税150 000元,应作如下会计处理:

借:应交税费——应交增值税(已交税金)　　　　　　　　　　150 000
　　贷:银行存款　　　　　　　　　　　　　　　　　　　　　　150 000

4. 月末转出多交增值税和未交增值税的账务处理

为了分别反映增值税一般纳税企业欠交增值税和待抵扣增值税的情况,确保企业及时足额上缴增值税,应在"应交税费"账户下增设"未交增值税"明细账户,核算一般纳税企业月终时转入的应交未交增值税和多交的增值税。在"应交税费——应交增值税"账户下增设"转出多交增值税"和"转出未交增值税"两个专栏,分别记录一般纳税企业月终转出未交和多交的增值税。

月度终了,企业应当将当月应交未交或多交的增值税自"应交增值税"明细科目转入"未交增值税"明细科目。

【例9-11】沿用例9-11的资料,月末,A公司将尚未交纳的其余增值税税款19 220元结转。A公司应编制如下会计分录:

借:应交税费——应交增值税(转出未交增值税)　　　　　　　19 220
　　贷:应交税费——未交增值税　　　　　　　　　　　　　　19 220

次月初,A公司交纳上月未交增值税1 400元时,A公司应编制如下会计分录:

借:应交税费——未交增值税　　　　　　　　　　　　　　　 19 220
　　贷:银行存款　　　　　　　　　　　　　　　　　　　　　 19 220

由例9-10—例9-11可以看出,企业当月交纳的增值税,仍然通过"应交税费——应交增值税(已交税金)"账户,当月缴纳以前各期未交纳的增值税,通过"应交税费——未交增值税"账户。

(四) 小规模纳税人的核算

小规模纳税人的增值税采用简化征收办法,当期的销售额(不含增值税)乘以征收率即为当期的应纳税额。小规模纳税企业购入货物无论是否取得增值税专用发票,其支付的增值税额均应计入购入货物的成本。相应地,其他企业从小规模纳税企业购入货物或接受劳务支付的增值税额,如果不能取得增值税专用发票,也不能作为进项税额抵扣,而应计入购买货物或应税劳务的成本。

小规模纳税企业只需在"应交税费"科目下设置"应交增值税"明细科目,不需要在"应交增值税"明细科目中设置专栏,"应交税费——应交增值税"科目贷方登记应交纳的增值税,借方登记已交纳的增值税,期末贷方余额为尚未交纳的增值税。

【例9-12】A公司为小规模纳税企业,购入一批原材料,材料尚在途中,增值税专用发票上注明的原材料价款为60 000元,增值税额为10 200元,货款已用银行存款支付。A公司应编制如下会计分录:

借:在途物资　　　　　　　　　　　　　　　　　　　　70 200
　　贷:银行存款　　　　　　　　　　　　　　　　　　　70 200

【例9-13】A公司为小规模纳税企业,销售货物一批,全部货款为103 000元,适用的增值税扣除率为3%,货款尚未收到。

计算应纳增值税额:

$$应纳增值税额=103\,000/(1+3\%)\times 3\%=3\,000(元)$$

A公司应作如下会计处理:
借:应收账款　　　　　　　　　　　　　　　　　　　103 000
　　贷:主营业务收入　　　　　　　　　　　　　　　　100 000
　　　　应交税费——应交增值税　　　　　　　　　　　　3 000

【例9-14】某一般纳税企业向小规模纳税企业购进原材料一批,货款(包括增值税)共计30 000元,收到对方开出的普通发票,货款已支付。该企业应编制如下会计分录:

借:在途物资　　　　　　　　　　　　　　　　　　　　30 000
　　贷:银行存款　　　　　　　　　　　　　　　　　　　30 000

二、应交消费税

(一)消费税概述

消费税是国家对某些特定的消费品和消费行为在普遍征收增值税的基础上再征收的一种流转税,如烟、酒、化妆品、贵重首饰、摩托车、小汽车等。

消费税实行价内征收,有从价计税和从量计税两种征收办法。其计算公式如下:

$$从价计税应纳税额=销售额\times 税率$$

公式中的销售额,是指包含消费税但不含增值税的销售额。

$$从量计税应纳税额=销售数量\times 单位税额$$

公式中的销售数量,是指自产自用的移送使用数量、委托加工收回的应税数量、海关核定的进口征税数量。单位税额,是指税法规定的该种应纳消费税产品的单位数量应纳的税额。

企业交纳的消费税,应记入"税金及附加"科目,同时按规定应交的消费税,在"应交税费"科目下设置"应交消费税"明细科目核算。

(二) 消费税的会计处理

1. 销售应税消费品

企业将生产的应税消费品直接对外销售的,其应交纳的消费税,通过"税金及附加"科目核算。

【例9-15】 A公司为增值税一般纳税人(采用计划成本核算原材料),本期销售其生产的应纳消费税产品,产品的售价为240 000元(不含应向购买者收取的增值税额),成本为150 000元,增值税税率为13%,消费税税率为10%。产品已经发出,符合收入确认条件,款项尚未收到。根据这项经济业务,A公司应作如下会计处理:

(1) 应向购买者收取的增值税额:

$$240\,000 \times 13\% = 31\,200(元)$$

(2) 应交的消费税:

$$240\,000 \times 10\% = 24\,000(元)$$

借:应收账款		271 200
贷:主营业务收入		240 000
应交税费——应交增值税(销项税额)		31 200
借:税金及附加		24 000
贷:应交税费——应交消费税		24 000
借:主营业务成本		150 000
贷:库存商品		150 000

2. 委托加工应税消费品

对于需要交纳消费税的委托加工物资,委托方提货时,受托方应代收代缴消费税款(除受托加工或翻新改制金银首饰按规定由受托方交纳消费税外)。委托加工物资收回后,委托方应根据是用于连续生产还是用于直接对外出售的区别,作出不同的会计处理。

(1) 委托加工物资收回后用于连续生产应税消费品或以高于受托方的计税价格直接对外出售,受托方代扣代缴的消费税按规定准予抵扣,记入"应交税费——应交消费税"科目。

(2) 委托加工物资收回后以低于受托方的计税价格用于直接对外出售,受托方代扣代缴的消费税则计入委托加工物资成本,记入"委托加工物资"科目。

【例 9-16】 A 公司委托外单位加工材料（非金银首饰），原材料价款为 200 000 元，加工费用为 50 000 元，由受托方代收代缴的消费税为 5 000 元（不考虑增值税），材料已经加工完毕验收入库，加工费用尚未支付。假定该公司材料采用实际成本核算。

如果 A 公司收回加工后的材料用于继续生产应税消费品，A 公司应编制如下会计分录：

借：委托加工物资　　　　　　　　　　　　　　　　200 000
　　贷：原材料　　　　　　　　　　　　　　　　　　　　200 000
借：委托加工物资　　　　　　　　　　　　　　　　 50 000
　　应交税费——应交消费税　　　　　　　　　　　　5 000
　　贷：应付账款　　　　　　　　　　　　　　　　　　 55 000
借：原材料　　　　　　　　　　　　　　　　　　　250 000
　　贷：委托加工物资　　　　　　　　　　　　　　　　250 000

如果 A 公司收回加工后的材料以不高于受托方的计税价格直接用于销售，A 公司应编制如下会计分录：

借：委托加工物资　　　　　　　　　　　　　　　　200 000
　　贷：原材料　　　　　　　　　　　　　　　　　　　　200 000
借：委托加工物资　　　　　　　　　　　　　　　　 55 000
　　贷：应付账款　　　　　　　　　　　　　　　　　　 55 000
借：原材料　　　　　　　　　　　　　　　　　　　255 000
　　贷：委托加工物资　　　　　　　　　　　　　　　　255 000

3. 自产自用应税消费品

企业将生产的应税消费品用于在建工程等项目时，按规定应交纳的消费税，应借记"在建工程"等科目，贷记"应交税费——应交消费税"科目；将自产应税消费品用于对外投资、分配给职工等，应借记"税金及附加"科目，贷记"应交税费——应交消费税"科目。

【例 9-17】 A 公司在建工程领用自产柴油 50 000 元，应纳消费税 6 000 元，A 公司应编制如下会计分录：

借：在建工程　　　　　　　　　　　　　　　　　　 56 000
　　贷：库存商品　　　　　　　　　　　　　　　　　　 50 000
　　　　应交税费——应交消费税　　　　　　　　　　　6 000

三、应交其他税费

其他税费包括资源税、土地增值税、房产税、城镇土地使用税、车船税、印花税、城市维护建设税、个人所得税等。

（一）资源税

资源税是国家对在我国境内开采矿产品或者生产盐的单位和个人征收的税种，应通过"应交税费——应交资源税"科目核算。

1. 销售产品或自产自用产品相关的资源税

在会计核算时，企业按规定计算出销售应税产品应交纳的资源税，借记"税金及附加"科目，贷记"应交税费——应交资源税"科目；企业计算出自产自用的应税产品应交纳的资源税，借记"生产成本""制造费用"等科目，贷记"应交税费——应交资源税"科目。

2. 收购与未税矿产品相关的资源税

按照《中华人民共和国资源税暂行条例》的规定，收购未税矿产品的单位为资源税的扣缴义务人。企业应将收购未税矿产品实际支付的收购款以及代扣代缴的资源税作为收购矿产品的成本，将代扣代缴的资源税记入"应交税费——应交资源税"科目。

(二) 土地增值税

土地增值税按照转让房地产所取得的增值额和规定的税率计算征收，通过"应交税费——应交土地增值税"科目核算。对于房地产开发企业，交纳的土地增值税记入"税金及附加"科目。对于非房地产开发企业，转让地上建筑物及其附着物时，借记"固定资产清理"等科目，贷记"应交税费——应交土地增值税"科目。转让土地使用权时，按实际收到的金额借记"银行存款"科目，按已摊销的无形资产金额借记"累计摊销"科目，按已计提的无形资产减值准备借记"无形资产减值准备"科目，按无形资产账面余额贷记"无形资产"科目，按应交的土地增值税贷记"应交税费——应交土地增值税"科目，按其差额记入"资产处置损益"科目。

(三) 房产税、城镇土地使用税、车船税

房产税是国家对在城市、县城、建制镇和工矿区征收的由产权所有人交纳的税种。房产税依照房产原值一次减除10%—30%后的余额计算交纳。没有房产原值作为依据的，由房产所在地税务机关参考同类房产核定；房产出租的，以房产租金收入为房产税的计税依据。

城镇土地使用税是国家为了合理利用城镇土地、调节土地级差收入、提高土地使用效益、加强土地管理而开征的一种税。城镇土地使用税以纳税人实际占用的土地面积为计税的依据，按照规定税额计算征收。

车船税由拥有并且使用车船的单位和个人交纳并按适用的税率计算。

企业按规定计算应交的房产税、城镇土地使用税、车船税，借记"税金及附加"科目，贷记"应交税费——应交房产税""应交税费——应交城镇土地使用税""应交税费——应交车船税"等科目。

(四) 印花税

印花税是对经济活动和经济交往中书立、领受具有法律效力的凭证的行为征收的税款，实行由纳税人根据规定自行计算的应纳税额，购买并一次贴足印花税票的缴纳办法。

企业按规定计算应交的印花税，借记"税金及附加"科目，贷记"银行存款"等科目。

（五）城市维护建设税

城市维护建设税是国家为了加强城市的维护建设、扩大和稳定城市维护建设资金的来源而开征的一种税。分税制下，城市维护建设税作为地方财政收入的一项来源，属于地方税。城市维护建设税按流转税的一定比例进行计算。

企业按规定计算并交纳的城市维护建设税，借记"税金及附加"科目，贷记"应交税费——应交城市维护建设税"科目。

（六）个人所得税

企业职工按规定应交纳的个人所得税通常由单位代扣代缴。企业按规定计算的应代扣代缴的职工个人所得税，借记"应交职工薪酬"科目，贷记"应交税费——应交个人所得税"科目；实际交纳个人所得税时，借记"应交税费——应交个人所得税"科目，贷记"银行存款"科目。

探究与发现

你认为与企业经营过程关系最密切的税种是哪个？

第四节　其他流动负债

一、短期借款

（一）短期借款的概念

短期借款是指企业向银行或其他金融机构等借入的期限在1年以下（含1年）的各种借款。

如果企业的短期借款利息按月支付，或者利息是在借款到期归还本金时一并支付，且数额不大，可以在实际支付或收到银行的计息通知时直接计入当期损益。如果短期借款的利息按期支付（如按季），或者利息是在借款到期归还本金时一并支付，且数额较大，应当按月计提计入当期损益。

（二）短期借款的核算

企业应设置"短期借款"科目进行会计核算，借入各种短期借款时，应借记"银行存款"科目，贷记"短期借款"科目；归还借款时，则作相反的会计分录。"短期借款"科目期末贷方余额反映企业尚未偿还的短期借款的本金。

资产负债表日，应按实际利率计算确定的短期借款利息的金额，借记"财务费用"科目，贷记"应付利息"科目。

【例9-18】A公司2020年7月1日向银行借入短期借款300 000元，期限3个月，年利率9%，借款到期本息如数归还。A公司应编制如下会计分录：

(1) 7月1日借入款项：

借：银行存款 300 000
　　贷：短期借款 300 000

(2) 7、8、9月每月月末计提当月利息,作相同的分录：

借：财务费用 2 250
　　贷：应付利息 2 250

(3) 9月末归还本息：

借：短期借款 300 000
　　应付利息 6 750
　　贷：银行存款 306 750

二、应付票据

(一) 应付票据的概念

应付票据是指企业购买材料、商品和接受劳务所采用的商业汇票结算方式。它是根据合同签发的承诺在某一指定时期支付一定款项的书面凭证,包括银行承兑汇票和商业承兑汇票。应付票据可分为不带息应付票据和带息应付票据两种。对于带息应付票据的利息处理,若金额较大,通常应在期末对尚未支付的应付票据计提利息,分期计入财务费用;若金额较小,则在到期清偿票据本息时一次性计入财务费用。

如果企业开出、承兑的商业承兑汇票到期不能按时支付票款,应将应付票据账面价值转入应付账款核算;双方协商后重新签发票据清偿原应付票据的,应从应付账款转入应付票据核算。银行承兑汇票到期不能按时支付票款,承兑银行除凭票向持票人无条件支付票款外,对出票人尚未支付的票款转作逾期贷款处理,并按一定利率计收利息,企业应将应付票据转入短期借款核算。

(二) 应付票据的核算

1. 不带息商业汇票

【例9-19】A公司因采购一批材料于2020年2月16日开出一张面值为67 800元、期限为5个月的不带息银行承兑汇票,并支付银行承兑手续费35元。增值税专用发票上注明的材料价款为60 000元,增值税额为7 800元。A公司应编制如下会计分录：

(1) 购入材料：

借：材料采购 60 000
　　应交税费——应交增值税(进项税额) 7 800
　　贷：应付票据 67 800

(2) 支付银行承兑手续费：

A公司因购买材料、商品和接受劳务供应等而开出、承兑商业汇票时,所支付的银行承兑汇票手续费应当计入财务费用：

借：财务费用 35
　　贷：银行存款 35

(3) 偿还应付票据：

应付票据到期支付票款时,应按账面余额予以结转,借记"应付票据"科目,贷记"银行存款"科目：

借：应付票据 67 800
　　贷：银行存款 67 800

(4) 转销应付票据：

若应付的银行承兑汇票到期,A公司无力支付,应将应付票据的账面余额转作短期借款：

借：应付票据 67 800
　　贷：短期借款 67 800

2. 带息商业汇票

【例9-20】A公司购进材料一批,材料尚在途中,开出一张期限为3个月的商业承兑汇票,票据年利率4%,票面金额56 500元(其中材料成本50 000元,增值税额6 500元)。A公司应编制如下会计分录：

(1) 购入材料：

借：在途物资 50 000
　　应交税费——应交增值税(进项税额) 6 500
　　贷：应付票据 56 500

(2) 到期清偿：

借：应付票据 56 500
　　财务费用 565
　　贷：银行存款 57 065

利息 $=56\ 500\times 4\%/12\times 3=565$(元)

三、应付账款、预收账款

(一) 应付账款

应付账款是指企业因购买材料、商品和接受劳务等经营活动应支付的款项。应付账款一般按应付金额入账。因债权单位撤销或其他原因,企业无法或无须支付的应付款项应计入当期损益(营业外收入)。

(二) 预收账款

预收账款是指企业按照合同规定向购货单位预收的部分货款或购货定金。预收账款一般按预收金额入账。预收账款的核算应视具体情况而定。如果预收账款较多,可以单独设置"预收账款"科目；如果预收账款不多,可以将预收的款项直接记入"应收账款"科目的贷方,不设置"预收账款"科目。

【例 9 - 21】A 公司向购货单位预收货款 30 000 元存入银行,按合同规定 3 个月后向对方提供甲产品一批,按售价计价 60 000 元,增值税销项税额 7 800 元,购货单位补付货款 37 800 元。A 公司应编制如下会计分录:

借:银行存款　　　　　　　　　　　　　　　　　　　　　　　　30 000
　　贷:预收账款　　　　　　　　　　　　　　　　　　　　　　　　30 000
借:预收账款　　　　　　　　　　　　　　　　　　　　　　　　67 800
　　贷:主营业务收入　　　　　　　　　　　　　　　　　　　　　60 000
　　　　应交税费——应交增值税(销项税额)　　　　　　　　　　7 800
借:银行存款　　　　　　　　　　　　　　　　　　　　　　　　37 800
　　贷:预收账款　　　　　　　　　　　　　　　　　　　　　　　37 800

四、应付股利

应付股利是指企业经股东大会或类似机构审议批准分配的现金股利或利润。企业股东大会或类似机构审议批准的利润分配方案、宣告分派的现金股利或利润,在实际支付前,形成企业的负债。

企业董事会或类似机构通过的利润分配方案中拟分配的现金股利或利润,不应确认为负债,但应在附注中披露。

【例 9 - 22】A 公司在 2020 年 12 月 25 日宣告发放股利,每股现金股利 0.2 元,共计 2 000 万股普通股。股权登记日为 2020 年 12 月 31 日,股利实际发放日为 2021 年 1 月 6 日。A 公司应编制如下会计分录:

(1) 2020 年 12 月 25 日宣告发放股利时:

借:利润分配——应付现金股利　　　　　　　　　　　　　　　4 000 000
　　贷:应付股利　　　　　　　　　　　　　　　　　　　　　　　4 000 000

(2) 2021 年 1 月 6 日实际发放股利时:

借:应付股利　　　　　　　　　　　　　　　　　　　　　　　　4 000 000
　　贷:银行存款　　　　　　　　　　　　　　　　　　　　　　　4 000 000

五、其他应付款

其他应付款是指应付、暂收其他单位或个人的款项,如应付租入包装物租金、存入保证金等。

【例 9 - 23】A 公司 2020 年 7 月 1 日租入一批管理部门使用的包装物,租期 1 年,每月租金 50 000 元,于每季度末按季支付。2020 年 9 月 30 日,A 公司以银行存款支付租入包装物的季度租金 150 000 元。A 公司应编制如下会计分录:

(1) 2020 年 7 月 31 日计提应付租入包装物的月租金时:

借:管理费用　　　　　　　　　　　　　　　　　　　　　　　　50 000
　　贷:其他应付款　　　　　　　　　　　　　　　　　　　　　　50 000

2020年8月31日和9月30日，A公司计提应付租入包装物的月租金时，会计分录与以上2020年7月31日的分录相同。

(2) 2020年9月30日以银行存款支付季度租金时：

借：其他应付款　　　　　　　　　　　　　　　　　　　150 000
　　贷：银行存款　　　　　　　　　　　　　　　　　　　　150 000

> **探究与发现**
>
> 通过上述学习，你现在能否归纳一下各类流动负债的核算特点？

本 章 小 结

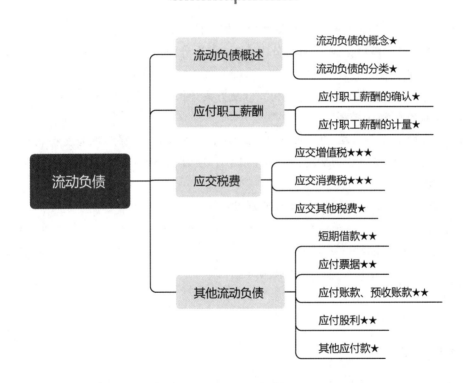

复习与思考题

名词解释

负债　　　　　　流动负债　　　　　职工薪酬　　　　辞退福利
增值税　　　　　消费税　　　　　　短期借款　　　　应付账款
预付账款　　　　应付票据　　　　　应付股利

简答题

1. 简述应付职工薪酬的具体内容。
2. 货币性职工薪酬与非货币性职工薪酬的计量要求有何不同？
3. 简述增值税的征收范围及适用税率。
4. 简述消费税的征收范围及适用税率。
5. 应付账款和应付票据有何不同？

综合题

A公司为增值税一般纳税人，销售商品适用的增值税税率为13%。2020年发生如下业务：

（1）2020年1月，A公司董事会决定将本公司生产的1000件产品作为福利发放给公司管理人员。该批产品的单位成本为1.8万元，市场销售价格为每件2万元（不含增值税税额）。

（2）为调整产品结构，去除冗余产能，2020年A公司推出一项鼓励员工提前离职的计划。该计划范围内涉及的员工共有150人，平均距离退休年龄还有5年。A公司董事会于当年10月20日通过决议，该计划范围内的员工如果申请提前离职，A公司将一次性地向每人支付补偿款50万元。根据计划公布后与员工达成的协议，其中的100人将会申请离职。

（3）2020年，A公司销售额快速增长，对当年度业绩起到了决定性作用。根据A公司当年制订并开始实施的利润分享计划，销售部门员工可以分享当年度净利润2%作为奖励。2020年度实现净利润3 000万元，董事会按照利润分享计划，决议发放给销售部门员工奖励。

（4）A公司共有1 000名职工，从2020年1月1日起，该公司实行累积带薪缺勤制度。该制度规定，每名职工每年可享受5个工作日带薪年休假，未使用的年休假只能向后结转一个日历年度，超过1年未使用的权利作废，不能在职工离开公司时获得现金支付；职工休年休假是以后进先出为基础，即首先从当年可享受的权利中扣除，再从上年结转的带薪年休假的余额中扣除；职工离开公司时，公司对职工未使用的累积带薪年休假不支付现金。2020年12月31日，每个职工当年平均未使用带薪年休假为2天。根据过去的经验并预期该经验将继续适用，A公司预计2021年有900名职工将享受不超过5天的带薪年休假，剩余100名职工平均每人将享受6天半年休假，假定这100名职工全部为总部各部门经理，该公司平均每名职工每个工作日工资为500元。假定至2021年12月31日，上述100名部门经理中有80名享受了6天半年休假，并随同正常工资以银行存款支付；另有20名只享受了5天休假。假定不考虑除增值税以外其他因素的影响。

要求：

1. 根据资料（1）至资料（3），分别编制相关业务的会计分录。

本章综合题
参考答案

2. 根据资料(4),编制 A 公司 2020 年 12 月 31 日与累积带薪缺勤有关的会计分录,以及 A 公司 2021 年 12 月 31 日与 2020 年 12 月 31 日确认的累积带薪缺勤相关的会计分录。

思考题

2020 年 1 月,A 公司发布 2020 年年度业绩预亏公告。该公司说明本期业绩预亏的原因之一为改革工作产生大额的一次性辞退福利支出,预计减少利润总额 4.79 亿元。

该公司发布公告称,为优化资源配置、激发企业活力、建立高度的市场化运作机制,公司第九届董事会第一次会议审议通过了《关于"三项制度"改革实施劳动关系调整计提辞退福利的议案》,同意"未竞聘成功、内部退养等不再参与企业未来经营的人员进行劳动关系调整或协商解除劳动合同,同时,对其中符合条件并协商一致的员工支付劳动关系调整的相关费用"。该议案尚需提交公司股东大会审议。

本次"三项制度"改革《员工劳动关系调整方案》已于 2020 年制定完成,预计涉及劳动关系调整费用的人员合计约 4 623 人。该公司表示,本次计提辞退福利,涉及金额 4.79 亿元,将计入 2020 年当期损益,预计会影响本公司合并报表后的利润总额,实际金额以公司披露的 2020 年年度报告为准。

思考:
1. 试述辞退福利的内容和确认条件。
2. 试述辞退福利与离职后福利的区别。

拓 展 学 习

社会的不断进步以及经济水平的快速提升,对企业的发展质量提出了更高的要求。企业在发展过程中需要依法纳税,以保持国家资金的正常流动。而为了有效地节约企业的发展成本,我国实施了供给侧结构性改革,有效地调整了增值税的税率,目的是能够减轻企业的税负,不断地提升企业在国际中的竞争力。

但是,税率的调整会在一定程度上影响企业的发展方向,进而影响到企业的发展价值。那么,税率的调整对一般纳税人、对高新技术行业以及对小规模纳税人分别会产生什么样的影响呢?对企业价值又会产生哪些影响呢?

第十章

非流动负债

本章教学目标

非流动负债是指偿还期限在1年或者超过1年的一个营业周期的债务,一般包括应付债券、长期借款、长期应付款等。通过本章的学习,学生应了解一般公司债券与可转换公司债券的核算区别,长期借款、长期应付款、专项应付款的核算特点,借款费用的组成、确认原则;熟悉可转换公司债券初始确认时负债成分和权益成分的分拆,长期借款、长期应付款、专项应付款的账务处理以及借款费用资本化的条件;掌握一般公司债券、可转换公司债券以及借款费用的账务处理。

本章核心概念

应付债券;借款费用

导入

A公司是一家房地产公司,为了缓解资金压力,公司拟通过发行债券和长期借款两种方式筹集资金用于项目开发。

A公司发行了为期5年的一般公司债券1 000万元,票面利率为6%,每年年末付息,到期归还本金,市场利率为8%;同时,A公司于2019年1月1日向银行借入为期3年的专门借款1 000万元和为期5年的一般借款500万元。

项目于2019年4月1日开始动工,并于2021年10月1日完工达到预定可使用状态。2021年,该项目因为用工纠纷导致暂停6个月。A公司分别于2019年7月1日、2019年10月1日、2020年10月1日支付工程款项400万元、800万元、1 000万元。

问题:

(1) 票面利率低于市场利率会导致其溢价发行还是折价发行?为什么?

(2) 一般公司债券的会计核算应该如何处理?

(3) 专门借款和一般借款的利息是否都可以资本化?分别从何时开始资本化?

(4) 因为用工纠纷导致项目暂停6个月,其间支付的利息是否可以资本化?

带着这些问题,让我们进入本章的学习。

第一节　非流动负债概述

一、非流动负债的概念

非流动负债又称长期负债,是指偿还期限在1年或者超过1年的一个营业周期的债务,通常是指除流动负债以外的负债。与流动负债相比,非流动负债通常具有如下主要特征:

(1)债务偿还的期限较长。一般偿还期限超过1年,甚至可能会达到3年、5年或更长时间。

(2)债务的金额较大。非流动负债通常为取得非流动资产而发生,因此,非流动负债的金额通常比较大。如企业可能会因为需要购买大型设备而向银行进行长期借款。

(3)偿还方式多样。可以分期偿还,也可以分期付息、到期一次还本,还可以到期一次还本付息。

二、非流动负债的种类

按照债务资金的来源渠道不同,非流动负债可分为应付债券、长期借款和长期应付款等。其中,应付债券主要来源于购买企业债券的投资者;长期借款主要来源于银行或其他金融机构;长期应付款主要来源于其他企业长期债务资金的提供者。

第二节　应付债券

债券是企业为筹集资金而发行的一种书面凭证,它可以用来确定债券发行方和债券购买方的债权债务关系,是企业筹集长期资金的重要渠道。应付债券是指企业由发行债券而形成的偿还期限在1年以上的非流动负债。

企业债券按照可否转换为发行企业的股票,分为可转换公司债券和不可转换公司债券。其中,可转换公司债券是指按照一定条件可以转换为发行企业股票的债券;不可转换公司债券也可称为一般公司债券,是指不可以转换为发行企业股票的债券。债券种类不同,相应的会计核算方法也存在差异。

企业债券一旦发行,企业就承担偿还债券本金和支付债券利息的义务,相应的应付债券也需要确认。企业到期偿付债券的本金和利息后,偿付义务得以解除,相应的应付债券也予以转销。企业应当设置"企业债券备查簿",详细登记企业债券的票面金额、票面利率、还本付息期限与方式、发行总额、发行日期和编号、委托代售单位、转换股份等资料。企业债券到期兑付后,在备查簿中应予注销。

一、一般公司债券

(一) 一般公司债券的要素

一般公司债券包括以下要素：

(1) 债券面值。又称为债券的票面价值，是指企业在发行债券时在票面上注明的价值，即债券到期日所支付的本金额。

(2) 债券利率。也称为票面利率或名义利率，是指债券利息的年利率。

(3) 付息日。债券的利息大多是分期支付的，如每年支付一次，则每年支付的利息额为债券面值乘以票面利率。

(4) 到期日。它是指偿还债券金额的日期。

(二) 公司债券的发行

企业在发行债券时，按照债券发行价格与债券面值的关系，可以有面值发行、溢价发行和折价发行三种发行方式。

如果债券的发行价格与债券面值相等，称为面值发行。如果债券的发行价格大于债券面值，称为溢价发行。债券发行价格大于债券面值的金额，称为债券溢价。如果债券的发行价格小于债券面值，称为折价发行。债券发行价格小于债券面值的金额，称为债券折价。

债券溢价和债券折价主要是由于债券的票面利率与债券发行时的市场利率不同而引起的。当债券的票面利率大于债券发行时的市场利率时，债券溢价发行。债券溢价是企业以后多付出利息而在发行时先从投资者那里得到的补偿。当债券的票面利率小于债券发行时的市场利率时，债券折价发行。债券折价是企业以后少付出利息而在发行时先给投资者的补偿。债券溢价和债券折价是发行债券企业在债券存续期间对债券利息费用的调整。

> **探究与发现**
>
> 通过上述学习，你是否对"导入"提出的第一个问题进行了相关思考，并能够回答这一问题？

企业债券的发行价格可应用复利现值系数表和年金现值系数表计算，即应用复利现值系数表按市场利率计算到期应支付债券面值的现值，应用年金现值系数表按市场利率计算债券各期应按票面利率支付的利息的年金现值，两者现值之和即为债券的价格。

$$债券现值 = 债券面值的现值 + 债券利息的现值$$
$$= 债券面值 \times 复利现值系数 + 债券利息 \times 年金现值系数$$
$$= 债券面值 \times (P/F, i, n) + 债券利息 \times (P/A, i, n)$$

【例10-1】A公司为扩大生产规模，需要筹集资金，于2020年1月1日发行为期5

年、一次还本的债券1 000万元,债券利息每半年支付一次,债券票面利率为年利率6%。

(1) 假定债券发行时市场利率为4%,则上述债券发行时的价格为:

① 债券面值按市场利率4%折算的现值:

因债券在5年后一次还本,到期偿还的1 000万元票面金额的现值,应是债券按市场利率2%(每半年)计算10期复利的现值,即:

$$10\,000\,000 \times (P/F, 2\%, 10) = 10\,000\,000 \times 0.820\,3 = 8\,203\,000(元)$$

② 债券利息按市场利率4%折算的现值:

债券各期的利息为300 000(10 000 000×6%/2)元,共10期,按市场利率2%的年金折算为现值,即:

$$300\,000 \times (P/A, 2\%, 10) = 300\,000 \times 8.982\,6 = 2\,694\,780(元)$$

③ 债券发行价格=8 203 000+2 694 780=10 897 780(元)。

该债券为溢价发行。

(2) 假定债券发行时市场利率为8%,则上述债券发行时的价格为:

① 债券面值按市场利率8%折算的现值:

因债券在5年后一次还本,到期偿还的1 000万元票面金额的现值,应是债券按市场利率4%(每半年)计算10期复利的现值。即:

$$10\,000\,000 \times (P/F, 4\%, 10) = 10\,000\,000 \times 0.675\,6 = 6\,756\,000(元)$$

② 债券利息按市场利率8%折算的现值:

债券各期的利息为300 000(10 000 000×6%/2)元,共10期,按市场利率4%的年金折算为现值,即:

$$300\,000 \times (P/A, 4\%, 10) = 300\,000 \times 8.110\,9 = 2\,433\,270(元)$$

③ 债券发行价格=6 756 000+233 270=9 189 270(元)。

该债券为折价发行。

(3) 假定债券发行时市场利率为6%,则上述债券发行时的价格为:

① 债券面值按市场利率6%折算的现值:

因债券在5年后一次还本,到期偿还的200万元票面金额的现值,应是债券按市场利率3%(每半年)计算10期复利的现值,即:

$$10\,000\,000 \times (P/F, 3\%, 10) = 10\,000\,000 \times 0.744\,1 = 7\,441\,000(元)$$

② 债券利息按市场利率3%折算的现值:

债券各期的利息为300 000(10 000 000×6%/2)元,共10期,按市场利率2%的年金折算为现值,即:

$$300\,000 \times (P/A, 2\%, 10) = 300\,000 \times 8.53 = 2\,559\,000(元)$$

③ 债券发行价格 = 7 441 000 + 2 559 000 = 10 000 000(元)。

该债券为平价发行。

(三) 公司债券的会计核算

为核算应付债券的业务,企业应设置"应付债券"总账科目。在"应付债券"科目下设置"面值""应计利息"和"利息调整"等明细科目。

企业发行一般公司债券时,无论是按面值发行还是溢价发行或折价发行,均按债券面值贷记"应付债券——面值",按实际收到的款项借记"银行存款""库存现金"等科目,实际收到的款项与面值的差额,即债券的溢价或折价,记入"应付债券——利息调整"。

利息调整应在债券存续期间采用实际利率法进行摊销。实际利率法,是指按照应付债券的实际利率计算其摊余成本及各期利息费用的方法;实际利率,即市场利率,是指将应付债券在债券存续期间的未来现金流量折现为该债券当前账面价值所使用的利率。

公司债券的利息应视不同的还本付息方式区别对待。资产负债表日,对于分期付息、一次还本的债券,企业应按应付债券的摊余成本和实际利率计算确定的债券利息费用,借记"在建工程""制造费用""财务费用"等科目,按票面利率计算确定的应付未付利息,贷记"应付利息"科目,按其差额借记或贷记"应付债券——利息调整"。而对于一次还本付息的债券,应于资产负债表日按摊余成本和实际利率计算确定的债券利息费用借记"在建工程""制造费用""财务费用"等科目,按票面利率计算确定的应付未付利息贷记"应付债券——应计利息"科目,按其差额借记或贷记"应付债券——利息调整"科目。

企业发行的债券在到期时应当予以偿还。对于分期付息、到期一次还本的债券,企业在支付各期的债券利息后,到期时只需要偿还债券本金。对于到期一次还本付息的债券,企业在债券到期时需要同时偿还债券本金以及支付债券利息。

对于分期付息、到期一次还本的债券,企业在债券到期偿还债券本金时,借记"应付债券——面值"科目,贷记"银行存款"等科目。对于到期一次还本付息的债券,企业在债券到期偿还债券本金并支付债券利息时,借记"应付债券——面值""应付债券——应计利息"科目,贷记"银行存款"等科目。

1. 债券平价发行的核算

【例10-2】2017年1月1日,A公司经批准发行5年期一次还本、分期付息的公司债券1 000万元,债券利息在每年12月31日支付,票面利率为年利率6%。A公司债券为平价发行。A公司应编制如下会计分录:

(1) 2017年1月1日发行公司债券:

借:银行存款　　　　　　　　　　　　　　　　　　　10 000 000
　　贷:应付债券——面值　　　　　　　　　　　　　　　　　10 000 000

(2) 2017年12月31日计算利息费用：

借：财务费用　　　　　　　　　　　　　　　　　　　　　600 000
　　贷：应付利息　　　　　　　　　　　　　　　　　　　　　　　600 000

支付利息时：

借：应付利息　　　　　　　　　　　　　　　　　　　　　600 000
　　贷：银行存款　　　　　　　　　　　　　　　　　　　　　　　600 000

2018、2019、2020年确认利息费用的会计处理同2017年。

(3) 2021年12月31日归还债券本金及最后一期的利息：

借：财务费用　　　　　　　　　　　　　　　　　　　　　600 000
　　应付债券——面值　　　　　　　　　　　　　　　　10 000 000
　　贷：银行存款　　　　　　　　　　　　　　　　　　　　　10 600 000

2. 债券溢价发行及其摊销的核算

【例10-3】沿用例10-2的资料，假定A企业发行债券时市场利率为5%，票面利率为年利率6%。A公司的债券应溢价发行。

A公司该批债券实际发行价格 = 债券面值 $\times (P/F, 5\%, 5)$ + 债券利息 $\times (P/A, 5\%, 5)$
　　　　　　　　　　　　　= $10\,000\,000 \times 0.783\,5 + 10\,000\,000 \times 6\% \times 4.329\,5$
　　　　　　　　　　　　　= $10\,432\,700$(元)

A公司根据上述资料，采用实际利率法和摊余成本计算确定的利息费用，如表10-1所示。

表 10-1　　　　　　　　　　　债券溢价摊销计算表　　　　　　　　　　单位：元

付息日期	支付利息	利息费用	溢价摊销	应付债券摊余成本
2017.1.1				10 432 700
2017.12.31	600 000	521 635	78 365	10 354 335
2018.12.31	600 000	517 717	82 283	10 272 052
2019.12.31	600 000	513 603	86 397	10 185 655
2020.12.31	600 000	509 283	90 717	10 094 938
2021.12.31	600 000	505 062*	94 938*	10 000 000

注：*表示该数据经过尾差调整

A公司根据表10-1资料编制如下会计分录：

(1) 2017年1月1日发行公司债券：

借：银行存款　　　　　　　　　　　　　　　　　　　10 432 700
　　贷：应付债券——面值　　　　　　　　　　　　　　　10 000 000
　　　　　　　　——利息调整　　　　　　　　　　　　　　432 700

(2) 2017年12月31日计算利息费用：

借：财务费用　　　　　　　　　　　　　　　　　　　　521 635
　　应付债券——利息调整　　　　　　　　　　　　　　　78 365
　　贷：应付利息　　　　　　　　　　　　　　　　　　　600 000

2018、2019、2020年确认利息费用的会计处理同2017年，但金额参照表10-1。

债券溢价实际上是整个债券存续期内企业利息费用的一项调整，即高于票面金额收入的溢价部分要在整个存续期内逐期在利息费用支出中扣除。这种逐期调整利息费用的方法称为摊销，摊销的方法应采用实际利率法。

(3) 2021年12月31日归还债券本金及最后一期利息：

借：财务费用　　　　　　　　　　　　　　　　　　　　505 062
　　应付债券——面值　　　　　　　　　　　　　　　　10 000 000
　　　　　　　　——利息调整　　　　　　　　　　　　　　94 938
　　贷：银行存款　　　　　　　　　　　　　　　　　　10 600 000

3. 债券折价发行及其摊销的核算

【例10-4】沿用例10-2的资料，假定A企业发行债券时市场利率为7%，票面利率为年利率6%。A公司的债券应折价发行。

A公司该批债券实际发行价格 = 债券面值 × (P/F,7%,5) + 债券利息 × (P/A,7%,5)
　　　　　　　　　　　　　　= 10 000 000 × 0.713 0 + 10 000 000 × 6% × 4.100 2
　　　　　　　　　　　　　　= 9 590 120(元)

A公司根据上述资料，采用实际利率法和摊余成本计算确定的利息费用如表10-2所示。

表10-2　　　　　　　　　　债券折价摊销计算表　　　　　　　　　单位：元

付息日期	支付利息	利息费用	折价摊销	应付债券摊余成本
2017.1.1				9 590 120
2017.12.31	600 000	671 308	71 308	9 661 428
2018.12.31	600 000	676 300	76 300	9 737 728
2019.12.31	600 000	681 641	81 641	9 819 369
2020.12.31	600 000	687 356	87 356	9 906 725
2021.12.31	600 000	693 275*	93 275*	10 000 000

注：* 表示该数据经过尾差调整

A公司根据表10-2的资料编制如下会计分录：

(1) 2017年1月1日发行公司债券：

借：银行存款　　　　　　　　　　　　　　　　9 590 120
　　应付债券——利息调整　　　　　　　　　　　 409 880
　　贷：应付债券——面值　　　　　　　　　　　　　　　10 000 000

(2) 2017年12月31日计算利息费用：

借：财务费用　　　　　　　　　　　　　　　　 671 308
　　贷：应付利息　　　　　　　　　　　　　　　　　　　 600 000
　　　　应付债券——利息调整　　　　　　　　　　　　　　71 308

2018、2019、2020年确认利息费用的会计处理同2017年，但金额参照表10-2。

由于折价实际是对利息费用的调整，债券的折价应逐期转为利息费用支出，所以债券折价也应采用实际利率法而逐期摊销。

(3) 2021年12月31日归还债券本金及最后一期利息：

借：财务费用　　　　　　　　　　　　　　　　 693 275
　　应付债券——面值　　　　　　　　　　　　 10 000 000
　　贷：银行存款　　　　　　　　　　　　　　　　　　　10 600 000
　　　　应付债券——利息调整　　　　　　　　　　　　　　93 275

> **探究与发现**
>
> 通过上述学习，你是否对"导入"所提出的第二个问题进行了相关思考并能够回答这一问题？

二、可转换公司债券

(一) 可转换公司债券的概念

可转换公司债券是指企业依照法定程序发行，在一定期间依据约定的条件可以转换成股份的企业债券。可转换公司债券既具有债券的性质，又具有股票的性质，是一种混合型有价证券。

(二) 可转换公司债券的计量

企业发行的可转换公司债券，应当在初始确认时将其包含的负债成分和权益成分进行分拆，将负债成分确认为应付债券，将权益成分确认为其他权益工具。在进行分拆时，应当先对负债成分的未来现金流量进行折现确定负债成分的初始确认金额，再按发行价格总额扣除负债成分初始确认金额后的金额确定权益成分的初始确认金额。发行可转换公司债券发生的交易费用，应当在负债成分和权益成分之间按照各自的相对公允价值进行分摊。

发行可转换公司债券，企业应按实际收到的金额借记"银行存款"等科目，按该项可转换公司债券包含的负债成分的面值贷记"应付债券——可转换公司债券（面值）"科目，按权益成分的公允价值贷记"其他权益工具"科目，按其差额借记或贷记"应付债券——可转换公司债券（利息调整）"科目。

对于可转换公司债券的负债成分，在其转换为股份前，其会计处理与一般公司债券相同，即按照实际利率和摊余成本确认利息费用，按照面值和票面利率确认应付利息，差额作为利息调整进行摊销。可转换公司债券持有者在债券存续期间行使转换权利，将可转换公司债券转换为股份时，对于债券面额不足转换1股股份的部分，企业应当以现金偿还。

可转换公司债券持有人行使转换权利，将其持有的债券转换为股票，按可转换公司债券的余额，借记"应付债券——可转换公司债券（面值、利息调整）"科目，按其权益成分的金额借记"其他权益工具"科目，按股票面值和转换的股数计算的股票面值总额贷记"股本"科目，按其差额贷记"资本公积——股本溢价"科目。如用现金支付不可转换股票的部分，还应贷记"银行存款"等科目。

企业发行附有赎回选择权的可转换公司债券，其在赎回日可能支付的利息补偿金，即债券约定赎回期届满时应当支付的利息减去应付债券票面利息的差额，应当在债券发行日至债券约定赎回届满日期间计提应付利息，计提的应付利息按借款费用的处理原则处理，即利息补偿金视为债券利息，于计提债券利息时计提，计入在建工程或财务费用等。

第三节 长期借款和长期应付款

一、长期借款

长期借款，是指企业从银行或其他金融机构借入的期限在1年以上（不含1年）的各项借款。企业借入的长期借款，一般用于固定资产的购建、改扩建或大修理工程，或用于其他能提高企业长期经营能力的方面。

为了总括核算和监督企业长期借款的借入、应计利息以及还本付息情况，应设置"长期借款"总账科目。该科目可按照贷款单位和贷款种类设置明细账，分别以"本金""利息调整"等进行明细核算。

企业借入长期借款，应按实际收到的现金净额借记"银行存款"科目，按借款的本金贷记"长期借款——本金"科目，按其差额借记或贷记"长期借款——利息调整"科目。

长期借款计算确定的利息费用，应当按以下原则计入有关成本或费用。属于筹建期间的，计入管理费用；属于生产经营期间的，计入财务费用；若与固定资产购建有关，在固定资产达到预定可使用状态之前发生的利息支出，应当计入工程成本；在固定资产达到预定可使用状态之后发生的利息支出，应计入当期损益。归还长期借款本金时，借记"长期借款——本金"，贷记"银行存款"科目。同时，按应转销的利息调整余额，贷记或借记"长期借款——利息调整"科目。长期借款的利息为每年付息的，应当通过"应付利息"科目进行核算；长期借款的利息为到期一次还本付息的,应当通过"长期借款——应计利息"科目进行核算。

【例 10-5】2017 年 1 月 1 日,A 公司为建造厂房向银行借入长期借款 6 000 000 元,已将其存入银行,借款期限为 3 年,合同年利率 10%,单利计算,到期一次还本付息。利息采用每月预提的方法。款项借入后,以银行存款支付工程价款 5 900 000 元,该厂房一年建造完成并达到预定可使用状态,结转固定资产价值。A 公司应编制如下会计分录:

(1) 2017 年 1 月 1 日取得借款时:

借:银行存款　　　　　　　　　　　　　　　　　　　6 000 000
　　贷:长期借款——本金　　　　　　　　　　　　　　6 000 000

支付工程价款时:

借:在建工程　　　　　　　　　　　　　　　　　　　5 900 000
　　贷:银行存款　　　　　　　　　　　　　　　　　　5 900 000

(2) 2017 年 1 月至 2017 年 12 月每月月末预提利息时:

借:在建工程　　　　　　　　　　　　　　　　　　　　50 000
　　贷:长期借款——应计利息　　　　　　　　　　　　　50 000

(3) 工程完工交付使用时,按实际成本(5 900 000＋600 000)计入资产价值:

借:固定资产　　　　　　　　　　　　　　　　　　　6 500 000
　　贷:在建工程　　　　　　　　　　　　　　　　　　6 500 000

(4) 2018 年 1 月至 2019 年 12 月,每月月末预提利息时:

借:财务费用　　　　　　　　　　　　　　　　　　　　50 000
　　贷:长期借款——应计利息　　　　　　　　　　　　　50 000

(5) 到期偿还本息时:

借:长期借款——本金　　　　　　　　　　　　　　　6 000 000
　　　　　　——应计利息　　　　　　　　　　　　　1 800 000
　　贷:银行存款　　　　　　　　　　　　　　　　　　7 800 000

【例 10-6】2017 年 1 月 1 日,某企业向银行借入为期 2 年的长期借款 100 000 元,单利计算,分期付息,到期一次还本,利息按年计算。该企业实际收到银行借款额为 98 130 元,借款合同利率为 4%,实际利率为 5%。该企业应编制如下会计分录:

(1) 2017 年 1 月 1 日取得借款时:

借:银行存款　　　　　　　　　　　　　　　　　　　　98 130
　　长期借款——利息调整　　　　　　　　　　　　　　1 870
　　贷:长期借款——本金　　　　　　　　　　　　　　100 000

(2) 2017 年 12 月 31 日计提利息时:

借:财务费用　　　　　　　　　　　　　　　　　　　　4 907
　　贷:应付利息　　　　　　　　　　　　　　　　　　　4 000
　　　　长期借款——利息调整　　　　　　　　　　　　　907

支付利息时：

借：应付利息　　　　　　　　　　　　　　　　　　　4 000
　　贷：银行存款　　　　　　　　　　　　　　　　　　　　4 000

（3）2018年12月31日还本付息时：

借：长期借款——本金　　　　　　　　　　　　　　100 000
　　财务费用　　　　　　　　　　　　　　　　　　　4 963
　　应付利息　　　　　　　　　　　　　　　　　　　4 000
　　贷：银行存款　　　　　　　　　　　　　　　　　　　108 000
　　　　长期借款——利息调整　　　　　　　　　　　　　　963

若实际利率与合同约定的名义利率差异较小，也可以采用合同约定的名义利率确定利息费用，以便简化计算。

二、长期应付款

（一）长期应付款的概念

长期应付款，是指企业除长期借款和应付债券以外的其他各种长期应付款项，包括以分期付款方式购入固定资产发生的应付款项等。

（二）长期应付款的确认

企业延期付款购买资产，如果延期支付的购买价款超过正常信用条件，实质上具有融资性质的，所购买资产的成本应当以延期支付购买价款的现值为基础确定。实际支付的价款确认为长期应付款，实际支付的价款与购买价款的现值之间的差额，应当在信用期间采用实际利率法进行摊销，计入相关资产成本或当期损益。

（三）长期应付款的核算

企业发生的各种长期应付款项，应当在"长期应付款"总账科目下，按长期应付款的种类或债权人进行明细核算。

企业购入的超过正常信用条件延期支付价款的资产，应按购买价款的现值借记"固定资产""在建工程"等科目，按应付的金额贷记"长期应付款——应付××单位款"科目，按其差额借记"未确认融资费用"科目。按期支付的价款借记"长期应付款——应付××单位款"科目，贷记"银行存款"等科目，同时摊销未确认融资费用，借记"财务费用"等科目，贷记"未确认融资费用"等科目。

【例10-7】2017年1月1日，某企业以分期付款方式购入一台不需要安装的机器作为固定资产使用，该机器已收到，总价款为2 000万元，分3年支付，2017年年底支付1 000万元，2018年年底支付600万元，2019年年底支付400万元。假定该公司3年期银行借款年利率为6%。已知：$(P/F, 6\%, 1) = 0.9434$；$(P/F, 6\%, 2) = 0.8900$；$(P/F, 6\%, 3) = 0.8396$。该企业应编制如下会计分录：

(1) 2017年1月1日：

借：固定资产	1 813.24	
未确认融资费用	186.76	
贷：长期应付款		2 000

(2) 2017年12月31日：

借：财务费用	108.79	
贷：未确认融资费用		108.79
借：长期应付款	1 000	
贷：银行存款		1 000

(3) 2018年12月31日：

借：财务费用	55.32	
贷：未确认融资费用		55.32
借：长期应付款	600	
贷：银行存款		600

(4) 2019年12月31日：

借：财务费用	22.65	
贷：未确认融资费用		22.65
借：长期应付款	400	
贷：银行存款		400

除长期借款和长期应付款外，非流动负债还包括专项应付款等。专项应付款，是指企业取得政府作为企业所有者投入的具有专项或特定用途的款项。

企业收到或应收的资本性拨款，借记"银行存款"等科目，贷记"专项应付款"科目。将专项或特定用途的拨款用于工程项目，借记"在建工程"等科目，贷记"银行存款""应付职工薪酬"等科目。工程项目完工形成长期资产的部分，借记"专项应付款"科目，贷记"资本公积——资本溢价或股本溢价"科目；对未形成长期资产需要核销的部分，借记"专项应付款"科目，贷记"在建工程"等科目；拨款结余需要返还的，借记"专项应付款"科目，贷记"银行存款"科目。上述资本溢价转增实收资本或股本的，借记"资本公积——资本溢价或股本溢价"科目，贷记"实收资本"或"股本"科目。

第四节　借款费用

一、借款费用的组成

借款费用是指企业因借款而发生的利息及其他相关成本。借款费用包括借款利息、溢价或者折价的摊销、辅助费用以及因外币借款而发生的汇兑差额等。

(一) 借款利息

借款利息包括企业向银行或者其他金融机构等借入资金发生的利息、发行公司债券发生的利息,以及为购建或者生产符合资本化条件的资产而发生的带息债务所承担的利息等。

(二) 溢价或者折价的摊销

溢价或者折价的摊销主要包括发行公司债券等所发生的折价或者溢价在每期的摊销金额。

(三) 辅助费用

辅助费用包括企业在借款过程中发生的诸如手续费、佣金、印刷费等交易费用。

(四) 因外币借款而发生的汇兑差额

因外币借款而发生的汇兑差额是指由于汇率变动导致市场汇率与账面汇率出现差异,从而对外币借款本金及其利息的记账本位币金额产生的影响。例如,某企业发生借款手续费10万元,发行公司债券佣金1 100万元,发行公司债券超面值的溢价额6 000万元,发行公司股票佣金2 100万元,借款利息210万元。这些数据中,借款手续费10万元、发行公司债券佣金1 100万元和借款利息210万元均属于借款费用。但是,发行公司股票属于公司股权性融资性质,不属于借款范畴,相应地,所发生的佣金2 100万元也不属于借款费用范畴;另外,发行公司债券超面值的溢价额6 000万元也不属于借款费用范畴。这两项均不应作为借款费用进行会计处理。

借款费用可以分为专门借款和一般借款。专门借款是指为购建或者生产符合资本化条件的资产而专门借入的款项。专门借款应当有明确的专门用途,即为购建或者生产某项符合资本化条件的资产而专门借入的款项,通常应当有标明专门用途的借款合同。一般借款是指除专门借款之外的借款,一般借款在借入时,其用途通常没有特指必须用于符合资本化条件的资产的购建或者生产。

二、借款费用的确认

(一) 借款费用的确认原则

企业发生的借款费用,可直接归属于符合资本化条件的资产的购建或者生产的,应当予以资本化,计入符合资本化条件的资产成本。其他借款费用,应当在发生时根据其发生额计入当期损益。

符合资本化条件的资产,是指需要经过相当长时间的购建或者生产活动才能达到预定可使用或者可销售状态的固定资产、投资性房地产和存货等资产。

符合借款费用资本化条件的存货,主要包括房地产开发企业开发的用于对外出售的房地产开发产品、企业制造的用于对外出售的大型机器设备等。这类存货通常需要经过相当长时间的建造或者生产过程才能达到预定可销售状态。其中"相当长时间"是指为资产的购建或者生产所必需的时间,通常为1年以上(含1年)。企业购入即可使用的资产,或者购入后需要安装但所需安装时间较短的资产,或者需要建造或生产但所需建造或生产时间较短的资产,均不属于符合资本化条件的资产。

(二) 借款费用应予以资本化的借款范围

借款费用予以资本化的借款范围既包括专门借款,也包括一般借款。其中,对于一般借款,只有在购建或者生产符合资本化条件的资产占用了一般借款时,才应将与一般借款相关的借款费用资本化;否则,所发生的借款费用应当计入当期损益。

(三) 借款费用予以资本化的时间范围

借款费用资本化期间,是指从借款费用开始资本化时点到停止资本化时点的期间,但借款费用暂停资本化的期间不包括在内。只有发生在资本化期间的借款费用才允许资本化,它是借款费用确认和计量的重要前提。

1. 借款费用开始资本化时点的确定

借款费用同时满足下列条件的,才能开始资本化:① 资产支出已经发生。资产支出包括为购建或者生产符合资本化条件的资产而以支付现金、转移非现金资产或者承担带息债务形式发生的支出。例如,某企业将自己生产的产品,包括自己生产的水泥、钢材等,用于符合资本化条件的资产的建造或者生产,同时,企业还将自己生产的产品向其他企业换取用于符合资本化条件的资产的建造或者生产所需用工程物资,这些产品成本均属于资产支出。② 借款费用已经发生。③ 为使资产达到预定可使用或者可销售状态所必要的购建或者生产活动已经开始。

只有在上述三个条件同时满足的情况下,有关借款费用才可开始资本化,只要其中有一个条件没有满足,借款费用就不能开始资本化。例如:① 专门借款费用已发生,实体建造工作已开始,但所需物资都是赊购且不带息。这种情况仅满足第二、第三个资本化条件,没有满足第一个资本化条件。② 用银行存款购置了工程物资且已动工兴建,但专门借款资金尚未到位。这种情况仅满足第一、第三个资本化条件,没有满足第二个资本化条件。③ 用银行存款购置了水泥、钢材,专门借款已开始计息,但尚未动工兴建。这种情况仅满足第一、第二个资本化条件,没有满足第三个资本化条件。所以,这三种情况的借款费用均不得资本化。

> **探究与发现**
>
> 通过上述学习,你是否对"导入"提出的第三个问题进行了相关思考,并能够回答这一问题?

2. 借款费用暂停资本化时点的确定

符合资本化条件的资产在购建或者生产过程中发生非正常中断且中断时间连续超过3个月的,应当暂停借款费用的资本化。在中断期间所发生的借款费用,应当计入当期损益,直至购建或者生产活动重新开始。但是,如果中断是使所购建或者生产的符合资本化条件的资产达到预定可使用或者可销售状态必要的程序,所发生的借款费用应当继续资本化。

非正常中断,通常是由于企业管理决策上的原因或者其他不可预见的原因等所导致的中断。例如，企业因与施工方发生了质量纠纷，或者工程、生产用料没有及时供应，或者资金周转出现了困难，或者施工、生产发生了安全事故，或者发生了与资产购建、生产有关的劳动纠纷等原因，导致资产购建或者生产活动发生中断，均属于非正常中断。

正常中断，通常仅限于因购建或者生产符合资本化条件的资产达到预定可使用或者可销售状态所必要的程序，或者事先可预见的不可抗力因素导致的中断。例如，某些工程建造到一定阶段必须暂停下来进行质量或者安全检查，检查通过后才可继续下一阶段的建造工作，这类中断是在施工前可以预见的，而且是工程建造必须经过的程序，属于正常中断。又如，某些地区的工程在建造过程中，由于可预见的不可抗力因素（如雨季或冰冻季节等原因）导致施工出现停顿，也属于正常中断。再如，某企业在北方某地建造某工程期间正遇冰冻季节，工程施工因此中断，待冰冻季节过后方能继续施工。由于该地区在施工期间出现较长时间的冰冻为正常情况，由此导致的施工中断是可预见的不可抗力因素导致的中断，属于正常中断。

> **探究与发现**
>
> 通过上述学习，你是否对"导入"提出的第四个问题进行了相关思考，并能够回答这一问题？

3. 借款费用停止资本化时点的确定

购建或者生产符合资本化条件的资产达到预定可使用或者可销售状态时，借款费用应当停止资本化。在符合资本化条件的资产达到预定可使用或者可销售状态之后所发生的借款费用，应当在发生时根据其发生额确认为费用，计入当期损益。

资产达到预定可使用或者可销售状态，是指所购建或者生产的符合资本化条件的资产已经达到建造方、购买方或者企业自身等预先设计、计划或者合同约定的可以使用或者可以销售的状态。企业在确定借款费用停止资本化的时点时需要运用职业判断，应当遵循实质重于形式的原则，针对具体情况，依据经济实质判断所购建或者生产的符合资本化条件的资产达到预定可使用或者可销售状态的时点。具体可从以下几个方面进行判断：

（1）符合资本化条件的资产的实体建造（包括安装）或者生产工作已经全部完成或者实质上已经完成。

（2）所购建或者生产的符合资本化条件的资产与设计要求、合同规定或者生产要求相符或者基本相符，即使有极个别与设计、合同或者生产要求不相符的地方，也不影响其正常使用或者销售。

（3）继续发生在所购建或生产的符合资本化条件的资产上的支出金额很少或者几乎不再发生。

购建或者生产符合资本化条件的资产需要试生产或者试运行的，在试生产结果表明资产能够正常生产出合格产品，或者试运行结果表明资产能够正常运转或者营业时，应当认为该资产已经达到预定可使用或者可销售状态。

在符合资本化条件的资产的实际购建或者生产过程中,如果所购建或者生产的资产分别建造、分别完工,企业也应当遵循实质重于形式的原则,区别下列情况,界定借款费用停止资本化的时点:

(1) 所购建或者生产的符合资本化条件的资产的各部分分别完工,且每部分在其他部分继续建造或者生产过程中可供使用或者可对外销售,且为使该部分资产达到预定可使用或可销售状态所必要的购建或者生产活动实质上已经完成的,应当停止与该部分资产相关的借款费用的资本化,因为该部分资产已经达到了预定可使用或者可销售状态。

(2) 购建或者生产的资产的各部分分别完工,但必须等到整体完工后才可使用或者对外销售的,应当在该资产整体完工时停止借款费用的资本化。在这种情况下,即使各部分资产已经完工,也不能认为该部分资产已经达到了预定可使用或者可销售状态,企业只能在所购建或者生产的资产整体完工时,才能认为资产已经达到了预定可使用或者可销售状态,借款费用才可停止资本化。

表 10-3　　　　　　　　　　暂停资本化和停止资本化的对比

	时　　点	会计处理
借款费用暂停资本化	发生非正常中断、且中断时间连续超过 3 个月	确认为费用,计入当期损益
借款费用停止资本化	资产达到预定可使用或者可销售状态	确认为费用,计入当期损益

三、借款费用的计量

(一) 借款利息资本化金额的确定

在借款费用资本化期间,每一会计期间的利息(包括折价或溢价的摊销)资本化金额,应当按照下列方法确定:

(1) 为购建或者生产符合资本化条件的资产而借入专门借款的,应当以专门借款当期实际发生的利息费用,减去将尚未动用的借款资金存入银行取得的利息收入或进行暂时性投资取得的投资收益后的金额确定。

(2) 为购建或者生产符合资本化条件的资产而占用了一般借款的,企业应当根据累计资产支出超过专门借款部分的资产支出加权平均数乘以所占用一般借款的资本化率,计算确定一般借款应予资本化的利息金额。资本化率应当根据一般借款加权平均利率计算确定。有关计算公式如下:

一般借款利息费用资本化金额＝累计资产支出超过专门借款部分的资产支出
　　　　　　　　　　　　　　加权平均数×所占用一般借款的资本化率

所占用一般借款的资本化率＝所占用一般借款加权平均利率
＝占用一般借款当期实际发生利息之和÷
占用一般借款本金加权平均数

所占用一般借款本金加权平均数＝$\sum$（所占用每笔一般借款本金×每笔一般借款在当期所占用的天数／当期天数）

(3) 借款存在折价或者溢价的，应当按照实际利率法确定每一会计期间应摊销的折价或者溢价金额调整每期利息金额。在资本化期间，每一会计期间的利息资本化金额，不应当超过当期相关借款实际发生的利息金额。

【例10-8】A公司2020年1月1日动工兴建一栋办公楼，年底完工达到预定可使用状态。工程采用出包方式，于2020年的1月1日、7月1日分别支付工程进度款1 500万元、2 500万元。

A公司为此项工程发生两笔专门借款：① 2020年1月1日专门借款2 000万元，期限3年，年利率8%，利息按年支付；② 2020年7月1日专门借款2 000万元，期限5年，年利率10%，利息按年支付。闲置专门借款资金均用于固定收益债券短期投资，已知投资月收益率为0.5%。计算2020年专门借款利息资本化金额。

A公司应作如下会计处理：

2020年专门借款利息资本化金额＝2 000×8%＋2 000×10%×6/12－500×0.5%×6
＝160＋100－15＝245（万元）

2020年年末专门借款计息的会计分录：

借：在建工程	2 450 000
财务费用	150 000
贷：应付利息	2 600 000

(二) 借款辅助费用、外币借款汇兑差额资本化金额的确定

专门借款发生的辅助费用，在所购建或者生产的符合资本化条件的资产达到预定可使用或者可销售状态之前发生的，应当在发生时根据其发生额予以资本化，计入符合资本化条件的资产的成本；在所购建或者生产的符合资本化条件的资产达到预定可使用或者可销售状态之后发生的，应当在发生时根据其发生额确认为费用，计入当期损益。借款实际利率与合同利率差异较小的，也可以采用合同利率计算确定利息费用。

一般借款发生的辅助费用，也应当按照上述原则确定其发生额并进行处理。

在资本化期间，外币专门借款本金及利息的汇兑差额应当予以资本化，计入符合资本化条件的资产成本。而除外币专门借款之外的其他外币借款本金及其利息所产生的汇兑差额应当作为财务费用，计入当期损益。

本 章 小 结

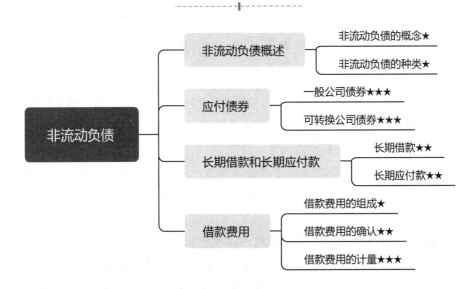

复习与思考题

名词解释

非流动负债　　　公司债券　　　可转换公司债券　　　实际利率法
债券溢价　　　　债券折价　　　长期应付款　　　　　专项应付款
借款费用　　　　借款辅助费用　专门借款　　　　　　一般借款

简答题

1. 借款费用包括哪些主要内容？
2. 借款费用资本化的条件有哪些？借款费用的资本化期间如何确定？
3. 符合资本化条件的资产的购建或者生产发生的正常中断和非正常中断如何区分？
4. 专门借款和一般借款费用的资本化金额分别如何计算确定？如何进行账务处理？

综合题

A公司拟自建厂房，与该厂房建造相关的情况如下：

(1) 2020年1月1日，A公司按面值发行公司债券，专门筹集厂房建设资金。该公司债券为3年期分期付息、到期还本、不可提前赎回的债券，面值为20 000万元，票面年利率为7%，发行所得20 000万元存入银行。

(2) A公司除上述所发行公司债券外，还存在两笔流动资金借款：一笔于2020年1月1日借入，本金为5 000万元，年利率为6%，期限为3年；另一笔于2021年1月1日借入,本金为3 000万元,年利率为8%,期限为5年。

(3) 厂房建造工程于2020年1月1日开工,采用外包方式进行。有关建造支出情况如下:2020年1月1日,支付建造商15 000万元;2020年7月1日,支付建造商5 000万元;2021年1月1日,支付建造商4 000万元;2021年7月1日,支付建造商2 000万元。

(4) 2021年12月31日,该工程达到预定可使用状态。A公司将闲置的借款资金投资于固定收益债券,月收益率为0.3%。假定一年为360天,每月按30天计算。

要求:
1. 编制A公司2020年1月1日发行债券的会计分录。
2. 计算2020年资本化的利息金额,并编制会计分录。
3. 计算2021年建造厂房资本化及费用化的利息金额,并编制会计分录。

本章综合题
参考答案

思考题

2020年1月,B公司公布,根据《B公司2021年面向合格投资者公开发行住房租赁专项公司债券(第一期)发行公告》,该公司2021年面向合格投资者公开发行住房租赁专项公司债券(第一期)的发行规模不超过人民币30亿元(含30亿元)。

本期债券主要分为两个品种,品种一期限为3年期,实际发行规模19亿元,票面利率为3.38%;品种二期限为7年,实际发行规模11亿元,票面利率为3.98%。本期债券采取网下面向合格投资者公开发行的方式发行。

思考:
1. 简述应付债券折价和溢价产生的原因。
2. 应付债券的利息费用应如何计算认定?
3. 发行可转换公司债券,应当如何分析包含的负债成分和权益成分?

拓 展 学 习

为了推动企业的进一步发展,借款逐渐成为企业实际运行中经常出现的现象,企业借款费用资本化对企业的发展具有至关重要的影响。首先,企业可以借助借款费用资本化,减少其财务费用支出,提高当期利润,扩大企业资产范围;其次,在企业进行融资的过程中,利用借款费用资本化可以减少企业的费用;最后,借款费用资本化可以延后企业确认成本费用的时间,减少企业相关的利息费用,增强企业偿还债务的能力。

但是,借款费用资本化过程中也存在许多问题。例如,在企业的实际运营中,出于节约时间成本的目的,企业往往选择同时开展多个项目,涉及的金额较为复杂,借款无法和项目一一对应;对于企业一般借款以及专项借款,企业不能做到全方位统筹,对企业的自有资金和借款资金没有进行合理划分,严重影响企业的生产成本;企业在进行借款金额的确定时,涉及借款费用的折价、摊销以及利息的处理等,这些项目需要企业有明确的规定,导致企业在进行实际的计算时,过程复杂,极易引发错误,降低企业财务人员的工作效率等。那么,我们应该如何应对这些问题呢?

第十一章

所有者权益

本章教学目标

所有者权益是指企业总资产扣除负债,由所有者享有的剩余权益。通过本章的学习,学生应了解所有者权益的概念、不同类型的公司对于实收资本的有关规定、留存收益的特性;熟悉其他权益工具以及其他综合收益的内容以及实际业务操作中账务处理的流程、留存收益的构成;掌握不同类型的公司实收资本的账务处理、资本公积转增资本的具体要求、盈余公积以及未分配利润的用途及其相关规定,并掌握其在企业实际应用中不同情况下的账务处理。

本章核心概念

实收资本;资本公积;留存收益

导入

A 公司 2020 年年初所有者权益总额为 36 000 万元,其中股本 12 000 万元、资本公积 8 000 万元、盈余公积 6 000 万元、未分配利润 10 000 万元。2020 年 7 月 2 日,A 公司接收了投资人李某的一个厂房,合同价格为 500 万元(与公允价值相符),增值税额 85 万元;A 公司增加股本 400 万元。2020 年 10 月 2 日,公司预计扩大生产规模,经股东大会批准,将盈余公积 2 400 万元转增资本;10 月底,公司增资手续已办妥,增发普通股 1 600 万股,每股面值 1 元,每股发行价格为 2.5 元,发行款项已收到并存入银行。

问题:

(1) 李某最终投资额为多少?应该如何进行核算?

(2) A 公司 2020 年 7 月进行的增资对所有者权益有怎样的影响?

(3) A 公司 2020 年 10 月增资与 7 月增资的方式有何不同?影响分别是怎么样的?

(4) 公司发行股票对资本公积的影响是什么?是如何核算的?

(5) 所有者权益还包含哪些内容?

带着以上问题,让我们进入本章的学习。

第一节 所有者权益概述

一、所有者权益的概念

所有者权益又称"股东权益",是指企业总资产扣除负债,由所有者享有的剩余权益。从权责上看,所有者权益是所有者对企业资产的剩余索取权,即企业资产偿还完债权人权益后由所有者享有的内容,反映出所有者资本投入后的保值及增值情况。

二、所有者权益的特征

所有者权益与负债提供的资金均属于公司的资金输入端,然而这两者有较大的区别。所有者权益相对于负债有四大基本特征:

(1) 无须偿还。所有者权益在企业经营期内可供企业长期、持续地使用,企业不必向投资人返还本金。

(2) 要求权滞后。企业所有者对其企业投入的资本享受税后分配利润的权利。所有者权益是企业分配税后净利润的主要依据。在企业清算时,所有权滞后于债权偿还顺序。

(3) 享有经营管理权。企业所有者有权行使经营管理权或授权管理人员行使经营管理权。

(4) 可分享企业利润。企业所有者对企业的债务和亏损根据企业性质负有无限责任或有限责任,因而也有权享受企业利润。

三、所有者权益的内容

所有者权益按照来源分类,主要分为所有者投入的资本、直接计入所有者权益的利得和损失、留存收益等。其中,根据《企业会计准则——基本准则》第二十七条,直接计入所有者权益的利得和损失,是指不应计入当期损益、会导致所有者权益发生增减变动的、与所有者投入资本或者向所有者分配利润无关的利得或者损失。

在实际操作中,所有者权益具体由实收资本(股本)、其他权益工具、资本公积、其他综合收益、盈余公积和未分配利润构成。

实收资本是指所有者在企业注册资本的范围内实际投入的全部资本。注册资本是指企业在设立时向工商行政管理部门登记的资本总额,也是全部出资者设定的出资额之和。注册资本是企业的法定资本,是企业承担民事责任的财力保证。

其他权益工具是指企业发行的除普通股以外的归类于权益工具的各种金融工具,主要包括归类于权益工具的优先股、永续债、认股权、可转换公司债券等金融工具。

资本公积是指企业收到的投资者投入资本超过其在企业注册资本中所占份额的投资,以及直接计入所有者权益的利得和损失等。资本公积包括资本溢价(股本溢价)和其他资本公积。

其他综合收益是指企业经营活动中形成的未计入当期损益,但归所有者共有的利得或损失,主要包括以公允价值计量且其变动计入其他综合收益的金融资产公允价值变动、权益法下被投资企业所有者权益变动等。

留存收益是指归所有者共有的、企业历年实现的净利润留存于企业的部分,主要包括法定盈余公积、任意盈余公积和未分配利润。

> **探究与发现**
>
> 通过上述学习,联系本书有关"负债"的学习内容,你认为所有者权益与负债有何区别和联系?

第二节 实收资本和其他权益工具

一、实收资本

(一) 实收资本概述

实收资本(股本)是所有者投入资本形成的法定资本的价值。当下,我国实行的是注册资本制度,根据《中华人民共和国企业法人登记管理条例》的规定,除国家另有规定外,企业的实收资本应当与注册资本一致,即在实际操作中,注册资本等于实收资本。

由于不同组织形式的企业对所有者权益的影响不同,其对企业的投入资本的要求也不同。公司,尤其是股份有限公司,已是现今世界上最广泛采用的企业组织形式。与其他组织形式的企业最大区别在于,公司是依据一定的法律程序申请登记设立的以营利为目的的具有法人资格的经济组织。它拥有自己独立的财产,独立承担经济责任,并同时享有相应的民事权利。我国公司法将公司分为有限责任公司和股份有限公司。此处主要介绍对这两类公司及其注册资本的相关规定。

(二) 实收资本的账务处理

非股份公司的企业,如有限责任公司、国有企业等,应设置"实收资本"科目进行账务处理;股份有限公司应当设置"股本"科目进行账务处理。投资者投入资本的形式可以有很多种,如现金、实物资产以及无形资产。在账务处理时,应根据投入资产的不同设置不同的科目进行核算。

有限责任公司与股份有限公司的相关规定

1. 接受投资

企业在接受货币资产投资时,应以实际收到的金额或存入企业开户银行的金额借记"银行存款"等科目,按投资合同或协议约定的投资者在企业注册资本中所占份额的部分贷记"实收资本"科目。企业实际收到或存入开户银行的金额超过投资者在企业注册资本中所占份额的部分,即资本溢价,贷记"资本公积——资本溢价"。

股份有限公司发行股票收到现金资产时,借记"银行存款"等科目,按每股股票面值和发行股份总额的乘积计算的金额贷记"股本"科目,实际收到的金额与该股本之间的差额,即股本溢价,贷记"资本公积——股本溢价"。股份有限公司发行股票发生的手续费、佣金等交易费用,为溢价发行的,应从溢价中抵扣,冲减资本公积;如果溢价金额不足以抵扣或无溢价的,应将不足抵扣的部分冲减盈余公积和未分配利润。

企业接受固定资产、无形资产等非现金资产投资时,应将投资合同或协议约定的价值(不公允的除外)作为固定资产、无形资产的入账价值,将投资合同或协议约定的投资者在企业注册资本或股本中所占份额的部分作为实收资本或股本入账,投资合同或协议约定的价值不公允的除外,超过投资者在企业注册资本或股本中所占份额的部分计入资本公积。

【例11-1】Z企业是一家有限责任公司,由甲、乙、丙公司共同投资成立,其注册资本为500万元。其中,甲公司和丙公司以200万元银行存款出资,乙以其所拥有的专利权出资,通过三方共同协商,协议以其公允价值100万元作价,已办妥相关手续。Z企业应编制如下会计分录:

借:银行存款	4 000 000
无形资产——专利权	1 000 000
贷:实收资本——甲	2 000 000
——乙	1 000 000
——丙	2 000 000

【例11-2】A公司委托某证券公司代理发行普通股票500万股,每股面值1元。合同规定按3‰的发行收入收取手续费。假定A公司按面值发行,发行收入总额为500(500×1)万元,根据协议约定,该证券公司代理的手续费为10(500×3‰)万元。在收到股款时,A公司应编制如下会计分录:

借:银行存款	4 850 000
盈余公积	150 000
贷:股本	5 000 000

【例11-3】沿用例11-2的资料,假定A公司发行上述股票时以1.2元每股溢价发行。发行收入总额为600(500×1.2)万元,此时该证券公司代理发行手续费为18(600×3‰)万元,A公司实际收到该证券公司汇来股款582万元。A公司应编制如下会计分录:

借:银行存款	5 820 000
贷:股本	5 000 000
资本公积——股本溢价	820 000

2. 增减变动的核算

一般情况下，企业的实收资本应相对固定不变，但在某些特定情况下，实收资本也可能发生增减变化。除国家另有规定外，企业的注册资本应当与实收资本相一致，当实收资本比原注册资本增加或减少的幅度超过20%时，应持资金信用证明或者验资证明，向原登记主管机关申请变更登记。如擅自改变注册资本或抽逃资金，将受到工商行政管理部门的处罚。

（1）实收资本（股本）增加。一般企业增加资本的主要途径包括资本公积或盈余公积转增资本、接受投资者追加投资、股份有限公司发放股票股利等。

企业采用资本公积或盈余公积转增资本时，应按原投资者各自出资比例计算确定各投资者相应增加的出资额，并按转增的资本金额确认实收资本或股本。其中，用资本公积转增资本时，即动用了资本溢价或股本溢价，应借记"资本公积——资本（股本）溢价"科目，贷记"实收资本"或"股本"科目；用盈余公积转增资本时，应借记"盈余公积"科目，贷记"实收资本"或"股本"科目。

企业按规定接受投资者追加投资时，核算原则与投资者初次投入时基本一致。

股份有限公司采用发放股票股利的方法增资的，会引起股东权益内部结构发生变化，但股东权益总额不变。

【例11-4】2018年，A股份有限公司的股东权益情况如表11-1所示。

表11-1　　　　　　　　　　　A公司股东权益结构　　　　　　　　　　单位：元

内容	金额
股本（普通股5 000万股，每股面值1元）	50 000 000
资本公积	20 000 000
盈余公积	24 000 000
未分配利润	12 000 000
股东权益合计	106 000 000

假定A股份有限公司经股东大会决议：按照每10股派发1股的分配方案发放股票股利。每股的发行价格为1.6元，则按可分配的股票股利增发新股500（5 000×10%）万股，其发行总额为800（500×1.6）万元。A公司进行分配时，应作如下账务处理：

借：利润分配——转作股本的股利　　　　　　　　　　　　　　8 000 000
　　贷：股本　　　　　　　　　　　　　　　　　　　　　　　　5 000 000
　　　　资本公积——股本溢价　　　　　　　　　　　　　　　　3 000 000

分配后，A公司的股东权益总额并未发生增减，但内部结构产生了变化，变化结果如表 11-2 所示。

表 11-2　　　　　　　　分配股利后 A 公司股东权益结构　　　　　　　　单位：元

内　　容	金　　额
股本（普通股 5 500 万股，每股面值 1 元）	55 000 000
资本公积	23 000 000
盈余公积	24 000 000
未分配利润	4 000 000
股东权益合计	106 000 000

(2) 实收资本（股本）减少。企业发生实收资本（股本）减少的原因一般有以下两种情况：① 资本过剩，即企业的资本总额若超过经营规模需要，则可依法减少注册资本。② 发生重大亏损，即企业因特殊原因发生重大亏损，导致不能在短期内用利润、盈余公积进行弥补，又因有尚未弥补亏损而长期不能发放股利时，如不减少注册资本就会影响企业信誉，动摇投资者的投资信心。因此，经股东大会决议，办理减资手续后，企业可以放下包袱，转入正常经营。

按照规定，企业若确需减少实收资本（股本），需要注意以下几点：① 需要减少注册资本时，编制资产负债表及财产清单；② 在股东大会作出减少注册资本决议后，须通知债权人（债权人有权要求企业清偿债务或提供相应的担保）；③ 减少注册资本后的注册资本不得低于法定最低限额。

企业按法定程序报经批准减少注册资本的，按减少的注册资本金额减少实收资本。股份有限公司采用收购本公司股票方式减资的，按股票面值和注销股数计算的股票面值总额借记"股本"科目，按注销库存股的账面余额贷记"库存股"科目，按其差额借记"资本公积——股本溢价"，股本溢价不足冲减的，应借记"盈余公积""利润分配——未分配利润"科目，购回股票支付的价款低于面值总额的，应按股票面值总额借记"股本"科目，按所注销的库存股账面余额贷记"库存股"科目，按其差额贷记"资本公积——股本溢价"科目。

【例 11-5】B 公司由于经营规模缩小，产生了资本过剩。公司发行在外普通股票共 800 万股，每股面值为 1 元，原发行价格为每股 1.6 元。2005 年 12 月 10 日，经股东大会决议并报批同意后，B 公司采用回购公司股票的方式减资 400 万元，共计须回购 400 万股。其股本结构如表 11-3 所示。

表 11-3　　　　　　　　　　　　B 公司股本结构　　　　　　　　　　　　单位：元

内　　容	金　　额
股本(普通股 800 万股，每股面值 1 元)	8 000 000
资本公积	4 800 000
盈余公积	6 000 000
未分配利润	5 000 000
股东权益合计	23 800 000

(1) 假定 B 公司以每股 1.80 元的价格回购公司股票。本次回购，其库存股成本为 720(400×1.8)万元。B 公司由于该次回购共超出面值支付了 320(400×0.8)万元，又由于原先公司发行股票溢价收入为 480(800×0.6)万元，因此，本次回购超过面值的支付价格应先从原股票溢价 480 万元中扣除。2005 年 12 月 10 日 B 公司以银行存款进行回购时，应作以下会计处理：

　　借：库存股　　　　　　　　　　　　　　　　　　　　　7 200 000
　　　　贷：银行存款　　　　　　　　　　　　　　　　　　　　　7 200 000
2005 年 12 月 16 日注销该次回购的股票时：
　　借：股本　　　　　　　　　　　　　　　　　　　　　　4 000 000
　　　　资本公积——股本溢价　　　　　　　　　　　　　　　3 200 000
　　　　贷：库存股　　　　　　　　　　　　　　　　　　　　　7 200 000

此种情况下，减资后的股本结构情况如表 11-4 所示。

表 11-4　　　　　　　　　　B 公司减资后股本结构　　　　　　　　　　单位：元

内　　容	金　　额
股本(普通股 400 万股，每股面值 1 元)	4 000 000
资本公积	1 600 000
盈余公积	6 000 000
未分配利润	5 000 000
股东权益合计	16 600 000

(2) 假定 B 公司以每股 2.6 元的价格收购公司股票。本次回购，其库存股成本为 1 040(400×2.6)万元。B 公司由于该次回购共超出面值支付了 640(400×1.6)万元。原

公司股票溢价收入480万元已经不足以冲减,其差额160(640-480)万元以盈余公积补足。2005年12月10日B公司以银行存款进行回购时,应作以下会计处理:

借:库存股　　　　　　　　　　　　　　　　　　　　　　10 400 000
　　贷:银行存款　　　　　　　　　　　　　　　　　　　　　　10 400 000

2005年12月16日注销该次回购的股票时:

借:股本　　　　　　　　　　　　　　　　　　　　　　　4 000 000
　　资本公积——股本溢价　　　　　　　　　　　　　　　　4 800 000
　　盈余公积　　　　　　　　　　　　　　　　　　　　　1 600 000
　　贷:库存股　　　　　　　　　　　　　　　　　　　　　　10 400 000

此种情况下,减资后的股本结构情况如表11-5所示。

表11-5　　　　　　　　　　B公司减资后股本结构　　　　　　　　　　单位:元

内　　容	金　　额
股本(普通股400万股,每股面值1元)	4 000 000
盈余公积	4 400 000
未分配利润	5 000 000
股东权益合计	13 400 000

【例11-6】沿用例11-5的资料,B公司由于后期经营不善,发生了重大亏损,经股东大会决议,继续采用股票回购的方式减少实收资本,本次决议回购剩下的全部400万股。2019年6月10日,B公司以每股0.9元的价格用银行存款回购了全部的股份。假定公司首次减资后股权结构如表11-6所示。

表11-6　　　　　　　　　　B公司首次减资后股本结构　　　　　　　　　　单位:元

内　　容	金　　额
股本(普通股400万股,每股面值1元)	4 000 000
盈余公积	4 400 000
未分配利润	5 000 000
股东权益合计	13 400 000

本次股票回购的库存股成本为360(400×0.9)万元,2019年6月10日B公司以银行存款回购公司股票时,应作会计处理如下:

借:库存股	3 600 000	
贷:银行存款		3 600 000

2019年6月20日注销该次回购的股票时:

借:股本	4 000 000	
贷:库存股		3 600 000
资本公积——股本溢价		400 000

经最终减资处理,公司股权结构如表11-7所示。

表 11-7　　　　　　　　　　B 公司最终股本结构　　　　　　　　　　单位:元

内　　容	金　　额
资本公积	400 000
盈余公积	4 400 000
未分配利润	5 000 000
股东权益合计	9 800 000

二、其他权益工具

企业发行的除作为实收资本(股本)的普通股以外,按照金融负债和权益工具的区分原则,划分为权益工具的即为其他权益工具,如企业发行的优先股、永续债等。若企业存在其他权益工具,则需要设置"其他权益工具——优先股、永续债等"科目进行会计处理。在存续期间分派股利的,作为利润分配处理,按其对应的股利分配方案的金额借记"利润分配——应付优先股股利、应付永续债利息",贷记"应付股利——优先股股利、永续债利息"。

【例 11-7】B 公司 2017 年发行了应当归类于权益工具的可转换优先股 200 万股,实际收到价款 280 万元。在收到股款时,B 公司应编制如下会计分录:

借:银行存款	2 800 000	
贷:其他权益工具——优先股		2 800 000

【例 11-8】沿用例 11-7 的资料,由于 B 公司经营状况良好,业绩优秀,其普通股股价上涨,2018 年可转换优先股为普通股 28 万股,每股面值 1 元。B 公司应编制如下会计分录:

借:其他权益工具——优先股	2 800 000	
贷:股本		280 000
资本公积——股本溢价		2 520 000

> **探究与发现**
>
> 根据上述内容的学习,你是否对"导入"中的相关问题进行了思考,并能够作出简要回答?

第三节 资本公积和其他综合收益

一、资本公积

资本公积,是指企业收到投资者的投入资本超出其在企业注册资本中所占份额的投资,以及直接计入所有者权益的利得和损失等。资本公积包括资本溢价(股本溢价)和其他资本公积。资本溢价(股本溢价),是指企业收到投资者的超出其在企业注册资本(或股本)中所占份额的投资。形成资本溢价(股本溢价)的原因有溢价发行股票、投资者超额缴入资本等,企业应当设置"资本公积——资本(或股本)溢价"进行核算。采用权益法核算的长期股权投资,因被投资单位除净损益、其他综合收益和利润分配以外所有者权益的其他变动,企业应当设置"资本公积——其他资本公积"进行核算。

(一) 资本溢价

资本溢价主要针对股份有限公司以外的企业。由于投资者依其出资份额对企业经营决策享有表决权,依其所认缴的出资额对企业承担有限责任。因此,在进行投资者的权益核算时需要明确记录投资者认缴的出资额,真实地反映各投资者对企业享有的权利与承担的义务。

然而,在企业正常经营过程中投入的资金虽然与企业创立时投入的资金在数量上一致,但其获利能力并不一致。企业创立时,要经过筹建、试生产经营、为产品寻找市场、开辟市场等过程,从投入资金到取得投资回报,中间需要很多时间,并且这种投资具有风险性,在这个过程中资本利润率很低。企业进行正常生产经营后,在正常情况下,资本利润率要高于企业初创阶段,而这高于初创阶段的资本利润率是初创时必要的垫支资本带来的,企业创办者为此付出了代价。因此,相同数量的投资,由于出资时间不同,其对企业的影响程度不同,由此带给投资者的权利也不同。所以,新加入的投资者要付出高于原有投资者的出资额,才能取得与原投资者相同的投资比例。

另外,原投资者原有投资不仅从质量上发生了变化,从数量上也可能发生变化,这是因为企业经营过程中实现利润的一部分留在企业,形成留存收益,而留存收益也属于投资者权益,但其未转入实收资本。新加入的投资者如与原投资者共享这部分留存收益,也要求其付出高于原有投资者的出资额,才能取得与原有投资者相同的投资比例。

投资者投入的资本中按其投资比例计算的出资额部分,应记入"实收资本"科目,大于部分应记入"资本公积——资本溢价"科目。

【例11-9】Z有限责任公司由原先甲、乙、丙公司共同投资成立,其注册资本为500万元。现经两年的发展,Z企业成长态势良好,另有一投资者丁想要加入该企业。经双方协商,决议将增加Z企业的注册资本至600万元;丁将以货币形式出资,拟占有公司20%的股份。但是丁并不能以120万元直接占有公司20%的股份(600×20%),现假定其最终投入货币资金180万元,其中120万元作为实收资本入账,60(180−120)万元作为资本溢价计入资本公积。当收到丁投资者的出资时,Z企业应编制如下会计分录:

借:银行存款　　　　　　　　　　　　　　　　　　　　1 800 000
　　贷:实收资本　　　　　　　　　　　　　　　　　　1 200 000
　　　　资本公积——资本溢价　　　　　　　　　　　　　 600 000

(二) 股本溢价

股本溢价针对的是股份有限公司。股份有限公司是以发行股票的方式筹集股本的,股票是企业签发的证明股东按其所持股份享有权利和承担义务的书面证明。由于股东按其所持企业股份享有权利和承担义务,为了反映和便于计算各股东所持股份占企业全部股本的比例,企业的股本总额应按股票的面值与股份总数的乘积计算。根据我国有关规定,实收股本总额应与注册资本相等。因此,为提供企业股本总额及其构成和注册资本等信息,在采用与股票面值相同的价格发行股票的情况下,企业发行股票取得的收入应全部记入"股本"科目;在采用溢价发行股票的情况下,企业发行股票取得的收入,相当于股票面值的部分记入"股本"科目,超出股票面值的溢价收入记入"资本公积——股本溢价"科目。委托证券商代理发行股票而支付的手续费、佣金等,应从溢价发行收入中扣除,企业应按扣除手续费、佣金后的数额记入"资本公积——股本溢价"科目。

(三) 其他资本公积

其他资本公积是指除资本溢价(股本溢价)项目以外所形成的资本公积,包括权益法下投资企业享有或分担的被投资单位所有者权益的其他变动、以权益结算的股份支付等。

(四) 资本公积转增资本

按照公司法的规定,法定公积金(资本公积和盈余公积)转为资本时,所留存的该项公积金不得少于转增前公司注册资本的25%。经股东大会或类似机构决议,用资本公积转增资本时,应冲减资本公积金额,同时按照转增前的实收资本(股本)的结构或比例,将转增的金额记入"实收资本"(或"股本")科目下各所有者的明细分类账。

【例11-10】A公司年初资本公积800万元(该公司的注册资本为1 000万元)。年末,经股东大会决议,A公司将以资本公积转增资本120万元。A公司相应的账务处理如下:

借:资本公积　　　　　　　　　　　　　　　　　　　　1 200 000
　　贷:实收资本　　　　　　　　　　　　　　　　　　1 200 000

转增后,留存资本公积为680(800−120)万元,大于250(1 000×25%)万元,符合公司法规定。资本公积转增资本后,所有者权益总额不变。

二、其他综合收益

其他综合收益是指在企业经营活动中形成的未计入当期损益但归所有者共有的利得或损失,主要包括以公允价值计量且其变动计入其他综合收益的金融资产公允价值变动、权益法下被投资企业其他综合收益变动等。

以公允价值计量且其变动计入其他综合收益的金融资产的公允价值高出其账面余额的部分,应计入其他综合收益;反之应当冲减其他综合收益。由于其他综合收益的相关内容在前面章节已经介绍过,这里不再重复。

> **探究与发现**
>
> 通过上述学习,你是否能理解实收资本与资本公积的区别与联系?

第四节 留存收益

一、留存收益概述

留存收益也称累积收益,是指企业历年实现净利润的剩余部分通过累积形成的资本。在所有者权益中,资本公积与留存收益的区别主要表现在:资本公积的来源不是企业实现的利润,其主要来自资本溢价或股本溢价以及直接计入所有者权益的利得和损失等;留存收益则来源于企业生产经营活动实现的利润,是企业的内部积累和资本增值。

(一)留存收益的特性

留存收益属于所有者权益,所有者有权决定如何使用。按企业章程或其他相关规定,企业可以选择将留存收益在股东间进行分配,作为公司股东投资所得;也可以选择将其中一部分继续留存于公司不予分配,以满足某些特定的用途或需要。因此,留存收益可以因为经营所得收益而增加,也可以因在所有者间进行分配而减少。若公司经营状况不佳导致入不敷出,即发生亏损,留存收益也会相应减少。

对留存收益影响较为重大的是股利分配。企业进行股利分配,其留存收益会大幅减少。因此,通常情况下,企业必须有足够的留存收益才能进行股利分配,但这并不代表只要企业有足够的留存收益就可以分配股利。企业常常会因为特殊目的或者相关规定而限制留存收益,且不做股利分配,这种对留存收益的限制一般被称为"拨定"。我国相关法规均规定企业必须留有一定积累(如提取一定比例的盈余公积),以保障企业的持续经营,维护债权人的利益。

(二)留存收益的构成

留存收益由盈余公积和未分配利润构成。盈余公积属于已拨定的留存收益,而未分配利润则属于未拨定的留存收益。利润分配是指企业根据国家有关规定和企业章程、投资者协议等，对企业当年可供分配的利润所进行的分配，企业当年实现的净利润加上年初未分配利润（或减去年初未弥补亏损和其他转入后的余额）即为可供分配的利润。可供分配的利润通常按下列顺序进行分配：提取法定盈余公积、提取任意盈余公积、向投资者分配利润。

1. 盈余公积

（1）来源。盈余公积是指企业按照有关规定从净利润中提取的积累资金。

公司制企业的盈余公积，包括法定盈余公积和任意盈余公积。法定盈余公积，是指企业按照规定的10%的比例从净利润中提取的盈余公积，当法定盈余公积累计额达到注册资本的50%时，可以不再提取。任意盈余公积是指企业经股东大会或类似机构批准，按照规定的比例从净利润中提取的盈余公积。

外商投资企业的盈余公积，包括储备基金、企业发展基金、利润归还投资。储备基金是指依照法律、行政法规规定从净利润中提取的、经批准用于弥补亏损和增加资本的储备基金；企业发展基金是指依照法律、行政法规规定从净利润中提取的、用于企业生产发展和经批准用于增加资本的企业发展基金；利润归还投资是指中外合作经营企业按照规定在合作期间以利润归还投资者的投资。

（2）用途。企业的盈余公积可以用于以下方面：

第一，弥补亏损。企业发生亏损，应由企业自行弥补。弥补亏损的方式一般有三种：一是用以后年度的税前利润弥补。按照规定，企业发生亏损，可以用以后年度实现的利润进行弥补，但弥补期限不得超过5年。二是用以后年度的税后利润弥补。超过了税收规定的税前利润弥补期限，未弥补的以前年度亏损可用所得税后利润弥补。三是用盈余公积弥补。需要说明的是，当企业用利润弥补亏损时，不必作专门的账务处理。

第二，转增资本或股本。经股东大会决议，可以将盈余公积转为资本。在转增资本时，一是必须经股东大会或类似机构批准办理增资手续。二是盈余公积转增资本时，转增后留存的盈余公积不得少于注册资本的25%。在实际将盈余公积转增资本时，要按股东原有持股比例结转。企业提取的盈余公积，无论是用于弥补亏损，还是用于转增资本，只不过是在企业所有者权益内部作结构上的调整，比如，企业以盈余公积弥补亏损时，实际是减少盈余公积留存的数额，以此抵补未弥补亏损的数额，并不引起企业所有者权益总额的变动；企业以盈余公积转增资本时，也只是减少盈余公积结存的数额，但同时增加企业实收资本或股本的数额，也并不引起所有者权益总额的变动。

第三，扩大生产经营。盈余公积的用途，并不是指其实际占用形态，提取盈余公积也并不是单独将这部分资金从企业资金周转过程中抽出。企业盈余公积的结存数，实际只表现为企业所有者权益的组成部分，表明企业生产经营资金的一个来源而已。其形成的资金可能表现为一定的货币资金，也可能表现为一定的实物资产，如存货和固定资产等，随同企业的其他来源所形成的资金进行循环周转，用于企业的生产经营。

符合规定条件的企业,也可以用盈余公积分派现金股利。

2. 未分配利润

未分配利润是企业实现的净利润通过弥补亏损、提取盈余公积和向投资者分配利润后留存在企业的、历年结存的利润,通常留待以后年度向投资者进行分配。相对于所有者权益的其他部分来说,企业对未分配利润的使用分配有较大的自主权。

未分配利润有两层含义:一是企业留待以后年度进行分配的结存利润;二是未指定特定用途的利润,也是企业所有者权益的组成部分。从数量上来说,未分配利润是期初未分配利润加上本期实现的净利润减去提取的各种盈余公积和分配利润后的余额。

二、留存收益账务处理

(一) 盈余公积的账务处理

为了反映盈余公积的形成及使用情况,企业应设置"盈余公积"科目。企业应当分别对"法定盈余公积""任意盈余公积"进行明细核算。外商投资企业还应分别设立"储备基金""企业发展基金"科目进行明细核算。

(1) 企业提取盈余公积时,借记"利润分配——提取法定盈余公积"或"利润分配——提取任意盈余公积"科目,贷记"盈余公积——法定盈余公积"或"盈余公积——任意盈余公积"科目。

(2) 企业用盈余公积弥补亏损时,借记"盈余公积"科目,贷记"利润分配——盈余公积补亏"。

(3) 企业用盈余公积转增资本时,须经股东大会决议。若用盈余公积派送新股,按派送新股计算的金额借记"盈余公积"科目,按股票面值和派送新股总数计算的股票面值总额贷记"实收资本"或"股本"。

(4) 用盈余公积发放现金股利时,在宣告发放日,按使用利润分配中未分配利润的数额借记"利润分配——应付现金股利";按使用盈余公积的数额借记"盈余公积";按宣告分配股利的总额贷记"应付股利"。实际发放股利日,借记"应付股利",贷记"银行存款"科目。

【例11-11】A 公司 2018 年实现净利润 500 万元,经股东大会决议拟于 2019 年 1 月 31 日依法提取法定盈余公积 50(500×10%)万元,提取任意盈余公积 80 万元。不考虑其他因素,A 公司应编制会计分录如下:

借:利润分配——提取法定盈余公积　　　　　　　　　　　　500 000
　　　　　　——提取任意盈余公积　　　　　　　　　　　　800 000
　　贷:盈余公积——法定盈余公积　　　　　　　　　　　　500 000
　　　　　　——任意盈余公积　　　　　　　　　　　　　　800 000

【例11-12】B 股份公司经股东大会决议,决定使用盈余公积 180 万元转增股本。经相应程序审核批准后,B 公司应编制会计分录如下:

借:盈余公积　　　　　　　　　　　　　　　　　　　　　　　　　1 800 000
　　贷:股本　　　　　　　　　　　　　　　　　　　　　　　　　　1 800 000

【例 11-13】C 股份有限公司 2019 年年底资产负债表日普通股股数为 3 600 万股,每股面值 1 元;其可供分配的利润为 520 万元,盈余公积 1 200 万元,假定不考虑其他因素。2020 年 2 月 20 日,C 公司经股东大会决议批准,宣告按每股 0.2 元发放现金股利。2020 年 3 月 20 日,C 公司以银行存款发放了现金股利。

(1) 2020 年 2 月 20 日,在股利宣告发放日,C 公司共计需发放现金股利 720(3 600×0.2)万元,其中使用利润分配的数额为 520 万元,使用盈余公积的数额为 200 万元。C 公司应编制会计分录如下:

借:利润分配——应付现金股利　　　　　　　　　　　　　　　　5 200 000
　　盈余公积　　　　　　　　　　　　　　　　　　　　　　　　　2 000 000
　　贷:应付股利　　　　　　　　　　　　　　　　　　　　　　　　7 200 000

(2) 2020 年 3 月 20 日以银行存款发放现金股利时:

借:应付股利　　　　　　　　　　　　　　　　　　　　　　　　　7 200 000
　　贷:银行存款　　　　　　　　　　　　　　　　　　　　　　　　7 200 000

(二) 未分配利润的账务处理

在会计处理上,未分配利润是通过"利润分配——未分配利润"明细科目进行核算的。企业在生产经营过程中取得的收入和发生的成本费用,最终通过"本年利润"科目进行归集,计算出当年盈利,然后转入"利润分配——未分配利润"科目进行分配。

具体来说,年末未分配利润通常按如下公式计算:

年末未分配利润 = 期初未分配利润 + 本期净利润 − 本期已分配利润

结存于"利润分配——未分配利润"科目贷方余额的为未分配利润;若为借方余额,则表示存在未弥补亏损。年末再分别对其明细科目("提取法定盈余公积""提取任意盈余公积""应付现金股利或利润""转作股本的股利""盈余公积补亏"等)的余额转入明细"未分配利润"。其具体操作如下:

(1) 分配股利或利润时,经过股东大会或相关机构决议,根据分配利润给股东或投资者现金股利或利润的具体金额,借记"利润分配——应付现金股利或利润"科目,贷记"应付股利"科目;经股东大会或相关机构决议,根据分配给股东的股票股利的具体份额,应在办理增资手续后,借记"利润分配——转作股本的股利"科目,贷记"股本"科目。

(2) 企业在进行期末利润结转时,应将各损益类科目的余额转入"本年利润"科目,结平各损益类科目。结转后"本年利润"的贷方余额为当期实现的净利润,借方余额为当期发生的净亏损。年度终了,应将本年收入和支出相抵后结出的本年实现的净利润或净亏损转入"利润分配——未分配利润"科目。同时,将"利润分配"科目所属的其他明细科目的余额转入"未分配利润"明细科目。结转后,"未分配利润"明细科目的贷方余额就是未分配利润的金额；如出现借方余额，则表示未弥补亏损的金额。"利润分配"科目所属的其他明细科目应无余额。

（3）企业用未分配利润弥补亏损时，与实现利润的情况相同，应当将本年发生的亏损自"本年利润"科目转入"利润分配——未分配利润"科目，借记"利润分配——未分配利润"科目，贷记"本年利润"科目，结转后"利润分配"科目的借方余额即为未弥补亏损的数额。然后通过"利润分配"科目核算有关亏损的弥补情况。由于未弥补亏损形成的时间长短不同等原因，以前年度未弥补亏损有的可以以当年实现的税前利润弥补，有的则须用税后利润弥补。以当年实现的利润弥补以前年度结转的未弥补亏损，不需要进行专门的账务处理。企业应将当年实现的利润从"本年利润"科目转入"利润分配——未分配利润"科目的贷方，其贷方发生额与"利润分配——未分配利润"的借方余额自然抵补。无论是以税前利润还是以税后利润弥补亏损，其会计处理方法均相同。但是，两者在计算交纳所得税时的处理是不同的。在以税前利润弥补亏损的情况下，其弥补的数额可以抵减当期企业应纳税所得额，而以税后利润弥补的数额，则不能作为纳税所得扣除处理。

【例 11-14】 A 公司 2019 年期末"利润分配——未分配利润"存在借方余额 28 万元。2020 年该公司实现净利润 48 万元，A 公司根据规定，将以税后利润弥补以前年度亏损。A 公司适用所得税税率 25%，其应作如下账务处理：

(1) 计算应交所得税：

应纳税所得额为 48 万元，2020 年 A 公司应交所得税为 12(48×25%)万元。

2020 年 12 月 31 日：

借：所得税费用　　　　　　　　　　　　　　　　　　120 000
　　贷：应交税费——应交所得税　　　　　　　　　　　　120 000
借：本年利润　　　　　　　　　　　　　　　　　　　120 000
　　贷：所得税费用　　　　　　　　　　　　　　　　　　120 000

(2) 结转本年利润用以弥补以前年度亏损：

A 公司 2020 年扣除应交所得税后利润为 36(48-12)万元。

2020 年 12 月 31 日：

借：本年利润　　　　　　　　　　　　　　　　　　　360 000
　　贷：利润分配——未分配利润　　　　　　　　　　　　360 000

结转后 A 公司"利润分配——未分配利润"科目为贷方余额 8(-28+36)万元，即 A 公司 2021 年期初累计未分配利润为 8 万元。

> **探究与发现**
>
> 　　对留存收益影响较为重大的是股利分配，股利政策的最终目标是实现股东利益最大化。那么，有哪些股利分配政策呢？企业应当如何选择适合的股利分配政策实现满足企业当前发展需要和股东利益最大化的权衡呢？

本 章 小 结

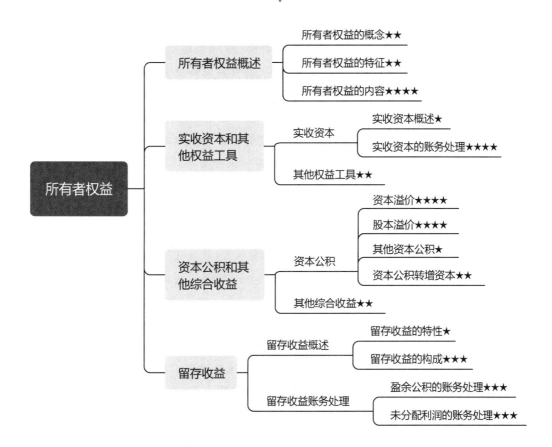

复习与思考题

名词解释

所有者权益　　　实收资本　　　资本公积　　　资本溢价

留存收益　　　　盈余公积　　　未分配利润

简答题

1. 简述所有者权益及其特点。
2. 简述资本公积及其内容。
3. 公司增加资本的途径有哪些？公司减资的原因是什么？
4. 简述直接计入所有者权益的利得和损失。
5. 试比较资本公积和留存收益的区别。

综合题

A 公司为股份有限公司,2020 年所发生的业务如下:

(1) 2020 年 1 月 2 日,委托证券公司代理发行普通股票 2 000 万股,每股面值 1 元,合同规定,按每股 1.5 元发行,按 3% 比例的发行收入收取手续费。

(2) 2020 年 1 月 10 日,经股东大会决议,按每 10 股配 1 股的比例发放股票股利,共计增发 1 000 万新股,相关增资手续已完成,其发行价格为每股 1.2 元。

(3) 2020 年 4 月 20 日,由于市场环境恶化,A 公司经营状况不佳,经股东大会决议,A 公司以每股 1.3 元的价格收购了公司 1 000 万股的股票进行减资,相关手续已完成。

(4) 2020 年 12 月 28 日,A 公司由于经营战略的转变,成功在恶劣的市场环境中打出一片天地,2020 年共计实现净利润 2 400 万元,年初未分配利润为零;总股本共计 9 000 万股,每股面值 1 元。当日 A 公司股东大会通过的利润分配方案为:提取法定盈余公积 10%、任意盈余公积 15%;按每股 0.1 元发放现金股利。A 公司在资产负债日当日完成了盈余公积提取以及现金股利的发放。

要求:根据以上资料,分别编制相应的会计分录。

本章综合题参考答案

思考题

据某媒体披露:某上市公司 A 公司在 2020 年度获得了可观的利润,但是该公司决定不向股东支付现金股利。其理由是:A 公司将把所获利润投入新项目——X 项目中,该项目前景良好,若投资完成,未来新老股东可以一起共享更为丰厚的经济成果。

思考:

1. 进行现金股利分配涉及哪些科目?
2. 上市公司进行股利支付的方式有哪些?对企业的影响分别是什么?
3. A 公司不进行现金股利分配可能存在的原因有哪些?

拓 展 学 习

我们知道,除了持股比例超过 50% 的大股东、有较大持股比例的能够对公司进行控制的控股股东以外,公司还有大量的小股东。然而,公司对中小股东权益的保护一直是公司管理以及社会舆论所关注的热点内容。我国公司法规定,不论控股权大小,股东享有利润分配权,近年来对公司法的修订也主要是为了能够更好地保护中小股东的权益。中小股东的加入大大提升了资本利用率,因此,公司对中小股东权益的保护可以更好地激发公司乃至于社会的创造力和发展潜力,促进社会稳定,维护市场经济秩序有序、繁荣发展。

然而,近年来我国股东权益"斗争"屡见不鲜,在中小股东权益保护上仍然存在漏洞。应如何对中小股东的合法权益进行有效保障?

第十二章

收 入

 本章教学目标

收入是企业在整个经营过程中利用全部资源获得的经济利益,是衡量企业盈利能力与经济价值的一把标尺,也是会计核算的重要内容。通过本章的学习,学生应了解企业收入的含义与分类;理解企业收入的主要特征;掌握企业收入确认和计量的"五步法"的使用,一般收入业务与分期收款销售、委托代销、销售折让与销售折扣等特殊业务的确认与计量及其账务处理,以及在某一时段内履行的履约义务的账务处理。

 本章核心概念

收入;履约义务;交易价格

 导 入

A公司主要从事软件的销售、安装与维护业务,该公司既对本公司销售的软件提供免费安装业务,同时也对外承接软件安装及维护业务,兼营部分相关电脑硬件的销售业务。A公司在销售软件的合同中明确规定,软件安装完成且运行正常,是A公司的应尽义务。A公司的收款方式有交款提货方式、具有融资性质的分期收款等方式。为了促进销售,A公司规定了商业折扣条件,同时为了鼓励客户尽早付款也规定了现金折扣条件。

问题:

(1) 收入是如何分类的?A公司从事软件的销售、安装与维护业务,分别属于商品销售收入和提供劳务收入,这种说法正确吗?

(2) 如何区分主营业务收入和其他业务收入?A公司的哪些业务收入应确认为主营业务收入?哪些业务收入应确认为其他业务收入?

(3) 收入的确认条件有哪些?A公司对所售软件提供免费安装业务,应在什么时间确认收入?

(4) 收入应如何计量?商业折扣、现金折扣会影响收入的入账金额吗?

(5) 若采用交款提货方式,A公司销售的软件的免费安装业务应如何进行账务处理?

(6) 若采用具有融资性质的分期收款方式,A公司销售的软件的免费安装业务应如何进行账务处理？

带着这些问题，让我们进入本章的学习。

第一节 收入概述

一、收入的概念与特征

收入是指企业在日常活动中形成的、会导致所有者权益增加的、与所有者投入资本无关的经济利益的总流入。收入具有以下特征：

(一) 收入是企业在日常活动中形成的

企业的日常活动是指企业为完成其经营目标所从事的经常性活动及与之相关的活动。企业为完成其经营目标所从事的经常性活动是企业开展的主营业务活动，如工业企业制造并销售产品、商业企业采购并销售商品、劳务企业或服务企业提供劳务或服务等活动。企业为完成其经营目标所从事的与经常性活动相关的活动是企业开展的附营业务活动或其他业务活动，如工业企业出售不需用的原材料、商品流通企业出售包装物等活动。无论是主营业务活动还是附营业务活动，它们都是企业为完成其经营目标而开展的活动，具有持续发生以及收入与费用相配比的特征。

相比较而言，企业财产盘盈、接受捐赠、取得与日常活动无关的政府补助等活动不属于企业为完成其经营目标而开展的活动，由此形成的经济利益流入不属于收入，而归类为营业外收入。另外，收入来源于企业以外的单位或个人，即来源于企业的客户。企业只有向其客户销售产品或商品、提供劳务或服务等才会形成收入。企业内部有关部门消耗原材料、提供内部劳务或服务等不会形成收入。

(二) 收入会导致所有者权益增加

企业取得的收入最终都归所有者所有，都会使所有者权益增加。企业实现的收入先转入利润后再转入所有者权益中的留存收益，使留存收益增加。

(三) 收入与所有者投入资本无关

所有者投入资本也会导致企业经济利益的流入，但这种经济利益的流入不是收入，而属于企业的投入资本。收入是企业取得的与所有者投入资本无关的经济利益流入，是企业在开展日常经营活动中取得的经济利益流入。

(四) 收入是企业经济利益的总流入

收入与费用存在配比关系，但收入应当以经济利益流入的总额进行反映，而不能以与费用相抵后的净额进行反映。

二、收入的分类

收入可以按以下标准分类：

(一) 按照企业日常活动的业务性质分类

按照企业日常活动的业务性质分类,收入可分为销售商品收入、提供劳务或服务收入等。其中,销售商品收入是指企业通过销售商品实现的收入,例如工业企业通过销售其生产的产品实现的收入、商业企业通过销售其购买的商品实现的收入等。提供劳务或服务收入是指企业通过提供劳务或服务实现的收入,例如咨询企业通过提供咨询服务实现的收入、软件开发企业通过为客户开发软件实现的收入、安装企业通过提供安装服务实现的收入、旅游企业通过提供旅游服务实现的收入、建筑企业通过提供建造服务实现的收入等。

(二) 按照收入在企业日常活动中的重要性分类

按照收入在企业日常活动中的重要性分类,收入可分为主营业务收入和其他业务收入。主营业务收入是指企业为完成其经营目标而从事的经常性活动实现的收入,例如工业企业销售其产品实现的收入、商业企业销售其商品实现的收入、建筑企业提供其建造服务实现的收入等。其他业务收入也称附营业务收入,是指企业为完成其经营目标而从事的与经常性活动相关的活动实现的收入,例如工业企业销售其不需用的原材料实现的收入等。

> **探究与发现**
>
> 通过上述学习,你是否对"导入"所提出的有关收入分类原理的问题有了相关思考,并能够回答上述问题?

第二节 收入的确认和计量

根据《企业会计准则第 14 号——收入》的规定,企业确认收入的方式应当反映其向客户转让商品或提供服务的模式,收入的金额应当反映企业因转让这些商品或提供这些服务而预期有权收取的对价金额,以如实反映企业的生产经营成果,核算企业实现的损益。企业收入的确认和计量大致分为五步:第一步,识别与客户订立的合同;第二步,识别合同中的单项履约义务;第三步,确定交易价格;第四步,将交易价格分摊至各单项履约义务;第五步,履行各单项履约义务时确认收入。其中,第一步、第二步和第五步主要与收入的确认有关,第三步和第四步主要与收入的计量有关。

一、收入确认的原则

企业应当在履行了合同中的履约义务即在客户取得相关商品或服务的控制权时确认

收入。取得相关商品或服务的控制权,是指能够主导该商品或服务的使用并从中获得几乎全部的经济利益,其中包括有能力阻止其他方主导该商品或服务的使用并从中获得经济利益。企业在判断商品或服务的控制权是否发生转移时,应当从客户的角度进行分析,即客户是否取得了相关商品或服务的控制权以及何时取得该控制权。取得商品或服务的控制权同时包括以下三项要素:

(1) 能力。企业只有在客户拥有现时权利、能够主导该商品或服务的使用并从中获得几乎全部经济利益时,才能确认收入。如果客户只能在未来的某一期间主导该商品或服务的使用并从中获益,则表明其尚未取得该商品或服务的控制权。例如,企业与客户签订合同,为其生产产品。虽然合同约定该客户最终将能够主导该产品的使用并获得几乎全部的经济利益,但是,只有在客户真正获得这些权利时企业才能确认收入。在此之前,企业不应当确认收入。客户真正获得这些权利的时间,根据合同的约定,可能是在生产过程中或更晚的时点。

(2) 主导该商品或服务的使用。客户有能力主导该商品或服务的使用,是指客户在其活动中有权使用该商品或服务,或者能够允许或阻止其他方使用该商品或服务。

(3) 能够获得几乎全部的经济利益。客户必须拥有获得商品或服务几乎全部经济利益的能力才能被视为获得了对该商品或服务的控制。商品或服务的经济利益是指该商品或服务的潜在现金流量,既包括现金流入的增加,也包括现金流出的减少。客户可以通过使用、消耗、出售、处置、抵押或持有等多种方式直接或间接地获得商品或服务的经济利益。

企业应当按照会计准则的规定,向财务报表使用者提供与客户之间的合同产生的收入及现金流量的性质、金额、时间分布和不确定性等相关有用信息。

二、收入的"五步法"模型

(一) 识别与客户订立的合同

1. 合同的含义

合同是指双方或多方之间订立的有法律约束力的权利义务的协议。合同有书面形式、口头形式以及其他形式。

2. 收入确认的前提条件(合同要件)

企业与客户之间的合同同时满足下列五个条件时,企业应当在履行了合同中的履约义务即在客户取得相关商品或服务的控制权时确认收入:

(1) 合同各方已批准该合同并承诺将履行各自义务。

(2) 该合同明确了合同各方与所转让商品或提供服务相关的权利和义务。

(3) 该合同有明确的与所转让商品或提供服务相关的支付条款。

(4) 该合同具有商业实质,即履行该合同将改变企业未来现金流量的风险、时间分布或金额。

(5) 企业因向客户转让商品或提供服务而有权取得的对价很可能收回。

只有同时满足上述五个条件的合同才会给企业带来收入。因此,上述五个条件可称为企业收入确认的前提条件。

企业与客户之间的合同,如果没有同时满足上述五个条件,企业只有在不再负有向客户转让商品或服务的剩余义务且已向客户收取的对价无须退回时,才能将已收取的对价确认为收入。否则,企业应当将已收取的对价作为负债进行会计处理。该负债代表了企业在未来向客户转让商品或服务或者支付退款的义务。

【例12-1】甲房地产开发公司与乙公司签订合同,向其销售一栋建筑物,合同价款为2 000 000元,该建筑物的成本为1 200 000元。乙公司在合同开始日即取得了该建筑物的控制权。根据合同约定,乙公司在合同开始日支付了5%的保证金100 000元,并就剩余95%的价款与甲公司签订了不附追索权的长期融资协议。如果乙公司违约,甲公司可重新拥有该建筑物,即使收回的建筑物不能涵盖所欠款项的总额,甲公司也不能向乙公司索取进一步的赔偿。乙公司计划在该建筑物内开设一家餐馆,并以该餐馆的收益偿还甲公司的欠款。但是,在该建筑物所在地区,餐饮行业面临激烈的竞争,而且乙公司缺乏餐饮行业的经营经验。

本例中,乙公司计划以该餐馆产生的收益偿还甲公司的欠款,除此之外并无其他经济来源,乙公司也未对该笔欠款设定任何担保。如果乙公司违约,则甲公司可重新拥有该建筑物。但是,根据合同约定,即使收回的建筑物不能涵盖所欠款项的总额,甲公司也不能向乙公司索取进一步的赔偿。因此,甲公司对乙公司还款的能力和意图存在疑虑,认为该合同不满足合同价款很可能收回的条件。甲公司应当将收到的100 000元保证金确认为一项负债。

3. 合同合并

企业与同一客户(或该客户的关联方)同时订立或在相近时间内先后订立的两份或多份合同,在满足相关条件时,应当合并为一份合同进行会计处理。

4. 合同变更

企业在收入确认的过程中,合同变更是指经合同各方批准对原合同范围或价格作出的变更。合同变更既可能形成新的具有法律约束力的权利和义务,也可能是变更了合同各方现有的具有法律约束力的权利和义务。与合同初始订立时相同,合同各方可能以书面形式、口头形式或其他形式批准合同变更。企业应当区分下列三种情形对合同变更分别进行会计处理。

(1) 合同变更部分作为单独合同。如果合同变更增加了可明确区分的商品或服务及其合同价款,并且新增合同价款反映了新增商品或服务的单独售价,那么,企业应当将该合同变更部分作为一份单独的合同进行会计处理。此类合同变更不影响原合同的会计处理。

在合同变更时,企业由于无须发生为发展新客户等相关的销售费用,可能会向客户提供一定的折扣,从而适当调整新增商品或服务的单独售价。该调整不影响新增商品或服务单独售价的判断。

(2) 合同变更作为原合同终止及新合同订立。合同变更不属于上述第一种情形,且在合同变更日已转让的商品与未转让的商品之间可明确区分的,应当视为原合同终止,同时,将原合同未履约部分与合同变更部分合并为新合同进行会计处理。

未转让的商品既包括原合同中尚未转让的商品,也包括合同变更新增的商品。新合同的交易价格应当为下列两项金额之和:① 原合同交易价格中尚未确认为收入的部分;② 合同变更中客户已承诺的对价金额。

(3) 合同变更部分作为原合同的组成部分。合同变更不属于上述第一种情形,且在合同变更日已转让的商品与未转让的商品之间不可明确区分的,应当将该合同变更部分作为原合同的组成部分,在合同变更日重新计算履约进度,并调整当期收入和相应成本等。

(二) 识别合同中的单项履约义务

合同开始日,企业应当对合同进行评估,识别该合同所包含的各单项履约义务并确定各单项履约义务是在某一时段内履行还是在某一时点履行,然后在履行了各单项履约义务时分别确认收入。履约义务是指合同中企业向客户转让可明确区分商品或服务的承诺。履约义务的内容包括:① 企业向客户转让可明确区分商品或服务,或者商品或服务组合的承诺;② 企业向客户转让一系列实质相同且转让模式相同、可明确区分商品的承诺。

企业为履行合同而应开展的初始活动,通常不构成履约义务,除非该活动向客户转让或提供了承诺的商品或服务。例如,某俱乐部为注册会员建立档案,该活动并未向会员转让或提供承诺的商品或服务,因此,不构成单项履约义务。

企业承诺向客户转让的商品或服务通常会在合同中明确约定。然而,在某些情况下,虽然合同中没有明确约定,但是企业已公开宣布的政策、特定声明或以往的习惯做法等可能隐含了企业将向客户转让额外商品或提供额外服务的承诺。这些隐含的承诺不一定具有法律约束力,但是,如果在合同订立时,客户根据这些隐含的承诺能够对企业将向其转让某项商品或提供某项服务形成合理的预期,则企业在识别合同中所包含的单项履约义务时应当考虑此类隐含的承诺。例如,企业向客户销售软件,根据企业以往的习惯做法,企业会向客户提供免费的升级服务。如果该习惯做法使得客户对于企业提供的软件升级服务形成合理预期,则企业应当考虑该项服务是否构成单项履约义务。

在识别合同中的单项履约义务时,如果合同承诺的某项商品或服务不可明确区分,企业应当将该商品或服务与合同中承诺的其他商品或服务进行组合,直到该组合满足可明确区分的条件。某些情况下,合同中承诺的所有商品或服务组合在一起构成单项履约义务。

1. 可明确区分的商品或服务

在会计实务中,企业向客户承诺的商品或服务可能包括企业为销售而生产的产品、为转售而购进的商品或使用某商品的权利、向客户提供的各种服务、随时准备向客户提供商品或随时可供客户使用的服务、安排他人向客户提供商品或服务、授权使用许可、可购买额外商品或服务的选择权等。其中，企业随时准备向客户提供商品或提供随时可供客户使用的服务，是指企业保证客户在其需要时能够随时取得相关商品或服务，而不一定是所提供的每一件具体商品或每一次具体服务本身。例如，健身俱乐部可供会员健身，其提供的是随时准备在会员需要时向其提供健身服务的承诺，而并非每一次具体的健身服务。为转售而购进的使用某商品的权利，如为转售而购进的机票等。

企业向客户承诺的商品或服务同时满足下列两个条件的，应当作为可明确区分的商品或服务：

（1）客户能够从该商品或服务本身，或者从该商品或服务与其他易于获得的资源一起使用中受益，即该商品或服务本身能够明确区分。当客户能够使用、消耗或以高于残值的价格出售商品或服务，或者以能够产生经济利益的其他方式持有商品或服务时，表明客户能够从该商品或服务本身获益。其他易于获得的资源是指企业或其他企业单独销售的商品，或者客户已经从企业获得的资源，包括企业按照合同将转让给客户的商品，或客户已经从其他交易或事项中获得的资源。表明客户能够从某项商品或服务本身或者将其与其他易于获得的资源一起使用获益的因素有很多，例如，企业通常会单独销售该商品或服务等。

（2）企业向客户转让该商品或提供该服务的承诺与合同中的其他承诺可单独区分，即转让该商品或提供该服务的承诺在合同中是可明确区分的。

企业确定了商品或服务本身能够明确区分后，还应当在合同层面继续评估转让该商品或提供该服务的承诺是否与合同中的其他承诺彼此之间可明确区分。这一评估的目的在于确定承诺的性质，即根据合同约定，企业承诺转让或提供的究竟是每一单项商品或服务还是由这些商品或服务组成的一个或多个组合产出。很多情况下，组合产出的价值应当高于或者显著不同于各单项商品或服务的价值总和。

在确定企业转让商品或提供服务的承诺是否可单独区分时，需要判断并综合考虑所有事实和情况。下列情形通常表明企业向客户转让商品或提供服务的承诺与合同中的其他承诺不可单独区分：

其一，企业需提供重大的服务以将该商品或服务与合同中承诺的其他商品或服务进行整合，形成合同约定的某个或某些组合产出转让给客户。换言之，企业以该商品作为投入，生产或向客户交付其所要求的组合产出。

其二，该商品或服务将对合同中承诺的其他商品或服务予以重大修改或定制。如果某项商品或服务将对合同中的其他商品或服务作出重大修改或定制，实质上每一项商品或服务将被整合在一起，即作为投入，以生产合同约定的组合产出。例如，企业承诺向客户提供其开发的一款现有软件，并提供安装服务。虽然该软件无须更新或技术支持也可直接使用，但是企业在安装过程中需要在该软件现有基础上对其进行定制化的重大修改，为该软件增加重要的新功能,以使其能够与客户现有的信息系统相兼容。在这种情况下,转让软件的承诺与提供定制化重大修改的承诺在合同层面是不可明确区分的。

其三,该商品或服务与合同中承诺的其他商品或服务具有高度关联性。也就是说,合同中承诺的每一单项商品或服务均受到合同中其他商品或服务的重大影响。合同中包含多项商品或服务时,如果企业无法通过单独交付其中的某一单项商品或服务而履行其合同承诺,可能表明合同中的这些商品或服务会受到彼此的重大影响。例如,企业承诺为客户设计一种实验性的新产品并负责生产 10 个样品。企业在生产和测试样品的过程中需要对产品的设计进行不断修正,导致已生产的样品均可能需要进行不同程度的返工。当企业预计由于设计的不断修正大部分或全部拟生产的样品均可能需要进行一些返工时,在不对生产造成重大影响的情况下,由于提供设计服务与提供样品生产服务产生的风险不可分割,客户没有办法选择仅购买设计服务或者仅购买样品生产服务。因此,企业提供的设计服务和生产样品的服务是不断交替反复进行的,两者高度关联,在合同层面是不可明确区分的。

在企业向客户销售商品的同时约定企业需要将商品运送至客户指定的地点的情况下,企业需要根据相关商品的控制权转移时点判断该运输活动是否构成单项履约义务。通常情况下,控制权转移给客户之前发生的运输活动不构成单项履约义务,而只是企业为了履行合同而从事的活动,相关成本应当作为合同履约成本;相反,控制权转移给客户之后发生的运输活动则可能表明企业向客户提供了一项运输服务,企业应当考虑该项服务是否构成单项履约义务。

2. 一系列实质相同且转让模式相同、可明确区分的商品或服务

当企业向客户连续转让某项承诺的商品或服务时,如每天提供类似劳务的长期劳务合同等,如果这些商品或服务属于实质相同且转让模式相同的一系列商品或服务,企业应当将这一系列商品或服务作为单项履约义务。其中,转让模式相同是指每一项可明确区分的商品均满足在某一时段内履行履约义务的条件,而且采用相同的方法确定其履约进度。在某一时段内履行履约义务的条件,将在后面履行每一项履约义务时确认收入部分介绍。

【例 12 - 2】企业与客户签订为期一年的保洁服务合同,承诺每天为客户提供保洁服务。

本例中,企业每天所提供的服务都是可明确区分且实质相同的,并且,根据控制权转移的判断标准,每天的服务都属于在某一时段内履行的履约义务。因此,企业应当将每天提供的保洁服务合并在一起作为单项履约义务进行会计处理。

企业在判断所转让的一系列商品或服务是否实质相同时,应当考虑合同中承诺的性质。当企业承诺的是转让确定数量的商品或服务时,需要考虑这些商品或服务本身是否实质相同。当企业承诺的是在某一期间随时向客户提供某项服务时,需要考虑企业在该期间的各个时间段的承诺是否相同,如在该期间每天或每小时的承诺是否相同,而并非具

体的服务行为本身。例如,企业向客户提供两年的酒店管理服务,具体包括保洁、维修、安保等,但没有具体的服务次数或时间的要求。尽管企业每天提供的具体服务不一定相同,但是企业每天对客户的承诺都是相同的,即按照约定的酒店管理标准,随时准备根据需要为其提供相关服务。因此,企业每天提供的该酒店管理服务符合"实质相同"的条件。

(三) 确定交易价格

企业应当首先确定合同的交易价格,再按照分摊至各单项履约义务的交易价格计量收入。

交易价格是指企业因向客户转让商品或提供服务而预期有权收取的对价金额。企业代第三方收取的款项(如收取的增值税销项税额等)以及企业预期将退还给客户的款项,应当作为负债进行会计处理,不计入交易价格。合同标价并不一定代表交易价格,企业应当根据合同条款,并结合以往的习惯做法确定交易价格。在确定交易价格时,企业应当考虑可变对价、合同中存在的重大融资成分、非现金对价以及应付客户对价等因素的影响,并应当假定将按照现有合同的约定向客户转移商品或服务,并且该合同不会被取消、续约或变更。

1. 可变对价

企业与客户的合同中约定的对价金额可能是固定的,也可能会因折扣、价格折让、返利、退款、奖励积分、激励措施、业绩奖金、索赔等因素而变化。此外,企业有权收取的对价金额将根据一项或多项或有事项的发生有所不同的情况,也属于可变对价的情形。例如,企业售出商品但允许客户退货时,由于企业有权收取的对价金额将取决于客户是否退货,因此,该合同的交易价格是可变的。

企业在判断合同中是否存在可变对价时,不应当仅仅考虑合同条款的约定,在下列情况下,即使合同中没有明确约定,合同的对价金额也是可变的:① 根据企业已公开宣布的政策、特定声明或者以往的习惯做法等,客户能够合理预期企业将会接受低于合同约定的对价金额,即企业会以折扣、返利等形式提供价格折让。例如,企业与一新客户签订合同,虽然企业没有对该客户销售给予折扣的历史经验,但是,根据企业拓展客户关系的战略安排,企业愿意接受低于合同约定的价格。② 其他相关事实和情况表明企业在与客户签订合同时即意图向客户提供价格折让。合同中存在可变对价的,企业应当对计入交易价格的可变对价进行估计。

企业按照期望值或最可能发生金额确定可变对价金额之后,计入交易价格的可变对价金额还应该满足限制条件,即包含可变对价的交易价格,应当不超过在相关不确定性消除时累计已确认的收入极可能不会发生重大转回的金额。其中,"极可能"发生概率远高于"很可能"(即可能性超过50%),但不要求达到"基本确定"(即可能性超过95%)。企业应当将满足上述限制条件的可变对价金额计入交易价格。根据规定,将可变对价计入交易价格的限制条件不适用于企业向客户授予知识产权许可并约定按客户实际销售或使用情况收取特许权使用费的情况。

每一资产负债表日,企业应当重新估计可变对价金额,包括重新评估对可变对价的估计是否受到限制,以如实反映报告期末存在的情况以及报告期内发生的情况变化。

【例 12-3】 2020 年 1 月 1 日,甲公司与乙公司签订合同,向其销售 A 产品。合同约定,当乙公司在 2020 年的采购量不超过 1 000 件时,每件产品的价格为 100 元;当乙公司在 2020 年的采购量超过 1 000 件时,每件产品的价格为 80 元。乙公司在第一季度的采购量为 100 件,甲公司预计乙公司全年的采购量不会超过 1 000 件。2020 年 4 月,乙公司因完成产能升级而增加了原材料的采购量,第二季度共向甲公司采购 A 产品 500 件。此时,甲公司预计乙公司全年的采购量将超过 1 000 件,因此,全年采购量适用的产品单价均将调整为 80 元。

本例中,2020 年第一季度,甲公司根据以往经验估计乙公司全年的采购量将不会超过 1 000 件,甲公司按照 100 元的单价确认收入,满足在不确定性消除之后(即乙公司全年的采购量确定之后)累计已确认的收入将极可能不会发生重大转回的要求,因此,甲公司在第一季度确认的收入金额为 10 000(100×100)元。2020 年第二季度,甲公司对交易价格进行重新估计。由于甲公司预计乙公司全年的采购量将超过 1 000 件,按照 80 元的单价确认收入才能满足累计已确认的收入极可能不会发生重大转回的要求,因此,甲公司在第二季度确认收入 38 000[80×(500+100)−10 000]元。

现假定 A 产品的控制权在交付时转移给乙公司,甲公司分别在第一季度末和第二季度末向乙公司赊销并交付 A 产品 100 件和 500 件,不考虑相关税费的影响。甲公司应编制如下会计分录:

(1)2020 年 3 月 31 日赊销并交付 A 产品时:

借:应收账款　　　　　　　　　　　　　　　　　　　　　　10 000
　　贷:主营业务收入　　　　　　　　　　　　　　　　　　　　10 000

(2)2020 年 6 月 30 日赊销并交付 A 产品时:

借:应收账款　　　　　　　　　　　　　　　　　　　　　　50 000
　　贷:主营业务收入　　　　　　　　　　　　　　　　　　　　38 000
　　　　预计负债——应付退货款　　　　　　　　　　　　　　　12 000

本例中,2020 年 6 月 30 日甲公司赊销 A 产品时,取得了无条件的收款权,即甲公司有权按照每件 100 元的价格向乙公司收取款项,直到乙公司的采购量达到 1 000 件为止,因此,甲公司应当确认应收账款 50 000 元。但按照计入交易价格的可变对价金额的限制条件,甲公司确认的收入金额为 38 000 元。应收账款与收入金额之间的差额 12 000 元确认为预计负债。

2.合同中存在的重大融资成分

当企业将商品或服务的控制权转移给客户的时间与客户实际付款的时间不一致时,如企业以赊销的方式销售商品或者要求客户支付预付款等,如果各方以在合同中约定的付款时间为客户或企业就转让商品或提供服务的交易提供了重大融资利益,则合同中即包含了重大融资成分。企业在确定交易价格时,应当对已承诺的对价金额作出调整,以剔除货币时间价值的影响。

合同中存在重大融资成分的,企业应当按照假定客户在取得商品或服务控制权时即以现金支付的应付金额即现销价格确定交易价格。

根据规定,为简化实务操作,如果在合同开始日,企业预计客户取得商品控制权与客户支付价款间隔不超过1年的,可以不考虑合同中存在的重大融资成分。企业应当对类似情形下的类似合同一致地应用这一简化处理方法。

3. 非现金对价

当企业因转让商品或提供服务而有权向客户收取的对价是非现金形式时,如实物资产、无形资产、股权、客户提供的广告服务等,企业通常应当按照非现金对价在合同开始日的公允价值确定交易价格。非现金对价公允价值不能合理估计的,企业应当参照其承诺向客户转让商品或提供服务的单独售价间接确定交易价格。

非现金对价的公允价值可能会因对价的形式而发生变动。例如,企业有权收取非现金对价的公允价值因企业的履约情况而发生变动。合同开始日后,非现金对价的公允价值因对价形式以外的原因而发生变动的,应当作为可变对价,按照与计入交易价格的可变对价金额的限制条件的相关规定进行处理;合同开始日后,非现金对价的公允价值因对价形式而发生变动的,该变动金额不应计入交易价格。

【例12-4】甲公司为客户生产一台专用设备。双方约定,如果甲公司能够在30天内交货,则可以额外获得该客户100股的股票作为奖励。合同开始日,该股票的价格为每股7元。由于缺乏执行类似合同的经验,当日,甲公司估计该100股股票的公允价值计入交易价格将不满足累计已确认的收入,极可能不会发生重大转回的限制条件。合同开始日之后的第25天,甲公司将该设备交付给客户,从而获得了100股股票,该股票在此时的价格为每股8元。假定甲公司将该股票作为以公允价值计量且其变动计入当期损益的金融资产。

本例中,合同开始日,该股票的价格为每股7元,由于缺乏执行类似合同的经验,当日,甲公司估计该100股股票的公允价值计入交易价格将不满足累计已确认的收入,极可能不会发生重大转回的限制条件,因此,甲公司不应将该100股股票的公允价值700元计入交易价格。合同开始日之后的第25天,甲公司获得了100股股票。该股票在此时的价格为每股8元。此时,甲公司应当将该股票在合同开始日的公允价值确定为交易价格,将相应的公允价值700元确认为收入;将因对价形式而发生的该股票公允价值的变动100(800-700)元计入公允价值变动损益。

4. 应付客户对价

企业在向客户转让商品或提供服务的同时需要向客户或第三方支付对价的,应当将该应付对价冲减交易价格,但应付客户对价是为了自客户取得其他可明确区分商品的除外。这里的应付客户对价还包括可以抵减应付企业金额的相关项目金额,如优惠券、兑换券等。这里的第三方通常指向企业的客户购买本企业商品的一方,即处于企业分销链上的"客户的客户"。例如,企业将其生产的产品销售给经销商,经销商再将这些产品销售给最终用户,最终用户即是第三方。

企业应付客户对价是为了自客户取得其他可明确区分商品的,应当采用与企业其他采购相一致的方式确认所购买的商品。企业应付客户对价超过自客户取得的可明确区分商品公允价值的,超过金额应当作为应付客户对价冲减交易价格。向客户取得的可明确区分商品的公允价值不能可靠估计的,企业应当将应付客户对价全额冲减交易价格。

在对应付客户对价冲减交易价格进行会计处理时,企业应当在确认相关收入与支付或承诺支付客户对价两者之间较晚的时点冲减当期收入。

(四)将交易价格分摊至各单项履约义务

当合同中包含两项或多项履约义务时,需要将交易价格分摊至各单项履约义务,以反映其因向客户转让已承诺的相关商品或服务而预期有权收取的对价金额。

1. 分摊的一般原则

合同中包含两项或多项履约义务的,企业应当在合同开始日,按照各单项履约义务所承诺的商品或服务的单独售价的相对比例,将交易价格分摊至各单项履约义务。

【例 12-5】甲公司与客户签订合同,向其销售 A、B、C 三种产品,合同价款为 15 000 元。A、B、C 三种产品的单独售价分别为 7 500 元、5 000 元和 6 000 元,合计 18 500 元,上述价格均不包含增值税。

本例中,根据上述交易价格分摊原则,各产品应当分摊的交易价格如表 12-1 所示。

表 12-1　　　　　　　　各产品应当分摊的交易价格　　　　　　　　单位:元

产品	单价(1)	产品价格占总价格份额 (2)=各产品单价(1)/18 500	应分摊交易价格 (3)=15 000×各产品 价格占总价格份额(2)
A产品	7 500	40.54%	6 081
B产品	5 000	27.03%	4 054
C产品	6 000	32.43%	4 865
合　计	18 500	1	15 000

单独售价是指企业向客户单独销售商品或提供服务的价格。企业在类似环境下向类似客户单独销售某商品或提供某服务的价格,应作为确定该商品或服务单独售价的最佳证据。合同或价目表上的标价可能是商品或服务的单独售价,但不能默认其一定是该商品或服务的单独售价。例如,企业为其销售的产品制定了标准价格,但是,在会计实务中经常以低于该标准价格的折扣价格对外销售。此时,企业在估计该产品的单独售价时,应

当考虑这一因素。

单独售价无法直接观察的,企业应当综合考虑其能够合理取得的全部相关信息,采用市场调整法、成本加成法、余值法等方法合理估计单独售价。

企业在采用相关方法估计合同所承诺的每一项商品或服务的单独售价时,应当评估该方式是否满足交易价格分摊的目标,即企业分摊至各单项履约义务的交易价格,能够反映其因向客户转让已承诺的相关商品或服务而预期有权收取的对价金额。例如,当企业采用余值法估计确定的某单项履约义务的单独售价为零或仅为很小的金额时,企业应当评估该结果是否恰当。这是因为合同中包含的可明确区分的商品或服务对于客户而言都具有一定价值。

2. 分摊合同折扣

当客户购买的一组商品或服务中所包含的各单项商品或服务的单独售价之和高于交易价格时,表明客户因购买该组商品或服务而取得了合同折扣。合同折扣是指合同中各单项履约义务所承诺商品或服务的单独售价之和高于合同交易价格的金额。企业应当在各单项履约义务之间按比例分摊合同折扣。有确凿证据表明合同折扣仅与合同中一项或多项履约义务相关的,企业应当将该合同折扣分摊至相关的一项或多项履约义务。

【例12-6】甲公司与客户签订合同,向其销售A、B、C三种产品,合同总价款为1 800 000元,这三种产品构成三项履约义务。甲公司经常以750 000元单独出售A产品,其单独售价可直接观察。B产品和C产品的单独售价不可直接观察。甲公司采用市场调整法估计的B产品单独售价为375 000元,采用成本加成法估计的C产品单独售价为1 125 000元。甲公司通常以750 000元的价格单独销售A产品,并将B产品和C产品组合在一起以1 050 000元的价格销售。

本例中,产品的单独售价合计为2 250 000(750 000+375 000+1 125 000)元,而该合同的价格为1 800 000元,该合同的整体折扣为450 000元。由于甲公司经常将B产品和C产品组合在一起以1 050 000元的价格销售,该价格与其单独售价之和1 500 000元的差额为450 000元,与该合同的整体折扣一致,而A产品通常单独销售的价格与其在合同中的单独售价一致,均为750 000元,证明该合同的整体折扣应仅归属于B产品和C产品。因此,在该合同下,分摊至A产品的交易价格为750 000元,分摊至B产品和C产品的交易价格合计为1 050 000元。甲公司应当进一步按照B产品和C产品的单独售价的相对比例将该价格在两者之间进行分摊:B产品应分摊的交易价格为262 500[(375 000/1 500 000)×1 050 000]元,C产品应分摊的交易价格为787 500[(1 125 000/1 500 000)×1 050 000]元。

(五)履行各单项履约义务时确认收入

企业应当在履行了合同中的履约义务即客户取得相关商品或服务的控制权时确认收入。企业将商品或服务的控制权转移给客户,该转移可能在某一时段内发生,即在履行履约义务的过程中发生;也可能在某一时点发生,即在履约义务完成时发生。企业应当根据实际情况,按照相关规定判断履约义务是否满足在某一时段内履行的条件,如不满足,则该履约义务属于在某一时点履行的履约义务。对于在某一时段内履行的履约义务,企业应当选取恰当的方法来确定履约进度;对于在某一时点履行的履约义务,企业应当综合分析控制权转移的迹象,判断其转移时点。

确定履约进度的产出法和投入法

1. 在某一时段内履行的履约义务

满足下列条件之一的,属于在某一时段内履行的履约义务,相关收入应当在该履约义务履行的期间确认。

(1) 客户在企业履约的同时即取得并消耗企业履约所带来的经济利益。企业在履约过程中是持续地向客户转移企业履约所带来的经济利益的,该履约义务属于在某一时段内履行的履约义务,企业应当在履行履约义务的期间确认收入。例如保洁服务等服务类合同,可以通过直观的判断获知在企业履行履约义务的同时客户即取得并消耗了企业履约所带来的经济利益。对于难以通过直观判断获知结论的情形,企业在进行判断时,可以假定在企业履约的过程中更换为其他企业继续履行剩余履约义务,当该继续履行合同的企业实质上无须重新执行企业累计至今已经完成的工作时,表明客户在企业履约的同时即取得并消耗了企业履约所带来的经济利益。例如,甲企业承诺将客户的一批货物从 A 市运送到 B 市,假定该批货物在途经 C 市时由乙运输公司接替甲企业继续提供该运输服务,A 市到 C 市之间的运输服务是无须重新执行的,这表明客户在甲企业履约的同时即取得并消耗了甲企业履约所带来的经济利益。因此,甲企业提供的运输服务属于在某一时段内履行的履约义务。

(2) 客户能够控制企业履约过程中在建的商品或服务。企业在履约过程中在建的商品或服务包括在产品、在建工程、尚未完成的研发项目、进行的服务等。由于客户控制了在建的商品或服务,客户在企业提供商品或服务的过程中获得其利益,因此,该履约义务属于在某一时段内履行的履约义务,应当在该履约义务履行的期间确认收入。

【例 12-7】甲公司与客户签订合同,在客户拥有的土地上按照客户的设计要求为其建造厂房。在建造过程中客户有权修改厂房设计,并与甲公司重新协商设计变更后的合同价款。客户每月末按当月工程进度向甲公司支付工程款。如果客户终止合同,已完成建造部分的厂房归客户所有。

本例中,甲公司为客户建造厂房,该厂房位于客户的土地上,客户终止合同时已建造的厂房归客户所有。这些均表明客户在该厂房建造的过程中就能够控制该在建的厂房。因此,甲公司提供的该建造服务属于在某一时段内履行的履约义务,甲公司应当在提供该服务的期间确认收入。

(3) 企业履约过程中所产出的商品具有不可替代用途,且该企业在整个合同期间有权就累计至今已完成的履约部分收取款项。具体包括以下两个方面:

第一,商品具有不可替代用途。具有不可替代用途是指因合同限制或实际可行性限制,企业不能轻易地将商品用于其他用途。当企业产出的商品只能提供给某特定客户,而不能被轻易地用于其他用途,比如不能销售给其他客户时,该商品就具有不可替代用途。在判断商品是否具有不可替代用途时,企业既应当考虑合同限制,也应当考虑实际可行性限制,但无须考虑合同被终止的可能性。当合同中存在实质性限制条款,导致企业不能将合同约定的商品用于其他用途时,该商品满足具有不可替代用途的条件。也就是说,虽然合同中没有限制条款,但当企业将合同中约定的商品用作其他用途将导致企业遭受重大的经济损失时,企业将该商品用作其他用途的能力实际上受到了限制。例如,企业根据某客户的要求,为其专门设计并生产了一套专用设备,由于该设备是定制化产品,企业如果将其销售给其他客户,需要发生重大的改造成本,这表明企业将该产品用于其他用途的能力受到实际可行性的限制。因此,该产品满足具有不可替代用途的条件。企业在判断商品是否具有不可替代用途时,判断时点是合同开始日。此后,除非发生合同变更,且该变更显著改变了原合同约定的履约义务,否则,企业无须重新进行判断。

第二,企业在整个合同期间有权就累计至今已完成的履约部分收取款项。企业有权就累计至今已完成的履约部分收取款项是指在由于客户或其他方原因终止合同的情况下,企业有权就累计至今已完成的履约部分收取能够补偿其已发生成本和合理利润的款项,并且该权利具有法律约束力。在这里,合同终止必须是由于客户或其他方面而非企业自身的原因所致,在整个合同期间的任一时点,企业均应当拥有此项权利。企业有权就累计至今已完成的履约部分收取的款项应当大致相当于累计至今已经转移给客户的商品的售价。企业有权收取的款项为保证金或仅是补偿企业已经发生的成本或可能损失的利润的,不满足这一条件。补偿企业的合理利润并不意味着补偿金额一定要等于该合同的整体毛利水平。下列两种情形都属于补偿企业的合理利润:① 根据合同终止前的履约进度对该合同的毛利水平进行调整后确定的金额作为补偿金额;② 如果该合同的毛利水平高于企业同类合同的毛利水平,以企业从同类合同中能够获取的合理资本回报或者经营毛利作为利润补偿。

企业和客户在合同中约定的付款时间进度表,并不一定表明企业有权就累计至今已完成的履约部分收取款项。这是因为合同约定的付款进度和企业的履约进度可能并不匹配。此种情况下,企业仍需要证据对其是否享有该收款权进行判断。企业在进行判断时,既要考虑合同条款的约定,还要充分考虑适用的法律法规、补充或凌驾于合同条款之上的以往司法实践以及类似案例的结果等。

【例12-8】甲公司与乙公司签订合同,针对乙公司的实际情况和面临的具体问题,为改善其业务流程提供咨询服务,并出具专业的咨询意见。双方约定,甲公司仅需要向乙公司提交最终的咨询意见,而无须提交任何其在工作过程中编制的工作底稿和其他相关资料;在整个合同期间,如果乙公司单方面终止合同,乙公司需要向甲公司支付违约金,违约金的金额等于甲公司已发生的成本加上15%的毛利率,该毛利率与甲公司在类似合同中能够赚取的毛利率大致相同。

本例中,在合同执行过程中,由于乙公司无法获得甲公司已经完成工作的工作底稿和其他任何资料,假设在执行合同的过程中,因甲公司无法履约而需要由其他公司来继续提供后续咨询服务并出具咨询意见时,其他公司需要重新执行甲公司已经完成的工作,这表明乙公司并未在甲公司履约的同时即取得并消耗了甲公司履约所带来的经济利益。然而,由于该咨询服务是针对乙公司的具体情况而提供的,甲公司无法将最终的咨询意见用作其他用途,这表明该咨询意见具有不可替代用途。此外,在整个合同期间,如果乙公司单方面终止合同,甲公司根据合同条款可以主张其已发生的成本及合理利润,这表明甲公司在整个合同期间有权就累计至今已完成的履约部分收取款项。因此,甲公司向乙公司提供的咨询服务属于在某一时段内履行的履约义务,甲公司应当在其提供服务的期间按照适当的履约进度确认收入。

商品具有不可替代用途和企业在整个合同期间有权就累计至今已完成的履约部分收取款项这两个要素,均与控制权的判断有关联,客户有义务或无法避免就企业已经完成的履约部分支付相应款项,这一情况表明,客户已获得企业履约所带来的经济利益。通常情况下,客户只有在取得对商品或服务的控制权时才有义务支付相应的合同价款。

对于在某一时段内履行的履约义务,企业应当在该段时间内按照履约进度确认收入,履约进度不能合理确定的除外。企业应当考虑商品或服务的性质,采用产出法或投入法确定恰当的履约进度,并且在确定履约进度时应当扣除那些控制权尚未转移给客户的商品和服务。企业按照履约进度确认收入时,通常应当在资产负债表日将按照合同的交易价格总额乘以履约进度再扣除以前会计期间累计已确认的收入后的金额确认为当期收入。

对于在某一时段内履行的履约义务,只有当其履约进度能够合理确定时,才应当按照履约进度确认收入。企业如果无法获得确定履约进度所需的可靠信息,则无法合理地确定其履行履约义务的进度。当履约进度不能合理确定时,企业已经发生的成本预计能够得到补偿的,应当按照已经发生的成本金额确认收入,直到履约进度能够合理确定为止。

2. 在某一时点履行的履约义务

对于不属于在某一时段内履行的履约义务,应当属于在某一时点履行的履约义务,企业应当在客户取得相关商品或服务控制权时点确认收入。在判断客户是否已经取得商品或服务的控制权即客户是否能够主导该商品或服务的使用并从中获得几乎全部的经济利益时,企业应当考虑下列五个迹象:

(1) 企业就该商品或服务享有现时收款权利,即客户就该商品或服务负有现时付款义务。当企业就该商品或服务享有现时收款权利时,可能表明客户已经有能力主导该商品或服务的使用并从中获得几乎全部的经济利益。

(2) 企业已将该商品或服务的法定所有权转移给客户,即客户已拥有该商品或服务的法定所有权。当客户取得了商品或服务的法定所有权时,可能表明其已经有能力主导该商品或服务的使用并从中获得几乎全部的经济利益,即客户已取得对该商品或服务的控制权。

(3) 企业已将该商品实物转移给客户,即客户已占有该商品实物。客户如果已经占有商品实物,则可能表明其有能力主导该商品的使用并从中获得几乎全部的经济利益,或者使其他企业无法获得这些利益。但是,客户占有了某项商品实物并不意味着其就一定取得了该商品的控制权,反之亦然。委托代销安排和售后代管商品安排即是如此。

委托代销安排是指委托方和受托方签订代销合同或协议,委托受托方向终端客户销售商品。在这种安排下,企业应当评估受托方在企业向其转让商品时是否已获得对该商品的控制权。如果没有,企业不应在此时确认收入,通常应当在受托方售出商品时确认销售商品收入;受托方应当在商品销售后按合同或协议约定的方法计算确定的手续费确认收入。表明一项安排是委托代销安排的迹象包括但不限于:① 在特定事件发生之前,如在向最终客户出售商品之前,企业拥有对商品的控制权;② 企业能够要求将委托代销商品退回或者将其销售给其他方;③ 尽管受托方可能被要求向企业支付一定金额的押金,但是其并没有承担对这些商品无条件付款的义务。

【例12-9】甲公司委托乙公司销售W商品1 500件,W商品已经发出,每件成本为80元。合同约定乙公司应按每件120元对外销售,甲公司按不含增值税的销售价格的10%向乙公司支付手续费。除非这些商品在乙公司存放期间由于乙公司的责任发生毁损或丢失,否则在W商品对外销售之前,乙公司没有义务向甲公司支付货款。乙公司不承担包销责任,没有售出的W商品须退回给甲公司。同时,甲公司也有权要求收回W商品或将其销售给其他客户。一段时间后,乙公司对外实际销售1 500件W商品,开出的增值税专用发票上注明的销售价格为180 000元,增值税税额为23 400元,款项已经收到。乙公司立即向甲公司开具代销清单并支付货款。甲公司收到乙公司开具的代销清单时,向乙公司开具一张相同金额的增值税专用发票。

本例中,甲公司将W商品发送至乙公司后,乙公司虽然已经实物占有W商品,但是仅是接受甲公司的委托销售W商品,并根据实际销售的数量赚取一定比例的手续费。甲公司有权要求收回W商品或将其销售给其他客户,乙公司并不能主导这些商品的销售。这些商品对外销售与否、是否获利以及获利多少等不由乙公司控制,乙公司没有取得这些商品的控制权。因此,甲公司将W商品发送至乙公司时,不应确认收入,而应当在乙公司将W商品销售给最终客户时确认收入。

售后代管商品安排是指根据企业与客户签订的合同,已经就销售的商品向客户收款或取得了收款权利,但是直到在未来某一时点将该商品交付给客户之前,仍然继续持有该商品实物的安排。在会计实务中,客户可能会因为缺乏足够的仓储空间或生产进度延迟而要求与销售方订立此类合同。在这种情况下,尽管企业仍然持有商品的实物,但是,当客户已经取得了对该商品的控制权时,即使客户决定暂不行使实物占有的权利,其依然有能力主导该商品的使用并从中获得几乎全部的经济利益。因此,企业不再控制该商品,而只是向客户提供了代管服务。

在售后代管商品安排下,除了应当考虑客户是否取得商品控制权的相关迹象之外,还应当同时满足下列四个条件才表明客户取得了该商品的控制权:一是该安排必须具有商业实质,例如,该安排是应客户的要求而订立的;二是属于客户的商品必须能够单独识别;三是该商品可以随时交付给客户;四是企业不能自行使用该商品或将该商品提供给其他客户。

在会计实务中,越是可以和其他商品互相替换的商品,越有可能难以满足上述条件。在售后代管商品安排下,企业对尚未发货的商品确认了收入,企业还应当考虑是否承担了其他的履约义务,例如向客户提供商品保管服务等,从而应当将部分交易价格分摊至该履约义务。

【例 12-10】2020 年 1 月 1 日,甲公司与乙公司签订合同,向其销售一台设备和专用零部件,设备和零部件的制造周期为 2 年。甲公司在完成设备和零部件的生产之后,能够证明其符合合同约定的规格。假定在该合同下向客户转让设备和零部件是可明确区分的,企业应将其作为两项履约义务,且都属于在某一时点履行的履约义务。2021 年 12 月 31 日,乙公司支付了该设备和零部件的合同价款,并对其进行了验收。乙公司运走了设备,但是,考虑到其自身的仓储能力有限且其工厂紧邻甲公司仓库,因此,要求将零部件存放于甲公司的仓库中,并且要求甲公司按照其指令随时安排发货。乙公司已拥有零部件的法定所有权,并且这些零部件可明确识别为属于乙公司的物品。甲公司在其仓库内的单独区域内存放这些零部件,并应乙公司的要求可随时发货。甲公司不能使用这些零部件,也不能将其提供给其他客户使用。

本例中,2021 年 12 月 31 日,设备的控制权已转移给乙公司。对于零部件而言,甲公司已经收取合同价款,但是应乙公司的要求尚未发货。乙公司已拥有零部件的法定所有权,并且对其进行了验收。虽然这些零部件实物尚由甲公司持有,但是其满足在售后代管商品安排下客户取得商品控制权的条件,因此这些零部件的控制权已经转移给了乙公司。甲公司应当确认销售设备和零部件的相关收入。除此之外,甲公司还为乙公司提供了仓储保管服务,该服务与设备和零部件可明确区分,构成单项履约义务。

(4) 企业已将该商品或服务所有权上的主要风险和报酬转移给客户,即客户已取得该商品或服务所有权上的主要风险和报酬。企业向客户转移了商品或服务所有权上的主要风险和报酬,可能表明客户已经取得了主导该商品或服务的使用并从中获得几乎全部经济利益的能力。但是,在评估商品或服务所有权上的主要风险和报酬是否转移时,不应考虑导致企业在除所转让商品或服务之外产生其他单项履约义务的风险。例如,企业将产品销售给客户,并承诺提供后续维护服务的安排中销售产品和提供后续维护服务均构成单项履约义务。企业将产品销售给客户之后,虽然仍然保留后续维护服务相关的风险,但是由于后续维护服务构成单项履约义务,所以该保留的风险并不影响企业已将产品所有权上的主要风险和报酬转移给客户的判断。

(5) 客户已接受该商品或服务。如果客户已经接受了企业提供的商品或服务,例如,企业销售给客户的商品通过了客户的验收,可能表明客户已经取得了该商品或服务的控制权。合同中有关客户验收的条款,可能允许客户在商品或服务不符合约定规格的情况下解除合同或要求企业采取补救措施。因此,企业在评估是否已经将商品或服务的控制权转移给客户时,应当考虑此类条款。

当企业能够客观地确定其已经按照合同约定的标准和条件将商品或服务的控制权转移给客户时,客户验收只是一项例行程序,并不影响企业判断客户取得该商品或服务控制权的时点。例如,企业向客户销售一批必须满足规定尺寸和重量的产品,合同规定,客户收到该产品时将对此进行验收。由于该验收条件是一个客观标准,企业在客户验收前就能够确定其是否满足约定的标准,客户验收可能只是一项例行程序。当在客户验收之前确认收入时,企业还应当考虑是否还存在剩余的履约义务,如设备安装等,并且评估是否应当对其单独进行会计处理。

当企业无法客观地确定其向客户转让的商品或提供的服务是否符合合同规定的条件时,在客户验收之前,企业不能认为已经将该商品或服务的控制权转移给了客户。这是因为,在这种情况下,企业无法确定客户是否能够主导该商品或服务的使用并从中获得几乎全部的经济利益。例如,客户主要基于主观判断进行验收时,该验收通常不能仅仅被视为一项例行程序。在验收完成之前,企业无法确定其商品或服务是否能够满足客户的主观标准。因此,企业应当在客户完成验收并接受该商品或服务时才能确认收入。在会计实务中,定制化程度越高的商品,越难以证明验收仅仅是一项例行程序。

在上述五个迹象中,并没有哪一个或哪几个迹象是决定性的。企业应当根据合同条款和交易实质进行分析,综合判断其是否已将商品或服务的控制权转移给了客户以及控制权是何时转移的,从而确定收入确认的时点。此外,企业应当从客户的角度进行评估,而不应当仅考虑企业自身的看法。

> **探究与发现**
>
> 通过上述学习,你是否理解了收入确认与计量的"五步法"?请从以下方面进行思考:收入确认最重要的判断依据是什么?收入确认的条件是什么?如何识别各单项履约义务?如何确认履约义务履行的时点?如何合理分摊交易价格?

第三节 收入的会计处理

一、收入核算科目的设置

为了核算收入的业务,企业应设置"主营业务收入""其他业务收入"总账科目。

(一)主营业务收入

"主营业务收入"总账科目核算企业确认的销售商品、提供服务等主营业务的收入。企业在履行了合同中的单项履约义务时,应按照已收或应收的合同价款加上应收取的增值税税额借记"银行存款""应收账款""应收票据""合同资产"等科目,按应确认的收入金额贷记"主营业务收入",按应收取的增值税税额贷记"应交税费——应交增值税(销项税额)""应交税费——待转销项税额"等科目。

合同中存在企业为客户提供重大融资利益的,企业应按照应收合同价款借记"长期应收款"等科目,按照假定客户在取得商品控制权时即以现金支付而需支付的金额(即现销价格)确定的交易价格贷记"主营业务收入",按其差额贷记"未实现融资收益"科目;合同中存在客户为企业提供重大融资利益的,企业应按照已收合同价款借记"银行存款"等科目,按照假定客户在取得商品控制权时即以现金支付的应付金额(即现销价格)确定的交易价格贷记"合同负债"等科目,按其差额借记"未确认融资费用"科目。涉及增值税的,还应进行相应的处理。

企业收到的对价为非现金资产时,应按该非现金资产在合同开始日的公允价值借记"存货""固定资产""无形资产"等有关科目,贷记"主营业务收入"。涉及增值税的,还应进行相应的处理。

期末应将该科目的余额转入"本年利润"科目,结转后该科目无余额。该科目可按主营业务的种类进行明细核算。

(二)其他业务收入

"其他业务收入"核算企业确认的除主营业务活动以外的其他经营活动实现的收入,包括出租固定资产、出租无形资产、出租包装物和商品、销售材料等实现的收入。企业确认其他业务收入的主要账务处理参见"主营业务收入"。期末应将该科目的余额转入"本年利润"科目,结转后该科目无余额。该科目可按其他业务的种类进行明细核算。

二、在某一时点履行的履约义务的会计处理

(一)一般情况

1. 现销方式的销售

现销是指购买方根据销售方开出的发票账单支付货款,同时取得所购商品的销售方式。在这种销售方式下,购买方支付货款并取得所购商品,通常表明商品的控制权已经转移给购买方。此时,企业应确认相应的收入。

【例12-11】甲公司2020年5月4日与乙公司签订合同,采用现销方式向乙公司销售一批商品。开出的增值税专用发票上注明的商品售价为30 000元,增值税税额为3 900(30 000×13%)元。甲公司收到乙公司支付的款项合计33 900(30 000+3 900)元,并已存入银行。同时,甲公司已将商品交付给乙公司。该批商品的控制权在销售日转移给乙公司。甲公司应编制如下会计分录:

借:银行存款	33 900
贷:主营业务收入	30 000
应交税费——应交增值税(销项税额)	3 390

2. 托收承付结算销售方式

托收承付结算销售方式是指企业根据合同发货,同时委托银行收款,购货方向银行承付的销售方式。在这种销售方式下,商品发出且已办妥款项托收手续,通常表明商品的控制权已经转移给购货方。此时,企业应确认相应的收入。

【例12-12】甲公司2020年10月4日与乙公司签订合同,采用托收承付结算方式向乙公司销售一批商品,开出的增值税专用发票上注明的商品售价为100 000元,增值税税额为13 000(100 000×13%)元。商品已经发出,并已向银行办理货款托收手续,款项尚未收到。该批商品的成本为70 000元。该批商品在发出时控制权转移给乙公司。甲公司应编制如下会计分录:

借:应收账款　　　　　　　　　　　　　　　　　　　　113 000
　　贷:主营业务收入　　　　　　　　　　　　　　　　　　100 000
　　　　应交税费——应交增值税(销项税额)　　　　　　　 13 000

同时,

借:主营业务成本　　　　　　　　　　　　　　　　　　 70 000
　　贷:库存商品　　　　　　　　　　　　　　　　　　　　70 000

3. 预收款销售方式

企业在向客户转让商品之前,客户已经支付了合同对价或企业已经取得了无条件收取合同对价的权利,企业应当在客户实际支付款项与到期应支付款项两者之间较早的时点,按照该已收或应收的金额借记"银行存款""应收账款""应收票据"等科目,贷记"合同负债"科目;企业向客户转让相关商品时,借记"合同负债"科目("合同负债"科目核算企业已收或应收客户对价而应向客户转让商品的义务),贷记"主营业务收入""其他业务收入"等科目。涉及增值税的,还应进行相应的处理。该科目期末贷方余额,反映企业在向客户转让商品之前,已经收到的合同对价或已经取得的无条件收取合同对价权利的金额。

【例12-13】甲公司2020年7月8日与乙公司签订一份销售合同。该销售合同约定,本次销售采用预收款销售方式。甲公司向乙公司销售商品一批,该批商品的售价为600 000元,增值税税额为78 000(600 000×13%)元,实际成本为400 000元。乙公司在合同签订日预付商品售价的50%,即300 000元;剩余款项378 000元于2个月后即2020年9月8日全部付清。甲公司在乙公司付清全部款项后,即向乙公司交付商品。该批商品的控制权在交货时转移给乙公司。该销售合同如期得到履行。甲公司应编制如下会计分录:

(1) 2020年7月8日预收乙公司款项时:

借:银行存款　　　　　　　　　　　　　　　　　　　 300 000
　　贷:合同负债　　　　　　　　　　　　　　　　　　　300 000

(2) 2020年9月8日收到乙公司支付剩余款项并交付商品时:

借:银行存款	378 000
合同负债	300 000
贷:主营业务收入	600 000
应交税费——应交增值税(销项税额)	78 000

同时,

借:主营业务成本	400 000
贷:库存商品	400 000

本例中,甲公司采用预收款方式销售商品。在预收款销售方式下,销售方先预收商品货款,但直到收到最后一笔货款时才将商品交付给购买方。因此,在这种销售方式下,通常在销售方收到最后一笔货款时,商品的控制权才转移给购买方,此时,销售方才确认收入。在此之前,销售方预收的货款则作为合同负债处理。

(二) 委托代销

委托代销是客户占有了商品实物但并没有取得商品控制权的一种销售方式。在委托代销业务安排下,企业作为委托方,其身份是主要责任人;客户作为受托方,其身份是代理人。

【例12-14】甲公司委托乙公司销售W商品1 500件,W商品已经发出,每件成本为80元。合同约定乙公司应按每件120元的价格对外销售,甲公司按不含增值税的销售价格的10%向乙公司支付手续费。甲公司2020年6月5日委托乙公司销售W商品1 500件;乙公司2020年8月15日对外实际销售1 500件W商品,甲公司获得销售商品收入180 000(1 500×120)元,乙公司获得代销手续费收入18 000(180 000×10%)元;销售W商品适用的增值税税率为13%,代销手续费适用的增值税税率为6%,代销手续费增值税税额为1 080(18 000×6%)元,甲公司收到乙公司支付的货款184 320(203 400－18 000－1 080)元;甲公司发出W商品时纳税义务尚未发生,收到代销清单时发生增值税纳税义务。

甲公司应编制如下会计分录:

(1) 2020年6月5日发出商品时:

借:发出商品	120 000
贷:库存商品	120 000

(2) 2020年8月15日收到代销清单时:

借:应收账款	203 400
贷:主营业务收入	180 000
应交税费——应交增值税(销项税额)	23 400

同时,

借:主营业务成本	120 000
贷:发出商品	120 000

借：销售费用——代销手续费 18 000
　　应交税费——应交增值税(进项税额) 1 080
　　贷：应收账款 19 080

(3) 2020年8月15日收到乙公司支付的货款时：

借：银行存款 184 320
　　贷：应收账款 184 320

乙公司应编制如下会计分录：

(1) 2020年6月5日收到商品时：

借：受托代销商品 180 000
　　贷：受托代销商品款 180 000

(2) 2020年8月15日对外销售时：

借：银行存款 203 400
　　贷：受托代销商品 180 000
　　　　应交税费——应交增值税(销项税额) 23 400

(3) 2020年8月15日收到增值税专用发票时：

借：受托代销商品款 180 000
　　应交税费——应交增值税(进项税额) 23 400
　　贷：应付账款 203 400

(4) 2020年8月15日支付货款时：

借：应付账款 203 400
　　贷：银行存款 184 320
　　　　其他业务收入——代销手续费 18 000
　　　　应交税费——应交增值税(销项税额) 1 080

当企业向客户销售商品涉及其他方参与其中时，企业应当确定其自身在该交易中的身份是主要责任人还是代理人。主要责任人应当按照已收或应收对价总额确认收入；代理人应当按照预期有权收取的佣金或手续费的金额确认收入。

企业在判断其是主要责任人还是代理人时，应当根据其承诺的性质，确定企业在某项交易中的身份是主要责任人还是代理人。企业承诺自行向客户提供特定商品的，其身份是主要责任人；企业承诺安排他人提供特定商品的，即为他人提供协助的，其身份是代理人。自行向客户提供特定商品，可能也包含委托另一方代为提供特定商品。

在确定企业承诺的性质时，企业应当首先识别向客户提供的特定商品。这里的特定商品是指向客户提供的可明确区分的商品或可明确区分的一揽子商品。该特定商品也包括享有由其他方提供商品的权利。例如，旅行社销售的机票向客户提供了乘坐航班的权利，团购网站销售的餐券向客户提供了在指定餐厅用餐的权利等。然后，企业应当评估特定商品在转让给客户之前企业是否控制该商品。企业在将特定商品转让给客户之前控制该商品的,表明企业的承诺是自行向客户提供该商品,或委托另一方代其提供该商品,因此,企业是主要责任人;相反,企业在特定商品转让给客户之前不控制该商品的,表明企业的承诺是安排他人向客户提供该商品,是为他人提供协助,因此,企业为代理人。

企业无论是主要责任人还是代理人,均应当在履约义务履行时确认收入。企业为主要责任人的,应当按照其自行向客户提供商品而有权收取的对价总额确认收入;企业为代理人的,应当按照其因安排他人向客户提供特定商品而有权收取的佣金或手续费的金额确认收入,该金额可能是按照既定的佣金金额或比例确定,也可能是按照已收或应收对价总额扣除应支付给提供该特定商品的其他方的价款后的净额确定。

(三) 销售折让与销售折扣

1. 价格折让或销售折让

价格折让或销售折让是指企业因产品质量不合格等原因而在商品售价上给予的减让。

【例12-15】甲公司2020年2月10日向客户实际销售了50件产品,每件产品的售价为150元,成本为100元,甲公司已将产品交付给客户,客户尚未付款。2020年3月2日,客户发现甲公司已转让的100件产品存在瑕疵,要求甲公司对已转让的产品提供每件15元的价格折让以弥补损失。经协商,双方同意将价格折让750(50×15)元在甲公司的应收账款中进行抵减。该产品的增值税税率为13%,实际发生价格折让时,经税务机关同意允许冲减增值税销项税额。甲公司应编制如下会计分录:

(1) 2020年2月10日实际销售产品时:

借:应收账款	8 475
贷:主营业务收入	7 500
应交税费——应交增值税(销项税额)	975

同时,

借:主营业务成本	5 000
贷:库存商品	5 000

(2) 2020年3月2日发生价格折让时:

借:主营业务收入	750
应交税费——应交增值税(销项税额)	97.5
贷:应收账款	847.5

本例中,由于750元的折让金额与已经转让的50件产品有关,因此,应当将其作为已销售的50件产品的销售价格的抵减,在该折让发生时冲减当期销售收入。

2. 现金折扣或销售折扣

【例12-16】甲公司2020年6月10日向客户销售医疗设备,销售价格为150 000元,销售成本为100 000元,增值税税额为19 500元。甲公司向客户提供现金折扣,合同约定的付款条件为:2/10,1/30,n/40,即10天内偿付款项给予销售价格2%的现金折扣,30天内偿付款项给予销售价格1%的现金折扣,计算现金折扣时不包括增值税税额。本次销售商品适用的增值税税率为13%,现金折扣不得从销售额中减除,即现金折扣不能减少增值税销项税额。2020年6月5日销售商品时,甲公司估计客户能够在10天内偿付款项,并获得3 000(150 000×2%)元现金折扣,因此,按照最可能发生金额确认收入147 000(150 000-3 000)元。2020年6月30日,客户仍然没有偿付款项,甲公司对客户偿付款项的可能性进行重新评估,认为客户能够在30天内偿付款项,并获得1 500(150 000×1%)元现金折扣。因此,甲公司调增收入数额1 500元。2020年7月5日,甲公司收到了客户偿付的全部销售货款148 500元及相应的增值税税额19 500元。甲公司应编制如下会计分录:

(1) 2020年6月10日销售商品时:

借:应收账款　　　　　　　　　　　　　　　　　　　　166 500
　　贷:主营业务收入　　　　　　　　　　　　　　　　　147 000
　　　　应交税费——应交增值税(销项税额)　　　　　　19 500
借:主营业务成本　　　　　　　　　　　　　　　　　　100 000
　　贷:库存商品　　　　　　　　　　　　　　　　　　　100 000

(2) 2020年6月30日重新评估客户付款可能性时:

借:应收账款　　　　　　　　　　　　　　　　　　　　　1 500
　　贷:主营业务收入　　　　　　　　　　　　　　　　　　1 500

(3) 2020年7月5日收到款项时:

借:银行存款　　　　　　　　　　　　　　　　　　　　168 000
　　贷:应收账款　　　　　　　　　　　　　　　　　　　168 000

本例中,由于销售合同中存在现金折扣或销售折扣付款条件,因此,合同中约定的可变对价金额是可变的。甲公司应当按照可变对价的处理原则计量收入的金额,其中包括对计入交易价格的可变对价金额的限制条件。

三、在某一时段内履行的履约义务的会计处理

通常情况下,企业对于其已向客户转让商品或提供服务而有权收取的对价金额,应当确认为合同资产或应收账款;对于其已收或应收客户对价而应向客户转让商品或提供服务的义务,应当按照已收或应收的金额确认合同负债。由于同一合同下的合同资产和合同负债应当以净额列示,企业也可以设置"合同结算"总账科目或其他类似科目,以核算同一合同下属于在某一时段内履约义务涉及与客户结算对价的合同资产或合同负债,并在此总账科目下设置"合同结算——价款结算"科目反映定期与客户进行结算的金额,设置"合同结算——收入结转"科目反映按履约进度结转的收入金额。资产负债表日,"合同结算"总账科目的期末余额在借方的,根据其流动性,在资产负债表中分别列示为"合同

资产"或"其他非流动资产"项目;期末余额在贷方的,根据其流动性,在资产负债表中分别列示为"合同负债"或"其他非流动负债"项目。

探究与发现

请思考我国收入准则进行改革的原因。

本 章 小 结

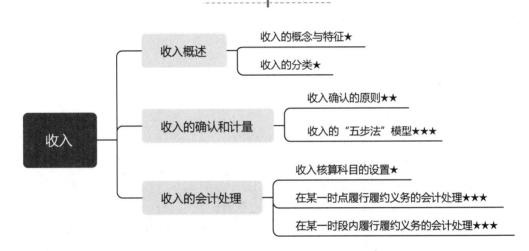

复习与思考题

名词解释

收入合同　　　单项履约义务　　　销售折让　　　可变对价
商业折扣　　　现金折扣　　　　　交易价格
非现金对价　　应付客户对价　　　某一时点履行的履约义务
某一时段内履行的履约义务

简答题

1. 什么是收入？有哪些主要特征？如何分类？
2. 销售折让与销售退回的会计处理有何不同？
3. 什么是在某一时间段内履行的履约义务？企业确定履约进度的方法有哪几种？
4. 什么是在某一时点履行的履约义务？
5. 企业与客户之间的合同在同时满足哪五项条件时,企业应当在履行了合同中的履约义务时确认收入？
6. 在什么情况下,企业应当将向客户转让商品或提供服务的承诺作为单项履约义务？

7. 什么是交易价格？企业对计入交易价格的可变对价进行估计的方法有哪几种？计入交易价格的可变对价金额有什么限制条件？

8. 将交易价格分摊至各单项履约义务时，分摊的一般原则是什么？

综合题

甲公司2020年发生如下经济业务：

(1) 2月3日，与客户签订合同，采用现销方式销售一批A商品。开出的增值税专用发票上注明的商品售价为150 000元，增值税税额为19 500元，款项合计169 500元已收到并已存入银行。A商品已交付给客户，客户已经取得了A商品的控制权。

(2) 8月13日，与客户签订合同，采用预收款销售方式销售一批C商品。该批商品的售价为180 000元，收到客户预付的商品售价50 000元。商品的控制权尚未转移给客户。

(3) 8月21日，按合同约定，收到客户支付的C商品的剩余价款130 000元以及销售C商品的增值税税额23 400元，向客户开具增值税专用发票，其中，商品售价180 000元，增值税税额23 400元，商品交付给客户，商品的控制权同时转移给了客户。

(4) 9月6日，与客户签订合同，向客户销售D商品，并作为主要责任人负责提供运输服务，将D商品运送至客户指定地点。销售D商品和提供运输服务属于两项履约义务，各自分摊的交易价格为450 000元和3 000元，相应款项尚未收到。合同签订日，客户取得了D商品的控制权。根据合同约定，甲公司应当在一周内将D商品运送至客户指定地点，之后才有权收取整个合同的对价453 000元。销售商品适用的增值税税率为13%。

(5) 9月10日，将D商品运送至客户指定地点，履行了提供运输服务的履约义务。运输服务花费了一天时间。提供运输服务适用的增值税税率为9%。

(6) 9月12日，收到销售D商品的全部价款和相应的增值税税额。

(7) 11月15日，向乙公司销售1 000件E商品，单位销售价格为500元，单位成本为400元，商品已发出，款项尚未收到，商品的控制权已经转移给乙公司。根据合同约定，乙公司在2021年2月15日之前有权退货。发出商品时，甲公司根据过去的经验，估计该批商品的退货率为5%。不考虑相关税费的影响。

(8) 12月31日，甲公司采用分期收款方式销售B商品10件，不含增值税的价款为9 000 000元，适用的增值税税率为13%。该批商品的现销价格为8 019 000元，实际利率为6%，合同规定分3期收款，收款日期为2021年12月31日、2022年12月31日和2023年12月31日。该批商品的总成本为6 300 000元。甲公司在各收款日均收取货款3 390 000元，并开具增值税专用发票。

要求：根据以上经济业务，为甲公司编制有关的会计分录。

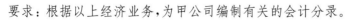

本章综合题参考答案

思考题

随着交易事项的日趋复杂，在会计实务中收入确认和计量面临越来越多的问题。例如,如何判断商品所有权上的主要风险和报酬转移?对于包含多重交易安排或可变对价的复杂合同如何进行会计处理?为进一步规范收入确认、计量和相关信息披露,并保持我国企业会计准则与国际财务报告准则持续趋同,财政部借鉴《国际财务报告准则第15号——客户合同收入》,并结合我国实际情况,于2017年修订形成了新收入准则。新收入准则的执行让财务工作更加规范与专业,尤其是对收入确认与计量提出了新的工作要求。新收入准则将控制权转移当作收入确认时点的判断依据,在识别履约义务、判断客户是否取得商品控制权、将交易价格分摊至履约义务等节点的判断中主观意识较强,这些均对财务人员的工作提出了更高要求。根据新收入准则,请思考:

1. 收入的确认和计量大致可以分为哪五步?
2. 如何对涉及两项或多项履约义务的合同进行合理判断?
3. 如何确认与计量某一时点履行的履约义务和在某一时间段内履行的履约义务?

拓 展 学 习

市场竞争日益激烈,一些上市公司面临着进退两难的困境。个别不能适应这种大环境的企业便试图以财务造假的方式生存下去或是为自己牟取暴利,这极大地侵害了相关投资者的自身利益,也降低了整个金融市场的公信度,对资本市场的稳定运行造成了恶劣的影响。而在各种财务造假手段中,作为企业持续经营和未来发展指向标的收入,便成了造假的首选目标,收入造假在上市公司造假案中并不少见。收入造假事件的出现是内外部因素积累的结果:对内,公司内部治理结构不合理、内部控制不够完善、内部监督失效、信息披露不完善等都为收入造假提供了机会;对外,审计机构失职、资本市场监管乏力、违法成本低等因素亦为收入造假创造了良机。因此,收入造假等一系列的财务造假案引起了众多学者的关注,纷纷对其进行研究。

针对收入造假,请思考:在审计过程中有哪些手段能增加发现收入造假的可能性?从哪些方面入手、采取何种措施能够降低企业收入造假的概率?

第十三章

费　用

 本章教学目标

费用是影响企业利润的一个重要因素,是企业经营活动中的重要指标。通过本章的学习,学生应了解费用的特征、各种费用的核算内容及其分类;理解各种费用的核算要求;掌握费用相关的账务处理。

 本章核心概念

费用;期间费用;税金及附加

 导入

A公司是一家商品流通企业(一般纳税人),2020年12月发生以下业务:

1. 偿还短期借款本金10 000元,利息200元。

2. 因违规排污被环保部门处以罚款20 000元。

3. 本月销售商品的成本为300 000元。

4. 本月进口一辆小汽车,价值200 000元,进口环节缴纳增值税、消费税与关税共30 000元,均以银行存款支付。

5. 本月应负担的税费还有增值税、城市维护建设税、教育费附加、土地使用税、印花税、车辆购置税、房产税、车船税、企业所得税。

6. 本月发生管理部门的固定资产维修费2 000元,销售部门的固定资产维修费3 000元。

问题:

(1) 费用与损失有何区别? 上述业务发生的经济利益总流出哪些属于费用? 哪些属于损失?

(2) "税金及附加"账户核算哪些税费? 甲企业本月负担的税费,应分别记入哪些账户进行核算?

(3) 期间费用包括哪些内容? 上述哪些业务应确认为期间费用?

带着这些问题,让我们进入本章的学习。

第一节 费用概述

一、费用的概念与特征

费用是指企业在日常活动中发生的、会导致所有者权益减少的,与向所有者分配利润无关的经济利益的总流出。与收入一样,费用是影响企业利润的一个重要因素,是企业经营活动中的重要指标。费用具有以下特征:

(一)费用是企业在日常活动中发生的

费用特征中的日常活动概念与收入特征中的日常活动概念相一致,是指企业为完成其经营目标所从事的经常性活动及其与之相关的活动。企业开展的日常活动具有持续发生以及收入与费用相配比的特征,企业报废固定资产、无形资产等活动不属于企业为完成其经营目标而开展的日常活动,由此发生的经济利益流出不属于费用,而应归类为营业外支出。

(二)费用会导致所有者权益减少

与收入一样,费用也与所有者权益密切相关。但费用对所有者权益的影响与收入相反,即企业发生的费用最终都由所有者负担,都会使所有者权益减少。

(三)费用与向所有者分配利润无关

企业向所有者分配利润也会导致企业经济利益的流出,但这种经济利益的流出不是费用,而是企业的利润分配。费用是企业发生的与向所有者分配利润无关的经济利益流出,是企业在开展日常经营活动中发生的经济利益流出。

(四)费用是企业经济利益的总流出

费用的发生会导致收入的取得。尽管如此,收入与费用应当分别以总额进行反映,而不能以抵销后的净额反映。这样处理有利于清楚地反映企业在日常活动中取得收入和发生费用情况的全貌。

二、费用的确认

企业发生的各项费用,除了应当符合费用的定义外,还应当同时满足以下费用确认的条件,才能够加以确认:① 与费用相关的经济利益很可能流出企业;② 经济利益的流出会导致资产的减少或者负债的增加;③ 经济利益流出的金额能够可靠计量。

在确认企业费用时,应当注意以下两个问题:

(1)为生产产品、提供劳务等发生的可以归属于产品成本、劳务成本等的费用,应当在确认产品销售收入、劳务收入等时,将已销产品、已提供劳务的成本等计入当期损益,以实现相关的收入与费用在同一会计期间的配比。

(2)发生的支出不产生经济利益的,或者即使能够产生经济利益但不符合或者不再符合资产确认条件的,应当在发生时确认为费用,计入当期损益。

三、费用的分类

费用是企业日常活动所发生的经济利益的总流出,主要可以分为企业为取得营业收入进行产品销售等营业活动所发生的营业成本、税金及附加和期间费用。企业为生产产品、提供劳务等发生的可归属于产品成本、劳务成本等的费用,应当在确认销售商品收入、提供劳务收入等时,将已销售商品、已提供劳务的成本确认为营业成本(包括主营业务成本和其他业务成本)。税金及附加是指企业经营活动应负担的相关税费。期间费用包括销售费用、管理费用和财务费用。

> **探究与发现**
>
> 通过上述学习,你是否对费用有了一定的了解?请思考并回答什么是费用、什么项目属于费用。

第二节 费用的确认和计量

一、营业成本的核算

营业成本是企业在确认销售商品、提供劳务等经营业务收入时应当相应结转的成本,包括主营业务成本和其他业务成本。其中,主营业务成本是企业在经营主营业务活动时所发生的成本,包括销售商品成本、提供劳务成本等;其他业务成本则指除主营业务活动以外的其他经营活动所发生的成本和支出,包括销售材料的成本、出租固定资产的折旧额、出租无形资产的摊销额、出租包装物的成本摊销额等。

企业一般应当在期末,根据本期销售的各种商品、提供的各种劳务,计算并结转其相应的成本,借记"主营业务成本""其他业务成本"科目,贷记"库存商品""劳务成本""原材料""累计折旧""累计摊销""应付职工薪酬""银行存款"等科目;期末,"主营业务成本"和"其他业务成本"科目的余额应当转入"本年利润"科目,结转后应无余额。

(一)主营业务成本

企业结转已销售商品或提供服务成本时,借记"主营业务成本"科目,贷记"库存商品""合同履约成本"等科目。期末,将主营业务成本的余额转入"本年利润"科目,借记"本年利润"科目,贷记"主营业务成本"科目,结转后,"主营业务成本"科目无余额。

【例13-1】2020年5月20日,A公司向B公司销售一批产品,开具的增值税专用发票上注明的价款为300 000元,增值税税额为39 000元;A公司已收到B公司支付的款项339 000元,并将提货单送交B公司;该批产品成本为290 000元。该项销售业务属于某一时点履行的履约义务。A公司应编制如下会计分录:

(1) 销售实现时：

借：银行存款　　　　　　　　　　　　　　　　　　　　　　339 000
　　贷：主营业务收入　　　　　　　　　　　　　　　　　　　　300 000
　　　　应交税费——应交增值税（销项税额）　　　　　　　　　 39 000
借：主营业务成本　　　　　　　　　　　　　　　　　　　　290 000
　　贷：库存商品　　　　　　　　　　　　　　　　　　　　　 290 000

(2) 期末将主营业务成本结转至本年利润时：

借：本年利润　　　　　　　　　　　　　　　　　　　　　　290 000
　　贷：主营业务成本　　　　　　　　　　　　　　　　　　　 290 000

【例13-2】2020年5月10日，A公司销售甲产品100件，单价1 000元，单位成本800元，开具的增值税专用发票上注明的价款为100 000元，增值税税额为13 000元，购货方尚未付款，该项销售业务属于某一时点履行的履约义务。7月25日，因产品质量问题购货方退货，并开具增值税专用发票（红字）。假定不考虑其他因素，A公司应编制如下会计分录：

(1) 销售产品时：

借：应收账款　　　　　　　　　　　　　　　　　　　　　　113 000
　　贷：主营业务收入　　　　　　　　　　　　　　　　　　　 100 000
　　　　应交税费——应交增值税（销项税额）　　　　　　　　　 13 000
借：主营业务成本　　　　　　　　　　　　　　　　　　　　 80 000
　　贷：库存商品——甲产品　　　　　　　　　　　　　　　　　80 000

(2) 销售退回时：

借：主营业务收入　　　　　　　　　　　　　　　　　　　　100 000
　　应交税费——应交增值税（销项税额）　　　　　　　　　　 13 000
　　贷：应收账款　　　　　　　　　　　　　　　　　　　　　113 000
借：库存商品——甲产品　　　　　　　　　　　　　　　　　 80 000
　　贷：主营业务成本　　　　　　　　　　　　　　　　　　　 80 000

【例13-3】2020年8月末，A公司计算已销售的甲、乙、丙三种产品的实际成本分别为10 000元、20 000元和25 000元。该公司月末结转已销甲、乙、丙产品成本时应编制如下会计分录：

借：主营业务成本　　　　　　　　　　　　　　　　　　　　 55 000
　　贷：库存商品——甲产品　　　　　　　　　　　　　　　　 10 000
　　　　　　　　——乙产品　　　　　　　　　　　　　　　　 20 000
　　　　　　　　——丙产品　　　　　　　　　　　　　　　　 25 000

(二) 其他业务成本

其他业务成本是指企业确认的除主营业务活动以外的其他日常经营活动所发生的支

出。其他业务成本包括销售材料的成本、出租固定资产的折旧额、出租无形资产的摊销额、出租包装物的成本或摊销额等。采用成本模式计量投资性房地产计提的折旧额或摊销额也构成其他业务成本。

企业应当设置"其他业务成本"科目,核算企业确认的除主营业务活动以外的其他日常经营活动所发生的支出。企业发生的其他业务成本,借记"其他业务成本"科目,贷记"原材料""周转材料""累计折旧""累计摊销""应付职工薪酬""银行存款"等科目。期末,"其他业务成本"科目余额转入"本年利润"科目,结转后,"其他业务成本"科目无余额。

【例 13-4】2020 年 5 月 10 日,A 公司销售一批原材料,开具的增值税专用发票上注明的价款为 20 000 元,增值税税额为 2 600 元,款项已由银行收妥。该批原材料的实际成本为 17 000 元。该项销售业务属于某一时点履行的履约义务。A 公司应编制如下会计分录:

(1) 销售实现时:

借:银行存款 22 600
　　贷:其他业务收入 20 000
　　　　应交税费——应交增值税(销项税额) 2 600
借:其他业务成本 17 000
　　贷:原材料 17 000

(2) 期末将其他业务成本结转至本年利润时:

借:本年利润 17 000
　　贷:其他业务成本 17 000

【例 13-5】2020 年 1 月 5 日,甲公司将自行开发完成的非专利技术出租给一家公司,该非专利技术成本为 360 000 元,双方约定的租赁期限为 10 年,甲公司每月应摊销 3 000(360 000÷10÷12)元。甲公司每月摊销非专利技术成本时应编制如下会计分录:

借:其他业务成本 3 000
　　贷:累计摊销 3 000

二、税金及附加

税金及附加是指企业经营活动应负担的相关税费,包括消费税、城市维护建设税、教育费附加、资源税、房产税、城镇土地使用税、车船税、印花税等。

企业应当设置"税金及附加"科目,核算企业经营活动发生的消费税、城市维护建设税、教育费附加、资源税、房产税、城镇土地使用税、车船税、印花税等相关税费。其中,按规定计算确定的与经营活动相关的消费税、城市维护建设税、资源税、教育费附加、房产税、城镇土地使用税、车船税等税费,企业应借记"税金及附加"科目,贷记"应交税费"科目。期末,应将"税金及附加"科目余额转入"本年利润"科目,结转后,"税金及附加"科目无余额。企业交纳的印花税,不会发生应付未付税款的情况,不需要预计应纳税金额,同时也不存在与税务机关结算或者清算的问题。因此,企业交纳的印花税不通过"应交税费"科目核算,于购买印花税票时直接借记"税金及附加"科目,贷记"银行存款"科目。

【例 13-6】 2020 年 7 月 1 日,A 公司取得应纳消费税的销售商品收入 1 000 000 元,该商品适用的消费税税率为 25%。A 公司应编制如下会计分录:

(1) 计算确认应交消费税税额时:

$$消费税税额 = 1\,000\,000 \times 25\% = 250\,000(元)$$

借:税金及附加	250 000
贷:应交税费——应交消费税	250 000

(2) 实际交纳消费税时:

借:应交税费——应交消费税	250 000
贷:银行存款	250 000

【例 13-7】 2020 年 9 月,A 公司当月实际缴纳的增值税 450 000 元、消费税 150 000 元、适用的城市维护建设税税率为 7%,教育费附加征收比率为 3%。A 公司应编制与城市维护建设税、教育费附加有关的会计分录如下:

(1) 计算确认应交城市维护建设税和教育费附加时:

$$城市维护建设税 = (450\,000 + 150\,000) \times 7\% = 42\,000(元)$$

$$教育费附加 = (450\,000 + 150\,000) \times 3\% = 18\,000(元)$$

借:税金及附加	60 000
贷:应交税费——应交城市维护建设税	42 000
——应交教育费附加	18 000

(2) 实际交纳城市维护建设税和教育费附加时:

借:应交税费——应交城市维护建设税	42 000
——应交教育费附加	18 000
贷:银行存款	60 000

【例 13-8】 2020 年 12 月,A 公司一幢房产的原值为 2 000 000 元,已知房产税税率为 1.2%,当地规定的房产税扣除比例为 30%。该公司应编制如下会计分录:

(1) 计算应交房产税税额时:

$$应交房产税税额 = 2\,000\,000 \times (1 - 30\%) \times 1.2\% = 16\,800(元)$$

借:税金及附加	16 800
贷:应交税费——应交房产税	16 800

(2) 实际交纳房产税时:

借:应交税费——应交房产税	16 800
贷:银行存款	16 800

三、管理费用的核算

管理费用是企业为组织和管理企业生产经营所发生的各项费用,包括企业在筹建期间发生的开办费、董事会和行政管理部门在企业的经营管理中发生的或者应由企业统一负担的公司经费(包括行政管理部门的职工薪酬、物料消耗、低值易耗品摊销、办公费和差旅费等)、工会经费、董事会费(包括董事会成员津贴、会议费和差旅费等)、聘请中介机构费、咨询费(含顾问费)、诉讼费、业务招待费、房产税、车船使用税、土地使用税、印花税、技术转让费、矿产资源补偿费、研究费用、排污费等。

企业对发生的各项管理费用,应当借记"管理费用"科目,贷记"银行存款""应付职工薪酬""累计折旧""研发支出""应交税费"等科目。期末,"管理费用"科目的余额应当转入"本年利润"科目,结转后应无余额。

【例 13-9】 A 公司在筹建期间支付人员工资 12 000 元,办公费 3 000 元,差旅费 1 000 元,注册登记费 800 元,均以银行存款支付。A 公司对发生的上述开办费,应编制如下会计分录:

借:管理费用　　　　　　　　　　　　　　　　　　　　　16 800
　　贷:银行存款　　　　　　　　　　　　　　　　　　　　16 800

【例 13-10】 A 公司 2022 年 6 月份发生行政管理人员工资 6 000 元,计提固定资产折旧 1 200 元,应交印花税 800 元,研究支出 3 500 元,以银行存款支付水电费、咨询费 2 500 元。A 公司应编制如下会计分录:

借:管理费用　　　　　　　　　　　　　　　　　　　　　14 000
　　贷:应付职工薪酬　　　　　　　　　　　　　　　　　　6 000
　　　　累计折旧　　　　　　　　　　　　　　　　　　　　1 200
　　　　研发支出　　　　　　　　　　　　　　　　　　　　3 500
　　　　银行存款　　　　　　　　　　　　　　　　　　　　2 500

四、销售费用的核算

销售费用是企业在销售商品和材料、提供劳务的过程中发生的各种费用,包括保险费、包装费、展览费和广告费、商品维修费、预计产品质量保证损失、运输费、装卸费等,以及为销售本企业商品而专设的销售机构(含销售网点、售后服务网点等)的职工薪酬、业务费、折旧费等经营费用。

企业对发生的各项销售费用,应当借记"销售费用"科目,贷记"银行存款""应付职工薪酬""累计折旧"等科目。期末,"销售费用"科目的余额应当转入"本年利润"科目,结转后应无余额。

【例 13-11】 A 公司本期发生广告费 5 600 元,销售运杂费 4 800 元,展览费 8 500 元,均以银行存款支付。另外,预计产品质量保证损失 3 200 元。A 公司应编制如下会计分录：

借：销售费用　　　　　　　　　　　　　　　　　　　　　22 100
　　贷：银行存款　　　　　　　　　　　　　　　　　　　　18 900
　　　　预计负债　　　　　　　　　　　　　　　　　　　　 3 200

【例13-12】A公司销售门市部本期共发生经费9 800元，其中，人员工资4 000元，计提固定资产折旧2 100元，以银行存款支付业务费、水电费3 700元。A公司应编制如下会计分录：

借：销售费用　　　　　　　　　　　　　　　　　　　　　 9 800
　　贷：应付职工薪酬　　　　　　　　　　　　　　　　　　 4 000
　　　　累计折旧　　　　　　　　　　　　　　　　　　　　 2 100
　　　　银行存款　　　　　　　　　　　　　　　　　　　　 3 700

五、财务费用的核算

财务费用是企业为筹集生产经营所需资金等而发生的各项筹资费用，包括利息支出（减利息收入）、汇兑损益以及相关的手续费、企业发生的现金折扣或收到的现金折扣等。

企业对发生的各项财务费用，应当借记"财务费用"科目，贷记"银行存款""应付利息""未确认融资费用"等科目；对发生的应冲减财务费用的利息收入、汇兑损益、现金折扣，应当借记"银行存款""应付账款"等科目，贷记"财务费用"科目。期末，"财务费用"科目的余额应当转入"本年利润"科目，结转后应无余额。

【例13-13】A公司本期计提短期借款利息1 800元，因分期付款购入固定资产摊销未确认融资费用2 500元。A公司应编制如下会计分录：

借：财务费用　　　　　　　　　　　　　　　　　　　　　 4 300
　　贷：应付利息　　　　　　　　　　　　　　　　　　　　 1 800
　　　　未确认融资费用　　　　　　　　　　　　　　　　　 2 500

【例13-14】A公司本期接到银行通知划入银行存款利息收入2 000元，因购货取得现金折扣600元（购货款未付）。A公司应编制如下会计分录：

借：银行存款　　　　　　　　　　　　　　　　　　　　　 2 000
　　应付账款　　　　　　　　　　　　　　　　　　　　　　　600
　　贷：财务费用　　　　　　　　　　　　　　　　　　　　 2 600

> **探究与发现**
>
> 通过上述学习，你是否掌握了期间费用的构成？请思考企业自行研究开发新技术产生的研发费用是否属于期间费用。

本 章 小 结

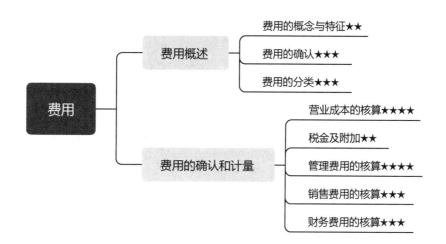

复习与思考题

名词解释

费用　　　　　营业成本　　　　　税金及附加　　　　期间费用
管理费用　　　销售费用　　　　　财务费用

简答题

1. 简述费用的定义和确认条件以及费用与损失的区别。
2. 简述期间费用的组成。

思考题

A 公司于 2017 年上市,在上市前和上市当年,A 公司虚构合同增加收入,虚减管理费用等,使得公司 2016 年和 2017 年财务报告净利润分别增加约 830 万元和 590 万元,分别占 2016 年和 2017 年调整后净利润的 479.5% 和 408.8%。而如果扣除虚增的利润,A 公司 2016 年净利润只有 173 万元,2017 年只有 144 万元,实际上根本不符合上市的条件。也就是说,实际上公司当初上市的动机不纯,A 公司总股本仅 7 500 万,几百万元的造假金额对其利润以及每股收益影响非常大。

思考:
1. 企业费用核算管理的重要性。
2. 如何加强企业费用相关内容的日常核算管理。

3. 企业在上市时虚增、虚减费用的原因有哪些？可以采取哪些方法核实？费用如何管理？虚增如何避免？

拓 展 学 习

整理2020年上市公司半年报发现，中药上市企业中，销售费用占比过高的趋势依然存在，在70家中药上市公司中，7家公司上半年销售费用占营收比重超过50%。研发方面，67家披露研发费用的企业仅有两家研发投入占同期营收的比重超过10%，10家中药企业研发投入占营收的比重不足1%。轻研发、重销售一直是中药企业被诟病的行为。

对于医药企业销售费用过高且占比远超过研发费用这一现象，我们应如何看待？又应如何分析其中存在的原因呢？

第十四章

利 润

 本章教学目标

利润是企业在一定会计期间的经营成果。通过本章的学习,学生应了解利润的构成、各组成部分的核算内容、性质及其分类;理解利润各组成部分的核算要求;掌握本年利润的处理方法和利润分配的相关账务处理。

 本章核心概念

利润;所得税费用;净利润

 导入

A 企业为增值税一般纳税人,主要生产销售彩色电视机,2020 年度有关经营业务如下:

1. 销售彩电取得不含税收入 8 600 万元,与彩电配比的销售成本 5 660 万元。

2. 转让技术所有权取得收入 700 万元,直接与技术所有权转让有关的成本和费用 100 万元。

3. 出租设备取得租金收入 200 万元。

4. 取得国债利息收入 30 万元。

5. 购进原材料共计 3 000 万元,取得增值税专用发票;支付运输费用共计 230 万元,取得运输发票。

6. 销售费用 1 650 万元,其中广告费 1 400 万元。

7. 管理费用 850 万元,其中业务招待费 90 万元。

8. 财务费用 80 万元,其中含向非金融企业借款所支付的年利息 40 万元。

9. 计入成本、费用的实发工资 540 万元,发生的工会经费 15 万元、职工福利费 82 万元、职工教育经费 18 万元。

10. 营业外支出 300 万元,其中包括通过公益性社会团体向贫困山区捐款的 150 万元。

假定不考虑其他因素,试思考下列问题:

(1) A 企业 2020 年的营业利润和利润总额分别为多少?

（2）上述哪些事项会导致会计利润和应纳税所得额存在差异？若存在差异，哪些为暂时性差异？应确认递延所得税资产还是递延所得税负债？

（3）企业计算所得税费用应考虑哪些因素？

带着这些问题，让我们进入本章的学习。

第一节　利　润　概　述

一、利润的概念与特征

利润是指企业在一定会计期间的经营成果。利润包括收入减去费用后的净额、直接计入当期利润的利得和损失。其中，收入减去费用后的净额反映的是企业日常活动的经营成果；直接计入当期利润的利得和损失反映的是企业非日常活动的经营成果，其最终会引起所有者权益发生增减变动，但与所有者投入资本或向所有者分配利润无关。未计入当期利润的利得和损失扣除所得税影响后的净额计入其他综合收益项目。净利润与其他综合收益的合计金额为综合收益总额。企业应当严格区分收入和利得、费用和损失的区别，以全面、准确地反映企业的获利能力。

对利润进行核算，可以及时反映企业在一定会计期间的经营业绩，它是评价企业管理层受托责任履行情况的重要指标，也是投资者、债权人进行经济决策的主要依据。

利润具有如下特征：

（1）一定的赢利能力，利润反映企业一定期间的最终财务成果。

（2）利润结构基本合理；利润按配比性原则计量，是一定时期的收入减去费用的净额。

（3）企业的利润具有较强的获取现金的能力。

（4）影响利润的因素较复杂，利润的计算含有较大的主观判断成分，具有可操纵性。

二、营业利润

（一）营业利润的构成

营业利润的构成可以用以下公式表示：

营业利润=主营业务收入+其他业务收入-主营业务成本-其他业务成本-税金及附加-销售费用-管理费用-财务费用+其他收益+投资收益（-投资损失）+净敞口套期收益（-净敞口套期损失）+公允价值变动收益（-公允价值变动损失）-信用减值损失-资产减值损失+资产处置收益（-资产处置损失）

（二）其他收益的核算

其他收益的主要业务内容是来自与企业日常活动相关的政府补助。根据我国现行

政府补助的
特征及分类

《企业会计准则第16号——政府补助》的规定,政府补助是指企业从政府无偿取得的货币性资产或非货币性资产。政府补助包括政府对企业的无偿拨款、税收返还、财政贴息以及无偿给予非货币性资产等。

政府补助同时满足下列条件的,才能予以确认:① 企业能够满足政府补助所附条件;② 企业能够收到政府补助。政府补助为货币性资产的,应当按照收到或应收的金额计量。政府补助为非货币性资产的,应当按照公允价值计量;公允价值不能可靠取得的,按照名义金额(1元)计量。

政府补助有两种会计处理方法:① 总额法。总额法是在确认政府补助时,将其全额确认为收益(递延收益),而不是将其作为相关资产账面价值或者费用的扣减的方法。② 净额法。净额法是将政府补助确认为对相关资产账面价值或者所补偿费用的扣减的方法。企业应当根据经济业务的实质判断某类政府补助业务应当采用总额法还是净额法进行会计处理,通常情况下对同类或类似政府补助业务只能选用一种方法,同时,企业对该业务应当一贯运用该方法,不得随意变更。

(三) 投资收益的核算

投资收益是企业因对外投资,而确认所取得的收益或损失,包括债券投资的利息收入、股权投资的股利收入等。

为核算投资收益的业务,企业应设置"投资收益"总账科目。长期股权投资采用成本法核算的,被投资单位宣告发放现金股利时,企业应按确认为投资收益的金额借记"应收股利"科目,贷记"投资收益"科目。长期股权投资采用权益法核算的,被投资单位实现净利润时,企业应按享有的相应份额借记"长期股权投资——损益调整"科目,贷记"投资收益"科目。企业处置长期股权投资时,应按实际收到的金额借记"银行存款"等科目,按其账面余额贷记"长期股权投资"科目,按尚未领取的现金股利贷记"应收股利"科目,按其差额贷记或借记"投资收益"科目。

交易性金融资产为股票投资的,被投资单位宣告发放现金股利时,按计算确定的应收股利借记"应收股利"科目,贷记"投资收益"科目;交易性金融资产为债券投资的,资产负债表日按计算确定的应收利息借记"应收利息"科目,贷记"投资收益"科目。出售交易性金融资产时,按实际收到的金额借记"银行存款"等科目,按该金融资产的账面余额贷记"交易性金融资产"科目,按其差额贷记或借记"投资收益"科目。

债权投资、其他债权投资、其他权益工具投资等投资收益的确认,可参阅本书第四章的相应内容,此处不再重复。

期末,企业应将"投资收益"科目余额转入"本年利润"科目,结转后该科目应无余额。该科目可按投资项目进行明细核算。

【例14-1】A公司拥有B公司60%的股权,对B公司的财务和经营政策实施控制。2019年12月25日,B公司宣告分派现金股利100 000元。A公司按持股比例可分得60 000(100 000×60%)元。A公司应编制如下会计分录:

借：应收股利　　　　　　　　　　　　　　　　　　　　　60 000
　　贷：投资收益　　　　　　　　　　　　　　　　　　　　　60 000

【例 14-2】A 公司于 2020 年 11 月 5 日将持有的 B 公司股票 10 000 股全部对外出售，每股出售价格为 19 元，共获得价款 190 000（10 000×19）元，款项已存入银行。出售前，A 公司将该股票投资作为交易性金融资产处理，出售股票日，相应"交易性金融资产"总账科目账面余额为 180 000 元，其中，成本为 150 000 元，公允价值变动为上升 30 000 元。A 公司应编制如下会计分录：

借：银行存款　　　　　　　　　　　　　　　　　　　　　190 000
　　贷：交易性金融资产——成本　　　　　　　　　　　　　150 000
　　　　　　　　　　　——公允价值变动　　　　　　　　　　30 000
　　　　投资收益　　　　　　　　　　　　　　　　　　　　　10 000

(四) 公允价值变动损益的核算

公允价值变动损益是指企业交易性金融资产、交易性金融负债以及采用以公允价值模式计量的投资性房地产等资产或负债，其公允价值变动形成的应当计入当期损益的利得或损失。为核算公允价值变动损益的业务，企业应设置"公允价值变动损益"总账科目。以公允价值计量且其变动计入当期损益的金融资产（交易性金融资产），资产负债表日，企业应按交易性金融资产的公允价值高于其账面余额的差额，借记"交易性金融资产——公允价值变动"科目，贷记"公允价值变动损益"科目；公允价值低于其账面余额的差额，作相反的会计分录。

对于采用公允价值模式计量的投资性房地产，应于资产负债表日按投资性房地产的公允价值高于其账面余额的差额，借记"投资性房地产——公允价值变动"科目，贷记"公允价值变动损益"科目；对于公允价值低于其账面余额的差额，作相反的会计分录。

期末，企业应将"公允价值变动损益"科目余额转入"本年利润"科目，结转后该科目应无余额。该科目可按交易性金融资产、交易性金融负债、投资性房地产等进行明细核算。

【例 14-3】A 公司 2020 年 3 月 10 日从证券交易市场购入 B 公司股票 10 000 股，每股市价为 15 元，市价合计为 150 000（10 000×15）元，款项以银行存款支付。A 公司将此次股票投资划分为交易性金融资产投资。2020 年 6 月 30 日，B 公司股票的市价上升为每股 18 元，A 公司持有的 10 000 股 B 公司股票的市价合计为 180 000（10 000×18）元，市价上升数额为 30 000（180 000－150 000）元。A 公司 2020 年 6 月 30 日应编制如下会计分录：

借：交易性金融资产——公允价值变动　　　　　　　　　　30 000
　　贷：公允价值变动损益　　　　　　　　　　　　　　　　30 000

【例 14-4】A 公司 2020 年 5 月，出售作为交易性金融资产的 B 股票以及采用公允价值模式计量的某出租厂房时，经查，原计入 B 股票的公允价值变动损益为借方 3 000 元，计入厂房的公允价值变动损益为贷方 360 000 元。该公司在进行出售 B 股票和厂房会计处理的同时，应编制如下会计分录：

借:投资收益 3 000
　　贷:公允价值变动损益 3 000
借:公允价值变动损益 360 000
　　贷:其他业务收入 360 000

其他债权投资、非交易性权益工具投资以公允价值进行后续计量,但其公允价值的变动不计入公允价值变动损益,而计入其他综合收益。所以,其他债权投资、非交易性权益工具投资在后续计量及其会计处理方面,与交易性金融资产和采用公允价值模式进行后续计量的投资性房地产并不完全相同。

(五)信用减值损失

信用减值损失是指企业按规定计提的金融工具预期信用损失。企业应当在资产负债表日计算金融工具的预期信用损失。如果该预期信用损失大于该工具当前减值准备的账面金额,企业应当将其差额确认为信用减值损失。

为核算信用减值损失的业务,企业应设置"信用减值损失"总账科目。该科目核算企业按规定计提各项金融工具减值准备所形成的预期信用损失。资产负债表日,企业确认金融工具信用减值损失时,借记"信用减值损失"科目,根据金融工具的种类贷记"坏账准备""债权投资减值准备""其他综合收益信用减值准备"等科目。实际发生信用损失时,借记"坏账准备""债权投资减值准备""其他综合收益信用减值准备"等科目,贷记"应收账款""债权投资""其他债权投资"等资产科目。期末,企业应将"信用减值损失"科目余额转入"本年利润"科目,结转后该科目应无余额。

根据相关企业会计准则的规定,应收账款、债权投资、其他债权投资等资产,其计提的信用减值损失在相应资产的价值得以恢复时可以转回。

(六)资产减值损失的核算

资产减值损失是企业因计提各项资产减值准备所形成的损失,包括存货跌价准备、固定资产减值准备、无形资产减值准备、投资性房地产减值准备、长期股权投资减值准备等。

企业对各项资产计提减值准备时,应当借记"资产减值准备"科目,贷记"坏账准备""存货跌价准备""固定资产减值准备"等科目;期末,"资产减值损失"科目余额应当转入"本年利润"科目,结转后无余额。

【例14-5】B股份有限公司期末资产减值测试表明,库存A产品预计可变现净值为25 000元,其账面成本为26 000元;某项专用设备原始价值为56 000元,已提折旧30 000元,预计其可收回金额为20 000元;对M公司的长期股权投资账面价值为1 200 000元,预计其可收回金额为950 000元。B公司应编制如下会计分录:

借:资产减值损失 257 000
　　贷:存货跌价准备 1 000
　　　　固定资产减值准备 6 000
　　　　长期股权投资减值准备 250 000

三、利润总额

(一) 利润总额

利润总额=营业利润+营业外收入-营业外支出。其中：营业外收入是指企业发生的与其日常活动无直接关系的各项利得；营业外支出是指企业发生的与其日常活动无直接关系的各项损失。

(二) 营业外收入

1. 营业外收入核算的内容

营业外收入是指企业确认的与其日常活动无直接关系的各项利得。营业外收入并不是企业经营资金耗费所产生的，实际上是经济利益的净流入，不需要与有关的费用进行配比。营业外收入主要包括非流动资产毁损报废收益、与企业日常活动无关的政府补助、盘盈利得、捐赠利得等。其中，非流动资产毁损报废收益指因自然灾害等发生毁损、已丧失使用功能而报废的非流动资产所产生的清理收益。与企业日常活动无关的政府补助指企业从政府无偿取得货币性资产或非货币性资产且与企业日常活动无关的利得。盘盈利得指企业对现金等资产清查盘点时发生盘盈，报经批准后计入营业外收入的金额。捐赠利得指企业接受捐赠产生的利得。

2. 营业外收入的账务处理

企业应设置"营业外收入"科目，核算营业外收入的取得及结转情况。该科目贷方登记企业确认的营业外收入，借方登记期末转入"本年利润"科目的营业外收入，结转后"营业外收入"科目无余额。"营业外收入"科目可按营业外收入项目进行明细核算。

(1) 企业确认处置非流动资产毁损报废的收益时，借记"固定资产清理""银行存款""待处理财产损溢"等科目，贷记"营业外收入"科目。

【例14-6】A公司将固定资产报废清理的净收益179 800元转作营业外收入，应编制如下会计分录：

借：固定资产清理　　　　　　　　　　　　　　　　179 800
　　贷：营业外收入——非流动资产毁损报废收益　　　　　179 800

(2) 企业确认盘盈利得、捐赠利得计入营业外收入时，借记"库存现金""待处理财产损溢"等科目，贷记"营业外收入"科目。

【例14-7】A企业在现金清查中盘盈200元，按管理权限报经批准后转入营业外收入，应编制如下会计分录：

发现盘盈时：

借：库存现金　　　　　　　　　　　　　　　　　　200
　　贷：待处理财产损溢　　　　　　　　　　　　　　　　200

经批准转入营业外收入时：

```
借：待处理财产损溢                              200
    贷：营业外收入                                      200
```

(3) 期末，应将"营业外收入"科目余额转入"本年利润"科目，借记"营业外收入"科目，贷记"本年利润"科目。结转后，"营业外收入"科目应无余额。

【例 14-8】沿用例 14-6 和例 14-7 的资料，A 公司本期营业外收入总额为 180 000 元，期末结转本年利润，应编制如下会计分录：

```
借：营业外收入                                180 000
    贷：本年利润                                      180 000
```

(三) 营业外支出

1. 营业外支出的核算内容

营业外支出是指企业发生的与其日常活动无直接关系的各项损失，主要包括非流动资产毁损报废损失、捐赠支出、盘亏损失、非常损失、罚款支出等。其中，非流动资产毁损报废损失指因自然灾害等发生毁损、已丧失使用功能而报废非流动资产所产生的清理损失。捐赠支出指企业对外进行捐赠发生的支出。盘亏损失主要指对于财产清查盘点中盘亏的资产查明原因并报经批准计入营业外支出的损失。非常损失指企业对于因客观因素（如自然灾害等）造成的损失扣除保险公司赔偿后应计入营业外支出的净损失。罚款支出指企业支付的行政罚款、税务罚款以及其他违反法律法规、合同协议等而支付的罚款、违约金、赔偿金等支出。

2. 营业外支出的账务处理

企业应设置"营业外支出"科目，核算营业外支出的发生及结转情况。该科目借方登记确认的营业外支出，贷方登记期末转入"本年利润"科目的营业外支出，结转后"营业外支出"科目无余额。"营业外支出"科目可按营业外支出项目进行明细核算。

(1) 企业确认处置非流动资产毁损报废损失时，借记"营业外支出"科目，贷记"固定资产清理""无形资产"等科目。

【例 14-9】2017 年 2 月 1 日，A 公司取得一项价值 1 000 000 元的非专利技术并确认为无形资产，采用直线法摊销，摊销期限为 10 年。2019 年 2 月 1 日，由于该技术已被其他新技术所替代，A 公司决定将其转入报废处理，报废时已摊销 200 000 元，未计提减值准备。A 公司应编制如下会计分录：

```
借：累计摊销                                  200 000
    营业外支出                                800 000
    贷：无形资产                                    1 000 000
```

(2) 确认盘亏、罚款支出计入营业外支出时，借记"营业外支出"科目，贷记"待处理财产损溢""库存现金"等科目。

【例 14-10】某企业发生原材料自然灾害损失 620 000 元，经批准全部转作营业外支出。该企业对原材料采用实际成本进行日常核算，应编制如下会计分录：

发生原材料自然灾害损失时：

借：待处理财产损溢 620 000
　　贷：原材料 620 000

批准处理时：

借：营业外支出 620 000
　　贷：待处理财产损溢 620 000

【例 14-11】 A 企业用银行存款支付税款滞纳金 50 000 元，应编制如下会计分录：

借：营业外支出 50 000
　　贷：银行存款 50 000

（3）期末，应将"营业外支出"科目余额转入"本年利润"科目，借记"本年利润"科目，贷记"营业外支出"科目。结转后，"营业外支出"科目应无余额。

【例 14-12】 沿用例 14-9—例 14-11 的资料，A 企业本期营业外支出总额为 1 470 000 元，期末结转本年利润，应编制如下会计分录：

借：本年利润 1 470 000
　　贷：营业外支出 1 470 000

四、净利润

净利润＝利润总额－所得税费用。其中，所得税费用是指企业确认的应从当期利润总额中扣除的所得税费用。

> **探究与发现**
>
> 通过上述学习，你是否掌握了利润的概念与构成，并能够回答"导入"提出的问题？

第二节　所得税费用

一、所得税费用的概念

所得税是国家对企业的经营所得和其他所得征收的税。所得税会计是企业对有关的所得税业务所进行的会计处理，包括确定一个会计期间应纳税所得额，并根据应纳税所得额和适用税率计算所得税费用的数额，以及这项数额在财务报表上的反映方法。

企业的应纳税所得额，通常来自企业的财务会计记录，但它又往往与企业的税前会计利润不相一致。这是因为，应纳税所得额必须根据税法规定，而税法对企业的各项资产、负债、收入、支出事项都有严格的界定或限制，为正确计算企业所得税提供依据，其目的是调节国家和企业的分配关系,聚集财政资金。但企业财务核算的资产、负债、收入、支出,则根据企业会计准则的规范要求,按会计核算的原则和会计核算业务的处理方法计算取得资产、负债的账面价值和企业的经营成果。虽然,目前我国由财政部制定的会计准则也体现了国家宏观管理的需要,但它不能替代税收法规。因此,会计反映的资产、负债的账面价值与税法规定的计税基础之间的差异是客观存在的,它决定了进行所得税会计处理的必要性。

因此,所得税会计是以企业的资产负债表及其附注为依据,结合相关账簿资料,分析计算各项资产、负债的计税基础,通过比较资产、负债的账面价值与其计税基础之间的差异,确定应纳税暂时性差异和可抵扣暂时性差异,进而按照暂时性差异与适用的所得税税率计算确定递延所得税资产、递延所得税负债以及相应的递延所得税费用。

二、资产、负债的计税基础

企业在取得资产、负债时,应当确定其计税基础。

(一) 资产的计税基础

资产的计税基础,是指企业收回资产账面价值过程中计算应纳税所得额时按照税法规定可以自应税经济利益中抵扣的金额,即某一项资产在未来期间计税时按照税法规定可以税前扣除的总金额。用公式表示为:

$$资产的计税基础 = 账面价值 - 未来期间按照税法规定可以自应税经济利益中抵扣的金额$$

资产在初始确认时,其计税基础一般为取得成本,即企业为取得某项资产支付的成本在未来期间准予税前扣除。在资产持续持有的过程中,其计税基础是指资产的取得成本减去以前期间按照税法规定已经税前扣除的金额后的余额。如固定资产、无形资产等,在通常情况下,资产取得时其入账价值与计税基础是相同的,只是在后续计量过程中,有可能因会计准则的有关规定与税法规定不同,产生资产的账面价值与其计税基础的差异,比如按照会计准则规定,企业的各项资产如发生减值,应当将其可变现净值或可收回金额低于其账面价值的差额计提相关的资产减值准备,其损失计入当期损益,从税前利润中扣除。但税法规定,企业计提的资产减值准备一般不能在税前抵扣,只有在资产发生实质性损失时才允许税前扣除,这时资产的计税基础仍应为计提减值准备前的账面价值。

(二) 负债的计税基础

负债的计税基础是指负债的账面价值减去未来期间计算应纳税所得额时按照税法规定可予抵扣的金额。用公式表示为:

$$负债的计税基础 = 账面价值 - 未来期间按照税法规定可予税前扣除的金额$$

负债的确认与偿还一般不会影响企业的损益,也不会影响其应纳税所得额,未来期间计算应纳税所得额时按照税法规定可予抵扣的金额为零,计税基础即为账面价值。但是,在某些情况下,负债的确认可能会影响企业的损益,进而影响不同期间的应纳税所得额,使得其计税基础与账面价值之间产生差额,如按照会计规定确认的某些预计负债。

三、暂时性差异

暂时性差异是指资产、负债的账面价值与其计税基础不同产生的差额。因资产、负债的账面价值与其计税基础不同,产生了在未来收回资产或清偿负债的期间应纳税所得额增加或减少并导致未来期间应交所得税增加或减少的情况,形成企业的资产或负债,在有关暂时性差异发生当期,符合确认条件的情况下,应当确认相关的递延所得税负债或递延所得税资产。

根据对未来期间应纳税所得额的影响,暂时性差异分为应纳税暂时性差异和可抵扣暂时性差异。

1. 应纳税暂时性差异

应纳税暂时性差异是指在确定未来收回资产或清偿负债期间的应纳税所得额时,将导致产生应税金额的暂时性差异,即在未来期间不考虑该事项影响的应纳税所得额的基础上,由于该暂时性差异的转回会进一步增加转回期间的应纳税所得额和应交所得税金额,在其产生当期应当确认相关的递延所得税负债。

应纳税暂时性差异通常产生于以下情况:

第一,资产的账面价值大于其计税基础。资产的账面价值代表的是企业在持续使用及最终出售该项资产时将取得的经济利益的总额,而计税基础代表的是资产在未来期间可予税前扣除的总金额。资产的账面价值大于其计税基础,该项资产未来期间产生的经济利益不能全部税前抵扣,两者之间的差额需要交税,产生应纳税暂时性差异。例如,一项资产的账面价值为500万元,计税基础如果为375万元,两者之间的差额会造成未来期间应纳税所得额和应交所得税的增加,在其产生当期,应确认相关的递延所得税负债。

第二,负债的账面价值小于其计税基础。负债的账面价值为企业预计在未来期间清偿该项负债时的经济利益流出,而其计税基础代表的是账面价值在扣除税法规定未来期间允许税前扣除的金额之后的差额。负债的账面价值与其计税基础不同产生的暂时性差异,实质上是税法规定就该项负债在未来期间可以税前扣除的金额(即与该项负债相关的费用支出在未来期间可予税前扣除的金额)。负债的账面价值小于其计税基础,则意味着就该项负债在未来期间可以税前抵扣的金额为负数,即应在未来期间应纳税所得额的基础上调增,增加未来期间的应纳税所得额和应交所得税金额,产生应纳税暂时性差异,应确认相关的递延所得税负债。

2. 可抵扣暂时性差异

可抵扣暂时性差异是指在确定未来收回资产或清偿负债期间的应纳税所得额时,将导致产生可抵扣金额的暂时性差异。该差异在未来期间转回时会减少转回期间的应纳税所得额,减少未来期间的应交所得税。在可抵扣暂时性差异产生当期,估计未来期间能够取得足够的应纳税所得额用以利用该可抵扣暂时性差异时,应当以可能取得用来抵扣可抵扣暂时性差异的应纳税所得额为限,确认相关的递延所得税资产。企业应当在资产负债表日,对递延所得税资产的账面价值进行复核。如果未来期间很可能无法获得足够的应纳税所得额用以抵扣递延所得税资产的利益,应当减记递延所得税资产的账面价值。以后期间在很可能获得足够的应纳税所得额时,减记的金额应当转回。

可抵扣暂时性差异一般产生于以下情况:

第一,资产的账面价值小于其计税基础,意味着资产在未来期间产生的经济利益少,按照税法规定允许税前扣除的金额多,两者之间的差额可以减少企业在未来期间的应纳税所得额并减少应交所得税,符合有关条件时,应当确认相关的递延所得税资产。例如,一项资产的账面价值为500万元,计税基础为650万元,则企业在未来期间就该项资产可以在其自身取得经济利益的基础上多扣除150万元,未来期间应纳税所得额会减少,应交所得税也会减少,形成可抵扣暂时性差异。

第二,负债的账面价值大于其计税基础,负债产生的暂时性差异实质上是税法规定就该项负债可以在未来期间税前扣除的金额。即:

$$
\begin{aligned}
负债产生的暂时性差异 &= 账面价值 - 计税基础 \\
&= 账面价值 - (账面价值 - \\
&\quad 未来期间计税时按照税法规定可予税前扣除的金额) \\
&= 未来期间计税时按照税法规定可予税前扣除的金额
\end{aligned}
$$

负债的账面价值大于其计税基础,意味着未来期间按照税法规定与负债相关的全部或部分支出可以自未来应税经济利益中扣除,减少未来期间的应纳税所得额和应交所得税。符合有关确认条件时,应确认相关的递延所得税资产。

四、所得税费用的确认和计量

所得税会计的目的之一是确定当期应交所得税以及利润表中的所得税费用。在按照资产负债表债务法核算所得税的情况下,利润表中的所得税费用包括当期所得税和递延所得税两个部分。

1. 当期所得税

当期所得税是指企业按照税法规定计算确定的针对当期发生的交易和事项,应交纳给税务部门的所得税金额,即当期应交所得税。

企业在确定当期应交所得税时,对于当期发生的交易或事项,会计处理与税法处理不同的,应在会计利润的基础上按照适用税收法规的规定进行调整,计算出当期应纳税所得额,按照应纳税所得额与适用所得税税率计算确定当期应交所得税。一般情况下,应纳税所得额可在会计利润的基础上考虑会计与税收法规之间的差异,公式为:

应纳税所得额＝税前会计利润＋纳税调整增加额－纳税调整减少额

2. 递延所得税

递延所得税是指按照所得税准则规定当期应当确认的递延所得税资产和递延所得税负债金额，即递延所得税资产及递延所得税负债当期发生额的综合结果，但不包括计入所有者权益的交易或事项的所得税影响。公式为：

递延所得税＝（递延所得税负债的期末余额－递延所得税负债的期初余额）－
（递延所得税资产的期末余额－递延所得税资产的期初余额）

应予说明的是，企业因确认递延所得税资产和递延所得税负债产生的递延所得税，除上述介绍的直接计入所有者权益的情况，一般应当计入所得税费用。

3. 所得税费用

计算确定当期所得税及递延所得税以后，利润表中应予确认的所得税费用为两者之和，即：

所得税费用＝当期所得税＋递延所得税

【例14－13】A公司2020年度利润表中的利润总额为30 000 000元，该公司适用的所得税税率为25%。递延所得税资产及递延所得税负债不存在期初余额。与所得税核算有关的情况如下：

2020年发生的有关交易和事项中，会计处理与税收处理存在差别的有：

(1) 2020年1月开始计提折旧的一项固定资产，成本为15 000 000元，使用年限为10年，净残值为0，会计处理按双倍余额递减法计提折旧，税收处理按直线法计提折旧。假定税法规定的使用年限及净残值与会计规定相同。

(2) 向关联企业捐赠现金5 000 000元。假定按照税法规定，企业给关联方的捐赠不允许税前扣除。

(3) 当期取得作为交易性金融资产核算的股票投资成本为8 000 000元，2020年12月31日的公允价值为12 000 000元。税法规定，以公允价值计量的金融资产持有期间市价变动不计入应纳税所得额。

(4) 违反环保法规定，应支付罚款2 500 000元。

(5) 期末对持有的存货计提了750 000元的存货跌价准备。

分析：

(1) 2020年度当期应纳税所得额与应交所得税：

2020年度当期应纳税所得额＝30 000 000＋1 500 000＋5 000 000
　　　　　　　　　　　　－4 000 000＋2 500 000＋750 000
　　　　　　　　　　　　＝35 750 000(元)

应交所得税＝35 750 000×25%＝8 937 500(元)

(2) 2020 年度递延所得税：

递延所得税资产＝(1 500 000＋750 000)×25％＝2 250 000×25％＝562 500(元)

递延所得税负债＝4 000 000×25％＝1 000 000(元)

递延所得税＝1 000 000－562 500＝437 500(元)

(3) 利润表中应确认的所得税费用：

所得税费用＝8 937 500＋437 500＝9 375 000(元)

确认所得税费用的账务处理如下：

借：所得税费用　　　　　　　　　　　　　　　　　9 375 000
　　递延所得税资产　　　　　　　　　　　　　　　　562 500
　　贷：应交税费——应交所得税　　　　　　　　　　　　8 937 500
　　　　递延所得税负债　　　　　　　　　　　　　　　　1 000 000

> **探究与发现**
>
> 税法和会计的所得税处理在哪些方面有差异？试总结相关差异。

第三节　利润分配

一、利润分配的有关规定

按照我国公司法规定，企业实现的税前利润，应当按照如下顺序进行分配：

(1) 弥补以前年度的亏损，但不得超过税法规定的弥补期限；

(2) 缴纳所得税；

(3) 弥补在税前利润弥补之后仍存在的亏损；

(4) 提取法定盈余公积；

(5) 提取任意盈余公积；

(6) 向股东分配利润。

企业弥补亏损和提取盈余公积后剩余的税后利润，有限责任公司按照股东实缴的出资比例分配，股份有限公司按照股东持有的股份比例分配。

盈余公积金是企业从税后利润中提取的，分为法定盈余公积和任意盈余公积两种。法定盈余公积按照企业税后利润的10％提取，当企业法定盈余公积累计额为公司注册资本的50％以上时可以不再提取。企业的法定盈余公积不足以弥补以前年度亏损的，在按照规定提取法定盈余公积之前，应当先用当年利润弥补亏损。任意盈余公积按照股东会或者股东大会决议，从企业税后利润中提取。

盈余公积应当按照规定的用途使用,其用途主要如下:

(1) 弥补企业亏损。企业发生的亏损按照国家税法规定可以用缴纳所得税前的利润弥补,超过税前利润弥补期限仍未补足的亏损,可以用企业税后利润弥补,如企业发生特大亏损,税后利润仍不足弥补,可以用盈余公积弥补。但是,资本公积金不得用于弥补企业的亏损。

(2) 扩大企业生产经营。企业可以根据生产经营的需要,用盈余公积来扩大生产经营规模。

(3) 转增企业资本。企业为了实现增加资本的目的,可以将盈余公积的一部分转为资本。对用任意盈余公积转增资本的,法律没有限制,但用法定盈余公积转增资本时,转增后所留存的盈余公积不得少于转增前企业注册资本的25%。

二、本年利润的核算

(一) 结转本年利润的方法

会计期末结转本年利润的方法有表结法和账结法两种。

1. 表结法

在表结法下,各损益类科目每月月末只需计算出本月发生额和月末累计余额,不需要编制会计分录将相应的余额结转到"本年利润"科目。在编制月份利润表时,将各损益类科目的本月发生额合计数填入利润表的本月数栏,同时,将各损益类科目的月末累计余额填入利润表的本年累计数栏,月份利润表即可编制完成。在表结法下,月末不需要编制结账分录,从而减少了月末会计核算的工作量。在表结法下,年末仍然需要通过编制结账分录的方法,将各损益类科目的年末余额结转至"本年利润"科目。

2. 账结法

在账结法下,各损益类科目每月月末都需要通过编制结账分录的方法将其余额结转到"本年利润"科目。这样,每月月末,各损益类科目的期末余额为零,"本年利润"科目可以完整地反映本月份利润的实现情况或者亏损的发生情况以及至本月末止累计利润的实现情况或者累计亏损的发生情况。年末,"本年利润"科目可以反映本年度累计利润的实现情况或者累计亏损的发生情况。在编制月份或年度利润表时,"本年利润"科目中相应的汇总数据可以直接填入利润表的相应栏目。在账结法下,每月月末都需要编制结账分录,从而增加了月末会计核算的工作量。但每月月末,企业利润的实现情况或者亏损的发生情况可以在"本年利润"科目中得到集中反映。

(二) 结转本年利润的会计处理

为核算本年利润的业务,企业应设置"本年利润"总账科目。企业期末结转当期利润时,应将各损益类科目的余额转入该科目,借记"主营业务收入""其他业务收入""其他收益""营业外收入"等科目,贷记"本年利润"科目。同时借记"本年利润"科目,贷记"主营业务成本""其他业务成本""税金及附加""销售费用""管理费用""财务费用""资产减值损失""营业外支出""所得税费用"等科目。"投资收益""资产处置损益""公允价值变动损益"科目,如果为贷方余额,借记"投资收益""资产处置损益""公允价值变动损益"科目,贷记"本年利润"科目;如果为借方余额,作相反的会计分录。年度终了,应将本年实现的净利润转入"利润分配——未分配利润"科目,借记"本年利润"科目,贷记"利润分配——未分配利润"科目;为净亏损的,作相反的分录。结转后,该科目无余额。

【例14-14】 A公司2020年12月初,"本年利润"科目贷方余额为1 005 000元,12月份各损益类科目余额如表14-1所示。

表14-1　　　　　　　　　　12月各损益类科目余额表　　　　　　　　　　单位:元

科　目	借方余额	贷方余额
主营业务收入		600 000
主营业务成本	420 000	
其他业务收入		36 000
其他业务成本	30 000	
税金及附加	30 000	
销售费用	6 000	
管理费用	24 000	
财务费用	6 000	
投资收益		45 000
营业外收入		15 000
营业外支出	12 000	
所得税费用	55 400	

(1) 根据上述资料,A公司12月份应编制结转损益类科目的会计分录如下:

借:主营业务收入　　　　　　　　　　　　　　　　　　　600 000
　　其他业务收入　　　　　　　　　　　　　　　　　　　 36 000
　　投资收益　　　　　　　　　　　　　　　　　　　　　 45 000
　　营业外收入　　　　　　　　　　　　　　　　　　　　 15 000
　贷:本年利润　　　　　　　　　　　　　　　　　　　　　696 000

借：本年利润	583 400	
贷：主营业务成本		420 000
其他业务成本		30 000
税金及附加		30 000
销售费用		6 000
管理费用		24 000
财务费用		6 000
营业外支出		12 000
所得税费用		55 400

(2) 年终，结转本年净利润 1 117 600(1 005 000＋696 000－583 400)元，编制如下会计分录：

　　借：本年利润　　　　　　　　　　　　　　　　　　　　　1 117 600
　　　　贷：利润分配——未分配利润　　　　　　　　　　　　　　　　　1 117 600

三、利润分配的核算

企业进行利润分配的核算，应设置"利润分配"总分类科目，用来核算企业利润分配(或亏损的弥补)和历年分配(或弥补)后的结存余额。其借方登记各项利润分配数或结转年度的亏损额；贷方登记从"本年利润"科目的转入数或亏损的弥补数。

"利润分配"科目一般应设置"提取法定盈余公积""提取任意盈余公积""应付现金股利""转作股本的股利""盈余公积补亏""未分配利润"等明细科目进行明细分类核算。

(一) 盈余公积的核算

企业按规定提取的盈余公积，应借记"利润分配——提取法定盈余公积、提取任意盈余公积"科目，贷记"盈余公积——法定盈余公积、任意盈余公积"科目。用盈余公积弥补亏损或转增资本时，应借记"盈余公积——法定盈余公积、任意盈余公积"科目，贷记"利润分配——盈余公积补亏"科目或"实收资本"科目。

【例 14-15】A 企业本年度实现的税后利润为 50 000 元，按 10% 的比例提取法定盈余公积金。A 企业应编制如下会计分录：

　　借：利润分配——提取法定盈余公积　　　　　　　　　　　　5 000
　　　　贷：盈余公积——法定盈余公积　　　　　　　　　　　　　　　5 000

A 企业经批准，将提取的盈余公积 1 000 元弥补亏损，2 000 元转增资本。A 企业应编制如下会计分录：

　　借：盈余公积——法定盈余公积　　　　　　　　　　　　　　3 000
　　　　贷：利润分配——盈余公积补亏　　　　　　　　　　　　　　　1 000
　　　　　　实收资本　　　　　　　　　　　　　　　　　　　　　　2 000

(二) 应付股利的核算

企业实现的税后利润在弥补亏损和提取盈余公积后的剩余部分,再加上年初未分配利润,可用于向投资者分配利润。

企业经股东大会或类似机构决议,向投资者分配现金股利或利润时,应借记"利润分配——应付现金股利"科目,贷记"应付股利"科目;实际支付投资者现金股利时,应借记"应付股利"科目,贷记"银行存款"科目。向投资者分配股票股利时,应借记"利润分配——转作股本的股利"科目,贷记"股本"科目。

【例 14-16】A 企业本年度实现的净利润,按规定提取盈余公积后,决定向投资者分配现金股利 250 000 元,分配股票股利 400 000 元。A 企业应编制如下会计分录:

```
借:利润分配——应付现金股利              250 000
         ——转作股本的股利              400 000
    贷:应付股利                         250 000
        股本                           400 000
```

A 企业以银行存款 250 000 元支付给投资者现金股利。A 企业应编制如下会计分录:

```
借:应付股利                            250 000
    贷:银行存款                         250 000
```

(三) 利润分配各明细科目的年终结转

年度终了,企业还应将"本年利润"科目的本年累计余额转入"利润分配——未分配利润"科目。如"本年利润"为贷方余额,借记"本年利润"科目,贷记"利润分配——未分配利润"科目;如为借方余额,作相反的会计分录。结转后,"本年利润"科目应无余额。

【例 14-17】A 企业本年度实现的净利润为 800 000 元,本年度利润分配 625 000 元,其中提取法定盈余公积 80 000 元,分配投资者现金股利 560 000 元。年度终了,A 企业应编制如下会计分录:

(1) 结转本年净利润时:

```
借:本年利润                            800 000
    贷:利润分配——未分配利润             800 000
```

(2) 将利润分配各明细科目余额转入"未分配利润"明细账科目时:

```
借:利润分配——未分配利润               640 000
    贷:利润分配——提取法定盈余公积        80 000
             ——应付现金股利            560 000
```

结转后,"利润分配——未分配利润"科目贷方余额为 160 000(800 000-640 000)元,其为年末未分配利润,可留待以后年度分配。

在亏损的情况下,企业应将亏损额自"本年利润"科目贷方转入"利润分配——未分配利润"科目的借方,留待以后年度进行弥补。

本 章 小 结

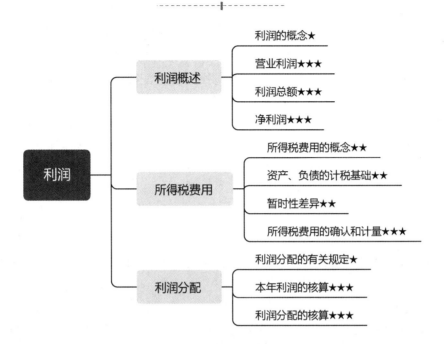

复习与思考题

名词解释

利润　　　　　　营业利润　　　　　　利润总额　　　　　　净利润
所得税　　　　　资产的计税基础　　　负债的计税基础　　　暂时性差异
应纳税暂时性差异　可抵扣暂时性差异　　递延所得税资产　　　递延所得税负债
所得税费用　　　本年利润

简答题

1. 简述营业利润、利润总额、净利润各自的构成及区别。
2. 如何理解资产、负债的计税基础和账面价值？两者在什么情况下会产生差异？
3. 递延所得税资产和递延所得税负债应如何予以确认和计量？
4. 试述企业所得税核算的基本程序及所得税费用的计算。
5. 简述企业利润分配的原则。

综合题

习题 14-1

A 公司 12 月份有关损益类账户的余额如下：

本章综合题参考答案

主营业务收入 100 万元,主营业务成本 50 万元,税金及附加 10 万元,销售费用 10 万元,管理费用 4 万元,财务费用 3 万元,其他业务收入 10 万元,其他业务成本 5 万元,营业外收入 8 万元,营业外支出 16 万元。12 月 31 日一次结转全年实现的净利润(公司当年 1—11 月份累计的净利润为 85 万元)。12 月 31 日公司确定的全年净利润分配方案为:计提 10%的法定盈余公积金,按净利润的 50%向股东宣告发放现金股利。年初未分配利润为 50 万元。

要求:

1. 计算本月营业利润、利润总额和净利润(所得税税率为 25%),并结转损益类各账户。

2. 计算全年实现的净利润,并编制结转本年利润的会计分录。

3. 计算本年应计提的盈余公积和发放的现金股利。

4. 计算年末未分配利润金额。

习题 14-2

某生物制药企业,2019 年度取得主营业务收入 56 000 万元,其他业务收入 3 000 万元,营业外收入 1 200 万元,投资收益 800 万元;发生主营业务成本 24 000 万元,其他业务成本 1 400 万元,营业外支出 1 300 万元;税金及附加 4 500 万元,管理费用 5 000 万元,销售费用 12 000 万元,财务费用 1 100 万元,企业自行计算实现年度利润总额 11 700 万元。

当年发生的相关具体业务如下:

(1) 广告费支出 9 500 万元。

(2) 发生的业务招待费支出 500 万元。

(3) 实发工资 5 000 万元。其中,为本企业残疾职工所发放的工资为 100 万元。

(4) 工会经费发生额为 110 万元,福利费发生额为 750 万元,职工教育经费发生额为 140 万元。

(5) 专门用于新产品研发的费用 400 万元,已独立核算管理(未形成无形资产)。

(6) 企业取得的投资收益中,包括国债利息收入 100 万元,地方债券利息收入 50 万元,企业债券利息收入 150 万元。

已知:各扣除项目均已取得有效凭证,相关优惠已办理必要手续。

要求:

1. 计算广告费支出应调整的应纳税所得额。

2. 计算业务招待费支出应调整的应纳税所得额。

3. 计算残疾职工工资应调整的应纳税所得额。

4. 计算职工工会经费、职工福利费、职工教育经费应调整的应纳税所得额。

5. 计算研发费用应调整的应纳税所得额。

6. 计算投资收益应调整的应纳税所得额。

习题 14-3

A 公司适用的所得税税率为 15%，预计未来期间适用的所得税税率为 25%。2020 年度实现利润总额 10 000 万元，其中：

(1) 长期股权投资（拟长期持有）采用权益法核算确认的投资收益为 900 万元；

(2) 国债利息收入 250 万元；

(3) 因违反经济合同支付违约金 100 万元；

(4) 计提坏账准备 1 500 万元；

(5) 计提存货跌价准备 1 000 万元。

假定 A 公司 2020 年递延所得税资产和递延所得税负债均无期初余额，且在未来期间有足够的应纳税所得额用以抵减 2020 年发生的可抵扣暂时性差异。

要求：计算 A 公司 2020 年应确认的所得税费用。

思考题

2020 年，证监会通过公告曝出 A 上市公司未按企业会计准则要求核算销售退回，虚增 2018 年度收入、利润。2018 年 12 月，A 上市公司向所属省某公司销售的一批货物于 2019 年 3 月 11 日退回，2019 年 3 月 13 日，A 上市公司召开董事会会议，审议并通过了 A 上市公司 2018 年度财务报告，因此，该笔退回业务属于资产负债表日后调整事项。A 上市公司 2019 年 3 月将该笔销售退回冲减当期收入的会计处理不符合现行《企业会计准则第 29 号——资产负债表日后事项》相关规定。该事项导致 A 上市公司虚增 2018 年收入 152.99 万元，虚增利润 124.12 万元。

思考：

1. 企业利润操纵的方法有哪些？
2. 减少企业利润操纵的对策有哪些？如何加强企业利润的管理？

拓 展 学 习

市场经济越发达，公司所提供的会计信息对投资者就越重要。公司的利益相关者需要公司提供准确的并能公允地反映其财务状况、经营成果和现金流量的财务信息，但有的公司管理层因为各种原因故意采用一些方法或手段进行利润操纵，粉饰财务报表，从而达到相应的目的，这样就严重地损害了相关者的利益。由于操纵利润的目的不同，现实中有的公司利用制度上的漏洞来操纵利润。由于这种操纵利润的行为严重地损害国家和公众的利益，为了减少由此造成的负面影响，并引起社会各界的注意和警惕，应当加强内部控制建设、采用适当的会计政策和会计方法、建立恰当的用人机制、培养专业的审计团队、加强法制教育宣传、增加违法成本等来遏制这种违法行为，从而为公司的相关利益者创造公平的投资环境。

那么，我们该如何运用所学知识识别企业的利润问题，提升企业报表的准确性呢？

第十五章

外币折算

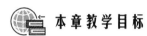 **本章教学目标**

外币折算是指把不同的外币金额换算成为等值的本国货币或者另外一种等值的外币的程序。通过本章的学习,学生应了解记账本位币和境外经营的概念及判断依据、公司选择记账本位币时的考虑因素、折算汇率的确定以及企业外币财务报表特殊项目的处理;熟悉外币交易的内容;掌握外币交易的会计处理和外币财务报表的折算方法。

 本章核心概念

记账本位币;境外经营;外币交易

 导入

A公司是一家位于境外的股份有限公司,由我国投资人发起设立。主要生产医疗卫生用具,其产品的生产、销售等运营均在当地完成。2019年,A公司收购了我国境内B公司100%的股份,B公司成为A公司的全资子公司。2020年年初,B公司与A公司的联营公司产生了大量的业务,由于B公司生产规模小,A公司从境外所在地引进了大量的劳动力、机器设备以及相关原材料投入B公司的生产经营,出于资金运转压力的考虑,A公司向银行借款2 000万元人民币完成此次对B公司的投资。经过一年良好的经营管理,B公司运营逐渐转入正常的轨道。

问题:

(1) A公司采用人民币为记账本位币,是否正确?A公司在进行记账本位币的选择时,应该考虑哪些因素?

(2) B公司是否属于境外经营?为什么?

(3) A公司发生的以上业务是否属于外币交易?应该如何进行账务处理?

带着以上问题,让我们进入本章的学习。

第一节 外币折算概述

一、外币折算的概念

外币折算是指把不同的外币金额换算成为等值的本国货币或者另外一种等值的外币的程序,它只是在会计上对原来的外币金额的重新表述,也就是说,将外币统一换算成记账本位币的等值。

二、记账本位币的概念和确定

(一) 记账本位币的概念

记账本位币是指企业经营所处的主要经济环境中使用的货币。主要经济环境是指企业主要产生和支出现金的环境,使用该环境中的货币最能反映企业主要交易的经济结果。

(二) 记账本位币的确定

根据我国法律规定,业务收支以人民币以外的货币为主的企业,可以选定其中一种货币作为记账本位币,但是编制财务报表时应当折算为人民币。在选定企业记账本位币时,应当考虑以下因素:

(1) 日常活动收入角度:企业所选择的货币应当能够对其商品和劳务销售价格产生主要影响,并通常以该货币进行商品和劳务的计价和结算。

(2) 日常活动支出角度:企业所选择的货币应当能够对其商品和劳务所需人工、材料和其他费用产生主要影响,并通常以该货币对上述费用进行计价和结算。

(3) 融资活动及资金保存角度:企业所选择的货币应当为融资活动获得的货币以及保存从经营活动中收取款项时所使用的货币。

三、境外经营记账本位币的确定

(一) 境外经营的概念

本书中所指境外经营为以下两种情况:

(1) 企业在境外的子公司、合营企业、联营企业、分支机构;

(2) 企业在境内的子公司、合营企业、联营企业、分支机构若采用不同于企业记账本位币的,也视同于境外经营。

(二) 境外经营记账本位币的确定

境外经营在确定记账本位币时,也应当考虑企业在选择记账本位币的考虑因素,除此以外,由于境外经营属于企业的子公司、合营企业、联营企业、分支机构,因此,其选择记账本位币时还应当考虑以下因素:

(1) 自主性,即境外经营对其所从事的活动是否拥有很强的自主性。若其所从事的活动可以视同为企业活动的延伸,则该境外经营自主性不强,应当选择与企业记账本位币相同的货币为记账本位币;若境外经营所从事活动自主性极大,则应当选择所处主要经济环境的货币作为记账本位币。

(2) 交易比重,即境外经营与企业的交易活动占其日常活动的比重是否较大。若其经营活动中与企业的交易在境外经营活动中所占比重较大,应当选择企业记账本位币相同的货币为其记账本位币;反之则应当根据其所从事的主要经营活动的货币作为记账本位币。

(3) 现金流量影响,即境外经营活动产生的现金流量是否直接影响企业的现金流量、是否可以随时汇回。若境外经营活动产生的现金流量直接影响企业的现金流量并可以随时汇回,应当选择与企业记账本位币相同的货币作为境外经营的记账本位币;反之则应当根据企业所处主要经济环境的货币作为其记账本位币。

(4) 债务偿还能力,即境外经营活动产生的现金流量是否足以偿还其现有债务和可预期的债务。若境外经营活动产生的现金流量在企业不提供资金的情况下难以偿还其现有债务和可预期的债务,应当选择与企业记账本位币相同的货币作为境外经营的记账本位币;反之则应当根据企业所处主要经济环境的货币作为其记账本位币。

(三) 记账本位币的变更

我国企业会计准则规定,企业记账本位币在确定后不得随意变更,除非企业经营所处的主要经济环境发生重大变化。

企业因经营所处主要经济环境发生重大变化确需变更记账本位币的,应当采用变更当日的即期汇率将所有项目折算为变更后的记账本位币,折算后的金额作为以新的记账本位币计量的历史成本,由于采用同一即期汇率进行折算,不会产生汇兑差额。企业需要提供确凿证据证明其经营所处的主要经济环境确实发生了重大变化,并在附注中明确披露变更理由。

> **探究与发现**
>
> 理解选择记账本位币的考虑因素,思考不同经营环境下正确选择记账本位币的重要性。

第二节 外币交易的会计处理

一、外币交易的概念

外币交易,是指以记账本位币计价或结算的交易。主要包括:① 买入或者卖出以外币计价的商品或者劳务;② 借入或者借出外币资金;③ 以其他外币计价或者结算的交易。

二、折算汇率的确定

企业发生的外币交易,应当将外币金额折算为记账本位币金额。外币交易在初始确认时,采用交易发生日的即期汇率将外币金额折算为记账本位币,也可采用按照系统合理的方法确定的、与交易发生日即期汇率近似的汇率折算。

即期汇率,通常是指中国人民银行公布的当日人民币外汇牌价的中间价。企业发生的外币兑换业务或涉及外币兑换的交易事项,应当按照交易实际采用的汇率(即银行买入价或卖出价)折算。

即期汇率的近似汇率,是指按照系统合理的方法确定的、与交易发生日即期汇率近似的汇率,通常采用当期平均汇率或加权平均汇率等。

企业通常应当采用即期汇率进行折算。汇率变动不大的,也可以采用即期汇率的近似汇率进行折算。现行会计准则规定,所有外币交易的外币金额在折算为记账本位币金额入账时,均应当按照交易日的即期汇率折算,而不得采用合同约定汇率。此规定适用于货币性项目、非货币性项目以及外币投入资本。

三、外币交易的会计处理

(一) 初始确认

企业发生外币交易的,应在初始确认时采用交易日的即期汇率或即期汇率的近似汇率将外币金额折算为记账本位币金额。这里的即期汇率可以是外汇牌价的买入价或卖出价,也可以是中间价,在与银行不进行货币兑换的情况下,一般以中间价作为即期汇率。

企业收到投资者以外币投入的资本,无论是否有合同约定汇率,均不得采用合同约定汇率和即期汇率的近似汇率进行折算,而应该采用交易日的即期汇率折算。这样,外币投入资本与相应的货币性项目的记账本位币金额相等,不产生外币资本折算差额。

【例 15-1】A 公司的记账本位币为人民币,对发生的外币交易采用交易日的即期汇率折算。2019 年 9 月 20 日,A 公司从境外 X 公司购入一台不需安装的设备,交易价格为 18 万美元。交易发生日即期汇率 1 美元=7.07 元人民币,款项尚未支付。A 公司应作如下账务处理:

借:固定资产——机器设备　　　　　　　　($180 000×7.07)1 272 600
　　贷:应付账款——X 公司(美元)　　　　　　　　　　　　1 272 600

【例 15-2】B 公司的记账本位币为人民币,对发生的外币交易采用交易日的即期汇率折算。2020 年 10 月 20 日,向境外 Y 公司销售商品 20 万件,合同规定价格为每件 5 美元。交易发生当日即期汇率 1 美元=6.69 元人民币,尚未收到 Y 公司货款。

该业务销售收入共计 6 690 000 元人民币($5×200 000×6.69),假定不考虑相关税费,B 公司应作如下账务处理:

借:应收账款——Y 公司(美元)　　　　　　($1 000 000×6.69)6 690 000
　　贷:主营业务收入　　　　　　　　　　　　　　　　　　6 690 000

【例 15-3】沿用例 15-1 的资料,A 公司为完成交易从银行购入 10 万美元,买入价 1 美元=7.00 元人民币,卖出价 1 美元=7.30 元人民币。交易当日即期汇率为 1 美元=7.07 元人民币。其应作如下账务处理:

借:银行存款——美元　　　　　　　　　　　　　　　($100 000×7.07)707 000
　　财务费用——汇兑差额　　　　　　　　　　　　　　　　　　　　 23 000
　　贷:银行存款——人民币　　　　　　　　　　　　　($100 000×7.30)730 000

【例 15-4】沿用例 15-2 的资料,B 公司收到 Y 公司货款 100 万美元货款后到银行兑换为人民币。当日美元买入价格为 1 美元=6.60 元人民币,卖出价为 1 美元=6.90 元人民币,当日即期汇率为 1 美元=6.69 元人民币。其应作如下账务处理:

借:银行存款——人民币　　　　　　　　　　　　　($1 000 000×6.60)6 600 000
　　财务费用——汇兑差额　　　　　　　　　　　　　　　　　　　　　　90 000
　　贷:银行存款——美元　　　　　　　　　　　　　($1 000 000×6.69)6 690 000

【例 15-5】C 公司记账本位币为人民币。2019 年 10 月 1 日,C 公司与以港币为记账本位币的 Z 公司签订投资合同,合同规定,Z 公司将向 C 公司以港币出资 200 万,出资款在签订后一年内分两次汇入 C 公司账户;其出资额占 C 公司注册资本的 21%;合同约定汇率 1 港元=0.88 元人民币。当日即期汇率 1 港元=0.91 元人民币。

(1) 2019 年 10 月 18 日,Z 公司将第一期出资款 100 万港币汇入 C 公司账户,当日即期汇率为 1 港元=0.90 元人民币。C 公司应作如下账务处理:

借:银行存款——港元　　　　　　　　　　　　　　(1 000 000×0.90)900 000
　　贷:实收资本　　　　　　　　　　　　　　　　　　　　　　　　　900 000

(2) 2020 年 9 月 20 日,C 公司收到 Z 公司的第二笔出资额,当日即期汇率为 1 港元=0.87 元人民币。C 公司应作如下账务处理:

借:银行存款——港元　　　　　　　　　　　　　　(1 000 000×0.87)870 000
　　贷:实收资本　　　　　　　　　　　　　　　　　　　　　　　　　870 000

(二) 期末调整及结算

根据会计准则的要求,在资产负债表日,企业应当分别对外币货币性项目和外币非货币性项目进行会计处理。

1. 货币性项目

货币性项目是指企业持有的货币资金和将以固定或可确定的金额收取的资产或者偿付的负债。货币性项目通常可分为货币性资产和货币性负债,前者主要包括现金、银行存款、应收账款、其他应收款、长期应收款等;后者主要包括应付账款、其他应付款、短期借款、应付债券、长期借款、长期应付款等。

对于外币货币性项目,因结算或采用资产负债表日的即期汇率折算而产生的汇兑差额,应当计入当期损益,同时调增或调减外币货币性项目的记账本位币金额。

2. 非货币性项目

非货币性项目是指货币性项目以外的项目,主要包括存货、预付账款、预收账款、长期股权投资、交易性金融资产、固定资产、无形资产等。

(1) 以历史成本计量的外币非货币性项目,由于已在交易发生日按当日即期汇率折算,资产负债表日不应改变其原记账本位币金额,不产生汇兑差额。

(2) 以成本与可变现净值孰低计量的存货,如果其可变现净值以外币确定,则在确定存货的期末价值时,应当先将可变现净值折算为记账本位币金额,再与原先以记账本位币反映的存货成本金额进行比较,以确定是否计提存货跌价准备。

(3) 以公允价值计量的股票、基金等非货币性项目,期末若以外币反映,则应当将该外币按照公允价值确定日的即期汇率折算为记账本位币金额,折算后的记账本位币金额再与原记账本位币金额进行比较,其差额作为公允价值变动损益(包含汇率变动)处理,计入当期损益。

(4) 以公允价值计量且其变动计入其他综合收益的外币非货币性金融资产(债务工具)形成的汇兑差额,应当计入当期损益,并且采用实际利率法计算的该金融资产的外币利息产生的汇兑差额应当计入当期损益,以公允价值计量且其变动计入其他综合收益的外币非货币性金融资产(权益工具)形成的汇兑差额,与其公允价值变动一并记入其他综合收益,不需额外列明。该金融资产的外币现金股利产生的汇兑差额应当计入当期损益。

【例 15-6】A 公司以人民币为记账本位币。2019 年 1 月 2 日,A 公司为某生产工艺升级向境外 M 公司借入为期两年的 10 万美元长期借款,年利率为 5%,约定为每年同期支付利息,到期还本。2019 年 1 月 2 日、2019 年 12 月 31 日、2020 年 1 月 2 日即期汇率分别为 1 美元=6.85 人民币、1 美元=7.00 人民币、1 美元=6.96 人民币。不考虑相关税费,A 公司有关账务处理如下:

(1) 2019 年 12 月 31 日计提本年利息:

借:在建工程　　　　　　　　　　　　　　　($100 000×5%×7.00)35 000
　　贷:应付利息——美元　　　　　　　　　　　　　　　　　　35 000

由于汇率变动,该长期借款本金产生汇兑差额 15 000 元($100 000×7.00－$100 000×6.85):

借:在建工程　　　　　　　　　　　　　　　　　　　　　　　15 000
　　贷:长期借款——美元　　　　　　　　　　　　　　　　　　15 000

(2) 2020 年 1 月 2 日支付 2019 年利息:

借:应付利息——美元　　　　　　　　　　　　　　　　　　　35 000
　　贷:银行存款　　　　　　　　　　　　　　　　　　　　　　34 800
　　　　在建工程　　　　　　　　　[$100 000×5%×(7.00－6.96)]200

由于汇率变动产生的利息汇兑差额应当予以资本化,计入"在建工程"。

【例 15-7】B 公司以人民币为记账本位币。2019 年 9 月 3 日以 120 万欧元的价格从境外购入一批 K 商品,购买当日即期汇率为 1 欧元=7.81 元人民币;2019 年 12 月 31 日该种商品仍在库存尚未卖出,此时其市场价格共计 112 万欧元,即期汇率为 1 欧元=7.82

元人民币。

(1) 2019 年 9 月 3 日购入 K 商品时：

借：库存商品——K 商品　　　　　　　　　　　　　　　　　9 372 000
　　贷：银行存款——欧元　　　　　　　　　　（€1 200 000×7.81）9 372 000

(2) 2019 年 12 月 31 日，B 公司应计提存货跌价准备共计 613 600 元人民币(€1 200 000×7.81－€1 120 000×7.82)，应作账务处理如下：

借：资产减值损失　　　　　　　　　　　　　　　　　　　　613 600
　　贷：存货跌价准备　　　　　　　　　　　　　　　　　　　613 600

上述资产减值损失的 613 600 元人民币，既包含了库存商品减值损失 625 600 元人民币[(€1 200 000－€1 120 000)×7.82]，又包含了欧元汇率变动收益 12 000 元人民币[€1 200 000×(7.82－7.81)]，是双重影响的结果。

【例 15-8】 C 公司记账本位币为人民币。2019 年 6 月 3 日，C 公司以每股 1.8 美元的价格购入 Y 公司股票 2 万股作为交易性金融资产，当日美元汇率为 1 美元＝6.89 元人民币。2019 年 9 月 3 日该公司股价上涨为每股 2.5 美元，当日汇率为 1 美元＝7.09 元人民币。C 公司相关账务处理如下：

(1) 2019 年 6 月 3 日购入 Y 公司股票共计 36 000 美元($1.8×20 000)：

借：交易性金融资产　　　　　　　　　　　　　　　　　　　248 040
　　贷：银行存款——美元　　　　　　　　　　　($36 000×6.89)248 040

(2) 2019 年 9 月 3 日股价上涨，C 公司所持股票价值为 50 000 美元($2.5×20 000)：

借：交易性金融资产　　　　　　　　　　　　　　　　　　　106 460
　　贷：公允价值变动损益　　　　　　($50 000×7.09－$36 000×6.89)106 460

上述公允价值变动带来的收益与例 15-7 原理相同，是双重影响下的结果：既包含了股价变动收益 99 260 元人民币[($50 000－$36 000)×7.09]，又包含了美元汇率变动收益 7 200 元人民币[$36 000×(7.09－6.89)]。

> **探究与发现**
>
> 通过上述学习，你是否对外币交易的会计处理有所掌握，并能够回答"导入"中的相关问题？

第三节　外币财务报表折算

一、外币财务报表折算的概念

在将企业的境外经营通过合并、权益法核算等纳入企业的财务报表中时，需要将企业境外经营的财务报表折算为企业记账本位币反映的财务报表,这一过程就是外币财务报表折算。

二、外币财务报表折算方法

我国外币折算准则采用现时汇率法。这一折算方法考虑了境外经营作为相对独立的实体的情况,着重于汇率变动对报告企业在境外经营的投资净额的影响,折算结果使得境外经营的会计报表中原有的财务关系不因折算而改变,所改变的仅是其表现方式。

（一）资产负债表

资产负债表中的资产和负债项目,采用资产负债表日的即期汇率折算,所有者权益项目除"未分配利润"项目外,其他项目采用发生时的即期汇率折算。

（二）利润表

利润表中的收入和费用项目,采用交易发生日的即期汇率折算,也可以采用按照系统合理的方法确定的、与交易发生日即期汇率近似的汇率折算。

按照上述规定折算产生的外币财务报表折算差额,在资产负债表中所有者权益"其他综合收益"项目下单独列示。

（三）特殊项目的处理

1. 少数股东应分摊的外币报表的折算差额

在企业境外经营为其子公司的情况下,企业在编制合并报表时,应按照少数股东在境外经营所有者权益中所享有的份额计算少数股东应分担的外币报表折算差额,并入少数股东权益列示于合并资产负债表中。

2. 实质上构成对子公司净投资的外币货币性项目及产生的汇兑差额

母公司含有实质上对境外经营子公司投资的外币货币性项目的情况下,在编制合并财务报表时,应分别按以下两种情况编制抵消分录：

（1）实质上构成对子公司净投资的外币货币性项目以母公司或子公司的记账本位币反映的,应在抵销长期应收应付项目的同时将其产生的汇兑差额转入"其他综合收益"项目,借或贷"财务费用——汇兑差额",贷或借"其他综合收益"。

（2）实质上构成对子公司净投资的外币货币性项目以母公司和子公司的记账本位币以外的货币反映,应将母公司和子公司对应项目下产生的汇兑差额相互抵销,差额转入"其他综合收益"项目。

如果合并财务报表中各子公司之间也存在实质上对另一境外经营子公司净投资的外币货币性项目,在编制合并财务报表时也应按上述方法编制相应的抵销分录。

三、境外经营的处置

企业可能通过出售、清算、返还股本或放弃全部或部分权益等方式处置其在境外经营中的利益。企业处置境外经营应当将资产负债表中所有者权益项目下列示的、与该境外经营相关的外币财务报表折算差额,自所有者权益项目转入处置当期损益;部分处置境外经营的,应当按处置的比例计算处置部分的外币财务报表折算差额转入处置当期损益。处置的境外经营为子公司的,将已列入其他综合权益的外币报表折算差额中归属于少数股东的部分,视全部处置或部分处置分别予以终止确认或转入少数股东权益。

> **探究与发现**
>
> 通过上述学习,我们了解了外币报表折算时的方法,请思考相关折算方法选择的原因以及产生的具体影响。

本 章 小 结

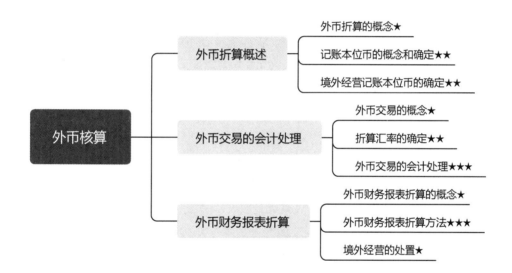

复习与思考题

名词解释

外币交易　　　　　境外经营　　　　　记账本位币
即期汇率　　　　　外币货币性项目　　　外币报表折算差额

简答题

1. 何谓记账本位币?企业在选定记账本位币时需要考虑哪些因素?
2. 简述境外经营记账本位币的选定及变更记账本位币的会计处理原则。
3. 资产负债表日,对外币货币性项目和外币非货币性项目的折算有何区别?折算结果应如何处理?

4. 何谓境外经营？其外币财务报表的折算规定是什么？

综合题

习题 15-1

本章综合题参考答案

A 股份有限公司以人民币为记账本位币，截至 2018 年底，A 公司共持有 B 公司 70% 的股份，且对 B 公司有绝对控制权，两家公司均位于中国境内。B 公司的营业收入 80% 以上来自向各国的出口，其商品销售价格一般以美元结算；除厂房设施，该公司 25% 的人工成本在国内以人民币采购，其生产所需原材料、机器设备及 75% 以上的人工成本都来自其美国投资者以美元在国际市场的采购。

2019 年 A 公司产生的与外币交易相关的部分经济业务如下：

(1) 2019 年 3 月 10 日，境外的 X 企业向 A 公司购买了共计 20 万美元的产品，货款尚未支付。交易当日的即期汇率为 1 美元＝6.72 元人民币。

(2) 2019 年 10 月 8 日，以美元账户向 Y 公司进口 10 万美元的产品 K 一批，货款尚未支付。交易当日的即期汇率为 1 美元＝7.07 元人民币。

(3) 2019 年 10 月 9 日，为支付 Y 公司的货款，A 公司从银行购入 10 万美元。当日美元买入价 1 美元＝6.80 元人民币，卖出价为 1 美元＝7.20 元人民币；即期汇率为 1 美元＝7.07 元人民币。

(4) 2019 年 11 月 8 日，A 公司支付上月欠 Y 公司的 10 万美元，当日美元即期汇率为 1 美元＝6.99 元人民币。

(5) 2019 年 12 月 13 日，A 公司收到外商投资人甲投入的不需安装的设备一套，价值 5 万美元。当日即期汇率为 1 美元＝7.02 元人民币。

要求：

1. 根据上述资料的内容判断：B 公司应该选择人民币还是美元为记账本位币？是否属于境外经营？为什么？

2. 编制 A 公司上述业务的会计分录。

习题 15-2

某公司以人民币作为记账本位币。该公司有一子公司在美国，2020 年 12 月 31 日，该子公司以美元表示的利润表、资产负债表数据如下：假定 2020 年 12 月 31 日的即期汇率为 1 美元＝6.52 元人民币。2020 年的平均汇率为 1 美元＝6.54 元人民币，该子公司实收资本发生日的即期汇率为 1 美元＝7.00 元人民币。2019 年年末的累计盈余公积为 560 万美元，折算为人民币为 4 284 万元，累计未分配利润为 400 万美元，折算为人民币 3 072 万元。资产负债表日按当年实现的净利润计提 10% 盈余公积，另外再提取 360 万美元的任意盈余公积。

利 润 表

编制单位：××子公司　　　　　　　　　　2020年　　　　　　　　　　单位：美元

项　　目	本期金额	上期金额（略）
一、营业收入	12 000	
减：营业成本	7 200	
管理费用	800	
财务费用	400	
二、营业利润	3 600	
加：营业外收入	400	
三、利润总额	4 000	
减：所得税费用	1 200	
四、净利润	2 800	
五、每股收益		

资产负债表

编制单位：××子公司　　　　　　　　2020年12月31日　　　　　　　　单位：美元

资　　产	期末数	负债和股东权益	期末数
流动资产：		流动负债：	
货币资金	4 000	应付账款	1 440
应收账款	7 200	应付职工薪酬	3 200
存货	6 000	流动负债合计	4 640
流动资产合计	17 200	非流动负债：	
非流动资产：		长期借款	4 800
长期应收款	4 000	非流动负债合计	4 800
固定资产	20 000	负债合计	9 440
减：累计折旧	8 000	股东权益：	
无形资产	4 000	实收资本	24 000
非流动资产合计	20 000	盈余公积	1 200

(续表)

资　　产	期末数	负债和股东权益	期末数
		未分配利润	2 560
		股东权益合计	27 760
资产总计	37 200	负债和股东权益总计	37 200

要求：

根据以上资料，将该公司以美元表示的外币财务报表折算为以人民币表示的财务报表。

思考题

随着对能源以及环境问题认识的不断深入，人们的绿色消费理念越来越强，中国新能源电动车市场也因此不断拓宽。中国汽车市场潜力巨大，国外新能源车辆也因此挺进中国市场，与我国新能源汽车企业相竞争，也反向促进了我国市场近些年的超速发展。以B企业为代表的中国新能源汽车紧跟时代发展的步伐，也开始大力提升自身的工艺技术水平，不断开拓海外市场。现假设B企业欲在曼谷开设一家控股子公司，鉴于费用考虑，只在子公司内部派设小部分中国职工为高级管理者，其余职工通过在当地进行选拔、培训后聘用，在原材料等方面就地取材。同时为与当地情况相适应，对制造工艺等进行改善并使之与当地生活习惯等相匹配。

思考：

1. 公司选择在曼谷开设境外子公司的发展前途如何？

2. 假设你是派往曼谷的财务总监，如何选用记账本位币？公司在进行外币折算时应采用什么样的折算方法？

3. 如何降低公司的外汇风险？

拓 展 学 习

跨国企业不得不面对的、能对企业生产经营、投资融资产生巨大影响的风险之一就是外汇风险。外汇风险包括交易风险和折算风险，其中交易风险是指基于外币交易所带来的现金流以及企业价值的变化；折算风险是指外币交易折算、外币报表折算时由于汇率变动和折算方法的选择所带来的风险。我们知道，若企业产生较大的负外币报表折算差额，则会严重侵蚀企业的经营成果，甚至严重降低资产价值。

在这样的背景下，如果企业想拓展跨国业务，向哪样的国家开拓风险更低、收益更高？跨国企业如何进行有效的外币折算风险管理，增强稳健发展的能力？

第十六章

财务报告

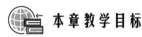 **本章教学目标**

财务报告是指企业对外提供的反映企业某一特定日期的财务状况和某一会计期间的经营成果、现金流量等会计信息的文件。通过本章的学习,学生应了解财务报告的基本概念;熟悉财务报表附注的基本概念及其披露内容;掌握资产负债表、利润表、现金流量表的编制过程及其披露规范。

 本章核心概念

财务报告;财务报表列报

 导入

2020年6月,W公司第二次收到证监会的《行政处罚及市场禁入事先告知书》(简称"告知书")。告知书提道:"公司存在触及交易所公布的《上市公司重大违法强制退市实施办法》规定的强制退市情形的可能性,公司股票可能被实施重大违法强制退市,公司股票已自2019年7月停牌,公司股票将继续停牌。"

2019年12月,证监会举行了W公司财务造假的听证会,听证会上证监会工作人员表示,经调查,W公司2013—2015年通过虚假采购、生产、研发费用等方式虚增营业成本、研发费用、销售费用,通过这些方式虚增利润约120亿元。此外,W公司还涉嫌未在相关年度报告中披露控股股东非经营性占用资金的关联交易和为控股股东提供担保,以及未如实披露募集资金使用情况等违法行为,W公司及相关责任人在听证会上承认造假,但并不承认造假金额达120亿元。

问题:

(1) W公司存在哪些违规行为?

(2) 应如何看待上市公司的利润操纵行为? 如何避免利润操纵行为的发生?

带着这些问题,让我们进入本章的学习。

第一节 财务报告概述

一、财务报告的概念

财务报告是指企业对外提供的反映企业某一特定日期的财务状况和某一会计期间的经营成果、现金流量等会计信息的文件,包括财务报表和其他应当在财务报告中披露的相关信息和资料。作为对外报告,其服务对象主要是投资者、债权人等外部信息使用者。财务报告必须形成一套系统的文件,不应是零星的或不完整的信息。财务报表包括报表本身和报表附注两部分。一套完整的财务报表至少应当包括资产负债表、利润表、现金流量表、所有者权益变动表(或股东权益变动表)以及附注。

编制财务报告是会计核算的最后环节,也是会计核算工作的总结。它对于改善企业内部管理、满足报告使用者需求以及加强国家宏观管理具有重要作用。

通过财务报告,企业管理者可以了解、分析企业经营管理业绩、考核计划执行结果,并为预测和决策提供依据。

通过财务报告,投资者、债权人可以及时了解、评价企业控制资源情况、盈利能力、偿债能力、投资决策及手段等,分析企业的经营趋势,并将其作为投资、信贷的参考资料。

通过财务报告,有关政府管理部门可以及时检查、监督企业经营活动情况,同时,通过财务报表的逐级汇总,又为国家进行经济宏观调控提供重要的经济信息。

> **探究与发现**
>
> 通过上述学习,你是否对财务报告的重要性有了一定的认识?对于个人投资者而言,如何有效利用财务报表信息?试询问你身边的证券投资者,了解他们如何从财务报表中获取信息。

二、财务报告列报的基本要求

为了确保财务报表质量,使财务报表能够最大限度地满足使用者的信息需求,实现财务会计的基本目标,企业在编制财务报告时应符合财务报告的基本列报要求。

(1)企业应当以持续经营为基础,根据实际发生的交易和事项,按照《企业会计准则——基本准则》和其他各项会计准则的相关规定进行确认和计量,在此基础上编制财务报表,企业不应以附注披露代替确认和计量。在编制财务报表的过程中,企业管理层应当在考虑市场经营风险、企业盈利能力和偿债能力以及企业管理层改变经营政策的意向等因素的基础上,对企业的持续经营能力进行评价。若对企业的持续经营能力产生重大怀疑,应当在附注中披露导致对持续经营能力产生重大怀疑的影响因素。企业正式决定或被迫在当期或将在下一个会计期间进行清算或停止经营的,表明未以持续经营为基础列报,应披露未以持续经营为基础的原因和财务报表的编制基础。

(2) 财务报表项目的列报应当在各个会计期间保持一致,不得随意变更,但以下情况除外:① 企业会计准则要求改变财务报表项目的列报;② 企业经营业务的性质发生重大变化后,变更财务报表项目的列报能够提供更可靠、更相关的会计信息。

(3) 在编制财务报表的过程中,企业应当考虑报表项目的重要性。财务报表某项目的省略或错报会影响财务信息使用者据此作出的经济决策,该项目具有重要性。对于性质或功能不同的项目,如固定资产和交易性金融资产等,应当在财务报表中单独列报,但不具有重要性的除外,对于性质或功能类似的项目如库存商品、原材料等应予以合并,将其作为存货项目列报。

判断重要性,应当考虑该项目在性质上是否属于企业日常活动、是否显著影响企业的财务状况和经营成果等因素;判断项目金额大小的重要性,应当通过该项目金额占资产总额、负债总额、所有者权益总额、营业收入总额、营业成本总额、净利润总额等直接相关项目金额的比重来确定。

(4) 财务报表中的资产项目和负债项目的金额、收入项目和费用项目的金额一般不得相互抵销,满足抵销条件的除外。

资产项目按扣除减值准备后的净额列示,不属于抵销。非日常活动产生的损溢,以收入扣减费用后的净额列示,不属于抵销。

(5) 当期财务报表的列报,至少应当提供所有列报项目上可比会计期间的比较数据以及理解当期财务报表相关的说明,但另有规定的除外。

财务报表项目的列报发生变更的,应当对上期比较数据按照当期的列报要求进行调整,并在附注中披露调整的原因和性质以及调整的各项目金额。对上期比较数据进行调整不切实可行的,应在附注中披露不能调整的原因。不切实可行是指企业作出所有合理努力后仍然无法采用某项规定。

(6) 企业应在财务报表中的显著位置至少披露以下内容:编报企业的名称、资产负债表日或财务报表涵盖的会计期间、人民币金额单位。财务报表是合并财务报表的,应当予以标明。

企业至少应当按年编制财务报表。年度财务报表涵盖的期间短于一年的,应当披露年度财务报表的涵盖期间以及短于一年的原因。

第二节 资产负债表

一、资产负债表的基本概念

资产负债表是反映企业在某一特定日期财务状况的报表,是根据资产、负债和所有者权益之间的相互关系,按照一定的分类标准和一定顺序,将特定企业在一定日期的资产、负债、所有者权益等各项目进行适当的排列、分类、汇总后编制而成的。

通过资产负债表,能够了解企业在某一特定日期所拥有的各种经济资源及其分布情况,分析企业资产的构成;能够了解企业在某一特定日期的负债总额及其结构,分析企业现在与将来需要支付的债务数额及偿还期限,据以了解企业面临的财务风险;能够了解企业所有者权益的金额和结构,了解企业现有投资者在企业总资产中所占份额,据以了解企业的财务实力;通过不同时期资产负债表的比较,可以了解企业未来财务状况,据以预测企业的发展前景。

二、资产负债表的内容

资产负债表的内容主要分以下三部分列示:

(一) 资产项目

资产是指企业过去的交易或事项形成的、由企业控制或拥有的、预期会给企业带来经济利益的资源。在资产负债表中,资产按照流动性分类列示,包括流动资产和非流动资产。

满足下列条件之一的资产,应当归类为流动资产:

(1) 预计在一个正常营业周期中变现、出售或耗用;

(2) 主要为交易目的而持有;

(3) 预计在资产负债表日起一年内(含一年)变现;

(4) 自资产负债表日起一年内交换其他资产或清偿负债的能力不受限制的现金或现金等价物。

其中,正常营业周期,通常是指企业从购买用于加工的资产起至实现现金或现金等价物的期间。正常营业周期通常短于一年,在一年内有几个营业周期。但是,也存在正常营业周期长于一年的情况,如房地产开发企业开发用于出售的房地产开发产品、造船企业制造用于出售的大型船只等,往往超过一年才变现、出售或耗用,仍应划分为流动资产。正常营业周期不能确定的,应当以一年(12个月)作为正常营业周期。

流动资产以外的资产应当归类为非流动资产。

(二) 负债项目

负债是指企业过去的交易或事项形成的、预期会导致经济利益流出企业的现时义务。在资产负债表中,负债应当按照流动性分类列示,包括流动负债和非流动负债。

满足下列条件之一的负债,应当归类为流动负债:

(1) 预计在一个正常营业周期中清偿;

(2) 主要为交易目的而持有;

(3) 自资产负债表日起一年内到期应予清偿;

(4) 企业无权自主地将清偿推迟至资产负债表日后一年以上。

资产负债表中列示的流动负债通常包括:短期借款、应付账款、预收账款、应付职工薪酬、应交税费、应付利息、应付股利、其他应付款、一年内到期的非流动负债等。

流动负债以外的负债应当归类为非流动负债。非流动负债通常包括长期借款、应付债券、其他流动负债等。

(三) 所有者权益

所有者权益是指企业资产扣除负债后所有者享有的剩余权益。在资产负债表中,所有者权益一般按照实收资本(股本)、资本公积、盈余公积、未分配利润等项目列示。

三、资产负债表的结构

资产负债表最常见的格式是账户式资产负债表。账户式资产负债表将资产项目按流动性依次排列在表的左边,负债和所有者权益项目按流动性排列在表的右边,资产负债表的左右两边总计金额相等。其一般格式见表 16-1。

表 16-1　　　　　　　　　　　　　资 产 负 债 表

编制单位:　　　　　　　　　　　　　　年　月　日　　　　　　　　　　　　　单位:元

资　　产	期末余额	年初余额	负债和所有者权益(或股东权益)	期末余额	年初余额
流动资产:			流动负债:		
货币资金			短期借款		
交易性金融资产			交易性金融负债		
衍生金融资产			衍生金融负债		
应收票据			应付票据		
应收账款			应付账款		
应收款项融资			预收款项		
预付款项			合同负债		
其他应收款			应付职工薪酬		
存货			应交税费		
合同资产			其他应付款		
持有待售资产			持有待售负债		
一年内到期的非流动资产			一年内到期的非流动负债		
其他流动资产			其他流动负债		
流动资产合计			流动负债合计		
非流动资产:			非流动负债:		
债权投资			长期借款		
其他债权投资			应付债券		
长期应收款			其中:优先股		
长期股权投资			永续债		
其他权益工具投资			租赁负债		
其他非流动金融资产			长期应付款		
投资性房地产			预计负债		
固定资产			递延收益		

(续表)

资产	期末余额	年初余额	负债和所有者权益(或股东权益)	期末余额	年初余额
在建工程			递延所得税负债		
生产性生物资产			其他非流动负债		
油气资产			非流动负债合计		
使用权资产			负债合计		
无形资产			所有者权益(股东权益):		
开发支出			实收资本(或股本)		
商誉			其他权益工具		
长期待摊费用			其中：优先股		
递延所得税资产			永续债		
其他非流动资产			资本公积		
非流动资产合计			减：库存股		
			其他综合收益		
			专项储备		
			盈余公积		
			未分配利润		
			所有者权益合计		
资产总计			负债和所有者权益(或股东权益)合计		

四、资产负债表的编制

一般情况下，资产负债表的项目需要填列"年初余额"和"期末余额"两项数字。

（一）"年初余额"的填列

"年初余额"栏各项目数字需根据上年年末资产负债表"期末余额"栏内所列数字填写。若本期资产负债表规定的各个项目的名称和内容与上年年末不一致，则应按本期的规定对上年年末各项目进行调整，调整后的数字填列在"年初余额"栏。

（二）"期末余额"的填列

"期末余额"栏内各项数字需根据会计账簿的记录填列。其数额来源有以下几个方面：

1. 根据总账科目的余额填列

资产负债表中的大多数项目都应当直接按此方法填列，例如交易性金融资产、长期待摊费用、递延所得税资产、短期借款、交易性金融负债、应付票据、应付职工薪酬、应交税费、应付利息、应付股利、递延所得税负债、实收资本、资本公积、库存股、盈余公积等项目。

2. 根据几个总账科目的余额计算填列

例如，"货币资金"项目需要根据"库存现金""银行存款""其他货币资金"三个总账科目余额合计填列。

3. 根据有关明细科目的余额计算填列

例如,"应付账款"项目需要根据"应付账款"和"预付款项"两个项目所属的各明细科目的期末贷方余额合计填列。"预收款项"项目,需要根据"预收款项"和"应收账款"科目所属各明细科目的期末贷方余额合计填列。

4. 根据总账科目和明细科目的余额计算填列

例如,"应付债券"项目应当根据"应付债券"总账科目余额扣除"应付债券"科目所属明细科目中将于一年内到期的部分填列;"长期应付款"项目需要根据"长期应付款"总账科目余额减去"未确认融资费用"总账科目余额再减去所属相关明细科目中将于一年内到期的部分填列。

5. 根据总账科目与其备抵科目抵减后的净额填列

例如,"无形资产"项目应当根据"无形资产"科目期末余额减去"累计摊销""无形资产减值准备"等科目期末余额后的金额填列;"固定资产"项目需要根据"固定资产"科目期末余额减去"累计折旧""固定资产减值准备"等科目期末余额后的金额填列;"存货"项目需要根据"原材料""库存商品""发出商品""周转材料"等科目期末余额减去"存货跌价准备"科目期末余额后的金额填列。

(三)资产负债表的列示说明

(1)"货币资金"项目反映企业期末持有的现金、银行存款和其他货币资金等总额。

(2)"应收票据""应收账款""预付款项""其他应收款""存货""长期应收款""长期股权投资""投资性房地产""固定资产""在建工程""无形资产"等项目反映企业期末持有的相应资产的账面余额扣减累计折旧(折耗)、累计摊销、累计减值准备后的账面价值。

(3)"一年内到期的非流动资产"项目反映长期应收款、长期待摊费用等资产中将于一年内到期或摊销完毕的部分。"其他非流动资产"项目,反映企业期末持有的"衍生工具""套期工具""被套期项目"等。

(4)"短期借款""交易性金融负债""应付票据""应付账款""预收款项""应付职工薪酬""应交税费""应付利息""应付股利""其他应付款""其他流动负债""长期借款""应付债券""长期应付款""专项应付款""递延所得税负债""预计负债"等项目,通常应反映企业期末尚未偿还的各项负债的账面余额。

(5)"一年内到期的非流动负债"项目反映长期应付款、长期借款、应付债券、预计负债等负债中将于一年内到期的部分。"其他流动负债"项目反映企业期末持有的"衍生工具""套期工具""被套期项目"以及"递延收益"中将于一年内到期的部分等。

(6)"实收资本(或股本)""资本公积""库存股""盈余公积""未分配利润"等项目,通常应反映企业期末持有的接受投资者投入企业的实收资本、企业收购的尚未转让或注销的本公司股份金额、从净利润中提取的盈余公积余额等。

以人民币以外的货币作为记账本位币的企业,可以增设"外币报表折算差额"项目,列在"未分配利润"项目之后。

> **探究与发现**
>
> 通过上述学习,你是否完全掌握了资产负债表的列报方法?资产负债表的相关科目如"应收账款"和"预收账款"能否抵销后列报?"应收账款"与"预付账款"呢?若编制资产负债表时抵销相关科目,会出现哪些问题?

第三节 利润表

一、利润表的基本概念

利润表是指反映企业在一定会计期间经营成果的报表,是根据"收入-费用=利润"这一会计基本恒等式,按照一定的标准和一定的顺序,把企业一定期间的收入、费用和利润进行适当的排列编制而成的一种会计报表。

通过利润表,信息使用者可以获得企业在一定期间收入、费用、利润(或亏损)数额及构成情况,从而分析企业的获利能力及盈利增长趋势,进而为其作出经济决策提供依据。

二、利润表的内容与结构

利润表的格式一般有两种,即单步式利润表和多步式利润表。我国一般采用多步式利润表。多步式利润表主要包括以下几个方面:

(1)营业收入。营业收入由主营业务收入和其他业务收入组成。

(2)营业利润。营业收入减去营业成本(包括主营业务成本和其他业务成本)、税金及附加、销售费用、管理费用、财务费用,再加上其他收益、投资收益、净敞口套期收益、公允价值变动收益、资产处置收益,减去信用减值损失和资产减值损失,即为营业利润。

(3)利润总额。营业利润加上营业外收入,减去营业外支出,即为利润总额。

(4)净利润。利润总额减去所得税费用,即为净利润。

(5)每股收益。每股收益包括基本每股收益和稀释每股收益两个指标。

一般多步式利润表的格式及内容见表16-2。

表16-2 利 润 表

编制单位: 年 月 日 单位:元

项 目	本期金额	上期金额

一、营业收入
  减:营业成本
    税金及附加		

(续表)

项　　目	本期金额	上期金额
销售费用 　　管理费用 　　研发费用 　　财务费用 　　　其中：利息费用 　　　　　　利息收入 加：其他收益 　　投资收益（损失以"－"号填列） 　　　其中：对联营企业和合营企业的投资收益 　　　　　　以摊余成本计量的金融资产终止确认收益（损失以"－"号填列） 　　净敞口套期收益（损失以"－"号填列） 　　公允价值变动收益（损失以"－"号填列） 　　信用减值损失（损失以"－"号填列） 　　资产减值损失（损失以"－"号填列） 　　资产处置收益（损失以"－"号填列） 二、营业利润（亏损以"－"号填列） 　　加：营业外收入 　　减：营业外支出 三、利润总额（亏损总额以"－"号填列） 　　减：所得税费用 四、净利润（亏损以"－"号填列） 　　（一）持续经营净利润（亏损以"－"号填列） 　　（二）终止经营净利润（亏损以"－"号填列） 五、其他综合收益的税后净额 　　（一）不能重分类进损益的其他综合收益 　　　　1. 重新计量设定受益计划变动额 　　　　2. 权益法下不能转损益的其他综合收益 　　　　3. 其他权益工具投资公允价值变动 　　　　4. 企业自身信用风险公允价值变动 　　　　…… 　　（二）将重分类进损益的其他综合收益 　　　　1. 权益法下可转损益的其他综合收益 　　　　2. 其他债权投资公允价值变动 　　　　3. 金融资产重分类计入其他综合收益的金额 　　　　4. 其他债权投资信用减值准备 　　　　5. 现金流量套期储备 　　　　6. 外币财务报表折算差额 　　　　…… 六、综合收益总额 七、每股收益 　　（一）基本每股收益 　　（二）稀释每股收益		

三、利润表的编制

第一,"本期金额"栏反映各项目的本期实际发生数。如果上年度利润表的项目名称和内容与本年度利润表不相一致,应对上年度利润表的项目名称和数字按本年度的规定进行调整,填入报表的"上期金额"栏。

第二,报表中各项目主要根据各损益类科目的发生额分析填列。

第三,利润表有关项目的列示说明:

(1)"营业收入"项目反映企业经营主要业务和其他业务所确认的收入总额。

(2)"营业成本"项目反映企业经营主要业务和其他业务发生的实际成本总额。

(3)"税金及附加"项目反映企业经营业务应负担的消费税、城市维护建设税、资源税、土地增值税和教育费附加等。

(4)"销售费用"项目反映企业在销售商品过程中发生的包装费、广告费等费用和为销售本企业商品而专设的销售机构的职工薪酬、业务费等经营费用。

(5)"管理费用"项目反映企业为组织和管理生产经营发生的管理费用。

(6)"财务费用"项目反映企业筹集生产经营所需资金等而发生的筹资费用。

(7)"资产减值损失"项目反映企业各项资产发生的减值损失。

(8)"公允价值变动收益"项目反映企业交易性金融资产、交易性金融负债以及采用公允价值模式计量的投资性房地产等公允价值变动形成的应计入当期损益的利得或损失。

(9)"投资收益"项目反映企业以各种方式对外投资所取得的收益。其中,"对联营企业和合营企业的投资收益"项目反映采用权益法核算的对联营企业和合营企业投资在被投资单位实现的净损益中应享有的份额(不包括处置投资形成的收益)。

(10)"营业外收入""营业外支出"项目反映企业发生的与其经营活动无直接关系的各项收入和支出。

(11)"所得税费用"项目反映企业根据所得税准则确认的应从当期利润总额中扣除的所得税费用。

(12)"基本每股收益"和"稀释每股收益"项目应当反映根据每股收益准则的规定计算的金额。

> **探究与发现**
>
> 利润表的相关科目能否抵销后列报?抵销后财务信息使用者获得的信息量会如何变化?

第四节 现金流量表

一、现金流量表的基本概念

现金流量表是指反映一定时期内企业经营活动、投资活动和筹资活动对现金及现金等价物所产生影响的财务报表。

现金流量表描述了由公司的经营、投资和筹资活动产生的现金流。现金流量表所揭示的现金流量信息可以从现金角度对企业未来获取现金能力作出更可靠、更稳健的评价。企业的净利润是以权责发生制为基础计算而来的,而现金流量表中的现金流量是以收付实现制为基础计算而来的。通过对现金流量和净利润的比较分析,可以对收益的质量作出评价。

投资活动是企业将一部分经济资源投入某一对象以谋取更多收益的一种行为;筹资活动是企业根据经营需求进行直接或者间接融资的一种行为。企业的投资和筹资活动与企业的经营活动密切相关,因此,对现金流量中揭示的投资活动和筹资活动所产生的现金流入和流出信息,可结合经营活动所产生的现金流量信息和企业收益进行具体分析,从而对企业的投资活动和筹资活动作出评价。

现金流量表中的现金指的是现金及现金等价物。其中,现金指企业可以随时用于支付的存款,包括库存现金、银行存款和其他货币资金等。现金等价物指企业持有的期限短、流动性强、易于转化为已知金额现金、价值变动风险很小的投资。期限短一般指自购买日起三个月内到期。企业应当根据具体情况确定现金等价物的范围,一经确定不得随意变更。三个月内到期的债权投资是典型的现金等价物。

二、现金流量表的内容与结构

(一) 现金流量表的内容

现金流量表通常将企业一定时期内产生的现金流量分为经营活动产生的现金流量、投资活动产生的现金流量和筹资活动产生的现金流量三种。

1. 经营活动产生的现金流量

经营活动是指企业投资活动和筹资活动以外的所有交易和事项,包括销售商品或提供劳务、购买商品或接受劳务、制造产品、广告宣传、推销产品、缴纳税款等。通过现金流量表中反映的经营活动产生的现金流入和现金流出,可以说明企业经营活动对现金流入和流出净额的影响程度。

2. 投资活动产生的现金流量

投资活动是指企业长期资产的购建和不包括在现金等价物范围内的投资及其处置活动,包括取得或收回权益性证券的投资、购买或收回债券投资、购建或处置固定资产、无形资产和其他长期资产等。通过现金流量表中反映的投资活动所产生的现金流量,可以分析企业通过投资获取现金流量的能力,以及投资产生的现金流量对企业现金流量净额的影响程度。

3. 筹资活动产生的现金流量

筹资活动是指导致企业所有者权益及借款规模和构成发生变化的活动,包括吸收权益性投资、发行债券、借入资金、偿还债务、支付股利等。通过现金流量表中所反映的筹资活动产生的现金流量,可以分析企业筹资的能力,以及筹资产生的现金流量对企业现金流量净额的影响程度。

(二) 现金流量表的结构

现金流量表分为正表和补充资料两大部分：正表反映企业的经营活动、投资活动以及筹资活动产生的现金流入和流出情况；补充资料则反映将净利润调节为经营活动的现金流量,不涉及现金收支的投资和筹资活动,以及现金及现金等价物的净变动情况。现金流量表的一般格式见表16-3。

表 16-3　　　　　　　　　　　　　现金流量表

编制单位：　　　　　　　　　　　　年　月　日　　　　　　　　　　　　单位：元

项　　目	本期金额	上期金额
一、经营活动产生的现金流量：		
销售商品、提供劳务收到的现金		
收到的税费返还		
收到其他与经营活动有关的现金		
经营活动现金流入小计		
购买商品、接受劳务支付的现金		
支付给职工以及为职工支付的现金		
支付的各项税费		
支付其他与经营活动有关的现金		
经营活动现金流出小计		
经营活动产生的现金流量净额		
二、投资活动产生的现金流量：		
收回投资收到的现金		
取得投资收益收到的现金		
处置固定资产、无形资产和其他长期资产收回的现金净额		
处置子公司及其他营业单位收到的现金净额		
收到其他与投资活动有关的现金		
投资活动现金流入小计		
购建固定资产、无形资产和其他长期资产支付的现金		
投资支付的现金		
取得子公司及其他营业单位支付的现金净额		

(续表)

项　　目	本期金额	上期金额
支付其他与投资活动有关的现金		
投资活动现金流出小计		
投资活动产生的现金流量净额		
三、筹资活动产生的现金流量：		
吸收投资收到的现金		
取得借款收到的现金		
收到其他与筹资活动有关的现金		
筹资活动现金流入小计		
偿还债务支付的现金		
分配股利、利润或偿付利息支付的现金		
支付其他与筹资活动有关的现金		
筹资活动现金流出小计		
筹资活动产生的现金流量净额		
四、汇率变动对现金及现金等价物的影响		
五、现金及现金等价物净增加额		
加：期初现金及现金等价物余额		
六、期末现金及现金等价物余额		

补　充　资　料	本期金额	上期金额
1．将净利润调节为经营活动现金流量：		
净利润		
加：资产减值损失		
固定资产折旧、油气资产折耗、生产性生物资产折旧		
无形资产摊销		
长期待摊费用摊销		
处置固定资产、无形资产和其他长期资产的损失（收益以"－"号填列）		
固定资产报废损失（收益以"－"号填列）		
公允价值变动损失（收益以"－"号填列）		
财务费用（收益以"－"号填列）		
投资损失（收益以"－"号填列）		
递延所得税资产减少（增加以"－"号填列）		
递延所得税负债增加（减少以"－"号填列）		

(续表)

补 充 资 料	本期金额	上期金额
存货的减少(增加以"－"号填列)		
经营性应收项目的减少(增加以"－"号填列)		
经营性应付项目的增加(减少以"－"号填列)		
其他		
经营活动产生的现金流量净额		
2. 不涉及现金收支的重大投资和筹资活动：		
债务转为资本		
一年内到期的可转换公司债券		
融资租入固定资产		
3. 现金及现金等价物净变动情况：		
现金的期末余额		
减：现金的期初余额		
加：现金等价物的期末余额		
减：现金等价物的期初余额		
现金及现金等价物净增加额		

三、现金流量表的编制

我国会计准则规定，企业应当采用直接法编制现金流量表，并在补充资料中采用间接法提供将净利润调节为经营活动现金流量的信息。在采用直接法具体编制现金流量表时，可根据业务量的大小及复杂程度选择采用工作底稿法、T形账户法或者分析填列法。

（一）经营活动产生现金流量的编制方法

1. 直接法

直接法是指通过现金收入和现金支出的主要类别反映企业来自经营活动现金流量的方法。

第一，按照我国《企业会计准则——现金流量表》规定，直接法下经营活动现金流入的内容及编制主要包括：

（1）"销售商品、提供劳务收到的现金"项目。其反映企业销售商品、提供劳务实际收到的现金，包括本期销售商品、提供劳务收到的现金，以及前期销售和前期提供劳务本期收到的现金和本期预收的款项减去本期退回本期销售的商品和前期销售本期退回的商品支付的现金。本项目可以根据"库存现金""银行存款""应收账款""应收票据""预收账款""主营业务收入""其他业务收入"等账户的记录分析填列。

$$\begin{aligned}&\text{销售商品、提供劳务收到的现金}\\&=\text{本期销售商品、提供劳务的收入}+\text{与收入业务有关的增值税销项税额}\\&\quad+(\text{应收账款年初余额}-\text{应收账款期末余额})\\&\quad+(\text{应收票据年初余额}-\text{应收票据期末余额})\\&\quad+(\text{预收账款期末余额}-\text{预收账款年初余额})\\&\quad-\text{本期计提的坏账准备}-\text{本期票据贴现利息等特殊调整项目}\end{aligned}$$

（2）"收到的税费返还"项目。其反映企业收到返还的各种税费，如收到的增值税、消费税、所得税、教育费附加返还等。本项目可以根据"库存现金""银行存款""税金及附加"等账户的记录分析填列。

（3）"收到其他与经营活动有关的现金"项目，反映企业除了上述项目外，收到的其他与经营活动有关的现金收入，如罚款收入、流动资产损失中由个人赔偿的现金收入等。

第二，直接法下经营活动现金流出的内容主要包括：

（1）"购买商品、接受劳务支付的现金"项目。其反映企业购买商品、接受劳务实际支付的现金，包括本期购入商品、接受劳务支付的现金，以及本期支付前期购入商品、接受劳务的未付款项和本期预付款项。本期发生的购货退回收到的现金应从本项目内减去。本项目可以根据"库存现金""银行存款""应付账款""应付票据""营业成本"等账户的记录分析填列。

$$\begin{aligned}&\text{购买商品、接受劳务支付的现金}\\&=\text{本期的营业成本}+\text{与购买业务有关的增值税进项税额}\\&\quad+(\text{存货期末余额}-\text{存货年初余额})\\&\quad+(\text{预付账款期末余额}-\text{预付账款年初余额})\\&\quad+(\text{应付账款年初余额}-\text{应付账款期末余额})\\&\quad+(\text{应付票据年初余额}-\text{应付票据期末余额})\\&\quad-\text{当期列入生产成本、制造费用的职工薪酬和折旧费}\end{aligned}$$

（2）"支付给职工以及为职工支付的现金"项目。其反映企业实际支付给职工以及为职工支付的现金，包括本期实际支付给职工的工资、奖金、各种津贴和补贴等，以及为职工支付的养老、失业等社会保险基金、住房公积金等其他费用，不包括支付的离退休人员的各项费用和支付给在建工程人员的工资等。企业支付给离退休人员的各项费用，包括支付的统筹退休金以及未参加统筹的退休人员的费用，在"支付其他与经营活动有关的现金"项目中反映；支付给在建工程人员的工资，在"购建固定资产、无形资产和其他长期资产支付的现金"项目反映。本项目可以根据"应付职工薪酬""库存现金""银行存款"等账户的记录分析填列。

支付给职工以及为职工支付的现金
＝生产成本、制造费用、管理费用和销售费用的应付职工薪酬等费用
＋（应付职工薪酬年初余额－应付职工薪酬期末余额）
－（应付职工薪酬在建工程、无形资产明细账户年初余额－期末余额）

(3)"支付的各项税费"项目。其反映企业当期实际上交税务部门的各项税费,包括本期发生并支付的税费,以及本期支付的以前各期发生的税费和预交的税费,如支付的所得税、房产税、印花税、车船使用税、土地增值税、教育费附加等,但不包括计入固定资产价值、实际支付的耕地占用税。本项目可以根据"应交税费""库存现金""银行存款"等账户的记录分析填列。

支付的各项税费＝（应交所得税年初余额＋当期所得税费用－应交所得税期末余额）
＋计入管理费用、存货、其他业务成本等的税费
＋应交税费——应交增值税(已交税金)
＋支付的税金及附加

(4)"支付其他与经营活动有关的现金"项目。其反映企业支付的除以上各项目外与经营活动有关的其他现金支出,如罚款支出、支付的差旅费、办公费、业务招待费、保险费、广告费、展览费等现金支出。若其他与经营活动有关的现金流出金额较大,应单列项目反映。本项目可以根据"库存现金""银行存款""管理费用""营业外支出"等账户的记录分析填列。

2. 间接法

间接法是指以本期净利润为起点,调整不涉及现金的收入、费用、营业外收支以及应收应付等项目的增减变动,据此计算经营活动的现金流量。

采用间接法,将净利润调节为经营活动的现金流量时,需要调整的项目分为四大类：

(1)实际没有支付现金的费用,如"资产减值损失""固定资产折旧""无形资产摊销"等项目,这些费用应计入净利润中去。

(2)实际没有收到现金的收益,如"公允价值变动收益"等项目,这些收益应在净利润中减去。

(3)不属于经营活动的损益,如"处置固定资产的损失""投资损失""财务费用"等项目。这些损益应根据实际发生数增减净利润。

(4)经营性应收应付项目的增减变动：对经营性应收项目的增加应冲减净利润；对经营性应付项目的增加应增加净利润,反之则应减少净利润。

(二)投资活动产生现金流量的编制方法

1. 投资活动产生现金流入的项目

(1)"收回投资收到的现金"项目。其反映企业出售、转让或到期收回除现金等价物以外的对其他企业的权益工具和合营的权益投资收到的现金。收回权益工具实现的投资

收益、处置子公司及其他营业单位收到的现金净额不包括在本项目内。本项目可以根据"长期股权投资""库存现金""银行存款"等账户的记录分析填列。

(2)"取得投资收益收到的现金"项目。其反映企业除现金等价物以外的对其他企业的权益工具、合营的权益投资分回的现金股利和利息等,不包括股票股利。本项目可以根据"库存现金""银行存款""投资收益"等账户的记录分析填列。

(3)"处置固定资产、无形资产和其他长期资产收到的现金净额"项目。其反映企业处置固定资产、无形资产和其他长期资产所取得的现金扣除为处置这些资产而支付的有关费用后的净额,本项目还包括固定资产报废、毁损的变卖收益以及遭受灾害而收到的保险赔偿收入等。本项目可以根据"固定资产清理""库存现金""银行存款"等账户的记录分析填列。

(4)"处置子公司及其他营业单位收到的现金净额"项目。其反映企业处置子公司及其他营业单位取得的现金减去相关处置费用以及子公司及其他营业单位持有的现金和现金等价物后的净额。本项目可以根据"长期股权投资""银行存款""库存现金"等账户的记录分析填列。

(5)"收到其他与投资活动有关的现金"项目。其反映企业除了上述各项以外收到的其他与投资活动有关的现金流入。比如,企业收回购买股票和债券时支付的已宣告但尚未领取的现金股利或已到付息期但尚未领取的利息。若其他与投资活动有关的现金流入金额较大,应单列项目反映。本项目可以根据"应收股利""应收利息""银行存款""库存现金"等账户的记录分析填列。

2. 投资活动产生现金流出的项目

(1)"购建固定资产、无形资产和其他长期资产支付的现金"项目。其反映企业购买、建造固定资产,取得无形资产和其他长期资产实际支付的现金,以及用现金支付的应由在建工程负担的职工薪酬,不包括为购建固定资产而发生的借款利息资本化的部分,以及融资租入固定资产支付的租赁费。企业支付的借款利息和融资租入固定资产所支付的租赁费在筹资活动产生的现金流量中反映。本项目可以根据"固定资产""在建工程""无形资产""库存现金""银行存款"等账户的记录分析填列。

(2)"投资支付的现金"项目。其反映企业取得的除现金等价物以外的对其他企业的权益工具和合营的投资所支付的现金,以及支付的佣金、手续费等交易费用,但取得子公司及其他营业单位支付的现金净额除外。本项目可以根据"长期股权投资""库存现金""银行存款"等账户的记录分析填列。

(3)"取得子公司及其他营业单位支付的现金净额"项目。其反映企业购买子公司及其他营业单位购买出价中以现金支付的部分减去子公司及其他营业单位持有的现金及现金等价物后的现金净额。本项目可以根据"长期股权投资""库存现金""银行存款"等账户的记录分析填列。

(4)"支付其他与投资活动有关的现金"项目。其反映企业除了上述各项目外支付的其他与投资活动有关的现金流出。比如,企业购买股票和债券时支付的已宣告但尚未领取的现金股利或已到付息期但尚未领取的利息等。若某项其他与投资活动有关的现金流出金额较大,应单列项目反映。本项目可以根据"应收股利""应收利息""银行存款""库存现金"等账户的记录分析填列。

(三)筹资活动产生现金流量的编制方法

1. 筹资活动产生现金流入的项目

(1)"吸收投资收到的现金"项目。其反映企业收到的投资者投资的现金,包括以发行股票、债券等方式筹集的资金实际收到款项减去直接支付的佣金、手续费、宣传费、咨询费、印刷费等发行费用后的净额。本项目可以根据"实收资本(或股本)""库存现金""银行存款"等账户的记录分析填列。

(2)"取得借款收到的现金"项目。其反映企业举借各种短期、长期借款所收到的现金。本项目可以根据"短期借款""长期借款""库存现金""银行存款"等账户的记录分析填列。

(3)"收到其他与筹资活动有关的现金"项目。其反映企业除上述项目外收到的其他与筹资活动有关的现金流入,如接受现金捐赠等。若某项其他与筹资活动有关的现金流入金额较大,应单列项目反映。本项目可以根据"银行存款""库存现金""营业外收入"等有关账户的记录分析填列。

2. 筹资活动产生现金流出的项目

(1)"偿还债务支付的现金"项目。其反映企业以现金偿还债务的本金,包括偿还金融企业的借款本金、偿还债券本金等。企业支付的借款利息、债券利息,在"分配股利、利润或偿付利息支付的现金"项目反映,不包括在本项目内。本项目可以根据"短期借款""长期借款""应付债券""库存现金""银行存款"等账户的记录分析填列。

(2)"分配股利、利润或偿付利息支付的现金"项目。其反映企业实际支付现金股利,支付给其他投资单位的利润以及支付的借款利息、债券利息等。本项目可以根据"应付股利""应付利息""财务费用""库存现金""银行存款"等账户的记录分析填列。

(3)"支付其他与筹资活动有关的现金"项目。其反映企业除了上述各项目外支付的其他与筹资活动有关的现金流出,如捐赠现金支出等。若某项其他与筹资活动有关的现金流出金额较大,应单列项目反映。本项目可以根据"营业外支出""长期应付款""银行存款""库存现金"等账户的记录分析填列。

(四)汇率变动对现金及现金等价物的影响

该项目反映企业外币现金流量及境外子公司的现金流量折算为人民币时,所采用的现金流量发生日的即期汇率或即期汇率近似汇率折算的人民币金额与"现金及现金等价物净增加额"中的外币现金净增加额按期末汇率折算的人民币金额之间的差额。

> **探究与发现**
>
> 请思考直接法和间接法提供的财务会计信息有何区别以及其对企业的经营决策分别会产生怎样的影响。

第五节 所有者权益变动表

一、所有者权益变动表的基本概念

所有者权益变动表是指反映构成所有者权益的各组成部分当期的增减变动情况的报表。编制所有者权益变动表既可以为财务报表使用者提供所有者权益总量增减变动的信息,也能为其提供所有者权益增减变动的结构性信息,特别是能够让财务会计报表使用者了解所有者权益增减变动的根源。

二、所有者权益变动表的内容与结构

在所有者权益变动表中,企业至少应当单独列示反映下列信息的项目:
(1) 综合收益总额;
(2) 会计政策变更和差错更正的累积影响金额;
(3) 所有者投入的资本和向所有者分配的利润等;
(4) 提取的盈余公积;
(5) 实收资本或股本、资本公积、盈余公积、未分配利润的期初和期末余额及其调节情况。
所有者权益变动表的一般格式如表 16-4 所示。

表 16-4　　　　　　　　　　　　所有者权益变动表
编制单位:　　　　　　　　　　　　年　月　日　　　　　　　　　　　　单位:元

项目	本年金额								上年金额
	实收资本(或股本)	其他权益工具	资本公积	减:库存股	其他综合收益	盈余公积	未分配利润	所有者权益合计	同"本年金额"栏目
一、上年年末余额									
加:会计政策变更									
前期差错更正									
其他									
二、本年年初余额									

(续表)

项 目	本年金额								上年金额
	实收资本（或股本）	其他权益工具	资本公积	减：库存股	其他综合收益	盈余公积	未分配利润	所有者权益合计	同"本年金额"栏目
三、本年增减变动金额（减少以"－"号填列）									
（一）综合收益总额									
（二）所有者投入和减少资本									
1.所有者投入的普通股									
2.其他权益工具持有者投入资本									
3.股份支付计入所有者权益的金额									
4.其他									
（三）利润分配									
1.提取盈余公积									
2.对所有者（或股东）的分配									
3.其他									
（四）所有者权益内部结转									
1.资本公积转增资本（或股本）									
2.盈余公积转增资本（或股本）									
3.盈余公积弥补亏损									
4.设定受益计划变动额结转留存收益									
5.其他综合收益结转留存收益									
6.其他									
四、本年年末余额									

三、所有者权益变动表的编制

（一）"上年年末余额"项目

这一项目反映企业上年资产负债表中实收资本（或股本）、其他权益工具、资本公积、库存股、其他综合收益、专项储备、盈余公积、未分配利润的年末余额。

（二）"会计政策变更""前期差错更正"项目

这两个项目分别反映企业采用追溯调整法处理的会计政策变更的累积影响金额和采用追溯重述法处理的会计差错更正的累积影响金额。

（三）"本年增减变动额"项目

一是"综合收益"项目，其反映企业净利润与其他综合收益的合计金额。

二是"所有者投入和减少资本"项目，其反映企业当年所有者投入的资本和减少的资本。

（1）"所有者投入和减少资本项目"，反映企业接受投资者投入形成的实收资本（或股本）和资本溢价或股本溢价。

（2）"股份支付计入所有者权益的金额"项目，反映企业处于等待期中的权益结算的股份支付当年计入资本公积的金额。

三是"利润分配"项目，其反映企业当年的利润分配金额。

（1）"提取盈余公积"项目，反映企业按照规定提取的盈余公积。

（2）"对所有者（或股东）的分配"项目，反映对所有者（或股东）分配的利润（或股利）金额。

四是"所有者权益内部结转"项目，其反映企业构成所有者权益的组成部分之间的增减变动情况。

（1）"资本公积转增资本（或股本）"项目，反映企业以资本公积转增资本或股本的金额。

（2）"盈余公积转增资本（或股本）"项目，反映企业以盈余公积转增资本或股本的金额。

（3）"盈余公积弥补亏损"项目，反映企业以盈余公积弥补亏损的金额。

第六节　附　　注

由于财务报表提供的财务会计信息已被高度浓缩，为帮助财务报表使用者更加深入地了解基本财务报表的内容和全面准确地了解企业的财务状况、经营成果和现金流量，财务报表附注成为财务会计报告体系的重要组成部分。财务报表附注主要有以下作用：① 附注可以对财务报表中数字的形成基础进行解释和说明；② 附注可以对财务报表中的重要项目进行具体详细的信息披露；③ 附注也可以对未能在财务报表中列示的项目作出说明。

一、附注的基本概念

附注是对资产负债表、利润表、现金流量表和所有者权益变动表中所列示项目的文字描述或明细资料以及对未能在这些报表中列示项目的说明。附注旨在帮助财务报表使用者深入了解财务报表的内容,是财务报表的补充,主要是对财务报表不能包括的内容或者披露不详尽的内容作进一步的解释说明。

二、附注披露内容

(1) 企业基本情况。企业的基本情况包括:① 企业注册地、组织形式和总部地址;② 企业的业务性质和主要经营活动,如企业所处的行业、所提供的主要产品或服务、客户的性质、销售策略、监管环境的性质等;③ 母公司及集团最终母公司的名称;④ 财务报告的批准报出者和财务报告批准报出日;⑤ 营业期限有限的企业,还应当披露有关营业期间的信息。

(2) 财务报表编制基础。财务报表一般是在持续经营的基础上编制财务报表的。清算、破产属于非持续经营基础。

(3) 遵循企业会计准则声明。企业应当声明编制的财务报表符合企业会计准则的要求,编制的财务报表真实、完整地反映了企业的财务状况、经营成果和现金流量等有关信息,以此明确企业编制财务报表所依据的制度基础。

(4) 重要会计政策、会计估计的说明。重要会计政策的说明包括财务报表项目的计量基础和在运用会计政策过程中所作的重要判断等。重要会计估计的说明包括可能导致下一个会计期间资产、负债账面价值重大调整的会计估计的确定依据等。企业应当披露采用的会计政策和会计估计,并结合企业的具体实际情况披露其重要会计政策的确定依据和财务报表项目的计量基础,以及会计估计采用的关键假设和不确定因素。

(5) 会计政策、会计估计、差错更正说明。企业应当按照《企业会计准则第28号——会计政策、会计估计变更和差错更正》的规定,披露会计政策和会计估计变更及差错更正的有关情况。

(6) 报表重要项目说明。企业应当按照资产负债表、利润表、现金流量表、所有者权益变动表及其项目列示的顺序,对报表重要项目的说明采用文字和数字描述相结合的方式进行披露。报表重要项目的明细金额合计,应当与报表项目金额相衔接。

企业应当在附注中披露费用按照性质分类的利润表补充资料,可将费用分为耗用的原材料、职工薪酬费用、折旧费用、摊销费用等。

(7) 或有事项、承诺事项说明。

(8) 资产负债表日后事项说明。

(9) 关联方关系和交易说明。

（10）有助于财务报告使用者评价企业管理资本的目标、政策和程序说明。

> **探究与发现**
> 请思考为什么财务报表附注的相关内容无须在三张报表上列报。

本 章 小 结

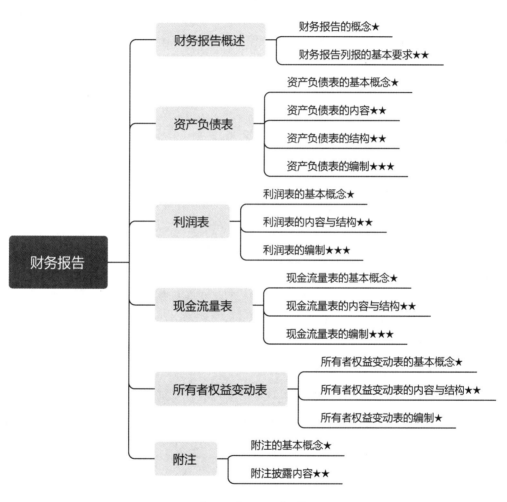

复习与思考题

名词解释

财务报告　　　　资产负债表　　　　利润表　　　　现金流量表
所有者权益变动表　报表附注　　　　经营活动　　　投资活动
筹资活动　　　　现金等价物

简答题

1. 简述财务报告的组成内容及财务报告的基本列报要求。
2. 在编制资产负债表时,应当如何对资产、负债的流动性进行区分?
3. 简述营业利润的构成。
4. 如何对现金流量进行分类?在采用直接法编制现金流量表时,各项目应如何分析计算?

综合题

本章综合题参考答案

A公司2020年12月31日结账后相关科目余额如下,请试算该企业资产负债表中各项目金额。

(1)"库存现金"科目余额为10 000元,"银行存款"科目余额为4 000 000元,"其他货币资金"科目余额为1 000 000元。

(2)"交易性金融资产"科目余额为10 000元。

(3)2020年5月1日向当地银行借入一年期借款320 000元,向其他金融机构借款230 000元,无其他短期借款业务发生。

(4)2020年年末向股东发放现金股利400 000元,股票股利100 000元,现金股利尚未支付。

(5)应付B企业商业票据32 000元,应付C企业商业票据56 000元,应付D企业商业票据680 000元,尚未支付。

(6)应付管理人员工资3 000 000元,应计提员工福利费40 000元,应付车间员工工资55 000元,无其他应付职工薪酬项目。

(7)2020年1月1日发行了一次还本付息的公司债券,面值为2 000 000元,当年12月31日应计提的利息为20 000元。

(8)2020年12月31日结账后有关科目所属明细科目借贷方余额如下表所示:

科　　目	明细科目借方余额合计(元)	明细科目贷方余额合计(元)
应付账款	1 500 000	900 000
预付账款	1 000 000	80 000
应收账款	500 000	1 500 000
预收账款	700 000	180 000

(9)2020"长期待摊费用"科目的期末余额为375 000元,将于一年内摊销的数额为204 000元。

(10) 2020年12月31日结账后"长期股权投资"科目余额为200 000元,"长期股权投资减值准备"科目余额为12 000元。结账后的固定资产科目余额为200 000元,"累计折旧"科目余额为50 000元,"固定资产减值准备"科目余额为40 000元。结账后的"无形资产"科目余额为976 000元,"累计摊销"科目余额为97 600元,"无形资产减值准备"科目余额为186 000元。

(11) A公司采用计划成本核算材料,2020年12月31日结账后有关科目余额为:"材料采购"科目余额为280 000元(借方),"原材料"科目余额为4 800 000元(借方),"周转材料"科目余额为3 600 000元(借方),"库存商品"科目余额为3 200 000元(借方),"生产成本"科目余额为1 200 000元(借方),"材料成本差异"科目余额为240 000元(贷方),"存货跌价准备"科目余额为420 000元。

思考题

B公司是中国一家率先具备国际竞争力的动力电池制造商,成立于2011年,总部位于F省。B公司专注于新能源汽车动力电池系统、储能系统的研发、生产和销售,致力于为全球新能源应用提供一流解决方案,其于2018年在A股创业板上市。2020年12月31日B公司的总市值达到7 900多亿元,位列A股总市值第十位。

思考:

1. B公司的报表层面有哪些信息能够驱动其股价上涨?有哪些信息能够驱动其股价下跌?
2. 财务报表信息使用者如何利用财务报表进行经济决策?

拓 展 学 习

财务报表是企业数字信息的海洋,报表使用者只要根据决策要求对财务报表提供的有关数据进行收集、整理,通过必要的分析方法分析并结合其他补充信息,就能获得企业多方面的信息,如偿债能力、资产管理能力、盈利能力、获取现金能力和收益质量等,从而从不同的角度对企业作出判断与评价。可以说"通过财务报表分析的方式对会计信息进行解读"已成为会计报表使用者需要掌握的一项技能。

财务报表分析主要包括对资产负债表、利润表、现金流量表及各表附注的分析。因不同使用者的目的不同,分析的侧重点也就不同,但从大的方面来看,主要包含以下内容:① 通过对资产负债表的分析,可以看出企业的资产分布状态、负债水平和所有者权益的构成情况,了解和掌握企业的规模,资本结构是否合理,长、短期债务的数量及偿债能力及其所面临的财务风险。② 通过对利润表的分析,可以了解企业收入、成本、费用各项内容之间的关系及对利润的影响,可以结合利润表中的各项损益指标与同类企业对比,也可以与企业往期的利润状况进行对比,进而预测企业在未来一段运营周期内的盈利能力。

③ 通过对现金流量表的分析,可以看出企业的经营活动、投资活动、筹资活动中的现金流量情况,透视企业现金运转效率与效果,了解企业现金的来源渠道是否合理以及现金的利用途径是否科学,同时,还能够对企业的偿债能力、支付股利的能力以及投资能力予以了解。通过对企业在运营过程中对外部资金依赖度的分析,投资者可从中了解企业当前和长期的收益水平以及企业收益受重大变动的影响程度,同时还可以判断企业在同类竞争领域中的地位。④ 通过对财务报表附注的分析,可以进一步了解资产负债表、利润表、现金流量表等报表中列示项目的具体内容以及未能在这些报表中列示的内容。报表附注的分析是财务报表分析的重要组成部分,对财务报表附注的分析能更进一步了解企业的基本情况,从而更加科学地分析出企业的发展状况,避免从其他财务报表表面数据分析造成的错觉,便于作出更加科学合理的决策。⑤ 对财务报表的主表或附注进行单个分析时,不能完整地反映某项内容。通过对各报表之间的勾稽关系进行综合性分析,可获得企业隐藏的重要信息。

通过本书的学习,你是否对企业财务会计有了全面深入的理解?试找出你感兴趣的公司财务信息来分析其财务状况,并结合该公司的业务为管理层提出相关建议。

参 考 文 献

1. 赵建勇.中级财务会计[M].3版.北京:中国人民大学出版社,2020.
2. 刘永泽,陈立军.中级财务会计[M].6版.大连:东北财经大学出版社,2018.
3. 王文华,徐文丽.中级财务会计[M].4版.上海:立信会计出版社,2012.
4. 中华人民共和国财政部.企业会计准则:2021年版.上海:立信会计出版社,2021.
5. 中华人民共和国财政部.企业会计准则应用指南:2021年版.上海:立信会计出版社,2021.
6. 陈信元.财务会计[M].3版.北京:高等教育出版社,2008.
7. 陈信元,戴欣苗,陈振婷,等.会计学[M].5版.上海:上海财经大学出版社,2018.
8. 赵敏.中级财务会计[M].4版.福建:厦门大学出版社,2020.
9. 黄世忠.财务报表分析:理论·框架·方法与案例[M].北京:中国财政经济出版社,2007.
10. 斯派斯兰德,尼尔森,托马斯.中级财务会计:英文版[M].9版.北京:中国人民大学出版社,2017.